全国拟在建项目汇编

电力卷 （2008 年版）

《全国拟在建项目汇编》编委会　编

中国水利水电出版社
www.waterpub.com.cn

内 容 提 要

本书为电力工程建设相关人员的实用工具书。主要内容包括：拟在建项目篇、重点项目概览篇、分析篇、应用篇、附录等。

本书可供国内外有关政府机构、投资公司、设计单位、施工企业，以及设备和原材料生产企业的管理人员和技术人员阅读，也可供其他相关人员参考。

图书在版编目（CIP）数据

全国拟在建项目汇编：2008年版．电力卷/《全国拟在建项目汇编》编委会编．—北京：中国水利水电出版社，2008

ISBN 978-7-5084-5353-8

Ⅰ．全… Ⅱ．全… Ⅲ．①基本建设项目—中国—2008 ②电力工业—基本建设项目—中国—2008 Ⅳ．F123.6 F426.61

中国版本图书馆CIP数据核字（2008）第026439号

书　　名	**全国拟在建项目汇编（电力卷）**（2008年版）
作　　者	《全国拟在建项目汇编》编委会　编
出版　发行	中国水利水电出版社（北京市三里河路6号　100044） 网址：www.waterpub.com.cn E-mail：sales@waterpub.com.cn 电话：（010）63202266（总机）、68331835（营销中心）
经　　售	北京科水图书销售中心（零售） 电话：（010）88383994、63202643 全国各地新华书店和相关出版物销售网点
排　　版	中国水利水电出版社微机排版中心
印　　刷	北京北方印刷厂
规　　格	889mm×1194mm　16开本　17印张　718千字
版　　次	2008年3月第1版　2008年3月第1次印刷
定　　价	**200.00**元

《全国拟在建项目汇编》（2008年版）
编委会名单

前言

《全国拟在建项目汇编（电力卷）》（以下简称《电力卷》）已出版发行5年了。5年来，该书以其资料性、工具性、客观性、实用性、分析性相统一的特点，受到了社会各界的关注和广泛好评，成为国内外有关政府部门、投资公司、投资中介机构、工程咨询单位、设计院、设备供应商、材料供应商等单位及时掌握电力行业投资项目信息，研究行业投资发展状况和分析投资发展趋势的重要参考资料。

2008年是我国电力行业进一步巩固节能减排效果、优化电源结构、加快电网建设、推进电价改革，积极探索建立资源节约型、环境友好型行业发展模式的重要一年。行业投资与建设也将涌现许多新的投资热点和机遇。为了帮助电力投资和建设领域相关部门和单位能全面了解电力行业宏观政策走向、中观行业投资动态和微观项目信息等各个层面的内容，中国拟在建项目网决定继续编写《电力卷》2008年版。

在原有编写基础上，本书的体例格式、内容安排、分类索引等方面有了较大的突破。体例格式上，遵循了有什么（项目）—为什么（分析）—怎么样（应用）的逻辑主线；内容上，增加了脱硫脱硝等电力环保类项目，加强了对行业投资建设和市场方面的研究分析，同时在项目信息利用和项目申报方面也进行了解析；分类索引上，引入了更为便捷的项目分类索引查询方式。这些变化都是为读者能全面、准确地把握电力行业投资建设的动向及走势所做的尝试。

本书的内容分为五大部分：

一、拟在建项目篇。精选全国2008～2012年投资额在3000万元以上的核电、水电、火电、热电联产、垃圾发电、风能发电、生物质能发电、脱硫脱销、输变电等电力建设项目。项目内容包括：项目名称、建设单位、项目简介、联系方式、进展阶段、投资总额、建设周期等。

二、重点项目概览篇。以中国拟在建项目网（www.bhi.com.cn）“专题项目数据库”为基础，汇总了投资额过亿元的500多个重点拟在建电力项目。

三、分析篇。以投资建设为主线，包括投资建设回顾与展望、政策与法规导读、设备市场分析三部分。

四、应用篇。包括如何更好地利用项目信息、项目申报流程及问答两部分。

五、附录。包括投资建设、投资政策大事记及有关政策法规节选。

受出版时间的限制，有关最新政策变化的内容及数据未能在本书中及时体现，此方面资料可以通过浏览中国拟在建项目网（www.bhi.com.cn）的“专题栏目”、“投资政策”等栏目获得。书中错漏或不妥之处，敬请广大读者在使用过程中多提宝贵意见，以期明年改进完善！

《全国拟在建项目汇编》（2008年版）编委会

2008年1月

目录

拟在建项目篇

项目名称 田湾核电（二期）工程

项目概况

投资总额： 2300000 万元 RMB
项目性质： 续建
进展阶段： 编制项目申请报告
申报方式： 核准制
审批机关： 国家发改委
主管单位： 中国核工业集团公司
建设周期： 2008 年至 2013 年
企业性质： 国有
关键设备： 压水堆核电机组、反应堆压力容器、蒸汽发生器、稳压器。

项目简介

该项目位于江苏省连云港市高公岛乡田湾，厂址坐落于后云台山南麓的扒山头地区，规模建设 2 台 100 万千瓦级压水堆核电机组。

工程总投资 230 亿元。

联系方式

建设单位： 江苏核电有限公司
联系电话： 0518-2321140
联系传真： 0518-2203078
通信地址： 江苏省连云港市连云区海棠中路 28 号
邮政编码： 222042
咨询单位： 核工业第二研究设计院
联系电话： 010-88022201
联系传真： 010-68418086
通信地址： 北京市海淀区马神庙 1 号
邮政编码： 100840

项目名称 田湾核电站（三、四期）工程

项目概况

投资总额： 4600000 万元 RMB
项目性质： 续建
进展阶段： 编制项目申请报告
申报方式： 核准制
审批机关： 国家发改委
主管单位： 中国核工业集团公司
建设周期： 2009 年至 2015 年
企业性质： 国有
关键设备： 压水堆核电机组、反应堆压力容器、蒸汽发生器、稳压器。

项目简介

该项目位于江苏省连云港市高公岛乡田湾（推荐船山为三、四期场地），建设 4 台 100 万千瓦级压水堆核电机组。

工程总投资 460 亿元。

联系方式

建设单位： 江苏核电有限公司
联系电话： 0518-2321140
联系传真： 0518-2203078
通信地址： 江苏省连云港市连云区海棠中路 28 号
邮政编码： 222042
咨询单位： 核工业第二研究设计院
联系电话： 010-88022201
联系传真： 010-68418086
通信地址： 北京市海淀区马神庙 1 号
邮政编码： 100840

项目名称 秦山核电（二期）扩建工程（十一五）

项目概况

投资总额： 1580000 万元 RMB
项目性质： 续建
进展阶段： 开工在建
申报方式： 核准制
审批机关： 国家发改委
主管单位： 核电秦山联营有限公司
建设周期： 2008 年至 2011 年
企业性质： 股份制
关键设备： 核反应堆、主泵、稳压器、蒸汽发生器、危急冷却系统、压力容器。

项目简介

该项目即秦山二期核电站 3 号、4 号机组工程，位于浙江省嘉兴市海盐县，建设 2 台 65 万千瓦压水堆核电机组，采用中国核工业集团公司成功创立的国产化核电品牌 CNP600（ChinaNuclearPower600MWe）技术，设计寿命为 40 年。

工程总投资 158 亿元。

联系方式

建设单位： 核电秦山联营有限公司
联系电话： 0573-86381451
联系传真： 0573-86402560
通信地址： 浙江省嘉兴市海盐县
邮政编码： 314300
咨询单位： 核工业第二研究设计院
联系电话： 010-88022201
联系传真： 010-68418086
通信地址： 北京市海淀区马神庙 1 号
邮政编码： 100840

项目名称 三门核电（一期）工程

项目概况

投资总额：3200000 万元 RMB
项目性质：新建
进展阶段：工程设计
申报方式：核准制
审批机关：国家发改委
主管单位：三门核电有限公司
建设周期：2008 年至 2012 年
企业性质：股份制
关键设备：压水堆核电机组、反应堆压力容器、蒸汽发生器、稳压器。

项目简介

三门核电项目位于浙江省台州市三门县健跳镇内，坐落在东海之滨的猫头山半岛上。厂址三面环海，西侧有山体形成的自然屏障。计划建设 6 台 100 万千瓦级压水堆核电机组，分期实施。

该项目为一期工程，是首个国家核电建设自主化依托项目，采用美国西屋公司开发的第三代先进压水堆（AP1000）技术，建设 2 台 100 万千瓦级先进压水堆核电机组。

工程总投资 320 亿元。

联系方式

建设单位：三门核电有限公司
联系电话：0573-86027133/86026191
联系传真：0573-86026265
通信地址：浙江省嘉兴市海盐县新桥南路 32 号
邮政编码：314300
咨询单位：上海核工程研究设计院
联系电话：021-64850220
联系传真：021-64851074
通信地址：上海市虹漕路 29 号
邮政编码：200233

项目名称 池州吉阳核电站（一期）工程

项目概况

投资总额：2330000 万元 RMB
项目性质：新建
进展阶段：编制项目申请报告
申报方式：核准制
审批机关：国家发改委
主管单位：中国核工业集团公司
建设周期：2010 年至 2015 年
企业性质：股份制
关键设备：核电机组、压力容器、蒸汽发生器、稳压器、燃料组件、水处理设备。

项目简介

池州核电站项目已列入安徽省“861”行动计划重大项目，备选地址之一位于安徽省池州市东至县瓦垅乡吉阳村，由中核集团控股开发建设，总占地面积为 5.231 平方千米，规划建设 4 台 100 万千瓦级核电机组。

该项目为一期工程，建设 2 台 100 万千瓦级压水堆核电机组。

工程总投资 233 亿元。

联系方式

建设单位：安徽吉阳核电有限公司筹建处
联系电话：0566-2033939
联系传真：0566-2033939
通信地址：安徽省池州市秋浦西路 6 号
邮政编码：242800
咨询单位：上海核工程研究设计院
联系电话：021-64850220
联系传真：021-64851074
通信地址：上海市虹漕路 29 号
邮政编码：200233

项目名称 芜湖核电站（一期）工程

项目概况

投资总额：2300000 万元 RMB
项目性质：新建
进展阶段：编制项目申请报告
申报方式：核准制
审批机关：国家发改委
主管单位：中国广东核电集团有限公司
建设周期：2008 年至 2015 年
企业性质：国有
关键设备：压水堆核电机组、反应堆压力容器、蒸汽发生器、水处理设备。

项目简介

安徽芜湖核电站芭茅山厂址位于安徽省芜湖市繁昌县狄港镇，规划建设 4 台 100 万千瓦级压水堆核电机组，分期实施。

该项目为一期工程，建设 2 台 100 万千瓦级核电机组，采用已有多年安全稳定运行经验的 M310 机组的基础上改进的 CPR1000 百万千瓦级压水堆核电机组。

工程总投资 230 亿元。

联系方式

建设单位：中广核能源开发有限责任公司
联系电话：0755-83671645
联系传真：0755-83671580
通信地址：广东省深圳市上步中路 1001 号科技大厦
邮政编码：518031
咨询单位：深圳中广核工程设计有限公司
联系电话：0755-84478356
联系传真：0755-84478186
通信地址：广东省深圳市福田区泥岗路 1066 号
邮政编码：518029

项目名称 宁德核电站（一期）工程

项目概况

投资总额： 2320000万元 RMB
项目性质： 新建
进展阶段： 正在核准
申报方式： 核准制
审批机关： 国家发改委
主管单位： 福建宁德核电有限公司
建设周期： 2008年至2012年
企业性质： 股份制
关键设备： 核电机组、压力容器、蒸汽发生器、稳压器、燃料组件、水处理设备。

项目简介

福建宁德核电项目位于福建省宁德市辖福鼎市秦屿镇的备湾村，濒临东海，南距福州143千米，北距温州113千米，规划建设6台100万千瓦级压水堆核电机组，由广东核电投资有限公司和大唐国际发电股份有限公司共同出资，分三期建设。采用CPR1000技术方案，为核电第二代加改进型压水堆，综合国产化率达到70%。

该项目为一期工程，建设2台100万千瓦级压水堆核电机组。

工程总投资232亿元。

联系方式

建设单位： 福建宁德核电有限公司
联系电话： 0593-2918600/2918616
联系传真： 0593-2918666
通信地址： 福建省宁德市东侨开发区邮政大厦7楼
邮政编码： 352100
咨询单位： 深圳中广核工程设计有限公司
联系电话： 0755-84478356
联系传真： 0755-84478186
通信地址： 广东省深圳市福田区泥岗路1066号
邮政编码： 518029

项目名称 江西彭泽帽子山核电站（一期）项目

项目概况

投资总额： 2036000万元 RMB
项目性质： 新建
进展阶段： 编制项目申请报告
申报方式： 核准制
审批机关： 国家发改委
主管单位： 中国电力投资集团公司
建设周期： 2009年至2014年
企业性质： 国有
关键设备： 压水堆核电机组、反应堆压力容器、蒸汽发生器、稳压器。

项目简介

该项目位于江西省九江市彭泽县帽子山，由中国电力投资集团公司投资，建设2台100万千瓦级核电机组。

项目总投资203.6亿元。

联系方式

建设单位： 中国电力投资集团江西分公司江西核电项目筹备处
联系电话： 0791-6877130
联系传真： 0791-6877130
通信地址： 江西省南昌市东湖区下正街45号
邮政编码： 330006
咨询单位： 上海核工程研究设计院
联系电话： 021-64850220
联系传真： 021-64851074
通信地址： 上海市虹漕路29号
邮政编码： 200233

项目名称 海阳核电站（一期）工程

项目概况

投资总额： 2350000万元 RMB
项目性质： 新建
进展阶段： 工程设计
申报方式： 核准制
审批机关： 国家发改委
主管单位： 山东核电有限公司
建设周期： 2008年至2012年
企业性质： 股份制
关键设备： 核反应堆、主泵、稳压器、蒸汽发生器、压力容器、燃料组件。

项目简介

山东海阳核电厂位于山东省烟台市辖海阳市大辛家镇的冷家庄和邻近的董家庄，地处三面环海的岬角东端。规划建设6台100万千瓦级压水堆机组，分三期实施，并留有扩建条件。工程确定为第三代核电自主化依托项目，采用目前世界最先进的核电技术。

该项目为一期工程，建设2台100万千瓦级压水堆机组。

项目总投资235亿元。

联系方式

建设单位： 山东核电有限公司
联系电话： 0535-6608000
联系传真： 0535-3687555
通信地址： 山东省烟台市南大街金都大厦9楼905室
邮政编码： 264000
咨询单位： 上海核工程研究设计院
联系电话： 021-64850220
联系传真： 021-64851074
通信地址： 上海市虹漕路29号
邮政编码： 200233

项目名称 荣成石岛湾核电站（一期）工程

项目概况

投资总额： 300000 万元 RMB
项目性质： 新建
进展阶段： 编制项目申请报告
申报方式： 核准制
审批机关： 国家发改委
主管单位： 中国华能集团公司
建设周期： 2008 年至 2010 年
企业性质： 股份制
关键设备： 高温气冷堆核电机组、蒸汽发生器、水处理设备。

项目简介

荣成石岛湾核电站项目是我国第一座高温气冷堆示范电站，将由中国华能集团公司、中国核工业建设集团公司、清华大学共同投资建设运营。电站地址初选在山东省威海市荣成石岛湾，远期总装机规模为 400 万千瓦，总投资 400 亿元。

该项目为一期工程，建设 1 台 20 万千瓦级高温气冷堆核电机组，建成后设备国产化率将达到 70%以上。

工程总投资 30 亿元。

联系方式

建设单位： 华能核电开发有限公司
联系电话： 010-68297972
联系传真： 010-68172853
通信地址： 北京市海淀区复兴路甲 23 号华能大厦 18 层
邮政编码： 100036
咨询单位： 中核能源科技有限公司
联系电话： 010-62702330
联系传真： 010-62702329
通信地址： 北京市海淀区清华科技园创新大厦 B 座 916 室
邮政编码： 100084

项目名称 乳山红石顶核电站（一期）工程

项目概况

投资总额： 2300000 万元 RMB
项目性质： 新建
进展阶段： 编制项目申请报告
申报方式： 核准制
审批机关： 国家发改委
主管单位： 中国核工业集团公司
建设周期： 2008 年至 2016 年
企业性质： 股份制
关键设备： 压水堆核电机组、反应堆压力容器、蒸汽发生器、水处理设备。

项目简介

山东红石顶核电项目由中国核工业集团公司、山东鲁能发展集团有限公司、华电国际电力股份有限公司、山东省国际信托投资有限公司共同出资建设。项目位于山东省威海市所辖乳山市的南端，西北距乳山市 21 千米。规划分期建设 6 台 100 万千瓦级核电机组。

该项目为一期工程，建设 2 台 100 万千瓦级核电机组。

工程总投资 230 亿元。

联系方式

建设单位： 山东红石顶核电有限公司筹建处
联系电话： 0631-6776528
联系传真： 0631-6280016
通信地址： 山东省乳山市胜利街 106 号
邮政编码： 264500
咨询单位： 上海核工程研究设计院
联系电话： 021-64850220
联系传真： 021-64851074
通信地址： 上海市虹漕路 29 号
邮政编码： 200233

项目名称 大畈核电厂（一期）工程

项目概况

投资总额： 2300000 万元 RMB
项目性质： 新建
进展阶段： 编制项目申请报告
申报方式： 核准制
审批机关： 国家发改委
主管单位： 中国电力投资集团公司
建设周期： 2008 年至 2011 年
企业性质： 国有
关键设备： 压水堆核电机组、反应堆压力容器、蒸汽发生器、水处理设备。

项目简介

湖北大畈核电厂位于湖北省咸宁市通山县大畈镇大坳村附近的狮子岩，厂址位于富水水库中段北岸，规划建设 4 台 100 万千瓦压水堆核电机组，拟采用我国成熟的压水堆技术，建设百万千瓦级核电机组，电站设计寿命 40 年。

该项目为一期工程，建设 2 台 100 万千瓦压水堆核电机组。

工程总投资 230 亿元。

联系方式

建设单位： 中电投集团公司湖北核电项目筹备处
联系电话： 027-87814080
联系传真： 027-87840125
通信地址： 湖北省武汉市武昌区中南路 1 号国际金融贸易大厦 12 层
邮政编码： 430071
咨询单位： 核工业第二研究设计院
联系电话： 010-88022201
联系传真： 010-68418086
通信地址： 北京市海淀区马神庙 1 号
邮政编码： 100840

项目名称 大唐华银核电（一期）工程

项目概况

投资总额：2460000 万元 RMB
项目性质：新建
进展阶段：编制项目申请报告
申报方式：核准制
审批机关：国家发改委
主管单位：中国大唐集团公司
建设周期：2008 年至 2013 年
企业性质：股份制
关键设备：核电机组、压力容器、蒸汽发生器、稳压器、燃料组件、水处理设备。

项目简介

大唐华银核电厂由大唐华银电力投资建设，初步选址在湖南省株洲市株洲县龙门和岳阳市湘阴县开福山，规划建设 4 台 100 万千瓦级核电机组，分期建设。

该项目为一期工程，建设 2 台 100 万千瓦级核电机组。

工程总投资 246 亿元。

联系方式

建设单位：湖南华银电力股份有限公司
联系电话：0731-5515572/5388088
联系传真：0731-5510188
通信地址：湖南省长沙市芙蓉中路三段 255 号
邮政编码：410007
咨询单位：核工业第二研究设计院
联系电话：010-88022201
联系传真：010-68418086
通信地址：北京市海淀区马神庙 1 号
邮政编码：100840

项目名称 益阳桃花江核电站（一期）工程

项目概况

投资总额：2400000 万元 RMB
项目性质：新建
进展阶段：编制项目申请报告
申报方式：核准制
审批机关：国家发改委
主管单位：中国核工业集团公司
建设周期：2009 年至 2015 年
企业性质：国有
关键设备：压水堆核电机组、反应堆压力容器、蒸汽发生器、水处理设备。

项目简介

湖南桃花江核电厂工程位于湖南省益阳市桃江县沾溪乡荷叶山，规划建设 4 台 100 万千瓦级压水堆核电机组，分期建设。

该项目为一期工程，建设 2 台 100 万千瓦级压水堆核电机组，1 号机组计划 2009 年 12 月主体工程开工，2014 年 10 月投入商业运行；2 号机组计划 2010 年 8 月主体工程开工，2015 年 6 月投入商业运行。

工程总投资 240 亿元。

联系方式

建设单位：湖南桃花江核电有限公司筹建处
联系电话：0737-2269992
联系传真：0737-2269900
通信地址：湖南省益阳市长益路 36 号
邮政编码：413000
咨询单位：核工业第二研究设计院
联系电话：010-88022201
联系传真：010-68418086
通信地址：北京市海淀区马神庙 1 号
邮政编码：100840

项目名称 岳阳小墨山核电厂（一期）工程

项目概况

投资总额：2260000 万元 RMB
项目性质：新建
进展阶段：编制项目申请报告
申报方式：核准制
审批机关：国家发改委
主管单位：中国电力投资集团公司
建设周期：2008 年至 2012 年
企业性质：股份制
关键设备：压水堆核电机组、反应堆压力容器、蒸汽发生器、水处理设备。

项目简介

小墨山核电厂位于湖南省岳阳市华容县东山镇塔市驿管理区老垱村的小墨山北坡，由中国电力投资集团和五凌电力有限公司方面共同出资，建设 4 台 100 万千瓦级压水堆核电机组，分期建设。

该项目为一期工程，建设 2 台 100 万千瓦级压水堆核电机组，拟采用 M310 加改进型核电机组，以岭澳核电厂一期工程为参考电站，采用国际上成熟可靠的先进核电技术，同时吸收同类核电厂最新运行经验。

工程总投资 226 亿元。

联系方式

建设单位：湖南核电有限公司
联系电话：0731-5893348
联系传真：0731-5893377
通信地址：湖南省长沙市天心区五凌路 188 号
邮政编码：410004
咨询单位：核工业第二研究设计院
联系电话：010-88022201
联系传真：010-68418086
通信地址：北京市海淀区马神庙 1 号
邮政编码：100840

项目名称 岭澳核电站（二期）工程

项目概况

投资总额： 2400000 万元 RMB
项目性质： 改扩建
进展阶段： 开工在建
申报方式： 核准制
审批机关： 国家发改委
主管单位： 中国广东核电集团有限公司
建设周期： 2005 年至 2012 年
企业性质： 国有
关键设备： 核反应堆、主泵、稳压器、蒸汽发生器、安全壳、汽轮发电机。

项目简介

广东岭澳核电站位于深圳市东部大鹏半岛岭澳村，东临大亚湾，西距深圳市中心直线距离约 45 千米，西南距香港中心直线距离约 50 千米，北距大亚湾经济开发区约 10 千米，距正在运行的大亚湾核电站约 1 千米。

该项目为二期工程，采用中广核集团拥有自主品牌的技术路线 CPR1000，建设 2 台 100 万千瓦级压水堆核电机组，工程于 2005 年 12 月 15 日浇注一号机组核岛第一罐混凝土，计划一号机组于 2011 年 12 月 15 日投入商业运行。

工程总投资 240 亿元。

联系方式

建设单位： 岭澳核电有限公司
联系电话： 0755-83671583
联系传真： 0755-84314063
通信地址： 广东省深圳市龙岗区大鹏镇水头村
邮政编码： 518121
咨询单位： 核工业第二研究设计院
联系电话： 010-88022201
联系传真： 010-68418086
通信地址： 北京市海淀区马神庙 1 号
邮政编码： 100840

项目名称 台山核电站（一期）工程（十一五）

项目概况

投资总额： 2500000 万元 RMB
项目性质： 新建
进展阶段： 编制项目申请报告
申报方式： 核准制
审批机关： 国家发改委
主管单位： 中国广东核电集团有限公司
建设周期： 2008 年至 2014 年
企业性质： 国有
关键设备： 核电机组、压力容器、蒸汽发生器、稳压器、燃料组件、水处理设备。

项目简介

台山核电工程（腰古核电厂）是列入国家“十一五”规划并由中国广东核电集团有限公司优先实施的重大工程，位于广东省台山市赤溪镇腰古自然村，总装机容量为 600 万千瓦至 800 万千瓦（6~8 台 100 万千瓦级核电机组）。计划分三期建设，总投资 800 亿元。

该项目为一期工程，场地布置腰古湾北面，建设 2 台 100 万千瓦级 CPR1000 压水堆核电机组，设计寿命 40 年。

工程总投资 250 亿元。

联系方式

建设单位： 台山核电集团有限公司
联系电话： 0750-5558028
联系传真： 0750-5558028
通信地址： 广东省台山市台城镇
邮政编码： 529200
咨询单位： 深圳中广核工程设计有限公司
联系电话： 0755-84478356
联系传真： 0755-84478186
通信地址： 广东省深圳市福田区泥岗路 1066 号
邮政编码： 518029

项目名称 阳江核电站（一期）工程

项目概况

投资总额： 4600000 万元 RMB
项目性质： 新建
进展阶段： 正在核准
申报方式： 核准制
审批机关： 国家发改委
主管单位： 中国广东核电集团有限公司
建设周期： 2008 年至 2015 年
企业性质： 国有
关键设备： 压水堆核电机组、反应堆压力容器、蒸汽发生器。

项目简介

阳江核电站位于广东省阳江市东平镇沙环村，厂址三面环山，南面临海，西北距东平镇 5.6 千米，西北西距阳江市 35 千米。规划建设 6 台 100 万千瓦级核电机组，分期建设。

该项目为一期工程，由中国广东核电集团有限公司出资建设，总装机容量为 4 台 100 万千瓦，采用由中国广东核电集团开发的 CPR1000 压水堆核电机组。

工程总投资 460 亿元。

联系方式

建设单位： 阳江核电有限公司
联系电话： 0662-3305588
联系传真： 0662-3305599
通信地址： 广东省阳江市新江北路 11 号
邮政编码： 529500
咨询单位： 深圳中广核工程设计有限公司
联系电话： 0755-84478356
联系传真： 0755-84478186
通信地址： 广东省深圳市福田区泥岗路 1066 号
邮政编码： 518029

项目名称 白龙核电站（一期）工程（十一五）

项目概况

投资总额： 2400000 万元 RMB
项目性质： 新建
进展阶段： 编制项目申请报告
申报方式： 核准制
审批机关： 国家发改委
主管单位： 中国广东核电集团有限公司
建设周期： 2008 年至 2012 年
企业性质： 股份制
关键设备： 核反应堆、主泵、稳压器、蒸汽发生器、汽轮发电机、燃料组件。

项目简介

广西壮族自治区防城港白龙核电站项目位于广西壮族自治区防城港市防城区江山半岛端部白龙尾，规划建设 6 台 100 万千瓦核电机组，由中国广东核电集团有限公司、中国电力投资集团公司、广西壮族自治区投资集团有限公司共同出资，分期建设。

该项目为一期工程，建设 2 台 100 万千瓦核电机组。

工程总投资 240 亿元。

联系方式

建设单位： 广西白龙核电站一期工程筹建处
联系电话： 0770-2838828
联系传真： 0770-2838828
通信地址： 广西壮族自治区防城港市港口区建行大厦
邮政编码： 538001
咨询单位： 上海核工程研究设计院
联系电话： 021-64850220
联系传真： 021-64851074
通信地址： 上海市虹漕路 29 号
邮政编码： 200233

项目名称 桂东核电（一期）工程

项目概况

投资总额： 2400000 万元 RMB
项目性质： 新建
进展阶段： 编制项目申请报告
申报方式： 核准制
审批机关： 国家发改委
主管单位： 中国电力投资集团公司
建设周期： 2010 年至 2016 年
企业性质： 国有
关键设备： 压水堆核电机组、反应堆压力容器、蒸汽发生器、稳压器。

项目简介

广西壮族自治区桂东核电工程规划建设 4 台 100 万千瓦压水堆核电机组，初步筛选西江流域浔江段的白沙（平南县境内）和福传（苍梧县境内）两个厂址。项目一次规划布置，分期实施。它的建设可以满足广西壮族自治区电力增长需求，有利于优化电源结构以及减轻广西壮族自治区的环境压力。

该项目为一期工程，建设 2 台 100 万千瓦压水堆核电机组。

工程总投资 240 亿元。

联系方式

建设单位： 中国电力投资集团公司广西壮族自治区核电项目部
联系电话： 0771-5519599
联系传真： 0771-5519599
通信地址： 广西壮族自治区壮族自治区南宁市民族大道 111 号发展大厦 10 楼
邮政编码： 530022
咨询单位： 上海核工程研究设计院
联系电话： 021-64850220
联系传真： 021-64851074
通信地址： 上海市虹漕路 29 号
邮政编码： 200233

项目名称 重庆石柱核电（一期）项目

项目概况

投资总额： 3000000 万元 RMB
项目性质： 新建
进展阶段： 编制项目申请报告
申报方式： 核准制
审批机关： 国家发改委
主管单位： 中国核工业集团公司
建设周期： 2009 年至 2015 年
企业性质： 国有
关键设备： 压水堆核电机组、反应堆压力容器、蒸汽发生器、稳压器。

项目简介

重庆石柱核电项目位于重庆市石柱县西沱镇，推荐梨院冲及黎场乡黎井坡 2 个候选厂址，规划建设 4 台 100 万千瓦核电机组，分两期建设，并预留再扩建能力。工程由中国核工业集团公司投资建设。

该项目为一期工程，建设 2 台 100 万千瓦核电机组。

工程总投资 300 亿元。

联系方式

建设单位： 中核集团重庆石柱核电有限责任公司筹备处
联系电话： 023-73331623
联系传真： 023-73331623
通信地址： 重庆市石柱县西沱镇
邮政编码： 409106
咨询单位： 上海核工程研究设计院
联系电话： 021-64850220
联系传真： 021-64851074
通信地址： 上海市虹漕路 29 号
邮政编码： 200233

项目名称 南充核电站（一期）项目

项目概况

投资总额： 2215000 万元 RMB
项目性质： 新建
进展阶段： 编制项目申请报告
申报方式： 核准制
审批机关： 国家发改委
主管单位： 中国广东核电集团有限公司
建设周期： 2010 年至 2015 年
企业性质： 国有
关键设备： 核电机组、压力容器、蒸汽发生器、稳压器、燃料组件、水处理设备。

项目简介

四川省南充核电站位于四川省南充市蓬安县三坝乡，拟建 2 台 100 万千瓦和 2 台 160 万千瓦核电机组，总投资 600 多亿元，分两期建设，并预留三期扩建空间。

该项目为一期工程，建设 2 台 100 万千瓦核电机组。

项目总投资 221.5 亿元。

联系方式

建设单位： 中国广东核电集团有限公司
联系电话： 0755-83671005
联系传真： 0755-83788710
通信地址： 广东省深圳市上步中路 1001 号科技大厦
邮政编码： 518031
咨询单位： 深圳中广核工程设计有限公司
联系电话： 0755-84478356
联系传真： 0755-84478186
通信地址： 广东省深圳市福田区泥岗路 1066 号
邮政编码： 518029

项目名称 栾城土贤庄水电站项目

项目概况

投资总额： 2698.18 万元 RMB
项目性质： 新建
进展阶段： 编制项目申请报告
申报方式： 核准制
审批机关： 省级发改委
主管单位： 河北省石津灌区管理局
建设周期： 2008 年至 2009 年
企业性质： 国有
关键设备： 水轮发电机组、自动化控制设备、泵、阀、仪器仪表、变压器。

项目简介

该项目位于河北省石家庄市东二环与石津总干渠交叉口的土贤庄跌水处，装机容量 2 台 2 兆瓦，设计流量每秒 93.68 立方米，水位落差 6.92 米，发电量 1468 千瓦。主要包括主体施工场区、施工临时占用区、进场道路、弃土场和弃渣场。

项目总投资 2698.18 万元。

联系方式

建设单位： 河北省石津灌区管理局
联系电话： 0311-87817634
联系传真： 0311-87817634
通信地址： 河北省石家庄市新华区新增胡同 2 号
邮政编码： 050051
咨询单位： 邯郸市水利水电勘测设计研究院
联系电话： 0310-3178731/3178713
联系传真： 0310-3178731
通信地址： 河北省邯郸市丰收路 42 号
邮政编码： 056002

项目名称 安泽县西里水电站工程

项目概况

投资总额： 4000 万元 RMB
项目性质： 新建
进展阶段： 开工在建
申报方式： 核准制
审批机关： 省级发改委
主管单位： 山西省安泽西里水电有限责任公司
建设周期： 2007 年至 2009 年
企业性质： 股份制
关键设备： 水轮发电机组、自动化控制设备、泵、阀、仪器仪表、变压器。

项目简介

该项目位于山西省临汾市安泽县马壁乡朗寨村东沁河干流上，是以发电为主兼顾养殖等综合开发的坝后式小型水电站。总装机容量 2400 千瓦，建设 3 台 800 千瓦机组，最大坝高 32.4 米，大坝全长 151.2 米，水库总库容 938 万立方米。电站枢纽由浆砌石重力式非溢流坝、重力式溢流坝、冲沙泄洪洞和水电站厂房四部分组成。

工程总投资 4000 万元。

联系方式

建设单位： 山西省安泽西里水电有限责任公司
联系电话： 0357-8522125
联系传真： 0356-8522125
通信地址： 山西省临汾市安泽县水利水保局
邮政编码： 042500
咨询单位： 中国水电顾问集团中南勘测设计研究院
联系电话： 0731-5073443/5075232
联系传真： 0731-5584080
通信地址： 湖南省长沙市雨花区圭塘香樟路 9 号
邮政编码： 410014

项目名称 章京（北头子）水电站工程

项目概况

投资总额：5000 万元 RMB
项目性质：新建
进展阶段：正在核准
申报方式：核准制
审批机关：国家发改委
主管单位：抚顺龙兴再生能源有限公司
建设周期：2008 年至 2010 年
企业性质：股份制
关键设备：水轮发电机组、自动化控制设备、泵、阀、仪器仪表、变压器。

项目简介

该项目位于辽宁省抚顺市新宾县，主要在木奇镇苏子河上游浑江引水口河段建设一座小型引水式径流电站，利用浑江引水工程的水流进行发电，分两级开发，总装机容量 8000 千瓦。整个工程由引渠、溢流坝、翻板闸、厂房、尾渠等工程组成。工程建筑物位于河道上，发电尾水通过尾渠回到主河道。电站建成后既可充分开发利用当地水能资源，又能缓解当地用电高峰时的电力不足，对于降低火电燃煤污染、促进当地经济起到积极推动的作用。

工程总投资 5000 万元。

联系方式

建设单位：抚顺龙兴再生能源有限公司
联系电话：0413-5023698
联系传真：0413-5023698
通信地址：辽宁省抚顺市新宾县新宾县新宾镇衍水街 5 号
邮政编码：113200
咨询单位：抚顺市水利勘测设计研究院
联系电话：0413-2421930
联系传真：0413-2423764
通信地址：辽宁省抚顺市新抚区浑河南路 46 号
邮政编码：113008

项目名称 哈达山水利枢纽工程

项目概况

投资总额：290000 万元 RMB
项目性质：新建
进展阶段：编制项目申请报告
申报方式：核准制
审批机关：国家发改委
主管单位：松原市哈达山水利枢纽暨松原灌区开发有限公司
建设周期：2008 年至 2010 年
企业性质：股份制
关键设备：水轮发电机组、自动化控制设备、水处理设备、启闭机、阀门、泵。

项目简介

该项目是吉林省“十一五”期间水利重点建设项目，位于吉林省西部松嫩平原第二松花江干流下游，坝址距松原市 20 千米，是一座以生活和工农业供水为主、结合生态环境保护供水、发电等综合利用的水利工程，总装机容量 27 兆瓦，总库容 6.08 亿立方米。枢纽工程由土石坝、溢流坝、河床式电站、混凝土重力坝、引水渠首闸、库区左岸防护堤、输水干渠及渠系建筑物等组成。水库正常蓄水位 140.1 米，年供水量 21.38 亿立方米。

工程总投资 29 亿元。

联系方式

建设单位：松原市哈达山水利枢纽暨松原灌区开发有限公司
联系电话：0438-5077710
联系传真：0438-5077711
通信地址：吉林省松原市松原大路 3355 号
邮政编码：138001
咨询单位：吉林省电力勘测设计院
联系电话：0431-85794480
联系传真：0431-88915095
通信地址：吉林省长春市人民大街 3850 号
邮政编码：130022

项目名称 牡丹江三间房水电站工程

项目概况

投资总额：17000 万元 RMB
项目性质：新建
进展阶段：正在核准
申报方式：核准制
审批机关：国家发改委
主管单位：黑龙江省牡丹江三间房水电站工程建设管理处
建设周期：2008 年至 2010 年
企业性质：国有
关键设备：水轮发电机组、自动化控制设备、泵、阀、仪器仪表、变压器。

项目简介

该项目被正式纳入“十一五”期间中央预算内投资计划，位于黑龙江省牡丹江市西安区温春镇老黑山村下游 1.4 千米处，在牡丹江干流上，电站蓄水高程 240.5 米，挡水高度 9 米，库区水面 330 万平方米，库容 1150 立方米，总装机容量 7500 千瓦至 9000 千瓦。泄流采用闸门泄流形式，即左岸为厂房，右岸为泄流段，两岸与山体接触处局部采用重力式坝体。枢纽全长约 220 米，两侧重力式接头约 30 米，厂房约 60 米，泄洪闸约 130 米。

工程总投资 1.7 亿元。

联系方式

建设单位：黑龙江省牡丹江三间房水电站工程建设管理处
联系电话：0453-8123041
联系传真：0453-8123041
通信地址：黑龙江省牡丹江市西三条路 253 号
邮政编码：157000
咨询单位：牡丹江市水利勘测设计研究院
联系电话：0453-8123042
联系传真：0453-8123042
通信地址：黑龙江省牡丹江市西安区西三条路 249 号
邮政编码：157000

项目名称 溧阳抽水蓄能电站项目

项目概况

投资总额：609600 万元 RMB
项目性质：新建
进展阶段：正在核准
申报方式：核准制
审批机关：国家发改委
主管单位：江苏省国信集团公司
建设周期：2009 年至 2011 年
企业性质：股份制
关键设备：水轮发电机组、闸、启闭机、控制系统。

项目简介

该项目位于江苏省溧阳市天目湖 AAAA 旅游区，枢纽建筑物由上水库、下水库、输水系统及发电厂房系统四部分组成。上水库位于龙潭林场伍员山工区，下水库位于天目湖镇吴村，与沙河水库为邻。电站额定水头 259 米，总装机容量 150 万千瓦，建设 6 台 250 兆瓦抽水蓄能机组，设计年发电量 20.07 亿千瓦时，年抽水电量 26.76 亿千瓦时。

工程总投资 60.96 亿元。

联系方式

建设单位：江苏国信溧阳抽水蓄能发电有限公司
联系电话：0519-87982222
联系传真：0519-87982221
通信地址：江苏省溧阳市天目湖旅游度假区环湖东路 1 号
邮政编码：213333
咨询单位：中国水电顾问集团中南勘测设计研究院
联系电话：0731-5073443/5075232
联系传真：0731-5584080
通信地址：湖南省长沙市雨花区圭塘香樟路 9 号
邮政编码：410014

项目名称 天荒坪第二抽水蓄能电站项目

项目概况

投资总额：620000 万元 RMB
项目性质：新建
进展阶段：编制项目申请报告
申报方式：核准制
审批机关：国家发改委
主管单位：天荒坪第二抽水蓄能电站筹建处
建设周期：2008 年至 2012 年
企业性质：股份制
关键设备：水轮发电机组、闸、启闭机、控制系统。

项目简介

该项目为浙江省和华东电网"十一五"期间的重点规划项目，位于浙江省湖州市安吉县天荒坪镇，与"天电"遥遥相对，总装机容量 210 万千瓦，"天二"建成后与"天电"携手，为华东电网事故备用提供保障；其强大的削峰添谷能力，对提高华东电网运行安全性和供电质量方面提供了可靠保证，对繁荣地方经济发展将发挥巨大的推动作用。

项目总投资 62 亿元。

联系方式

建设单位：天荒坪第二抽水蓄能电站筹建处
联系电话：0572-5129685
联系传真：0572-5129685
通信地址：浙江省湖州市安吉县天荒坪镇
邮政编码：313302
咨询单位：中国水电顾问集团华东勘测设计研究院
联系电话：0571-56738888
联系传真：0571-88076606
通信地址：浙江省杭州市潮王路 22 号
邮政编码：310014

项目名称 仙居抽水蓄能电站项目

项目概况

投资总额：533143 万元 RMB
项目性质：新建
进展阶段：正在核准
申报方式：核准制
审批机关：国家发改委
主管单位：国家电网公司
建设周期：2008 年至 2012 年
企业性质：股份制
关键设备：水轮发电机组、闸、启闭机、控制系统。

项目简介

该项目位于浙江省台州市仙居县湫山乡境内，地处浙南电网用电负荷中心，上水库位于梧桐村，下水库利用已建成的下库水库，电站供电范围以浙江电网为主，同时兼顾华东电网，设计水平年为 2015 年，电站在电网中主要担负调峰、填谷任务，还具有调频、调相、紧急事故备用等动态功能。项目由国网新源控股有限公司出资建设，总装机容量 150 万千瓦，上水库正常蓄水位 675 米，死水位 633 米，相应调节库容 1066 万立方米。

工程总投资 53.3143 亿元。

联系方式

建设单位：国网新源控股有限公司
联系电话：010-63412737
联系传真：010-63412737
通信地址：北京市东城区后沟胡同乙 2 号（汇置通大厦）
邮政编码：100005
咨询单位：中国水电顾问集团华东勘测设计研究院
联系电话：0571-56738888
联系传真：0571-88076606
通信地址：浙江省杭州市潮王路 22 号
邮政编码：310014

项目名称 宝泉抽水蓄能电站项目

项目概况

投资总额： 430000万元RMB
项目性质： 新建
进展阶段： 开工在建
申报方式： 核准制
审批机关： 国家发改委
主管单位： 国家电网公司
建设周期： 2004年至2010年
企业性质： 股份制
关键设备： 水轮发电机组、闸、启闭机、控制系统。

项目简介

该项目为国家重点工程，位于河南省辉县市薄壁镇大王庙以上 2.4 千米的峪河上，距新乡市45千米，是一座日调节纯抽水蓄能电站。电站总装机容量为120万千瓦，单机容量为30万千瓦，共4台水泵水轮机组。电站枢纽建筑物分为地面建筑物和地下建筑物二大部分。地面建筑物主要有上水库、下水库、中控楼、透平绝缘油罐室、500 千伏开关站等。地下建筑物主要有输水隧洞、地下主、副厂房、主变洞、母线洞、进厂交通洞、通风兼安全洞、500 千伏出线洞等。

工程总投资43亿元。

联系方式

建设单位： 河南国网宝泉抽水蓄能有限公司
联系电话： 0373-6578228
联系传真： 0373-6578228
通信地址： 河南省辉县市薄壁镇
邮政编码： 453600
咨询单位： 长江水利委员会长江勘测规划设计研究院
联系电话： 027-82927792/82827792
联系传真： 027-82829202
通信地址： 湖北省武汉市解放大道1863号
邮政编码： 430010

项目名称 白莲河抽水蓄能电站工程

项目概况

投资总额： 353300万元RMB
项目性质： 新建
进展阶段： 开工在建
申报方式： 核准制
审批机关： 国家发改委
主管单位： 国家电网公司
建设周期： 2004年至2009年
企业性质： 股份制
关键设备： 可逆式抽水蓄能机组、自动化控制系统、泵、阀。

项目简介

该项目是湖北省“十五”重点建设项目之一，是华中地区最大的抽水蓄能电站，是黄冈地区800万人民长久的期盼，建成后，不仅将大大缓解华中电网供电紧张的形势，而且对于带动当地经济与社会发展具有重要而深远的意义。电站位于湖北省黄冈市罗田县白莲河乡境内，白莲河水库右坝头上游侧，电站枢纽由上水库、下水库、输水系统、地下厂房及地面开关站等组成。总装机容量为120万千瓦，安装4台30万千瓦可逆式抽水蓄能机组。

工程总投资35.33亿元。

联系方式

建设单位： 湖北白莲河抽水蓄能有限公司
联系电话： 0713-5779608
联系传真： 0713-5779600
通信地址： 湖北省黄冈市罗田县白莲河乡
邮政编码： 436100
咨询单位： 中国电力工程顾问集团中南电力设计院
联系电话： 027-67816781
联系传真： 027-87811992
通信地址： 湖北省武汉市武昌区民主路668号
邮政编码： 430071

项目名称 堵河龙背湾水电站工程

项目概况

投资总额： 150000万元RMB
项目性质： 新建
进展阶段： 编制项目申请报告
申报方式： 核准制
审批机关： 省级发改委
主管单位： 湖北堵河潘口水电发展有限公司
建设周期： 2009年至2014年
企业性质： 股份制
关键设备： 水轮发电机组、自动化控制设备、泵、阀、仪器仪表、变压器。

项目简介

该项目位于湖北省十堰市堵河南支流官渡河上，坝址在官渡河与支流平渡河汇合口下游，距竹山县城84千米，是堵河干流梯级开发的第一级，为坝后式开发，总装机容量18万千瓦。工程由拦河坝、泄槽式溢洪道、发电引水隧洞、发电厂房组成。

项目总投资15亿元。

联系方式

建设单位： 湖北堵河潘口水电发展有限公司
联系电话： 0719-4231870
联系传真： 0719-4231870
通信地址： 湖北省十堰市竹山县城关大道70号
邮政编码： 442200
咨询单位： 湖北省水利水电勘测设计院
联系电话： 027-87274251
联系传真： 027-87301015
通信地址： 湖北省武汉市武昌武珞路七巷66号
邮政编码： 430064

项目名称 堵河小漩水电站项目

项目概况

投资总额： 50000 万元 RMB
主管单位： 湖北堵河潘口水电发展有限公司
项目性质： 新建
建设周期： 2008 年至 2011 年
进展阶段： 编制项目申请报告
企业性质： 股份制
申报方式： 核准制
关键设备： 水轮发电机组、自动化控制设备、泵、阀、仪器仪表、变压器。
审批机关： 省级发改委

项目简介

该项目位于湖北省十堰市竹山县潘口乡境内，地处堵河上游干流上，距竹山县城 2 千米，是堵河两河口以下干流三级梯级开发的第二级，为潘口水利水电枢纽的反调节水电站。坝址控制流域面积 9050 平方千米，多年平均流量每秒 167 立方米，由汉江集团全资子公司湖北堵河潘口水电发展有限责任公司出资建设，总装机容量 5 万千瓦。

项目总投资 5 亿元。

联系方式

建设单位： 湖北堵河潘口水电发展有限公司
联系电话： 0719-4231870
联系传真： 0719-4231870
通信地址： 湖北省十堰市竹山县城关大道 70 号
邮政编码： 442200
咨询单位： 湖北省水利水电勘测设计院
联系电话： 027-87274251
联系传真： 027-87301015
通信地址： 湖北省武汉市武昌武珞路七巷 66 号
邮政编码： 430064

项目名称 鹤峰江坪河水电站工程

项目概况

投资总额： 350000 万元 RMB
主管单位： 湖北华清电力有限公司
项目性质： 新建
建设周期： 2008 年至 2012 年
进展阶段： 施工准备
企业性质： 股份制
申报方式： 核准制
关键设备： 水轮发电机组、自动化控制设备、泵、阀、仪器仪表、变压器。
审批机关： 国家发改委

项目简介

该项目属省级重点工程，位于湖北省恩施市鹤峰县走马镇，总装机容量 45 万千瓦，电站水库大坝高 219 米，是世界目前第二高的混凝土面板堆石坝。项目功能以发电为主，兼有防洪、旅游、航运、水产养殖等综合效益。

工程总投资 35 亿元。

联系方式

建设单位： 湖北华清电力有限公司（武汉）
联系电话： 027-50704561
联系传真： 027-50704562
通信地址： 湖北省武汉市武昌区民主路 737 号
邮政编码： 430071
咨询单位： 中国水电顾问集团中南勘测设计研究院
联系电话： 0731-5073443/5075232
联系传真： 0731-5584080
通信地址： 湖南省长沙市雨花区圭塘香樟路 9 号
邮政编码： 410014

项目名称 溇水江坪河水电站工程

项目概况

投资总额： 350000 万元 RMB
主管单位： 湖北华清电力有限公司
项目性质： 新建
建设周期： 39462 年至 2011 年
进展阶段： 施工准备
企业性质： 股份制
申报方式： 核准制
关键设备： 水轮发电机组、泵、阀、闸、仪器仪表、变压器。
审批机关： 国家发改委

项目简介

该项目位于湖北省恩施土家族苗族自治州鹤峰县走马镇的溇水上游河段，是溇水干流规划建设 5 个梯级电站（江坪河、淋溪河、江垭、关门岩、长潭河）中的龙头电站，总装机容量 45 万千瓦，建设 2 台 225 兆瓦机组。枢纽建筑属 I 等工程大（1）型规模，坝型为面板堆石坝，最大坝高 219 米，水库总库容 13.66 亿立方米。工程包括混凝土面板堆石坝、溢洪道进水口开挖及边坡处理、导流工程、机电预埋件安装、原型观测和其他相应的施工临时设施等。

工程总投资 35 亿元。

联系方式

建设单位： 湖北华清电力有限公司
联系电话： 0718-5686209
联系传真： 0718-5686209
通信地址： 湖北省恩施市鹤峰县走马镇
邮政编码： 445801
咨询单位： 中国水电顾问集团中南勘测设计研究院
联系电话： 0731-5073443/5075232
联系传真： 0731-5584080
通信地址： 湖南省长沙市雨花区圭塘香樟路 9 号
邮政编码： 410014

项目名称 潘口水电站项目

项目概况

投资总额： 439700 万元 RMB
项目性质： 新建
进展阶段： 施工准备
申报方式： 核准制
审批机关： 国家发改委
主管单位： 湖北堵河潘口水电发展有限公司
建设周期： 2008 年至 2011 年
企业性质： 股份制
关键设备： 水轮发电机组、自动化控制设备、泵、阀、仪器仪表、变压器。

项目简介

该项目位于湖北省十堰市堵河干流上游，坝址控制流域面积占堵河流域面积的 71.6%，是堵河干流梯级开发的关键性工程，具有全年调节性能，属大中型水利枢纽工程。由汉江水利水电（集团）有限公司与北京能源投资（集团）有限公司共同出资建设，总装机容量 51.3 万千瓦，多年平均发电量 10.785 亿千瓦时，属优质调峰电站。工程既是“长江-汉江”流域重要的防洪枢纽工程，也是南水北调中线水源区重要的生态工程和扶贫工程。

工程总投资 43.97 亿元。

联系方式

建设单位： 湖北堵河潘口水电发展有限公司
联系电话： 0719-4231870
联系传真： 0719-4231870
通信地址： 湖北省十堰市竹山县城关大道 70 号
邮政编码： 442200
咨询单位： 中国水电顾问集团中南勘测设计研究院
联系电话： 0731-5073443/5075232
联系传真： 0731-5584080
通信地址： 湖南省长沙市雨花区圭塘香樟路 9 号
邮政编码： 410014

项目名称 金盆水电站工程

项目概况

投资总额： 13000 万元 RMB
项目性质： 新建
进展阶段： 正在核准
申报方式： 核准制
审批机关： 省级发改委
主管单位： 巫溪县金溪水电有限责任有限公司
建设周期： 2008 年至 2009 年
企业性质： 股份制
关键设备： 水轮发电机组、自动化控制设备、泵、阀、仪器仪表、变压器。

项目简介

该项目位于重庆市东部巫溪县，为大宁河右岸一级支流后溪河流域开发的干流第二级电站，坝址位于长桂乡黄花村雁鸭溪沟口上游约 320 米处，水库总库容 604 万立方米，调节库容 234 万立方米。水库具有旬调节性能，为混合式开发电站。拱坝体型为圆弧双曲拱坝，坝顶高程 434.2 米，坝底高程 389.2 米，最大坝高 45 米，坝顶弧长 166.6 米，坝顶宽 4 米。主厂房内装 2 台共 20 兆瓦水轮发电机组，多年平均发电量 6882 万千瓦时。

工程总投资 1.3 亿元。

联系方式

建设单位： 巫溪县金溪水电有限责任有限公司
联系电话： 023-51528626
联系传真： 023-51528626
通信地址： 重庆市城厢镇西门农行办公楼三、四楼
邮政编码： 405800
咨询单位： 三明市明兴水利水电勘察设计有限公司
联系电话： 0598-8249489
联系传真： 0598-8249489
通信地址： 福建省三明市高岩新村 38 幢 4 栋
邮政编码： 365000

项目名称 重庆万州区向家嘴水电站工程

项目概况

投资总额： 9100 万元 RMB
项目性质： 新建
进展阶段： 开工在建
申报方式： 核准制
审批机关： 省级发改委
主管单位： 中国电力投资集团公司
建设周期： 2007 年至 2009 年
企业性质： 股份制
关键设备： 水轮发电机组、变压器、泵、阀、自动化控制系统。

项目简介

该项目位于重庆市万州区向家乡雷胡子沟，是长江一级支流，流域面积 2091 平方千米，电站总装机 1.26 万千瓦，年发电量 6038 万千瓦时，工程包括新建大坝全长 100 米，高度 20 多米；新建主、副厂房，规格为 39.6 台 12 米，抗震 6 级。

工程总投资 9100 万元。

联系方式

建设单位： 重庆市万州区江河水电开发有限公司
联系电话： 023-87509009
联系传真： 023-87509009
通信地址： 重庆市万州区白岩路 200 号
邮政编码： 404000
咨询单位： 重庆三峡水电建筑勘察设计研究院
联系电话： 023-58120684
联系传真： 023-58123974
通信地址： 重庆市万州区鸡公岭 26 号
邮政编码： 404000

项目名称 春堂坝水电站建设项目

项目概况

投资总额：50000 万元 RMB
项目性质：新建
进展阶段：编制项目申请报告
申报方式：核准制
审批机关：省级发改委
主管单位：中国水利水电建设集团公司
建设周期：2008 年至 2013 年
企业性质：股份制
关键设备：水轮发电机组、自动化控制设备、泵、阀、仪器仪表、变压器。

项目简介

该项目位于四川省阿坝州小金县小金川河左岸支流，为沃日河水电梯级规划中的第四级电站。电站上游与官寨电站及沃日河支流吉斯沟上在建的吉玛电站衔接，下游为小金川河干流已建成的三关桥水电站。电站为引水式开发，电站正常蓄水位 2449.8 米，总装机容量 48 兆瓦，多年平均年发电量 2.236 亿千瓦时，电站建成后并入四川电网。

工程总投资 5 亿元。

联系方式

建设单位：四川小金川流域水电开发有限公司
联系电话：028-87577150
联系传真：028-87577150
通信地址：四川省成都市蜀通街 12 号
邮政编码：610031
咨询单位：四川省水利水电勘测设计研究院
联系电话：028-87322650/87319071
联系传真：028-87329014
通信地址：四川省成都市青华路 20 号
邮政编码：610072

项目名称 大渡河安谷水电站项目

项目概况

投资总额：760000 万元 RMB
项目性质：新建
进展阶段：编制项目申请报告
申报方式：核准制
审批机关：国家发改委
主管单位：中国水利水电建设集团公司
建设周期：2008 年至 2013 年
企业性质：股份制
关键设备：水轮发电机组、自动化控制设备、泵、阀、仪器仪表、变压器。

项目简介

该项目位于四川省乐山市沙湾区和乐山市市中区交界处，坝址处多年平均流量每秒 1490 立方米，水库正常蓄水位 398 米，总库容 6000 万立方米，为混合式开发的径流式电站；河床式厂房后接长约 9.5 千米的尾水渠，尾水渠利用水头约 16 米，电站总利用水头约 36 米，总装机容量 72 万千瓦。

工程总投资 76 亿元。

联系方式

建设单位：中国水电建设集团圣达水电有限公司
联系电话：0833-3434889
联系传真：0833-3434889
通信地址：四川省乐山市沙湾镇沙湾区
邮政编码：614900
咨询单位：四川省水利水电勘测设计研究院
联系电话：028-87322650/87319071
联系传真：028-87329014
通信地址：四川省成都市青华路 20 号
邮政编码：610072

项目名称 大渡河沙湾水电站项目

项目概况

投资总额：400000 万元 RMB
项目性质：新建
进展阶段：开工在建
申报方式：核准制
审批机关：国家发改委
主管单位：中国水利水电建设集团公司
建设周期：2005 年至 2009 年
企业性质：股份制
关键设备：水轮发电机组、自动化控制设备、泵、阀、仪器仪表、变压器。

项目简介

该项目位于四川省乐山市沙湾区葫芦镇，距葫芦镇上游约 1 千米，为大渡河干流下游梯级开发中的第一级。枢纽区上游 11.5 千米为已建的铜街子电站，枢纽区距乐山市城区 44.5 千米，工程以发电为主，兼顾灌溉和航运功能，为径流式电站，总装机容量 48 万千瓦，总库容 7000 万立方米，年发电量 24.3 亿千瓦时。

项目总投资 40 亿元。

联系方式

建设单位：四川圣达水电开发有限公司
联系电话：0833-3620783
联系传真：0833-3620783
通信地址：四川省乐山市沙湾区绥山东路 24 号
邮政编码：614000
咨询单位：四川省水利水电勘测设计研究院
联系电话：028-87322650/87319071
联系传真：028-87329014
通信地址：四川省成都市青华路 20 号
邮政编码：610072

项目名称 涪江射洪段柳树水电项目

项目概况

投资总额： 74900 万元 RMB
项目性质： 新建
进展阶段： 正在核准
申报方式： 核准制
审批机关： 省级发改委
主管单位： 中广核能源开发有限责任公司
建设周期： 2008 年至 2009 年
企业性质： 国有
关键设备： 水轮发电机组、自动化控制设备、泵、阀、仪器仪表、变压器。

项目简介

该项目位于四川省涪江干流遂宁段射洪县境内，由中广核能源开发有限责任公司投资建设，总装机容量 4.8 万千瓦，年等效满负荷发电 5110 小时，预计年发电量 2.45 亿千瓦时。

项目总投资 7.49 亿元。

联系方式

建设单位： 中广核能源开发有限责任公司四川电力办
联系电话： 028-86727797
联系传真： 028-86727797
通信地址： 四川省成都市中广核能源开发有限责任公司
邮政编码： 610000
咨询单位： 中国电力工程顾问集团西南电力设计院
联系电话： 028-84402315
联系传真： 028-84443982
通信地址： 四川省成都市东风路 18 号
邮政编码： 610061

项目名称 涪江遂宁段吴家街水电项目

项目概况

投资总额： 60000 万元 RMB
项目性质： 新建
进展阶段： 编制项目申请报告
申报方式： 核准制
审批机关： 省级发改委
主管单位： 中广核能源开发有限责任公司
建设周期： 2008 年至 2010 年
企业性质： 股份制
关键设备： 水轮发电机组、自动化控制设备、泵、阀、仪器仪表、变压器。

项目简介

该项目位于四川省遂宁市，由中广核能源开发有限责任公司投资，总装机容量 6 万千瓦，年发电量 2.95 亿千瓦时。

项目总投资 6 亿元。

联系方式

建设单位： 中广核能源开发有限责任公司四川电力办
联系电话： 028-86727797
联系传真： 028-86727797
通信地址： 四川省成都市中广核能源开发有限责任公司
邮政编码： 610000
咨询单位： 广西水利电力勘测设计研究院
联系电话： 0771-5622919
联系传真： 0771-5622435
通信地址： 广西壮族自治区南宁市民主路 1-5 号
邮政编码： 530023

项目名称 官地水电站项目

项目概况

投资总额： 1040000 万元 RMB
项目性质： 新建
进展阶段： 开工在建
申报方式： 核准制
审批机关： 国家发改委
主管单位： 中国华电集团公司
建设周期： 2007 年至 2012 年
企业性质： 国有
关键设备： 水轮发电机组、自动化控制设备、泵、阀、仪器仪表、变压器。

项目简介

该项目位于四川省凉山彝族自治州西昌市和盐源县交界的雅砻江上，坝址距西昌市直线距离约 30 千米，公路里程约 80 千米，是雅砻江下游河段第三个梯级电站，是二滩水电站的上游衔接梯级电站。电站的主要任务是发电，水库正常蓄水位 1330 米，最大坝高 168 米，水库总库容 7.83 亿立方米，总装机容量 240 万千瓦，采用碾压混凝土重力坝，右岸地下厂房的布置形式。

工程总投资 104 亿元。

联系方式

建设单位： 官地建设管理局（筹建处）
联系电话： 0834-6358063
联系传真： 0834-6358019
通信地址： 四川省凉山彝族自治州西昌市打倮临时营地
邮政编码： 615000
咨询单位： 中国水电顾问集团成都勘测设计研究院
联系电话： 028-87399557
联系传真： 028-87329997
通信地址： 四川省成都市浣花北路 1 号
邮政编码： 610072

项目名称 猴子岩水电站建设项目

项目概况

投资总额：930000 万元 RMB
项目性质：新建
进展阶段：工程设计
申报方式：核准制
审批机关：国家发改委
主管单位：国电大渡河流域水电开发有限公司
建设周期：2008 年至 2015 年
企业性质：股份制
关键设备：水轮发电机组、自动化控制设备、泵、阀、仪器仪表、变压器。

项目简介

该项目位于四川省甘孜藏族自治州康定县孔玉乡境内，为《四川省大渡河干流水电规划调整报告》推荐 22 级方案中的第 9 个梯级电站。坝址控制流域面积 54189 平方千米，初选水库正常蓄水位 1852 米，相应库容 9.57 亿立方米，具有季调节能力，总装机容量 176 万千瓦，多年平均年发电量 80.37 亿千瓦时。电站采用水库大坝、引水系统、地下厂房的开发方式，枢纽建筑物由拦河大坝、泄洪消能建筑物、引水发电建筑物等组成。

项目总投资 93 亿元。

联系方式

建设单位：国电大渡河流域水电开发有限公司
联系电话：028-86896600
联系传真：028-86896654
通信地址：四川省成都市总府路 35 号总府大厦 2503 室
邮政编码：610016
咨询单位：中国水电顾问集团成都勘测设计研究院
联系电话：028-87399557
联系传真：028-87329997
通信地址：四川省成都市浣花北路 1 号
邮政编码：610072

项目名称 华能火溪河阴坪水电站工程

项目概况

投资总额：40370 万元 RMB
项目性质：新建
进展阶段：开工在建
申报方式：核准制
审批机关：省级发改委
主管单位：华能国际电力股份有限公司
建设周期：2006 年至 2011 年
企业性质：股份制
关键设备：水轮发电机组、自动化控制设备、泵、阀、仪器仪表、变压器。

项目简介

该项目位于四川省绵阳市平武县境内的涪江支流火溪河上，为火溪河水电梯级开发的最后一级，为低闸引水式电站，总装机容量 10 万千瓦，工程安装 2 台 50 兆瓦发电机组。工程等级为Ⅲ等，永久性主要建筑物为 3 级，次要建筑物为 4 级，临时建筑物为 5 级。闸址位于木座乡黑水沟下游 500 米处，控制集水面积 1103 平方千米；厂址位于阴坪大桥右岸上游约 1000 米处，下游紧接涪江干流铁笼堡电站，电站距平武县约 16 千米。

项目总投资 4.037 亿元。

联系方式

建设单位：四川华能涪江水电有限责任公司
联系电话：028-82945378
联系传真：028-82945370
通信地址：四川省成都市人民南路四段 47 号华能大厦 14 楼 1402 室
邮政编码：610041
咨询单位：中国水电顾问集团成都勘测设计研究院
联系电话：028-87399557
联系传真：028-87329997
通信地址：四川省成都市浣花北路 1 号
邮政编码：610072

项目名称 华能绵阳铁龙堡水电站项目

项目概况

投资总额：200000 万元 RMB
项目性质：新建
进展阶段：编制项目申请报告
申报方式：核准制
审批机关：国家发改委
主管单位：中国华能集团公司
建设周期：2008 年至 2012 年
企业性质：国有
关键设备：水轮发电机组、自动化控制设备、泵、阀、仪器仪表、变压器。

项目简介

该项目位于四川省绵阳市平武县城西北方向涪江上游 7 千米处，总装机容量 25 万千瓦。

项目总投资 20 亿元。

联系方式

建设单位：华能四川水电有限公司
联系电话：028-82945263
联系传真：028-82945264
通信地址：四川省成都市人民南路四段 47 号华能大厦
邮政编码：610041
咨询单位：中国水电顾问集团成都勘测设计研究院
联系电话：028-87399557
联系传真：028-87329997
通信地址：四川省成都市浣花北路 1 号
邮政编码：610072

项目名称 凉山木里河俄公堡水电站工程

项目概况

投资总额： 148000 万元 RMB
项目性质： 新建
进展阶段： 编制项目申请报告
申报方式： 核准制
审批机关： 国家发改委
主管单位： 中国华电集团公司
建设周期： 2008 年至 2012 年
企业性质： 股份制
关键设备： 水轮发电机组、变压器、泵、阀、自动化控制系统。

项目简介

该项目位于四川省凉山州木里河流域，是木里河干流河段规划“一库六级”中的第四级水电站，具有日调节性能，总装机容量 11.4 万千瓦，多年平均年发电量为 5.281 亿千瓦时。

工程总投资 14.8 亿元。

联系方式

建设单位： 四川华电木里河水电开发有限公司
联系电话： 028-84463231
联系传真： 028-84468681
通信地址： 四川省成都市东风路 7 号建行七支行 10 楼
邮政编码： 615000
咨询单位： 四川省水利水电勘测设计研究院
联系电话： 028-87322650/87319071
联系传真： 028-87329014
通信地址： 四川省成都市青华路 20 号
邮政编码： 610072

项目名称 凉山木里河卡基娃水电站工程

项目概况

投资总额： 424829 万元 RMB
项目性质： 新建
进展阶段： 编制项目申请报告
申报方式： 核准制
审批机关： 国家发改委
主管单位： 中国华电集团公司
建设周期： 2008 年至 2011 年
企业性质： 股份制
关键设备： 水轮发电机组、变压器、泵、阀、自动化控制系统。

项目简介

该项目位于四川省凉山州木里河流域，是木里河干流河段规划 “一库六级”中的第 2 级水电站，大坝高 175 米，具有年调节性能，总装机容量 40 万千瓦。

工程总投资 42.4829 亿元。

联系方式

建设单位： 四川华电木里河水电开发有限公司
联系电话： 028-84463231
联系传真： 028-84468681
通信地址： 四川省成都市东风路 7 号建行七支行 10 楼
邮政编码： 615000
咨询单位： 中国水电顾问集团成都勘测设计研究院
联系电话： 028-87399557
联系传真： 028-87329997
通信地址： 四川省成都市浣花北路 1 号
邮政编码： 610072

项目名称 凉山木里河立洲水电站工程

项目概况

投资总额： 308899 万元 RMB
项目性质： 新建
进展阶段： 编制项目申请报告
申报方式： 核准制
审批机关： 国家发改委
主管单位： 中国华电集团公司
建设周期： 2008 年至 2011 年
企业性质： 股份制
关键设备： 水轮发电机组、变压器、泵、阀、自动化控制系统。

项目简介

该项目位于四川省凉山州木里河流域，是木里河干流河段规划 “一库六级”中的最后一个梯级水电站，大坝高 132.5 米，具有季调节能力，总装机容量 34 万千瓦。多年平均年发电量 14.71 亿千瓦时。

工程总投资 30.8899 亿元。

联系方式

建设单位： 四川华电木里河水电开发有限公司
联系电话： 028-84463231
联系传真： 028-84468681
通信地址： 四川省成都市东风路 7 号建行七支行 10 楼
邮政编码： 615000
咨询单位： 中国水电顾问集团贵阳勘测设计研究院
联系电话： 0851-5567448/5568111
联系传真： 0851-5568974
通信地址： 贵州省贵阳市解放路 85 号
邮政编码： 550002

项目名称　凉山木里河上通坝水电站工程

项目概况

投资总额： 179000万元RMB
主管单位： 中国华电集团公司
项目性质： 新建
建设周期： 2008年至2012年
进展阶段： 编制项目申请报告
企业性质： 股份制
申报方式： 核准制
关键设备： 水轮发电机组、变压器、泵、阀、自动化控制系统。
审批机关： 国家发改委

项目简介

该项目位于四川省凉山州木里河流域，距离西昌市500千米左右，是木里河干流河段规划"一库六级"中的第三级水电站，总装机容量17万千瓦。

工程总投资17.9亿元。

联系方式

建设单位： 四川华电木里河水电开发有限公司
联系电话： 028-84463231
联系传真： 028-84468681
通信地址： 四川省成都市东风路7号建行七支行10楼
邮政编码： 615000
咨询单位： 四川省水利水电勘测设计研究院
联系电话： 028-87322650/87319071
联系传真： 028-87329014
通信地址： 四川省成都市青华路20号
邮政编码： 610072

项目名称　凉山鸭嘴河布西水电站项目

项目概况

投资总额： 66100万元RMB
主管单位： 华润电力集团公司
项目性质： 新建
建设周期： 2008年至2015年
进展阶段： 正在核准
企业性质： 三资
申报方式： 核准制
关键设备： 水轮发电机组、变压器、泵、阀、自动化控制系统。
审批机关： 国家发改委

项目简介

该项目位于四川省凉山彝族自治州木里县境内，总装机容量2万千瓦，坝高160米。

项目总投资6.61亿元。

联系方式

建设单位： 四川华润鸭嘴河水电开发有限公司
联系电话： 0834-6524725
联系传真： 0834-6524589
通信地址： 四川省凉山彝族自治州木里县龙钦街核桃湾
邮政编码： 615800
咨询单位： 四川省水利水电勘测设计研究院
联系电话： 028-87322650/87319071
联系传真： 028-87329014
通信地址： 四川省成都市青华路20号
邮政编码： 610072

项目名称　凉山鸭嘴河跑马坪水电站项目

项目概况

投资总额： 45000万元RMB
主管单位： 华润电力集团公司
项目性质： 新建
建设周期： 2008年至2015年
进展阶段： 正在核准
企业性质： 三资
申报方式： 核准制
关键设备： 水轮发电机组、变压器、泵、阀、自动化控制系统。
审批机关： 国家发改委

项目简介

该项目位于四川省凉山彝族自治州木里县境内，为凉山州鸭嘴河梯级开发第三级，发电引水流量每秒23.6立方米，设计水头618米，总装机容量12万千瓦。

项目总投资4.5亿元。

联系方式

建设单位： 四川华润鸭嘴河水电开发有限公司
联系电话： 0834-6524725
联系传真： 0834-6524589
通信地址： 四川省凉山彝族自治州木里县龙钦街核桃湾
邮政编码： 615800
咨询单位： 四川省水利水电勘测设计研究院
联系电话： 028-87322650/87319071
联系传真： 028-87329014
通信地址： 四川省成都市青华路20号
邮政编码： 610072

项目名称 凉山鸭嘴河烟岗水电站项目

项目概况

投资总额：77900万元RMB
项目性质：新建
进展阶段：正在核准
申报方式：核准制
审批机关：国家发改委
主管单位：华润电力集团公司
建设周期：2008年至2015年
企业性质：三资
关键设备：水轮发电机组、变压器、泵、阀、自动化控制系统。

项目简介

该项目位于四川省凉山彝族自治州木里县境内，为凉山州鸭嘴河梯级开发第二级，发电引水流量每秒23.6立方米，设计水头600米，总装机容量12万千瓦。

项目总投资7.79亿元。

联系方式

建设单位：四川华润鸭嘴河水电开发有限公司
联系电话：0834-6524725
联系传真：0834-6524589
通信地址：四川省凉山彝族自治州木里县龙钦街核桃湾
邮政编码：615800
咨询单位：四川省水利水电勘测设计研究院
联系电话：028-87322650/87319071
联系传真：028-87329014
通信地址：四川省成都市青华路20号
邮政编码：610072

项目名称 两河口水电站项目

项目概况

投资总额：2700000万元RMB
项目性质：新建
进展阶段：编制项目申请报告
申报方式：核准制
审批机关：国家发改委
主管单位：中国华电集团公司
建设周期：2008年至2013年
企业性质：国有
关键设备：水轮发电机组、自动化控制设备、泵、阀、仪器仪表、变压器。

项目简介

该项目位于四川省甘孜州雅江县呷拉乡基俄村雅砻江左岸的白马坡，下距雅江县城约10千米，上距两河口电站15千米，海拔高程在2625米至2735米之间，总装机容量300万千瓦。

工程总投资270亿元。

联系方式

建设单位：两河口建设管理局（筹建处）
联系电话：0836-5123353
联系传真：0836-5124116
通信地址：四川省凉山州喜德县两河口镇
邮政编码：615000
咨询单位：中国水电顾问集团成都勘测设计研究院
联系电话：028-87399557
联系传真：028-87329997
通信地址：四川省成都市浣花北路1号
邮政编码：610072

项目名称 木坡水电站项目

项目概况

投资总额：33000万元RMB
项目性质：新建
进展阶段：编制项目申请报告
申报方式：核准制
审批机关：省级发改委
主管单位：中国水利水电建设集团公司
建设周期：2008年至2013年
企业性质：股份制
关键设备：水轮发电机组、自动化控制设备、泵、阀、仪器仪表、变压器。

项目简介

该项目位于四川省阿坝州小金县小金川河，为小金河的一级支流抚边河上的引水式电站，设计流量每秒42.9立方米，总装机容量4万千瓦。

工程总投资3.3亿元。

联系方式

建设单位：四川小金川流域水电开发有限公司
联系电话：028-87577150
联系传真：028-87577150
通信地址：四川省成都市蜀通街12号
邮政编码：610031
咨询单位：四川省水利水电勘测设计研究院
联系电话：028-87322650/87319071
联系传真：028-87329014
通信地址：四川省成都市青华路20号
邮政编码：610072

项目名称 南阳滩水电站扩建工程

项目概况

投资总额：8000 万元 RMB
主管单位：渠县电力公司
项目性质：改扩建
建设周期：2008 年至 2008 年
进展阶段：工程设计
企业性质：国有
申报方式：核准制
关键设备：水轮发电机组、泵、阀、自动化控制系统。
审批机关：省级发改委

项目简介

该项目位于四川省达州市渠县南阳滩的渠江干流上，距李馥场镇上游约 1.5 千米，拟建 2 台 5000 千瓦贯流式水能发电机组。

工程总投资 8000 万元。

联系方式

建设单位：渠县电力公司
联系电话：0818-7218010
联系传真：0818-7218010
通信地址：四川省达州市渠县渠江镇解放街 13 号
邮政编码：635200
咨询单位：四川省西点电力设计有限公司
联系电话：028-87384759
联系传真：028-87394729-863
通信地址：四川省成都市清江东路 59 号
邮政编码：610072

项目名称 亭子口水利枢纽工程

项目概况

投资总额：1191300 万元 RMB
主管单位：中国大唐集团公司
项目性质：新建
建设周期：2007 年至 2009 年
进展阶段：开工在建
企业性质：股份制
申报方式：核准制
关键设备：水轮发电机组、自动化控制设备、水处理设备、启闭机、阀门、泵。
审批机关：国家发改委

项目简介

该项目位于四川省广元市苍溪县境内的嘉陵江干流中游河段的上段，是以防洪、灌溉及城乡供水为主，兼顾发电、航运，并具有拦沙减淤等作用的综合利用工程，由挡水、泄水消能、通航、灌溉取水和电站厂房等建筑物构成。水库总库容 41.16 亿立方米，正常蓄水位 458 米，最大防洪库容 16.4 亿立方米；电站总装机容量 100 万千瓦，航运过坝设施规模为 500 吨级。

工程总投资 119.13 亿元。

联系方式

建设单位：嘉陵江亭子口水利水电开发有限公司
联系电话：0839-5227221
联系传真：0839-5227221
通信地址：四川省广元市苍溪县政府内（亭子口协调办）
邮政编码：628000
咨询单位：长江水利委员会长江勘测规划设计研究院
联系电话：027-82927792/82827792
联系传真：027-82829202
通信地址：湖北省武汉市解放大道 1863 号
邮政编码：430010

项目名称 桐子林水电站项目

项目概况

投资总额：451000 万元 RMB
主管单位：桐子林建设管理局
项目性质：新建
建设周期：2008 年至 2010 年
进展阶段：正在核准
企业性质：国有
申报方式：核准制
关键设备：水轮发电机组、自动化控制设备、泵、阀、仪器仪表、变压器。
审批机关：国家发改委

项目简介

该项目位于四川省攀枝花市盐边县境内，距上游二滩水电站 18 千米，距雅砻江与金沙江交汇口 15 千米，是雅砻江下游最末一个梯级电站。总装机容量 60 万千瓦，坝顶长度 468.7 米，最大坝高 66.63 米。工程枢纽由左、右岸挡水坝段、河床式发电厂房、泄洪闸等建筑物组成。

项目总投资 45.1 亿元。

联系方式

建设单位：桐子林建设管理局
联系电话：0812-3331324/3331352
联系传真：0812-3331334
通信地址：四川省攀枝花市盐边县桐子林建设管理局
邮政编码：617000
咨询单位：中国水电顾问集团成都勘测设计研究院
联系电话：028-87399557
联系传真：028-87329997
通信地址：四川省成都市浣花北路 1 号
邮政编码：610072

项目名称 卧罗桥水电站项目

项目概况

投资总额： 99706.94 万元 RMB
项目性质： 新建
进展阶段： 正在核准
申报方式： 核准制
审批机关： 国家发改委
主管单位： 盐源县卧罗河电力有限责任公司
建设周期： 2008 年至 2010 年
企业性质： 股份制
关键设备： 水轮发电机组、自动化控制设备、泵、阀、仪器仪表、变压器。

项目简介

该项目位于四川省凉山州盐源县长柏乡和大草乡境内卧罗河河段，由盐源县卧罗河电力有限责任公司投资建设，总装机容量 10 万千瓦，年发电量 5 亿千瓦时。

项目总投资 99706.94 万元。

联系方式

建设单位： 盐源县卧罗河电力有限责任公司
联系电话： 0834-6363089
联系传真： 0834-6363089
通信地址： 四川省凉山州盐源县
邮政编码： 615700
咨询单位： 中国水电顾问集团成都勘测设计研究院
联系电话： 028-87399557
联系传真： 028-87329997
通信地址： 四川省成都市浣花北路 1 号
邮政编码： 610072

项目名称 杨家园水电站工程

项目概况

投资总额： 20000 万元 RMB
项目性质： 新建
进展阶段： 正在核准
申报方式： 核准制
审批机关： 省级发改委
主管单位： 贵州桐梓河水电开发有限责任公司
建设周期： 2008 年至 2010 年
企业性质： 股份制
关键设备： 水轮发电机组、自动化控制设备、泵、阀、仪器仪表、变压器。

项目简介

该项目位于贵州省遵义市习水县二郎乡大桥村，是桐梓河干流水电开发规划的第七级，碾压混凝土双曲拱坝最大坝高 68 米，水库正常蓄水位 450 米，相应库容为 7060 万立方米，总库容 7810 万立方米，电站装机容量 2 台 20 兆瓦，小（1）型电站。

工程总投资 2 亿元。

联系方式

建设单位： 贵州桐梓河水电开发有限责任公司
联系电话： 0852-8020016
联系传真： 0852-8630096
通信地址： 贵州省遵义市汇川区南京路 374 号
邮政编码： 563000
咨询单位： 遵义水利水电勘测设计研究院
联系电话： 0851-8933267
联系传真： 0851-8933267
通信地址： 贵州省遵义市洗马路 167 号
邮政编码： 563000

项目名称 华电镇雄电厂（二期）工程

项目概况

投资总额： 500000 万元 RMB
项目性质： 续建
进展阶段： 编制项目申请报告
申报方式： 核准制
审批机关： 国家发改委
主管单位： 中国华电集团公司
建设周期： 2008 年至 2010 年
企业性质： 股份制
关键设备： 发电机、汽轮机、锅炉、泵、阀、风机、开关柜、闸门。

项目简介

镇雄电厂是云南电力系统中区域性大型主力火电电源之一，对确保“十一五”期间云电送粤 480 万千瓦和进一步促进云电外送起到积极作用。位于云南省昭通市镇雄县塘房镇，地处“西电东送”中通道和南通道的接合部，具有坑口电厂的优势，规划建设 4 台 60 万千瓦级发电机组，分两期建设。

该项目为二期工程，建设 2 台 60 万千瓦级超临界燃煤发电机组。

工程总投资 50 亿元。

联系方式

建设单位： 云南华电镇雄发电有限公司
联系电话： 0870-3133876/3133888
联系传真： 0870-3133887
通信地址： 云南省昭通市镇雄县乌峰镇乌峰路 22 号
邮政编码： 657200
咨询单位： 河北省电力勘测设计研究院
联系电话： 0311-87912222
联系传真： 0311-85064114
通信地址： 河北省石家庄市建华北大街 6 号
邮政编码： 050031

项目名称 金沙江观音岩水电站项目

项目概况

投资总额： 2090000 万元 RMB
主管单位： 中国大唐集团公司
项目性质： 新建
建设周期： 2008 年至 2016 年
进展阶段： 编制项目申请报告
企业性质： 股份制
申报方式： 核准制
关键设备： 水轮发电机组、闸、启闭机、控制系统。
审批机关： 国家发改委

项目简介

该项目位于云南省丽江市华坪县（左岸）与四川省攀枝花市（右岸）交界的金沙江中游河段，是国家规划金沙江中游八个梯级电站（龙盘、两家人、梨园、阿海、金安桥、龙开口、鲁地拉和观音岩）之一，上游与鲁地拉水电站相衔接。工程是以发电为主，兼顾防洪、供水、库区航运及旅游等综合利用效益的水电水利枢纽工程。电站总装机容量 300 万千瓦，安装 5 台 60 万千瓦的水轮发电机组。

项目总投资 209 亿元。

联系方式

建设单位： 大唐观音岩水电开发有限公司
联系电话： 0871-3158357
联系传真： 0871-3158357
通信地址： 云南省昆明市青年路邦克大厦 A 座 26 层
邮政编码： 650000
咨询单位： 中国水电顾问集团昆明勘测设计研究院
联系电话： 0871-3162093/3062729
联系传真： 0871-3162427
通信地址： 云南省昆明市人民东路 115 号
邮政编码： 650051

项目名称 金沙江鲁地拉水电站项目

项目概况

投资总额： 1537161 万元 RMB
主管单位： 中国华电集团公司
项目性质： 新建
建设周期： 2008 年至 2011 年
进展阶段： 编制项目申请报告
企业性质： 股份制
申报方式： 核准制
关键设备： 水轮发电机组、闸、启闭机、控制系统。
审批机关： 国家发改委

项目简介

该项目是国家"西电东送"的骨干电源点之一，也是目前中国华电集团公司方面直接控股开发的最大水电项目，位于云南省大理州宾川县与丽江市永胜县交界的金沙江中游河段上，为金沙江中游水电规划 8 个梯级电站的第 7 个梯级，上、下游分别与龙开口和观音岩水电站相衔接。水库正常蓄水位 1223 迷，总库容约 16.92 亿立方米，具有周调节性能，电站装机容量 210 万千瓦。以发电为主，枢纽建筑物主要由拦河坝、泄洪系统和引水发电系统等组成，为一等大（1）型工程。

项目总投资 153.7161 亿元。

联系方式

建设单位： 云南华电鲁地拉水电有限公司
联系电话： 0871-8315725/8315981
联系传真： 0871-8315930
通信地址： 云南省昆明市高新开发区海源北路高新招商大厦 5 层
邮政编码： 650106
咨询单位： 中国水电顾问集团西北勘测设计研究院
联系电话： 029-88280178/88290101
联系传真： 029-88290000
通信地址： 陕西省西安市丈八东路 18 号
邮政编码： 710065

项目名称 金沙江中游河段阿海水电站项目

项目概况

投资总额： 1460000 万元 RMB
主管单位： 云南金沙江中游水电开发有限公司
项目性质： 新建
建设周期： 2008 年至 2015 年
进展阶段： 编制项目申请报告
企业性质： 股份制
申报方式： 核准制
关键设备： 水轮发电机组、闸、启闭机、控制系统。
审批机关： 国家发改委

项目简介

该项目位于云南省丽江市玉龙县（右岸）与宁蒗县（左岸）交界的金沙江中游河段，是金沙江中游河段规划一库八级的第四级，上游与梨园水电站相衔接，下游为金安桥水电站。以发电为主，兼顾防洪、灌溉等综合效益，属大（1）型一等工程，总装机容量 200 万千瓦，初选水库正常蓄水位 1504 米，相应库容 8.06 亿立方米，具有日调节能力，主要永久性水工建筑物为一级。由混凝土重力坝、左岸溢流表孔及消力池、左岸泄洪（冲沙）底孔、右岸排沙底孔等组成。

项目总投资 146 亿元。

联系方式

建设单位： 云南金沙江中游水电开发有限公司
联系电话： 0871-3163060
联系传真： 0871-3112600
通信地址： 云南省昆明市人民东路 115 号水电科技大楼
邮政编码： 650051
咨询单位： 中国水电顾问集团昆明勘测设计研究院
联系电话： 0871-3162093/3062729
联系传真： 0871-3162427
通信地址： 云南省昆明市人民东路 115 号
邮政编码： 650051

项目名称 金沙江中游河段梨园水电站项目

项目概况

投资总额：1600000 万元 RMB
项目性质：新建
进展阶段：编制项目申请报告
申报方式：核准制
审批机关：国家发改委
主管单位：云南金沙江中游水电开发有限公司
建设周期：2008 年至 2016 年
企业性质：股份制
关键设备：水轮发电机组、闸、启闭机、控制系统。

项目简介

该项目位于云南省金沙江中游河段上，右岸为云南省丽江市玉龙县，左岸为迪庆州香格里拉县，是金沙江中游河段水电开发“一库八级”的第三个梯级，总装机容量 240 万千瓦，多年平均年发电量 106.51 亿千瓦时。工程枢纽由拦河坝、泄洪消能设施、引水发电系统等组成，初选正常蓄水位 1618 米，相应库容 7.27 亿立方米。

项目总投资 160 亿元。

联系方式

建设单位：云南金沙江中游水电开发有限公司
联系电话：0871-3163060
联系传真：0871-3112600
通信地址：云南省昆明市人民东路 115 号水电科技大楼
邮政编码：650051
咨询单位：中国水电顾问集团昆明勘测设计研究院
联系电话：0871-3162093/3062729
联系传真：0871-3162427
通信地址：云南省昆明市人民东路 115 号
邮政编码：650051

项目名称 金沙江中游河段两家人水电站项目

项目概况

投资总额：1690000 万元 RMB
项目性质：新建
进展阶段：编制项目申请报告
申报方式：核准制
审批机关：国家发改委
主管单位：云南金沙江中游水电开发有限公司
建设周期：2008 年至 2015 年
企业性质：股份制
关键设备：水轮发电机组、闸、启闭机、控制系统。

项目简介

该项目位于云南省金沙江中游河段虎跳峡下游 2 千米处，是金沙江中游河段规划一库八级的第二级，总装机容量 300 万千瓦，正常水位 1810 米，设计洪水位 1813 米，坝高 99.5 米。

项目总投资 169 亿元。

联系方式

建设单位：云南金沙江中游水电开发有限公司
联系电话：0871-3163060
联系传真：0871-3112600
通信地址：云南省昆明市人民东路 115 号水电科技大楼
邮政编码：650051
咨询单位：中国水电顾问集团贵阳勘测设计研究院
联系电话：0851-5567448/5568111
联系传真：0851-5568974
通信地址：贵州省贵阳市解放路 85 号
邮政编码：550002

项目名称 金沙江中游河段龙开口水电站项目

项目概况

投资总额：890000 万元 RMB
项目性质：新建
进展阶段：正在核准
申报方式：核准制
审批机关：国家发改委
主管单位：云南金沙江中游水电开发有限公司
建设周期：2008 年至 2016 年
企业性质：股份制
关键设备：水轮发电机组、闸、泵、阀、仪器仪表、启闭机、控制系统。

项目简介

该项目位于云南省大理州鹤庆县（右岸）与丽江市永胜县（左岸）交界处，是金沙江中游河段规划一库八级的第六级。由中国华能集团公司、金沙江中游水电开发有限公司和云南省开发投资有限公司分共同出资建设，总装机容量 180 万千瓦，水库总库容 5.44 亿立方米，年平均发电量 78.2 亿千瓦时。

项目总投资 89 亿元。

联系方式

建设单位：云南金沙江中游水电开发有限公司
联系电话：0871-3163060
联系传真：0871-3112600
通信地址：云南省昆明市人民东路 115 号水电科技大楼
邮政编码：650051
咨询单位：中国水电顾问集团昆明勘测设计研究院
联系电话：0871-3162093/3062729
联系传真：0871-3162427
通信地址：云南省昆明市人民东路 115 号
邮政编码：650051

项目名称 柳树沟水电站项目

项目概况

投资总额： 120000 万元 RMB
项目性质： 新建
进展阶段： 施工准备
申报方式： 核准制
审批机关： 国家发改委
主管单位： 中国国电集团公司
建设周期： 2008 年至 2014 年
企业性质： 股份制
关键设备： 水轮发电机组、自动化控制设备、泵、阀、仪器仪表、变压器。

项目简介

该项目是开都河中游河段水电规划中的第八个梯级电站，坝址位于新疆维吾尔自治区巴音郭楞蒙古自治州（简称巴州）和静县与焉耆县交界处的开都河柳树沟下游 1 千米至 2 千米处。以发电为主，兼顾下游防洪要求。水库正常蓄水位 1494.5 米，相应库容为 0.705 亿立方米，调节库容 375 万立方米，具有日调节能力，总装机容量 19.5 万千瓦，属三等中型工程。

工程总投资 12 亿元。

联系方式

建设单位： 国电新疆开都河流域水电开发有限公司
联系电话： 0996-5396089
联系传真： 0996-5396188
通信地址： 新疆维吾尔自治区库尔勒市人民东路华誉商务大厦 14 楼
邮政编码： 841000
咨询单位： 中国水电顾问集团西北勘测设计研究院
联系电话： 029-88280178/88290101
联系传真： 029-88290000
通信地址： 陕西省西安市丈八东路 18 号
邮政编码： 710065

项目名称 京丰燃煤电厂工程

项目概况

投资总额： 420000 万元 RMB
项目性质： 改扩建
进展阶段： 编制项目申请报告
申报方式： 核准制
审批机关： 国家发改委
主管单位： 北京京丰燃气发电有限责任公司
建设周期： 2008 年至 2011 年
企业性质： 股份制
关键设备： 发电机、汽轮机、锅炉、泵、阀、风机、压缩机、电缆、消防装置。

项目简介

北京第三热电厂位于北京市丰台区长辛店云岗地区，始建于 1959 年，经过六期建设后，现装有 1 台 5 万千瓦、1 台 10 万千瓦燃煤机组、1 台 35 万千瓦级燃天然气机组，目前总装机容量 50 万千瓦，主要承担为北京电网供电和所在的丰台区云岗地区供热的任务。

该项目即原京丰燃气电站二期工程，属“以大代小”工程，在厂区建设 3 台 30 万千瓦高效率燃煤供热机组。

工程总投资 42 亿元。

联系方式

建设单位： 北京京丰燃气发电有限责任公司
联系电话： 010-83311133
联系传真： 010-68742270
通信地址： 北京市丰台区云冈西路 15 号
邮政编码： 100074
咨询单位： 华北电力设计院工程有限公司
联系电话： 010-82281188
联系传真： 010-82281800
通信地址： 北京市西城区黄寺大街甲 24 号
邮政编码： 100011

项目名称 北疆电厂（一期）工程

项目概况

投资总额： 990000 万元 RMB
项目性质： 新建
进展阶段： 开工在建
申报方式： 核准制
审批机关： 国家发改委
主管单位： 国投电力公司
建设周期： 2007 年至 2010 年
企业性质： 股份制
关键设备： 发电机、汽轮机、锅炉、泵、阀、风机、闸门。

项目简介

国投天津北疆电厂是国家批准的首批循环经济示范工程，是集发电、海水淡化、浓海水制盐于一体的高效、大型火电工程，具备“电-水-盐-地”循环经济模式。位于天津市汉沽营城镇大神堂村与双桥村之间，占地面积 2.2 平方千米，规划建设 4 台 100 万千瓦燃煤超超临界发电机组和 40 万吨海水淡化工程，分期建设。

该项目为电厂一期工程，建设 2 台 100 万千瓦燃煤超超临界发电机组。

工程总投资 99 亿元。

联系方式

建设单位： 天津国投津能发电有限公司
联系电话： 022-67189826
联系传真： 022-67189826
通信地址： 天津市汉沽区营城镇
邮政编码： 300480
咨询单位： 华北电力设计院工程有限公司
联系电话： 010-82281188
联系传真： 010-82281800
通信地址： 北京市西城区黄寺大街甲 24 号
邮政编码： 100011

项目名称 华能绿色煤电 25 万千瓦 IGCC 电站工程

项目概况

投资总额： 215400 万元 RMB
项目性质： 新建
进展阶段： 正在核准
申报方式： 核准制
审批机关： 国家发改委
主管单位： 中国华能集团公司
建设周期： 2008 年至 2009 年
企业性质： 国有
关键设备： 燃气轮机发电机组、锅炉、蒸汽轮发电机组、仪器仪表、控制系统。

项目简介

该项目位于天津市塘沽区临港工业区，建设 1 台 25 万千瓦级整体煤气化燃气—蒸汽联合循环（IGCC）发电机组，气化方案计划采用国内自主开发、具有自主知识产权的日处理 2000 吨级两段式干煤粉气化炉，动力岛拟采用 E 级燃烧合成气的燃气—蒸汽联合循环机组。工程年需燃煤约 52.27 万吨。设计煤种拟采用神府东胜煤，由中国神华能源股份有限公司煤炭硝售中心提供。

工程总投资 21.54 亿元。

联系方式

建设单位： 绿色煤电有限公司
联系电话： 010-58732570
联系传真： 010-58733395
通信地址： 北京市海淀区知春路甲 48 号盈都大厦 A 座 21 层
邮政编码： 100098
咨询单位： 中国石化集团宁波工程有限公司
联系电话： 0574-87975660
联系传真： 0574-87915111
通信地址： 浙江省宁波市国家高新技术产业开发区院士路 660 号
邮政编码： 315103

项目名称 军粮城发电厂（五期）扩建工程

项目概况

投资总额： 260000 万元 RMB
项目性质： 续建
进展阶段： 正在核准
申报方式： 核准制
审批机关： 国家发改委
主管单位： 国家电网公司
建设周期： 2008 年至 2009 年
企业性质： 股份制
关键设备： 发电机、锅炉、仪器仪表、泵、阀、控制系统。

项目简介

天津军粮城电厂位于天津市东丽区小东庄乡津塘公路南，电厂于 1960 年动工兴建，分四期建设，目前全厂共 8 台机组，装机容量 100 万千瓦，其中供热机组 20 万千瓦，纯凝机组 80 万千瓦。

该项目为五期工程，厂址区位于天津市东丽区小东庄镇处，由国网新源控股有限公司和天津市津能投资公司合资建设，安装 2 台 35 万千瓦水冷亚临界供热机组。

工程总投资 26 亿元。

联系方式

建设单位： 天津军电热电有限公司
联系电话： 022-24994411
联系传真： 022-24994411
通信地址： 天津市东丽区小东庄（天津军粮城发电厂院内）
邮政编码： 300300
咨询单位： 华北电力设计院工程有限公司
联系电话： 010-82281188
联系传真： 010-82281800
通信地址： 北京市西城区黄寺大街甲 24 号
邮政编码： 100011

项目名称 大唐王滩发电厂（二期）工程

项目概况

投资总额： 630000 万元 RMB
项目性质： 续建
进展阶段： 编制项目申请报告
申报方式： 核准制
审批机关： 国家发改委
主管单位： 河北大唐国际王滩发电有限责任公司
建设周期： 2008 年至 2010 年
企业性质： 股份制
关键设备： 发电机、汽轮机、锅炉、泵、阀、风机、压缩机、电缆、消防装置。

项目简介

大唐王滩电厂是京津唐电网建设规划中重要的电源输出点，它的建成投产对保障华北地区电力供应，加快河北省沿海一线经济发展具有重要的现实意义。王滩发电厂工程分两期建设，首期工程 2 台 60 万千瓦的发机组已建成投产。

该项目为二期工程，建设 2 台 100 万千瓦的超超临界发电机组。

工程总投资 63 亿元。

联系方式

建设单位： 河北大唐国际王滩发电有限责任公司
联系电话： 0315-2922222
联系传真： 0315-2922222
通信地址： 河北省唐山市海港开发区
邮政编码： 063611
咨询单位： 华北电力设计院工程有限公司
联系电话： 010-82281188
联系传真： 010-82281800
通信地址： 北京市西城区黄寺大街甲 24 号
邮政编码： 100011

项目名称 大唐微水发电厂"以大代小"扩建工程

项目概况

投资总额： 480000万元RMB
项目性质： 改扩建
进展阶段： 正在核准
申报方式： 核准制
审批机关： 国家发改委
主管单位： 中国大唐集团公司
建设周期： 2008年至2010年
企业性质： 国有
关键设备： 发电机、汽轮机、锅炉、泵、阀、风机、电阻柜、开关柜、闸门。

项目简介

该项目位于河北省石家庄市井陉县，由中国大唐集团公司出资，建设2台60万千瓦超临界凝汽式直接空冷发电机组，配置2台2070吨每小时超临界煤粉炉，主要利用中水、矿井疏干水，最大限度节约水资源。工程将以大机组替代原厂小机组，将为河北南网替代一批高耗低效、污染严重的小火电机组创造条件，有利于优化河北南部地区的电源结构。

工程总投资48亿元。

联系方式

建设单位： 大唐微水发电厂
联系电话： 0311-87705269
联系传真： 0311-87705269
通信地址： 河北省石家庄市井陉县微水镇
邮政编码： 050300
咨询单位： 河北省电力勘测设计研究院
联系电话： 0311-87912222
联系传真： 0311-85064114
通信地址： 河北省石家庄市建华北大街6号
邮政编码： 050031

项目名称 国电滦平发电厂（一期）工程

项目概况

投资总额： 420000万元RMB
项目性质： 新建
进展阶段： 编制项目申请报告
申报方式： 核准制
审批机关： 国家发改委
主管单位： 中国国电集团公司
建设周期： 2008年至2010年
企业性质： 股份制
关键设备： 发电机、汽轮机、锅炉、泵、开关柜、阀、闸门。

项目简介

该项目位于河北省承德市滦平县大屯乡兴洲村小城子，建设2台60万千瓦国产燃煤发电机组。

工程总投资42亿元。

联系方式

建设单位： 中国国电集团公司滦河发电厂
联系电话： 0314-4300080/4042941
联系传真： 0314-4044501
通信地址： 河北省承德市双滦区滦河镇滦河发电厂
邮政编码： 067002
咨询单位： 华北电力设计院工程有限公司
联系电话： 010-82281188
联系传真： 010-82281800
通信地址： 北京市西城区黄寺大街甲24号
邮政编码： 100011

项目名称 国华定洲发电厂（二期）工程

项目概况

投资总额： 480000万元RMB
项目性质： 改扩建
进展阶段： 开工在建
申报方式： 核准制
审批机关： 国家发改委
主管单位： 国华电力集团公司
建设周期： 2007年至2010年
企业性质： 股份制
关键设备： 发电机、汽轮机、锅炉、泵、阀、风机、闸门。

项目简介

国华定洲发电厂位于河北省定州市开元镇，规划装机容量为4台60万千瓦。一期工程2台60万千瓦国产引进型燃煤发电机组已投产。

该项目为二期工程，建设2台66万千瓦空冷超临界燃煤发电机组。

工程总投资48亿元。

联系方式

建设单位： 河北国华定洲发电有限责任公司
联系电话： 0312-2586886/2586731
联系传真： 0312-2586800
通信地址： 河北省定洲市开元镇
邮政编码： 073000
咨询单位： 河北省电力勘测设计研究院
联系电话： 0311-87912222
联系传真： 0311-85064114
通信地址： 河北省石家庄市建华北大街6号
邮政编码： 050031

项目名称 国华黄骅电厂（二期）工程

项目概况

投资总额： 442000 万元 RMB
项目性质： 续建
进展阶段： 开工在建
申报方式： 核准制
审批机关： 国家发改委
主管单位： 国华电力集团公司
建设周期： 2007 年至 2009 年
企业性质： 股份制
关键设备： 发电机、汽轮机、锅炉、泵、阀、风机、闸门。

项目简介

黄骅电厂位于河北省黄骅市黄骅港开发区，规划建设 8 台 60 万千瓦发电机组，分期建设，工程以水电联产为基础，实施海水淡化、灰、渣、石膏综合开发利用，摸索建立“以水定电，以电制水”的综合发展模式，全力打造具有价值创造力和可持续发展力的国际一流海滨电厂。

该项目为二期工程，建设 2 台 66 万千瓦水冷超临界燃煤发电机组。

工程总投资 44.2 亿元。

联系方式

建设单位： 河北国华沧东发电有限责任公司
联系电话： 0317-5765059/5765800
联系传真： 0317-5765999
通信地址： 河北省黄骅市黄骅港开发区
邮政编码： 061113
咨询单位： 华北电力设计院工程有限公司
联系电话： 010-82281188
联系传真： 010-82281800
通信地址： 北京市西城区黄寺大街甲 24 号
邮政编码： 100011

项目名称 河北马头发电厂“上大压小”供热工程

项目概况

投资总额： 260000 万元 RMB
项目性质： 续建
进展阶段： 正在核准
申报方式： 核准制
审批机关： 国家发改委
主管单位： 国家电网公司
建设周期： 2008 年至 2009 年
企业性质： 股份制
关键设备： 发电机、汽轮机、锅炉、泵、阀、风机、闸门。

项目简介

该项目即马头电厂六期扩建工程，位于河北省邯郸市马头镇，建设 2 台 30 万千瓦燃煤供热发电机组。

工程总投资 26 亿元。

联系方式

建设单位： 河北马头发电有限责任公司
联系电话： 0310-6272222
联系传真： 0310-6272222
通信地址： 河北省邯郸市马头镇
邮政编码： 056014
咨询单位： 河北省电力勘测设计研究院
联系电话： 0311-87912222
联系传真： 0311-85064114
通信地址： 河北省石家庄市建华北大街 6 号
邮政编码： 050031

项目名称 蔚县发电厂（一期）工程（十一五）

项目概况

投资总额： 500000 万元 RMB
项目性质： 新建
进展阶段： 正在核准
申报方式： 核准制
审批机关： 国家发改委
主管单位： 中国大唐集团公司
建设周期： 2008 年至 2010 年
企业性质： 股份制
关键设备： 发电机、汽轮机、锅炉、泵、阀、风机、闸门。

项目简介

蔚县发电厂位于河北省张家口市蔚县县城东南约 5 千米处，北距张家口市 150 千米，东距北京直线距离 140 千米，规划建设 4 台 60 万千瓦级超临界燃煤发电机组。

该项目为一期工程，建设 2 台 66 万千瓦超临界直接空冷燃煤发电机组。

工程总投资 50 亿元。

联系方式

建设单位： 河北蔚州能源综合开发有限公司
联系电话： 0313-7213163/7213162
联系传真： 0313-7212230
通信地址： 河北省张家口市蔚县蔚州镇 206 号
邮政编码： 075700
咨询单位： 华北电力设计院工程有限公司
联系电话： 010-82281188
联系传真： 010-82281800
通信地址： 北京市西城区黄寺大街甲 24 号
邮政编码： 100011

项目名称 下花园发电厂（六期）扩建工程

项目概况

投资总额： 507000 万元 RMB
项目性质： 改扩建
进展阶段： 编制项目申请报告
申报方式： 核准制
审批机关： 国家发改委
主管单位： 中国大唐集团公司
建设周期： 2008 年至 2010 年
企业性质： 国有
关键设备： 发电机、汽轮机、锅炉、仪器仪表、水处理设备。

项目简介

下花园发电厂是大唐国际发电股份有限公司的直属发电企业，位于河北省张家口市下花园区内，现有生产机组 40 万千瓦，其中 10 万千瓦机组 2 台，20 万千瓦机组 1 台。

该项目为六期工程，扩建 2 台 60 万千瓦间接空冷超临界国产燃煤机组。

工程总投资 50.7 亿元。

联系方式

建设单位： 下花园发电厂
联系电话： 0313-8632534
联系传真： 0313-8632950
通信地址： 河北省张家口市下花园区民胜路 1 号
邮政编码： 075311
咨询单位： 华北电力设计院工程有限公司
联系电话： 010-82281188
联系传真： 010-82281800
通信地址： 北京市西城区黄寺大街甲 24 号
邮政编码： 100011

项目名称 长治市欣隆煤矸石电厂工程

项目概况

投资总额： 150000 万元 RMB
项目性质： 新建
进展阶段： 施工准备
申报方式： 核准制
审批机关： 国家发改委
主管单位： 长治市欣隆煤矸石电厂有限公司
建设周期： 2008 年至 2009 年
企业性质： 股份制
关键设备： 发电机、汽轮机、锅炉、泵、阀、风机、开关柜、闸门。

项目简介

该项目为煤矸石综合利用工程，位于山西省长治市长治县北呈乡南呈村西面，距长治县县城 5 千米，地处煤炭蕴藏丰富的沁水煤田，属坑口电站。建设 1 台 30 万千瓦燃煤机组，配 2 台 480 吨每小时超高压循环流化床锅炉，总供热面积 304 万平方米，供热负荷 182.4 兆瓦。工程实施后将替代现有分散的采暖锅炉 179 台及约 673 户县城中部分村庄的居民采暖小锅炉，每年减少城区采暖耗煤量 12.2979 万吨，减少烟尘、SO_2 排放量分别为 3512.28 吨、826.42 吨。

工程总投资 15 亿元。

联系方式

建设单位： 长治市欣隆煤矸石电厂有限公司
联系电话： 0355-8093006
联系传真： 0355-2058333
通信地址： 山西省长治市长治县
邮政编码： 047100
咨询单位： 山西省电力勘测设计院
联系电话： 0351-8823900
联系传真： 0351-4043561
通信地址： 山西省太原市迎泽大街 255 号
邮政编码： 030001

项目名称 古交发电厂（二期）工程

项目概况

投资总额： 480000 万元 RMB
项目性质： 续建
进展阶段： 正在核准
申报方式： 核准制
审批机关： 国家发改委
主管单位： 山西兴能发电有限责任公司
建设周期： 2008 年至 2009 年
企业性质： 股份制
关键设备： 发电机、汽轮机、锅炉、泵、阀、风机、开关柜、闸门。

项目简介

古交发电厂工程位于山西省古交市，距省会太原市 50 千米，规划装机容量 300 万千瓦。一期建设 2 台 30 万千瓦国产直接空冷、脱硫、燃中煤发电机组，总投资 26.3 亿元，已经投运。

该项目为二期工程，建设 2 台 60 万千瓦燃煤发电机组。建成后，年可燃煤 540 多万吨。

工程总投资 48 亿元。

联系方式

建设单位： 山西兴能发电有限责任公司
联系电话： 0351-5196800
联系传真： 0351-5111444
通信地址： 山西省古交市金牛大街 76 号
邮政编码： 030200
咨询单位： 山西省电力勘测设计院
联系电话： 0351-8823900
联系传真： 0351-4043561
通信地址： 山西省太原市迎泽大街 255 号
邮政编码： 030001

项目名称 古县鑫秀煤业煤矸石电厂工程

项目概况

投资总额：250000 万元 RMB
项目性质：新建
进展阶段：正在核准
申报方式：核准制
审批机关：国家发改委
主管单位：古县鑫秀煤业有限公司
建设周期：2008 年至 2010 年
企业性质：股份制
关键设备：发电机、汽轮机、锅炉、泵、阀、风机、闸门、压缩机。

项目简介

该项目位于山西省临汾市古县岳阳镇偏涧，建设 2 台 20 万千瓦煤矸石发电机组，配 2 台每小时 670 吨回圈流化床锅炉。

工程总投资 25 亿元。

联系方式

建设单位：古县鑫秀煤业有限公司
联系电话：0357-8326559
联系传真：0357-8326559
通信地址：山西省临汾市古县岳阳镇偏涧
邮政编码：042400
咨询单位：山西省电力勘测设计院
联系电话：0351-8823900
联系传真：0351-4043561
通信地址：山西省太原市迎泽大街 255 号
邮政编码：030001

项目名称 国电霍州发电厂“以大代小”工程

项目概况

投资总额：447944 万元 RMB
项目性质：改扩建
进展阶段：正在核准
申报方式：核准制
审批机关：国家发改委
主管单位：中国国电集团公司
建设周期：2008 年至 2010 年
企业性质：国有
关键设备：发电机、汽轮机、锅炉、泵、阀、风机、开关柜、闸门、压缩机、电缆。

项目简介

该项目位于山西省霍州市辛置镇，在现有厂区内建设 2 台 60 万千瓦超临界燃煤空冷发电机组，取代原有 4 台 10 万千瓦机组。

工程总投资 44.7944 亿元。

联系方式

建设单位：国电霍州发电厂
联系电话：0357-5692171
联系传真：0357-5692215
通信地址：山西省霍州市辛置镇
邮政编码：031413
咨询单位：山西省电力勘测设计院
联系电话：0351-8823900
联系传真：0351-4043561
通信地址：山西省太原市迎泽大街 255 号
邮政编码：030001

项目名称 吕梁中阳煤矸石电厂项目

项目概况

投资总额：280000 万元 RMB
项目性质：新建
进展阶段：正在核准
申报方式：核准制
审批机关：国家发改委
主管单位：中阳县桃园水泥有限责任公司
建设周期：2008 年至 2010 年
企业性质：股份制
关键设备：发电机、汽轮机、锅炉、泵、阀、风机、闸门、压缩机。

项目简介

该项目位于山西省吕梁市中阳县，建设 2 台 30 万千瓦煤矸石发电机组，分期建设，工程燃料为本地洗煤，外配中煤、矸石发电，采用炉内脱硫技术。

项目总投资 28 亿元。

联系方式

建设单位：中阳县桃园水泥有限责任公司
联系电话：0358-5035181
联系传真：0358-5035181
通信地址：山西省吕梁市中阳县城南口头坪
邮政编码：033400
咨询单位：山西省电力勘测设计院
联系电话：0351-8823900
联系传真：0351-4043561
通信地址：山西省太原市迎泽大街 255 号
邮政编码：030001

项目名称 娘子关电厂“上大压小”扩建工程

项目概况

投资总额： 482110 万元 RMB
项目性质： 改扩建
进展阶段： 编制项目申请报告
申报方式： 核准制
审批机关： 国家发改委
主管单位： 山西漳泽电力股份有限公司
建设周期： 2008 年至 2010 年
企业性质： 股份制
关键设备： 发电机、汽轮机、锅炉、泵、阀、风机、开关柜、闸门、压缩机。

项目简介

该项目即山西娘子关第二发电厂工程，是规划中山西向河北南网送电的一个重要电源点，是山西省“上大压小、节能减排”首批示范项目。位于山西省阳泉市平定县娘子关镇，建设 2 台 2060 吨每小时亚临界变压运行直流炉、单炉膛、一次中间再热煤粉炉配 2 台 60 万千瓦国产亚临界凝汽式汽轮发电机组，建成后将关停 77.3 万千瓦小火电机组。

工程总投资 48.211 亿元。

联系方式

建设单位： 山西漳泽电力股份有限公司娘子关项目部
联系电话： 0353-6032222
联系传真： 0353-6032222
通信地址： 山西省阳泉市平定县娘子关镇
邮政编码： 045200
咨询单位： 河北省电力勘测设计研究院
联系电话： 0311-87912222
联系传真： 0311-85064114
通信地址： 河北省石家庄市建华北大街 6 号
邮政编码： 050031

项目名称 山西大唐国际定襄发电厂项目

项目概况

投资总额： 780000 万元 RMB
项目性质： 新建
进展阶段： 正在核准
申报方式： 核准制
审批机关： 省级发改委
主管单位： 大唐国际发电股份有限公司
建设周期： 2009 年至 2011 年
企业性质： 股份制
关键设备： 发电机、汽轮机、锅炉、泵、阀、风机、压缩机。

项目简介

该项目位于山西省忻州市定襄县东王村，建设规模为 2 台 100 万千瓦国产超超临界燃煤空冷发电机组，电厂所发电力电量拟全部送入京津唐电网。

项目总投资 78 亿元。

联系方式

建设单位： 山西大唐国际定襄发电厂筹备处
联系电话： 0350-6029600
联系传真： 0350-6025800
通信地址： 山西省忻州市定襄县解放路 37 号
邮政编码： 035400
咨询单位： 山西省电力勘测设计院
联系电话： 0351-8823900
联系传真： 0351-4043561
通信地址： 山西省太原市迎泽大街 255 号
邮政编码： 030001

项目名称 山西屯留古城电厂（一期）工程

项目概况

投资总额： 870000 万元 RMB
项目性质： 新建
进展阶段： 正在核准
申报方式： 核准制
审批机关： 国家发改委
主管单位： 山西国际电力集团有限公司
建设周期： 2008 年至 2011 年
企业性质： 股份制
关键设备： 发电机、汽轮机、锅炉、仪器仪表、自动化控制系统、水处理设备。

项目简介

山西屯留古城电厂项目位于山西省长治市屯留县内，为配套潞安古城井田建设大型燃煤坑口火力发电厂，电厂规划容量为 4 台 100 万千瓦超超临界燃煤空冷机组，分期实施。

该项目为一期工程，由山西国际电力集团公司和潞安矿业集团公司共同投资，建设规模 2 台 100 万千瓦超超临界燃煤空冷机组，采用 2 台每小时 3416 吨超超临界、一次中间再热、平衡通风、固态排渣、煤粉锅炉。

工程总投资 87 亿元。

联系方式

建设单位： 山西国际电力集团有限公司
联系电话： 0351-3111666
联系传真： 0351-3185235
通信地址： 山西省太原市东辑虎营 37 号
邮政编码： 030009
咨询单位： 中国电力工程顾问集团中南电力设计院
联系电话： 027-67816781
联系传真： 027-87811992
通信地址： 湖北省武汉市武昌区民主路 668 号
邮政编码： 430071

项目名称 山西兴县发电厂（一期）工程

项目概况

投资总额： 675000 万元 RMB
项目性质： 新建
进展阶段： 正在核准
申报方式： 核准制
审批机关： 国家发改委

主管单位： 山西国际电力集团有限公司
建设周期： 2008 年至 2010 年
企业性质： 股份制
关键设备： 发电机、汽轮机、锅炉、泵、阀、风机、电阻柜、开关柜、闸门。

项目简介

该项目位于山西省吕梁市兴县马蒲滩，建设 1 台 30 万千瓦循环流化床锅炉和直接空冷凝汽式汽轮发电机组和 2 台 60 万千瓦超临界直接空冷燃煤凝汽式汽轮发电机组。

工程总投资 67.5 亿元。

联系方式

建设单位： 山西国际电力集团有限公司
联系电话： 0351-3111666
联系传真： 0351-3185235
通信地址： 山西省太原市东辑虎营 37 号
邮政编码： 030009
咨询单位： 中国电力工程顾问集团西北电力设计院
联系电话： 029-88358888
联系传真： 029-88358899
通信地址： 陕西省西安市高新技术产业开发区团结南路 22 号
邮政编码： 710075

项目名称 神华河曲煤矸石电厂（一期）工程

项目概况

投资总额： 293000 万元 RMB
项目性质： 新建
进展阶段： 正在核准
申报方式： 核准制
审批机关： 国家发改委

主管单位： 神华神东电力有限责任公司
建设周期： 2008 年至 2010 年
企业性质： 股份制
关键设备： 发电机、汽轮机、锅炉、泵、阀、风机、开关柜、闸门、压缩机。

项目简介

神华神东电力河曲煤矸石发电项目位于山西省忻州市河曲县，规划分期建设 4 台 30 万千瓦煤矸石发电机组。

该项目为一期工程，建设 2 台 30 万千瓦煤矸石发电机组，燃料由山西晋神能源公司河曲县沙坪煤矿和瓷窑沟煤矿供给，水源采用以上两矿的矿井疏矸水。

工程总投资 29.3 亿元。

联系方式

建设单位： 神华神东电力有限责任公司
联系电话： 0912-8220114/8239010
联系传真： 0912-8332492
通信地址： 陕西省榆林市神木县城东兴街
邮政编码： 719300
咨询单位： 华北电力设计院工程有限公司
联系电话： 010-82281188
联系传真： 010-82281800
通信地址： 北京市西城区黄寺大街甲 24 号
邮政编码： 100011

项目名称 王曲电厂（二期）扩建工程

项目概况

投资总额： 430000 万元 RMB
项目性质： 续建
进展阶段： 编制项目申请报告
申报方式： 核准制
审批机关： 国家发改委

主管单位： 山东鲁能建设集团有限公司
建设周期： 2008 年至 2010 年
企业性质： 股份制
关键设备： 发电机、汽轮机、锅炉、泵、阀、风机、电阻柜、开关柜、闸门。

项目简介

该项目位于山西省长治市潞城市西偏北约 2 千米，长治市以北 18 千米处，在电厂一期工程的扩建端侧建设，由山东鲁能发展集团有限公司、山东省国际信托投资有限公司、山西国际电力集团有限公司共同出资，建设 2 台 60 万千瓦级超临界燃煤空冷发电机组，留有扩建条件。工程燃用晋东南贫煤，采用直接空冷系统。

工程总投资 43 亿元。

联系方式

建设单位： 山西鲁晋王曲发电有限责任公司
联系电话： 0355-5992222
联系传真： 0355-5992001
通信地址： 山西省潞城市电厂路 6 号
邮政编码： 047500
咨询单位： 山东电力工程咨询院
联系电话： 0531-85182222/85182000
联系传真： 0531-85936241
通信地址： 山东省济南市闵子骞路 106 号
邮政编码： 250013

项目名称 西上庄煤电一体化发电工程

项目概况

投资总额：500000 万元 RMB
项目性质：新建
进展阶段：编制项目申请报告
申报方式：核准制
审批机关：国家发改委
主管单位：阳泉市南庄煤炭集团有限责任公司
建设周期：2008 年至 2009 年
企业性质：股份制
关键设备：发电机、汽轮机、锅炉、泵、阀、风机、电阻柜、开关柜、闸门。

项目简介

该项目为西上庄煤电一体化发电工程，位于山西省阳泉市平坦镇西上庄村，距离阳泉市直线距离 14 千米，电厂厂址靠近拟建煤矿，规划建设 2 台 60 万千瓦燃煤发电机组，属典型坑口电站。

工程总投资 50 亿元。

联系方式

建设单位：阳泉市南庄煤炭集团有限责任公司
联系电话：0353-2188294/2032175
联系传真：0353-2188543
通信地址：山西省阳泉市南庄路 231 号
邮政编码：045001
咨询单位：山西省电力勘测设计院
联系电话：0351-8823900
联系传真：0351-4043561
通信地址：山西省太原市迎泽大街 255 号
邮政编码：030001

项目名称 漳泽发电厂 2 台 100 万千瓦机组改扩建工程

项目概况

投资总额：800000 万元 RMB
项目性质：改扩建
进展阶段：编制项目申请报告
申报方式：核准制
审批机关：国家发改委
主管单位：中国电力投资集团公司
建设周期：2008 年至 2010 年
企业性质：股份制
关键设备：发电机、汽轮机、锅炉、泵、阀、风机、开关柜、闸门。

项目简介

漳泽发电厂位于山西省长治市北郊，毗邻潞安煤田和漳泽水库，是山西和华北电网主力发电厂。一期工程为 2 台 10 万千瓦国产机组，二期工程为 4 台 21 万千瓦前苏联进口机组，分别于 1985 年 11 月和 1991 年 7 月投产，目前总装机容量 104 万千瓦，年发电能力 67 亿千瓦时。

该项目为扩建工程，拟建设 2 台 100 万千瓦级超超临界直接空冷燃煤发电机组。

工程总投资 80 亿元。

联系方式

建设单位：山西漳泽电力股份有限公司
联系电话：0351-4265109
联系传真：0351-4265168
通信地址：山西省太原市五一路 279 号
邮政编码：030001
咨询单位：山西省电力勘测设计院
联系电话：0351-8823900
联系传真：0351-4043561
通信地址：山西省太原市迎泽大街 255 号
邮政编码：030001

项目名称 大板发电厂工程

项目概况

投资总额：455000 万元 RMB
项目性质：新建
进展阶段：正在核准
申报方式：核准制
审批机关：国家发改委
主管单位：中国电力投资集团公司
建设周期：2008 年至 2009 年
企业性质：国有
关键设备：发电机、汽轮机、锅炉、泵、阀、风机、闸门。

项目简介

该项目位于内蒙古自治区巴林右旗大板镇，由中国电力投资集团公司出资，建设 2 台 60 万千瓦燃煤空冷发电机组。项目整体进度从主厂房开工至第一台机组投产的时间为 29 个月，第二台机组投产时间间隔为 3 个月。

工程总投资 45.5 亿元。

联系方式

建设单位：内蒙古大板发电有限责任公司
联系电话：0476-5807605
联系传真：0476-5807605
通信地址：内蒙古自治区巴林右旗大板镇
邮政编码：025150
咨询单位：中国电力工程顾问集团东北电力设计院
联系电话：0431-85798081
联系传真：0431-85643157
通信地址：吉林省长春市人民大街 4368 号
邮政编码：130021

项目名称 国电北方电力海勃湾发电厂（四期）工程

项目概况

投资总额： 520000 万元 RMB
项目性质： 续建
进展阶段： 编制项目申请报告
申报方式： 核准制
审批机关： 国家发改委
主管单位： 中国国电集团公司
建设周期： 2008 年至 2010 年
企业性质： 国有
关键设备： 发电机、锅炉、汽轮机、仪器仪表、控制系统。

项目简介

海勃湾发电厂位于内蒙古自治区乌海市海南区拉僧庙镇，属国有大型企业，是乌海地区最大的火力发电厂，远景规划总装机容量 246 万千瓦，分四期建设。海电现有发电机组 6 台，分别为 2 台 10 万千瓦、2 台 20 万千瓦和 2 台 33 万千瓦，总装机容量 126 万千瓦，可年发电 93.82 亿千瓦时。

该项目为四期工程，建设 2 台 60 万千瓦燃煤发电机组。

工程总投资 52 亿元。

联系方式

建设单位： 北方联合电力有限责任公司海勃湾发电厂
联系电话： 0473-4558114
联系传真： 0473-4558114
通信地址： 内蒙古自治区乌海市海南区拉僧庙海勃湾发电厂
邮政编码： 016034
咨询单位： 内蒙古电力勘测设计院
联系电话： 0471-6943426/6223421
联系传真： 0471-5973584
通信地址： 内蒙古自治区呼和浩特市锡林南路 209 号
邮政编码： 010020

项目名称 国华呼伦贝尔能源（一期）工程

项目概况

投资总额： 450000 万元 RMB
项目性质： 新建
进展阶段： 编制项目申请报告
申报方式： 核准制
审批机关： 国家发改委
主管单位： 国华电力集团公司
建设周期： 2008 年至 2010 年
企业性质： 股份制
关键设备： 发电机、汽轮机、锅炉、泵、阀、风机、闸门。

项目简介

国华呼伦贝尔能源项目即宝日希勒发电厂工程，位于内蒙古自治区呼伦贝尔市陈巴尔虎旗境内，规划建设 6 台 60 万千瓦国产燃煤亚临界直接空冷发电机组，分期建设。

该项目为一期工程，建设 2 台 60 万千瓦国产燃煤亚临界直接空冷发电机组。

工程总投资 45 亿元。

联系方式

建设单位： 内蒙古国华宝日发电有限责任公司
联系电话： 0470-6767008
联系传真： 0470-8242288
通信地址： 内蒙古自治区海拉尔市
邮政编码： 021000
咨询单位： 中国电力工程顾问集团西北电力设计院
联系电话： 029-88358888
联系传真： 029-88358899
通信地址： 陕西省西安市高新技术产业开发区团结南路 22 号
邮政编码： 710075

项目名称 神华神东电力土右煤矸石发电工程

项目概况

投资总额： 297000 万元 RMB
项目性质： 新建
进展阶段： 正在核准
申报方式： 核准制
审批机关： 国家发改委
主管单位： 神华神东电力有限责任公司
建设周期： 2008 年至 2010 年
企业性质： 股份制
关键设备： 发电机、汽轮机、锅炉、泵、阀、风机、开关柜、闸门、压缩机。

项目简介

神华神东电力土右煤矸石发电项目又称神华神东电力萨拉齐发电厂，位于内蒙古自治区包头市土默特右旗萨拉齐镇附近，距包头市 40 千米，属坑口电站，规划分期建设 4 台 30 万千瓦循环流化床锅炉空冷汽轮发电机组。

该项目为一期工程，建设 2 台 30 万千瓦循环流化床锅炉空冷汽轮发电机组，燃料由包头矿业公司阿刀亥煤矿和水泉-黑土坝井田供给，水源采用萨拉齐镇产业区污水处理厂中水。

工程总投资 29.7 亿元。

联系方式

建设单位： 萨拉齐电厂筹建处
联系电话： 0472-8928852
联系传真： 0472-8928852
通信地址： 内蒙古自治区包头市土默特右旗萨拉齐镇
邮政编码： 014100
咨询单位： 内蒙古电力勘测设计院
联系电话： 0471-6943426/6223421
联系传真： 0471-5973584
通信地址： 内蒙古自治区呼和浩特市锡林南路 209 号
邮政编码： 010020

项目名称 魏家峁煤电一体化项目电厂（一期）工程

项目概况

投资总额： 500000 万元 RMB
主管单位： 中国国电集团公司
项目性质： 新建
建设周期： 2008 年至 2010 年
进展阶段： 正在核准
企业性质： 股份制
申报方式： 核准制
关键设备： 发电机、汽轮机、锅炉、泵、阀、风机、开关柜、闸门。
审批机关： 国家发改委

项目简介

魏家峁煤电一体化项目位于内蒙古自治区准格尔矿区，规划分期建设 8 台 60 万千瓦发电机组和年产 180 万吨的露天煤矿。

该项目为电厂一期工程，位于内蒙古自治区鄂尔多斯市准格尔旗龙口镇魏家峁乡，建设 2 台 60 万千瓦超临界燃煤发电机组。

工程总投资 50 亿元。

联系方式

建设单位： 北方电力魏家峁煤电有限责任公司
联系电话： 0471-5924259/5924262
联系传真： 0471-5923430
通信地址： 内蒙古自治区呼和浩特市南二环赛罕区政府西 800 米
邮政编码： 010020
咨询单位： 华北电力设计院工程有限公司
联系电话： 010-82281188
联系传真： 010-82281800
通信地址： 北京市西城区黄寺大街甲 24 号
邮政编码： 100011

项目名称 准大坑口电厂 3、4 号机组工程

项目概况

投资总额： 290000 万元 RMB
主管单位： 内蒙古自治区准大坑口电厂
项目性质： 改扩建
建设周期： 2008 年至 2009 年
进展阶段： 编制项目申请报告
企业性质： 股份制
申报方式： 核准制
关键设备： 发电机、汽轮机、锅炉、泵、阀、风机、开关柜、闸门。
审批机关： 国家发改委

项目简介

该项目为大饭铺坑口电厂一期 3 号、4 号机组工程，位于内蒙古鄂尔多斯市准格尔旗，由内蒙古能源发电投资有限公司出资，建设 2 台 30 万千瓦燃煤发电机组。

工程总投资 29 亿元。

联系方式

建设单位： 内蒙古自治区准大坑口电厂
联系电话： 0477-4888082
联系传真： 0477-4888082
通信地址： 内蒙古鄂尔多斯市准格尔旗
邮政编码： 017000
咨询单位： 内蒙古电力勘测设计院
联系电话： 0471-6943426/6223421
联系传真： 0471-5973584
通信地址： 内蒙古呼和浩特市锡林南路 209 号
邮政编码： 010020

项目名称 准格尔矿区酸刺沟矸石电厂工程

项目概况

投资总额： 257700 万元 RMB
主管单位： 北京京能热电股份有限公司
项目性质： 新建
建设周期： 2008 年至 2009 年
进展阶段： 正在核准
企业性质： 股份制
申报方式： 核准制
关键设备： 发电机、汽轮机、锅炉、泵、阀、风机、开关柜、闸门。
审批机关： 省级发改委

项目简介

该项目位于内蒙古自治区准格尔旗酸刺沟煤矿附近，属于坑口电厂，由北京京能热电股份有限公司和内蒙古伊泰煤炭股份有限公司共同出资建设，建设 2 台 30 万千瓦燃煤发电机组。

工程总投资 25.77 亿元。

联系方式

建设单位： 北京京能热电股份有限公司
联系电话： 010-88991155
联系传真： 010-88992553
通信地址： 北京市石景山区广宁路 10 号
邮政编码： 100041
咨询单位： 中国电力工程顾问集团西北电力设计院
联系电话： 029-88358888
联系传真： 029-88358899
通信地址： 陕西省西安市高新技术产业开发区团结南路 22 号
邮政编码： 710075

项目名称 大唐辽宁调兵山煤矸石电厂工程

项目概况

投资总额： 312130 万元 RMB
项目性质： 新建
进展阶段： 施工准备
申报方式： 核准制
审批机关： 国家发改委
主管单位： 中国大唐集团公司
建设周期： 2008 年至 2010 年
企业性质： 股份制
关键设备： 发电机、汽轮机、锅炉、泵、阀、风机、闸门、压缩机、电缆、消防装置。

项目简介

该项目位于辽宁省调兵山市大明镇太平山村北侧，厂址南侧距调兵山市约 4 千米，北侧临开发区公路，西侧 1.5 千米为泡子沿水库，南侧为太平山村，西南侧为太平山。建设 2 台 30 万千瓦空冷亚临界煤矸石发电机组，配 2 台每小时 1065 吨循环流化床锅炉。

工程总投资 31.213 亿元。

联系方式

建设单位： 大唐铁岭能源化工项目筹建处
联系电话： 0410-6905011
联系传真： 0410-6905011
通信地址： 辽宁省调兵山市育才路中段南侧
邮政编码： 112700
咨询单位： 中国电力工程顾问集团东北电力设计院
联系电话： 0431-85798081
联系传真： 0431-85643157
通信地址： 吉林省长春市人民大街 4368 号
邮政编码： 130021

项目名称 国电电力庄河发电厂（二期）工程

项目概况

投资总额： 870000 万元 RMB
项目性质： 续建
进展阶段： 正在核准
申报方式： 核准制
审批机关： 国家发改委
主管单位： 国电电力大连庄河发电有限责任公司
建设周期： 2008 年至 2010 年
企业性质： 股份制
关键设备： 发电机、汽轮机、锅炉、泵、阀、风机、闸门、压缩机、电缆、消防装置。

项目简介

国电电力庄河发电厂位于辽宁省大连东北部庄河市东南约 18 千米的黑岛镇黄圈村附近的海岸，一期建设 2 台 60 万千瓦超临界燃煤机组，已经投产。

该项目为二期工程，建设 2 台 100 万千瓦超超临界燃煤发电机组。工程建成后，将按照“以大代小”的原则，关闭国电电力朝阳发电厂 2 台 20 万千瓦机组。

工程总投资 87 亿元。

联系方式

建设单位： 国电电力大连庄河发电有限责任公司
联系电话： 0411-89399100
联系传真： 0411-89399100
通信地址： 辽宁省大连市庄河黑岛镇
邮政编码： 116400
咨询单位： 中国电力工程顾问集团东北电力设计院
联系电话： 0431-85798081
联系传真： 0431-85643157
通信地址： 吉林省长春市人民大街 4368 号
邮政编码： 130021

项目名称 华能营口电厂（三期）工程

项目概况

投资总额： 480000 万元 RMB
项目性质： 续建
进展阶段： 编制项目申请报告
申报方式： 核准制
审批机关： 国家发改委
主管单位： 中国华能集团公司
建设周期： 2008 年至 2010 年
企业性质： 股份制
关键设备： 发电机、汽轮机、锅炉、泵、阀、闸门。

项目简介

该项目位于辽宁省营口市经济技术开发区，濒临渤海湾，距沈阳市 210 千米，建设 2 台 60 万千瓦超超临界发电机组。

工程总投资 48 亿元。

联系方式

建设单位： 华能国际电力股份有限公司营口电厂
联系电话： 0417-6882222
联系传真： 0417-6882130
通信地址： 辽宁省营口市经济技术开发区
邮政编码： 115007
咨询单位： 中国电力工程顾问集团东北电力设计院
联系电话： 0431-85798081
联系传真： 0431-85643157
通信地址： 吉林省长春市人民大街 4368 号
邮政编码： 130021

项目名称 清河发电厂（二期）“以大代小”工程

项目概况

投资总额： 250000 万元 RMB
项目性质： 改扩建
进展阶段： 正在核准
申报方式： 核准制
审批机关： 国家发改委
主管单位： 中国电力投资集团公司
建设周期： 2008 年至 2009 年
企业性质： 股份制
关键设备： 发电机、汽轮机、锅炉、泵、阀、风机、起重机、开关柜、闸门。

项目简介

该项目系辽宁清河发电有限责任公司“上大压小”技术改造二期工程，位于辽宁省铁岭市清河区，由中国电力国际有限公司投资建设，建设 1 台 60 万千瓦超临界燃煤发电机组。

工程总投资 25 亿元。

联系方式

建设单位： 辽宁省清河发电有限责任公司
联系电话： 0410-2112222
联系传真： 0410-2112222
通信地址： 辽宁省铁岭市清河区虹光路 31 号
邮政编码： 112003
咨询单位： 中国电力工程顾问集团东北电力设计院
联系电话： 0431-85798081
联系传真： 0431-85643157
通信地址： 吉林省长春市人民大街 4368 号
邮政编码： 130021

项目名称 华能九台电厂（一期）工程

项目概况

投资总额： 498000 万元 RMB
项目性质： 新建
进展阶段： 开工在建
申报方式： 核准制
审批机关： 国家发改委
主管单位： 华能国际电力股份有限公司
建设周期： 2007 年至 2009 年
企业性质： 股份制
关键设备： 发电机、汽轮机、锅炉、仪器仪表、水处理设备、控制系统。

项目简介

华能九台电厂新建工程由华能国际电力开发公司独资建设，位于吉林省九台市，西距长春市 48 千米，东距吉林市 50 千米，规划建设 4 台 66 万千瓦国产高效超临界机组，分二期建设。

该项目为一期工程，建设 2 台 66 万千瓦国产水冷超临界机组。

工程总投资 49.8 亿元。

联系方式

建设单位： 华能九台电厂筹建处
联系电话： 0431-82569051
联系传真： 0431-82569070
通信地址： 吉林省九台市土们岭镇
邮政编码： 130033
咨询单位： 中国电力工程顾问集团东北电力设计院
联系电话： 0431-85798081
联系传真： 0431-85643157
通信地址： 吉林省长春市人民大街 4368 号
邮政编码： 130021

项目名称 中电投白城电厂（一期）工程

项目概况

投资总额： 420000 万元 RMB
项目性质： 新建
进展阶段： 正在核准
申报方式： 核准制
审批机关： 国家发改委
主管单位： 中国电力投资集团公司
建设周期： 2008 年至 2010 年
企业性质： 股份制
关键设备： 发电机、汽轮机、锅炉、泵、阀、电阻柜、开关柜、闸门。

项目简介

中电投白城电厂新建工程位于吉林省白城市区西南约 9 千米处，规划建设 4 台 60 万千瓦级超临界空冷燃煤发电机组，分期建设，预计年燃煤总量为 451 万吨。

该项目为一期工程，建设 2 台 60 万千瓦国产超临界空冷凝汽式汽轮发电机组。

工程总投资 42 亿元。

联系方式

建设单位： 吉林省能源交通总公司
联系电话： 0431-85601999
联系传真： 0431-85603208
通信地址： 吉林省长春市人民大街 138-1 号
邮政编码： 130021
咨询单位： 中国电力工程顾问集团东北电力设计院
联系电话： 0431-85798081
联系传真： 0431-85643157
通信地址： 吉林省长春市人民大街 4368 号
邮政编码： 130021

项目名称　常熟电厂2×100万千瓦发电机组扩建工程

项目概况

投资总额：720000万元RMB
项目性质：新建
进展阶段：正在核准
申报方式：核准制
审批机关：国家发改委
主管单位：中国电力投资集团公司
建设周期：2008年至2010年
企业性质：三资
关键设备：汽轮机、发电机、锅炉、仪器仪表、控制系统。

项目简介

该项目为常熟发电有限公司扩建工程，位于江苏省常熟市常熟经济开发区内，新建2台100万千瓦级水冷超超临界燃煤汽轮机发电机组。

工程总投资72亿元。

联系方式

建设单位：江苏常熟发电有限公司
联系电话：0512-52657023
联系传真：0512-52657023
通信地址：江苏省常熟市新港镇吴市
邮政编码：215536
咨询单位：中国电力工程顾问集团华东电力设计院
联系电话：021-22015888/22015350
联系传真：021-62574087/62577326
通信地址：上海市普陀区武宁路409号
邮政编码：200063

项目名称　大唐南京下关发电厂搬迁扩建工程

项目概况

投资总额：480000万元RMB
项目性质：新建
进展阶段：正在核准
申报方式：核准制
审批机关：国家发改委
主管单位：中国大唐集团公司
建设周期：2008年至2010年
企业性质：国有
关键设备：锅炉、汽轮机、发电机、水处理设备、自动化控制系统。

项目简介

该项目位于江苏省南京市栖霞区靖安镇东北端马渡村，是大唐南京电厂搬迁扩建工程，建设2台66万千瓦级超超临界燃煤发电机组。项目由大唐集团公司出资建设。

工程总投资48亿元。

联系方式

建设单位：大唐南京下关发电厂
联系电话：025-58805161
联系传真：025-58805161
通信地址：江苏省南京市中山北路576号
邮政编码：210011
咨询单位：江苏省电力设计院
联系电话：025-83300300/83320289
联系传真：025-86636217
通信地址：江苏省南京市北京西路22号
邮政编码：210024

项目名称　国信靖江发电厂（一期）工程

项目概况

投资总额：480000万元RMB
项目性质：新建
进展阶段：正在核准
申报方式：核准制
审批机关：国家发改委
主管单位：江苏省国信集团公司
建设周期：2008年至2010年
企业性质：股份制
关键设备：发电机、汽轮机、锅炉、泵、阀、风机、开关柜、闸门。

项目简介

国信靖江发电厂由江苏省国信资产管理集团有限公司出资80%、江苏华靖资产经营有限公司出资20%合资建设。位于江苏省靖江市经济开发区新港园区，规划总装机容量732万千瓦，分期建设。

该项目为一期工程，建设2台66万千瓦超超临界燃煤发电机组。

工程总投资48亿元。

联系方式

建设单位：江苏国信靖江发电有限公司
联系电话：0523-84877655/84877677
联系传真：0523-84877670
通信地址：江苏省泰州市靖江市靖城镇开发区
邮政编码：214500
咨询单位：江苏省电力设计院
联系电话：025-83300300/83320289
联系传真：025-86636217
通信地址：江苏省南京市北京西路22号
邮政编码：210024

项目名称 华电泗源发电厂 2×100 万千瓦机组工程

项目概况

投资总额： 700000 万元 RMB
项目性质： 新建
进展阶段： 编制项目申请报告
申报方式： 核准制
审批机关： 国家发改委
主管单位： 中国华电集团公司
建设周期： 2008 年至 2011 年
企业性质： 股份制
关键设备： 发电机、汽轮机、锅炉、仪器仪表、泵、阀、自动化控制系统。

项目简介

该项目位于江苏省仪征市新城镇泗源沟，为江苏电网内大型区域火电厂，建设 2 台 100 万千瓦超超临界燃煤发电机组，建成后能够极大地改善目前江苏电网火电机组中高参数大容量机组比例偏小的局面，缓解电力紧缺，同时也能够有力地推动仪征经济的快速健康发展。

工程总投资 70 亿元。

联系方式

建设单位： 江苏华电扬州发电有限公司
联系电话： 0514-87610441
联系传真： 0514-87610349
通信地址： 江苏省扬州市竹西路 158 号
邮政编码： 225002
咨询单位： 江苏省电力设计院
联系电话： 025-83300300/83320289
联系传真： 025-86636217
通信地址： 江苏省南京市北京西路 22 号
邮政编码： 210024

项目名称 华能金陵电厂（二期）工程

项目概况

投资总额： 878805 万元 RMB
项目性质： 续建
进展阶段： 正在核准
申报方式： 核准制
审批机关： 国家发改委
主管单位： 中国华能集团公司
建设周期： 2008 年至 2010 年
企业性质： 股份制
关键设备： 发电机、汽轮机、仪器仪表、除尘设备、脱硫设备。

项目简介

华能金陵发电厂位于江苏省南京市金陵，一期为燃机电厂，建设 2 台 39 万千瓦燃气-蒸汽循环发电机组，已经投产。

该项目为二期工程，位于金陵电厂一期工程东侧七里河乡以东，由华能国际电力开发公司、江苏省国信资产管理集团有限公司和南京市投资公司共同出资，建设 2 台 100 万千瓦超超临界燃煤发电机组，并留有扩建的条件。采用神府东胜煤田的烟煤作为设计煤种，晋北煤田的烟煤作为校核煤种。

工程总投资 87.8805 亿元。

联系方式

建设单位： 华能金陵电厂
联系电话： 025-85728101
联系传真： 025-85728101
通信地址： 江苏省南京市栖霞经济技术开发区
邮政编码： 210034
咨询单位： 中国电力工程顾问集团华东电力设计院
联系电话： 021-22015888/22015350
联系传真： 021-62574087/62577326
通信地址： 上海市普陀区武宁路 409 号
邮政编码： 200063

项目名称 江苏国华陈家港电厂（一期）工程

项目概况

投资总额： 533600 万元 RMB
项目性质： 新建
进展阶段： 编制项目申请报告
申报方式： 核准制
审批机关： 国家发改委
主管单位： 国华电力集团公司
建设周期： 2008 年至 2010 年
企业性质： 股份制
关键设备： 发电机、汽轮机、锅炉、泵、阀、风机、电阻柜、开关柜、闸门。

项目简介

江苏国华陈家港电厂位于江苏省盐城市响水县陈家港镇蟒牛村北面，厂址东临黄海，傍依灌河。电厂采用超临界燃煤机组，规划总装机容量 6 台 60 万千瓦，分期建设。

该项目为一期工程，建设 2 台 60 万千瓦超临界燃煤机组，工程包括大量的填海工程。

工程总投资 53.36 亿元。

联系方式

建设单位： 江苏国华陈家港发电厂筹建处
联系电话： 0515-86785075
联系传真： 0515-86785053
通信地址： 江苏省盐城市响水县城南大道法院西楼
邮政编码： 224600
咨询单位： 中国电力工程顾问集团华东电力设计院
联系电话： 021-22015888/22015350
联系传真： 021-62574087/62577326
通信地址： 上海市普陀区武宁路 409 号
邮政编码： 200063

项目名称 如东燃气电厂（一期）工程

项目概况

投资总额：900000 万元 RMB
项目性质：新建
进展阶段：正在核准
申报方式：核准制
审批机关：国家发改委
主管单位：新加坡金鹰国际集团
建设周期：2008 年至 2010 年
企业性质：三资
关键设备：燃气蒸汽联合循环机组、燃汽轮机、余热回收锅炉、发电机

项目简介

该项目即洋口港 LNG 电厂项目，位于江苏省南通市如东县洋口港开发区，规划建设 6 台 39 万千瓦氢冷超高压发电机组。由中国石油天然气集团公司、新加坡金鹰国际集团、江苏国信集团共同投资建设，由新加坡金鹰国际集团公司方面控股，中石油公司与江苏国信集团参股，目前已成立项目公司即新加坡金鹰集团太平洋油气有限公司。

工程总投资 90 亿元。

联系方式

建设单位：新加坡金鹰集团太平洋油气有限公司
金鹰中国和东亚电力南京有限公司
联系电话：025-83168188
联系传真：025-83168199
通信地址：江苏省南京市鼓楼街 88 号绿地广场国际商务中心 9 楼
邮政编码：210008
咨询单位：江苏省电力设计院
联系电话：025-83300300/83320289
联系传真：025-86636217
通信地址：江苏省南京市北京西路 22 号
邮政编码：210024

项目名称 射阳港电厂（三期）工程

项目概况

投资总额：450000 万元 RMB
项目性质：续建
进展阶段：正在核准
申报方式：核准制
审批机关：国家发改委
主管单位：中国电力投资集团公司
建设周期：2008 年至 2010 年
企业性质：股份制
关键设备：燃煤发电机组、锅炉、除尘设备、自动化控制系统。

项目简介

射阳港电厂是目前江苏沿海首座火力发电厂，一期、二期工程总装机容量达 55 万千瓦。

该项目为三期工程，位于江苏省盐城市射阳县城以东 24 千米射阳河入海口，扩建 2 台 66 万千瓦级水氢氢超超临界机组。由中国电力投资集团公司、盐城市热电公司、江苏省国信资产管理集团有限公司共同投资。

工程总投资 45 亿元。

联系方式

建设单位：江苏射阳港发电有限公司
联系电话：0515-82200300
联系传真：0515-82200333
通信地址：江苏省射阳县射阳港
邮政编码：224346
咨询单位：江苏省电力设计院
联系电话：025-83300300/83320289
联系传真：025-86636217
通信地址：江苏省南京市北京西路 22 号
邮政编码：210024

项目名称 新海发电厂“以大代小”扩建工程

项目概况

投资总额：650000 万元 RMB
项目性质：改扩建
进展阶段：编制项目申请报告
申报方式：核准制
审批机关：国家发改委
主管单位：江苏新海发电有限公司
建设周期：2008 年至 2010 年
企业性质：股份制
关键设备：发电机、汽轮机、锅炉、仪器仪表、控制系统。

项目简介

江苏新海发电厂位于江苏省连云港市古海州城北，占地面积 48.76 万平方米。原有装机 8.6 万千瓦小机组面临关停、2 台 22 万千瓦机组已服役 17 年，设备老化效率低下不能满足市场需求。为此，新海发电有限公司决定拆除上述机组，并在原址上“以大代小”扩建 2 台 100 万千瓦机组。

该项目为“以大代小”扩建工程，计划建设 2 台 100 万千瓦水冷超超临界燃煤发电机组。

工程总投资 65 亿元。

联系方式

建设单位：江苏新海发电有限公司
联系电话：0518-85282012
联系传真：0518-85282011
通信地址：江苏省连云港市海洲区新海路 218 号
邮政编码：222023
咨询单位：中国电力工程顾问集团华东电力设计院
联系电话：021-22015888/22015350
联系传真：021-62574087/62577326
通信地址：上海市普陀区武宁路 409 号
邮政编码：200063

项目名称 徐矿集团坑口煤矸石电厂（一期）工程

项目概况

投资总额：280000 万元 RMB
主管单位：徐州矿务集团
项目性质：新建
建设周期：2008 年至 2009 年
进展阶段：施工准备
企业性质：股份制
申报方式：核准制
关键设备：发电机、汽轮机、锅炉、泵、阀、风机、开关柜、闸门、压缩机。
审批机关：国家发改委

项目简介

该项目位于江苏省徐州市权台矿附近，规划建设 4 台 30 万千瓦循环流化床机组，分期实施。项目燃用徐州矿务集团无市场需求低质高灰煤、煤矸石及煤泥，利用权台矿矿井疏干水作为电厂水源，粉煤灰生产建材产品和充填塌陷区，是徐州矿区资源综合利用型电厂的示范工程。具有不占用国铁、水陆交通便利、接入、环保、煤电联营等多方面优势。

该项目为一期工程，建设 2 台 30 万千瓦循环流化床机组。

工程总投资 28 亿元。

联系方式

建设单位：徐州矿务集团有限公司
联系电话：0516-85321114
联系传真：0516-85326330
通信地址：江苏省徐州市淮海西路 235 号
邮政编码：550003
咨询单位：中国电力工程顾问集团华东电力设计院
联系电话：021-22015888/22015350
联系传真：021-62574087/62577326
通信地址：上海市普陀区武宁路 409 号
邮政编码：200063

项目名称 徐州发电厂以大代小机组工程

项目概况

投资总额：671563 万元 RMB
主管单位：国家电网公司
项目性质：新建
建设周期：2008 年至 2011 年
进展阶段：编制项目申请报告
企业性质：股份制
申报方式：核准制
关键设备：发电机、汽轮机、锅炉、仪器仪表、水处理设备、脱硫设备。
审批机关：国家发改委

项目简介

该项目位于江苏省徐州市铜山县茅村镇徐州发电有限公司老厂内，属于以大代小工程，首批关停拆除 4 台 137.5 兆瓦机组，在其场地上建设 2 台 100 万千瓦燃煤机组，待新机组投产后，再关停 4 台 220 兆瓦机组，工程包括超超临界变压运行燃煤直流炉，单炉膛、一次再热，2953 吨每小时锅炉 2 台；超超临界、单轴、四缸四排汽、一次中间再热凝汽式汽轮机 2 台；100 万千瓦水氢氢冷却、无刷励磁汽轮发电机 2 台；同时建设相应的辅助、烟气脱硫、除尘等工程。

工程总投资 67.1563 亿元。

联系方式

建设单位：国网新源控股有限公司徐州发电厂
联系电话：0516-87252115
联系传真：0516-87252953
通信地址：江苏省徐州市铜山县茅村镇
邮政编码：221166
咨询单位：中国电力工程顾问集团华东电力设计院
联系电话：021-22015888/22015350
联系传真：021-62574087/62577326
通信地址：上海市普陀区武宁路 409 号
邮政编码：200063

项目名称 国电北仑电厂（三期）扩建工程

项目概况

投资总额：850000 万元 RMB
主管单位：中国国电集团公司
项目性质：改扩建
建设周期：2007 年至 2009 年
进展阶段：开工在建
企业性质：股份制
申报方式：核准制
关键设备：发电机、汽轮机、锅炉、泵、阀、风机、闸门、压缩机、电缆、消防装置。
审批机关：国家发改委

项目简介

该项目位于浙江省宁波市北仑区新契镇，建设 2 台 100 万千瓦超临界燃煤发电机组，建成后国电北仑发电厂整体发电规模达到 500 万千瓦。

工程总投资 85 亿元。

联系方式

建设单位：国电浙江北仑第一发电有限责任公司
联系电话：0574-86892542/86893910
联系传真：0574-86893908
通信地址：浙江省宁波市北仑区新契镇
邮政编码：315200
咨询单位：中国电力工程顾问集团华东电力设计院
联系电话：021-22015888/22015350
联系传真：021-62574087/62577326
通信地址：上海市普陀区武宁路 409 号
邮政编码：200063

项目名称 华能玉环电厂（二期）扩建工程

项目概况

投资总额：764980 万元 RMB
项目性质：续建
进展阶段：开工在建
申报方式：核准制
审批机关：国家发改委
主管单位：华能国际电力股份有限公司
建设周期：2007 年至 2008 年
企业性质：股份制
关键设备：发电机、汽轮机、锅炉、仪器仪表、脱硫设备、除尘设备。

项目简介

华能玉环电厂位于浙江省玉环县大麦屿开发区，地处浙江省东南沿海开发区瓯江口，乐清湾东岸，规划建设 4 台 100 万千瓦超超临界机组，一期工程建设 2 台 100 万千瓦超超临界机组。

该项目为二期工程，由华能国际电力股份有限公司独资建设，在一期工程基础上再扩建 2 台 100 万千瓦超超临界燃煤发电机组，同步安装烟气脱硫装置、高效静电除尘器和烟气连续监测装置，采用低氮燃烧技术，并预留脱硝装置空间，厂区留有再扩建条件。

工程总投资 76.498 亿元。

联系方式

建设单位：华能玉环电厂
联系电话：0576-87177777
联系传真：0576-87177666
通讯地址：浙江省台州市玉环县大麦屿开发区下青塘
邮政编码：317604
咨询单位：中国电力工程顾问集团华东电力设计院
联系电话：021-22015888/22015350
联系传真：021-62574087/62577326
通讯地址：上海市普陀区武宁路 409 号
邮政编码：200063

项目名称 嘉兴发电厂（三期）工程

项目概况

投资总额：760000 万元 RMB
项目性质：改扩建
进展阶段：正在核准
申报方式：核准制
审批机关：国家发改委
主管单位：浙江嘉华发电有限责任公司
建设周期：2008 年至 2010 年
企业性质：股份制
关键设备：发电机、汽轮机、锅炉、泵、阀、风机、开关柜、闸门。

项目简介

该项目位于浙江省平湖市乍浦镇长安桥村，在二期工程南面扩建，拟建 2 台 100 万千瓦超超临界燃煤发电机组及相关的配套设施。工程建成后将成为浙江电网的主力电厂，弥补“十一五”、“十二五”浙江电网电力缺口。供电范围主要为浙北杭嘉湖电网。

工程总投资 76 亿元。

联系方式

建设单位：浙江嘉华发电有限责任公司
联系电话：0573-85591482/85592498
联系传真：0573-85591497
通讯地址：浙江省嘉兴市乍浦镇金门村
邮政编码：314200
咨询单位：中国电力工程顾问集团华东电力设计院
联系电话：021-22015888/22015350
联系传真：021-62574087/62577326
通讯地址：上海市普陀区武宁路 409 号
邮政编码：200063

项目名称 乌沙山发电厂（二期）工程（十一五）

项目概况

投资总额：800000 万元 RMB
项目性质：续建
进展阶段：编制项目申请报告
申报方式：核准制
审批机关：国家发改委
主管单位：中国大唐集团公司
建设周期：2008 年至 2010 年
企业性质：股份制
关键设备：发电机、汽轮机、锅炉、仪器仪表、自动化控制系统、泵、阀。

项目简介

浙江大唐乌沙山发电厂位于浙江省宁波市象山县西周镇东北约 2.5 千米的乌沙山西侧的山前平原上，厂址西北距宁波市约 53 千米，东南距象山县城约 21 千米，北临象山港。

该项目为二期工程，计划建设 2 台 100 万千瓦的燃煤凝汽式超超临界汽轮发电机组，在现厂址进行扩建，已列入浙江省“十一五”发展规划。

工程总投资 80 亿元。

联系方式

建设单位：浙江大唐乌沙山发电厂有限责任公司
联系电话：0574-65855260
联系传真：0574-65855200
通讯地址：浙江省宁波市象山县西周镇
邮政编码：315722
咨询单位：浙江省电力设计院
联系电话：0571-88334013
联系传真：0571-88334012
通讯地址：浙江省杭州市假山路 69 号
邮政编码：310007

项目名称 浙江半山IGCC发电示范工程

项目概况

投资总额：197999万元RMB
项目性质：新建
进展阶段：编制项目申请报告
申报方式：核准制
审批机关：国家发改委
主管单位：中国华电集团公司
建设周期：2008年至2010年
企业性质：股份制
关键设备：燃气轮机发电机组、锅炉、蒸汽轮发电机组、仪器仪表、控制系统。

项目简介

该项目位于浙江省杭州市拱墅区康桥镇南面约1千米处，半山电厂现有厂区场地内，装机方案按1台20万千瓦级机组考虑，规划上留有再扩建的可能性，建设地点位于老厂东区，系老厂一期1台12兆瓦机组和二期2台50兆瓦机组拆除后的建设场地。工程包括煤气化岛、燃气-蒸汽联合循环岛、合成气净化装置、硫回收装置以及给排水系统等，同时采用常规的MDEA等脱硫方式，其脱硫效率大于98%。

工程总投资19.7999亿元。

联系方式

建设单位：半山发电有限责任公司
联系电话：0571-85272901
联系传真：0571-88044922
通信地址：浙江省杭州市拱墅区康桥镇拱康路200号
邮政编码：310015
咨询单位：浙江省电力设计院
联系电话：0571-88334013
联系传真：0571-88334012
通信地址：浙江省杭州市假山路69号
邮政编码：310007

项目名称 安庆电厂（二期）工程

项目概况

投资总额：500000万元RMB
项目性质：续建
进展阶段：编制项目申请报告
申报方式：核准制
审批机关：国家发改委
主管单位：安徽省能源投资集团有限公司
建设周期：2008年至2010年
企业性质：股份制
关键设备：燃煤发电机组、锅炉、泵、除尘设备、自动化控制系统。

项目简介

安庆电厂位于安徽省安庆市东郊老峰镇，是支撑安庆十一五经济发展的重要项目之一。

该项目为二期工程，建设2台60万千瓦水冷超超临界燃煤发电机组。

工程总投资50亿元。

联系方式

建设单位：安徽安庆皖江发电有限责任公司
联系电话：0556-5425114
联系传真：0556-5425114
通信地址：安徽省安庆市老峰镇皖江北路1号
邮政编码：246008
咨询单位：安徽省电力设计院
联系电话：0551-3709114/3636517
联系传真：0551-3633286
通信地址：安徽省合肥市金寨路122号
邮政编码：230022

项目名称 大唐滁州电厂（一期）工程

项目概况

投资总额：700000万元RMB
项目性质：新建
进展阶段：编制项目申请报告
申报方式：核准制
审批机关：国家发改委
主管单位：中国大唐集团公司
建设周期：2008年至2010年
企业性质：股份制
关键设备：发电机、汽轮机、仪器仪表、除尘设备、脱硫设备。

项目简介

该项目位于安徽省滁州市以北约10千米的滁州市沙河集镇白米山，厂址北侧为唐庄，南侧为前牛。建设2台100万千瓦超超临界凝汽式汽轮机、2台每小时2980吨超超临界变压运行燃煤直流锅炉、2台100万千瓦水氢氢冷却、无刷励磁汽轮发电机组。

供水水源为滁州市清流河河水，设计年需水量为2530万立方米，取水管道长约14千米；项目年耗煤量为475万吨，电厂燃煤由国投新集能源股份有限公司和皖北煤电集团公司供应。

工程总投资70亿元。

联系方式

建设单位：中国大唐集团公司安徽分公司
联系电话：0551-2239328
联系传真：0551-2239328
通信地址：安徽省合肥市长江西路669号
邮政编码：230088
咨询单位：安徽省电力设计院
联系电话：0551-3709114/3636517
联系传真：0551-3633286
通信地址：安徽省合肥市金寨路122号
邮政编码：230022

项目名称 大唐凤阳小岗发电厂项目

项目概况

投资总额： 800000 万元 RMB
项目性质： 新建
进展阶段： 编制项目申请报告
申报方式： 核准制
审批机关： 国家发改委
主管单位： 中国大唐集团公司
建设周期： 2009 年至 2012 年
企业性质： 国有
关键设备： 发电机、汽轮机、仪器仪表、除尘设备、脱硫设备。

项目简介

大唐凤阳小岗发电厂位于安徽省滁州市凤阳县小岗村，规划建设 4 台 100 万千瓦超超临界燃煤发电机组，计划总投资 160 亿元，拟分两期建设。

该项目为一期工程，建设 2 台 100 万千瓦超超临界燃煤发电机组，并留有扩建余地。

工程总投资 80 亿元。

联系方式

建设单位： 中国大唐集团公司安徽分公司
联系电话： 0551-2239328
联系传真： 0551-2239328
通信地址： 安徽省合肥市长江西路 669 号
邮政编码： 230088
咨询单位： 中国电力工程顾问集团西南电力设计院
联系电话： 028-84402315
联系传真： 028-84443982
通信地址： 四川省成都市东风路 18 号
邮政编码： 610061

项目名称 凤台电厂（二期）工程

项目概况

投资总额： 460000 万元 RMB
项目性质： 续建
进展阶段： 编制项目申请报告
申报方式： 核准制
审批机关： 国家发改委
主管单位： 淮浙煤电有限责任公司
建设周期： 2008 年至 2010 年
企业性质： 股份制
关键设备： 发电机、汽轮机、锅炉、泵、阀、风机、闸门。

项目简介

凤台电厂位于安徽省淮南市凤台县桂集乡，距淮南市约 40 千米，规划建设 2 台 60 万千瓦和 2 台 66 万千瓦燃煤发电机组，分期建设。

该项目为二期工程，建设 2 台 66 万千瓦燃煤发电机组，建成后所发电能全部输往浙江省。

工程总投资 46 亿元。

联系方式

建设单位： 淮浙煤电有限责任公司凤台发电公司
联系电话： 0554-8972588
联系传真： 0554-8972502
通信地址： 安徽省淮南市凤台县
邮政编码： 232007
咨询单位： 中国电力工程顾问集团华东电力设计院
联系电话： 021-22015888/22015350
联系传真： 021-62574087/62577326
通信地址： 上海市普陀区武宁路 409 号
邮政编码： 200063

项目名称 阜阳电厂（二期）扩建项目

项目概况

投资总额： 460000 万元 RMB
项目性质： 续建
进展阶段： 正在核准
申报方式： 核准制
审批机关： 国家发改委
主管单位： 华润电力集团公司
建设周期： 2009 年至 2011 年
企业性质： 三资
关键设备： 发电机、汽轮机、锅炉、泵、阀、电阻柜、开关柜、闸门。

项目简介

该项目位于安徽省阜阳市周棚镇，建设 2 台 60 万千瓦级超超临界水氢氢燃煤发电机组。

项目总投资 46 亿元。

联系方式

建设单位： 阜阳华润电力有限公司
联系电话： 0558-3682118
联系传真： 0558-3682117
通信地址： 安徽省阜阳市阜涡路 168 号
邮政编码： 236158
咨询单位： 中国电力工程顾问集团华东电力设计院
联系电话： 021-22015888/22015350
联系传真： 021-62574087/62577326
通信地址： 上海市普陀区武宁路 409 号
邮政编码： 200063

项目名称 国电蚌埠电厂（二期）工程

项目概况

投资总额： 469000 万元 RMB
项目性质： 续建
进展阶段： 编制项目申请报告
申报方式： 核准制
审批机关： 国家发改委
主管单位： 中国国电集团公司
建设周期： 2008 年至 2011 年
企业性质： 股份制
关键设备： 发电机、汽轮机、锅炉、仪器仪表、控制系统、水处理设备。

项目简介

国电蚌埠发电厂是安徽省“861”重点项目，位于安徽省蚌埠市西南怀远县南部的孝仪乡境内，临近“两淮”煤矿基地，地处华东地区铁路枢纽，毗邻“黄金水道”淮河，规划容量为 4 台 60 万千瓦超临界燃煤发电机组，总投资约 100 亿元。由中国国电集团公司、安徽省能源集团有限公司、蚌埠市建设投资有限公司按照比例出资建设。

该项目为二期工程，建设 2 台 60 万千瓦超临界燃煤发电机组。

工程总投资 46.9 亿元。

联系方式

建设单位： 国电蚌埠发电有限公司
联系电话： 0552-8572011
联系传真： 0552-8572011
通信地址： 安徽省蚌埠市怀远县马城镇国电大道 1 号
邮政编码： 233411
咨询单位： 中国电力工程顾问集团华东电力设计院
联系电话： 021-22015888/22015350
联系传真： 021-62574087/62577326
通信地址： 上海市普陀区武宁路 409 号
邮政编码： 200063

项目名称 国电铜陵发电厂（一期）项目

项目概况

投资总额： 498000 万元 RMB
项目性质： 新建
进展阶段： 开工在建
申报方式： 核准制
审批机关： 国家发改委
主管单位： 中国国电集团公司
建设周期： 2007 年至 2008 年
企业性质： 股份制
关键设备： 发电机组、变压器、锅炉、仪器仪表、自动化控制系统。

项目简介

国电铜陵发电厂位于安徽省铜陵市铜陵县东联乡（原永丰乡）境内，由中国国电集团公司、安徽省能源集团有限公司、铜陵市投资公司共同出资，分期建设。项目投产后，年需燃煤约 290 万吨，由淮南、淮北矿业公司所属煤矿供应。规划建设规模为 4 台 60 万千瓦发电机组，总投资 100 亿元。

该项目为一期工程，建设 2 台 60 万千瓦国产超临界水氢氢燃煤发电机组，并留有扩建余地。

项目总投资 49.8 亿元。

联系方式

建设单位： 国电铜陵发电有限责任公司
联系电话： 0562-2805278/8216020
联系传真： 0562-8216029
通信地址： 安徽省铜陵市东联乡
邮政编码： 244153
咨询单位： 中国电力工程顾问集团华东电力设计院
联系电话： 021-22015888/22015350
联系传真： 021-62574087/62577326
通信地址： 上海市普陀区武宁路 409 号
邮政编码： 200063

项目名称 国投宣城电厂（二期）工程

项目概况

投资总额： 190000 万元 RMB
项目性质： 续建
进展阶段： 编制项目申请报告
申报方式： 核准制
审批机关： 国家发改委
主管单位： 国投电力公司
建设周期： 2008 年至 2009 年
企业性质： 股份制
关键设备： 发电机、汽轮机、锅炉、泵、阀、开关柜、闸门。

项目简介

该项目位于安徽省宣城市向阳镇国投宣城电厂内，为二期扩建工程，建设 1 台 60 万千瓦超临界发电机组。

工程总投资 19 亿元。

联系方式

建设单位： 国投宣城发电有限责任公司
联系电话： 0563-2105115/2105111
联系传真： 0563-2105100
通信地址： 安徽省宣城市向阳镇国投宣城电厂
邮政编码： 242052
咨询单位： 安徽省电力设计院
联系电话： 0551-3709114/3636517
联系传真： 0551-3633286
通信地址： 安徽省合肥市金寨路 122 号
邮政编码： 230022

项目名称 华能巢湖电厂（二期）工程

项目概况

投资总额：370000 万元 RMB
项目性质：续建
进展阶段：编制项目申请报告
申报方式：核准制
审批机关：国家发改委
主管单位：中国华能集团公司
建设周期：2009 年至 2011 年
企业性质：国有
关键设备：发电机、气轮机、锅炉、水处理设备、自动化设备、泵、阀。

项目简介

华能巢湖电厂项目是节约型和环保型项目，位于安徽省巢湖市，规划建设 4 台 60 万千瓦燃煤发电机组。

该项目为二期工程，建设 2 台 60 万千瓦级国产超临界燃煤发电机组。

工程总投资 37 亿元。

联系方式

建设单位：华能巢湖电厂
联系电话：0565-2857046
联系传真：0565-2853333
通信地址：安徽省巢湖市居巢区夏阁镇东风石矿
邮政编码：238015
咨询单位：安徽省电力设计院
联系电话：0551-3709114/3636517
联系传真：0551-3633286
通信地址：安徽省合肥市金寨路 122 号
邮政编码：230022

项目名称 淮南平圩电厂（三期）扩建工程

项目概况

投资总额：773577 万元 RMB
项目性质：续建
进展阶段：正在核准
申报方式：核准制
审批机关：国家发改委
主管单位：中国电力投资集团公司
建设周期：2008 年至 2011 年
企业性质：股份制
关键设备：锅炉、汽轮机、发电机、泵、阀、仪器仪表、自动化控制系统。

项目简介

该项目位于安徽省淮南市潘集区平圩镇平圩电厂内，由中国电力国际有限公司和淮南市投资公司共同组建的安徽淮南平圩第三发电有限责任公司投资，建设 2 台 100 万千瓦国产超超临界燃煤发电机组，同步建设烟气脱硫和脱硝设施，以 500 千伏一级电压方式接入电网系统。

工程总投资 77.3577 亿元。

联系方式

建设单位：淮南平圩发电有限责任公司
联系电话：0554-2522222/2522361
联系传真：0554-2522222
通信地址：安徽省淮南市潘集区平圩镇平圩电厂内
邮政编码：232082
咨询单位：中国电力工程顾问集团华东电力设计院
联系电话：021-22015888/22015350
联系传真：021-62574087/62577326
通信地址：上海市普陀区武宁路 409 号
邮政编码：200063

项目名称 芜湖电厂（五期）工程

项目概况

投资总额：460000 万元 RMB
项目性质：续建
进展阶段：正在核准
申报方式：核准制
审批机关：国家发改委
主管单位：中国电力投资集团公司
建设周期：2008 年至 2009 年
企业性质：国有
关键设备：发电机、汽轮机、锅炉、风机。

项目简介

该项目位于安徽省芜湖市，是芜湖发电厂五期扩建工程，建设 2 台 60 万千瓦超临界燃煤发电机组。

工程总投资 46 亿元。

联系方式

建设单位：中电投芜湖发电厂
联系电话：0553-5202598/5202316
联系传真：0553-5202222
通信地址：安徽省芜湖市褐山路 115 号
邮政编码：241009
咨询单位：中国电力工程顾问集团华东电力设计院
联系电话：021-22015888/22015350
联系传真：021-62574087/62577326
通信地址：上海市普陀区武宁路 409 号
邮政编码：200063

项目名称 大唐长乐电厂（一期）项目

项目概况

投资总额： 800000 万元 RMB
项目性质： 新建
进展阶段： 编制项目申请报告
申报方式： 核准制
审批机关： 国家发改委

主管单位： 中国大唐集团公司
建设周期： 2008 年至 2009 年
企业性质： 国有
关键设备： 发电机、汽轮机、锅炉、泵、阀、风机、开关柜、闸门。

项目简介

该项目位于福建省长乐市，建设 2 台 100 万千瓦超超临界燃煤发电机组，建成后将成为福建电网的主力电厂，不仅满足福州地区负荷发展的需要，还可以通过福建沿海 500 千伏主网架将电力南送至泉州、厦门等负荷中心，满足福建南部地区乃至整个福建电力市场发展的需要，改善电源结构，提高能源利用效率。

工程总投资 80 亿元。

联系方式

建设单位： 中国大唐集团公司福建电源项目筹建处
联系电话： 0592-3226260
联系传真： 0592-3226280
通信地址： 福建省厦门市思明区湖明路 61 号 4A 室
邮政编码： 361006
咨询单位： 中国电力工程顾问集团华东电力设计院
联系电话： 021-22015888/22015350
联系传真： 021-62574087/62577326
通信地址： 上海市普陀区武宁路 409 号
邮政编码： 200063

项目名称 大唐宁德火电厂（二期）工程

项目概况

投资总额： 492900 万元 RMB
项目性质： 续建
进展阶段： 正在核准
申报方式： 核准制
审批机关： 国家发改委

主管单位： 中国大唐集团公司
建设周期： 2008 年至 2010 年
企业性质： 股份制
关键设备： 发电机、汽轮机、锅炉、仪器仪表、水处理设备、自动化控制系统。

项目简介

大唐宁德火电厂位于福建省宁德地区福安市湾坞乡三都澳白马港畔，总装机容量 440 万千瓦，分三期建设。其中一期工程建设 2 台 60 万千瓦国产超临界燃煤发电机组，目前已经投产发电。

该项目为二期工程，建设 2 台 66 万千瓦国产超超临界燃煤发电机组，并留有扩建的余地。煤源与一期工程相同，设计煤种为大同塔山矿区洗精煤，校核煤种为神府东胜矿区纳林庙煤，年耗煤量约 240 万吨。

工程总投资 49.29 亿元。

联系方式

建设单位： 福建大唐国际宁德发电有限责任公司
联系电话： 0593-6182032
联系传真： 0593-6182020
通信地址： 福建省宁德地区福安市湾坞乡
邮政编码： 355000
咨询单位： 中国电力工程顾问集团华东电力设计院
联系电话： 021-22015888/22015350
联系传真： 021-62574087/62577326
通信地址： 上海市普陀区武宁路 409 号
邮政编码： 200063

项目名称 福建永安火电厂“以大代小”扩建项目

项目概况

投资总额： 260000 万元 RMB
项目性质： 改扩建
进展阶段： 正在核准
申报方式： 核准制
审批机关： 国家发改委

主管单位： 中国华电集团公司
建设周期： 2008 年至 2009 年
企业性质： 国有
关键设备： 发电机、汽轮机、锅炉、泵、阀、电阻柜、开关柜、闸门。

项目简介

该项目已列入华电集团公司“十一五”规划以及 2007 年开工项目、福建省“十一五”电力发展规划和 2007 年度福建省重点预备建设项目，根据当前国家“上大压小”政策，老厂机组将在“十一五”期内关停。工程位于福建省永安市兴坪乡，新建 2 台 30 万千瓦循环流化床发电机组。

项目总投资 26 亿元。

联系方式

建设单位： 福建永安火电厂
联系电话： 0598-3626888
联系传真： 0598-3626517
通信地址： 福建省永安市兴坪乡永安火电厂
邮政编码： 366000
咨询单位： 福建省电力勘测设计院
联系电话： 0591-87816024/87818754
联系传真： 0591-87842832
通信地址： 福建省福州市五四路 268 号
邮政编码： 350003

项目名称 国电福建南埔电厂（二期）工程

项目概况

投资总额： 418000 万元 RMB
项目性质： 续建
进展阶段： 正在核准
申报方式： 核准制
审批机关： 国家发改委
主管单位： 中国国电集团公司
建设周期： 2008 年至 2010 年
企业性质： 股份制
关键设备： 发电机、汽轮机、锅炉、泵、阀、风机、闸门、压缩机。

项目简介

国电福建南埔电厂位于福建省泉州市泉港区，规划总装机容量 180 万千瓦，一期工程建设 2 台 30 万千瓦亚临界燃煤脱硫发电机组，二期工程计划建设 2 台 60 万千瓦超临界燃煤发电机组，在场地布置及建设条件上留有继续扩建 4 台 100 万千瓦超超临界燃煤脱硫发电机组的余地。

该项目为二期工程，建设 2 台 66 万千瓦级超临界凝汽式发电机组。

项目总投资 41.8 亿元。

联系方式

建设单位： 国电泉州发电有限公司
联系电话： 0595-87026028/87026052
联系传真： 0595-87782766
通信地址： 福建省泉州市泉港区南埔
邮政编码： 362804
咨询单位： 福建省电力勘测设计院
联系电话： 0591-87816024/87818754
联系传真： 0591-87842832
通信地址： 福建省福州市五四路 268 号
邮政编码： 350003

项目名称 国电福州江阴电厂（二期）工程

项目概况

投资总额： 700000 万元 RMB
项目性质： 新建
进展阶段： 编制项目申请报告
申报方式： 核准制
审批机关： 国家发改委
主管单位： 中国国电集团公司
建设周期： 2008 年至 2010 年
企业性质： 股份制
关键设备： 发电机、汽轮机、锅炉、仪器仪表、控制系统。

项目简介

该项目位于福建省福清市江阴半岛东南端，拟在一期工程扩建端建设 2 台 100 万千瓦水冷超超临界燃煤发电机组，并留有扩建余地。工程燃料拟采用神华烟煤，采用海水直流冷却系统，工程采用高效静电除尘器，同步建设烟气脱硫设施。

工程总投资 70 亿元。

联系方式

建设单位： 国电福州发电有限公司
联系电话： 0591-85969621
联系传真： 0591-85966170
通信地址： 福建省福清市江阴镇口岸园区
邮政编码： 350309
咨询单位： 福建省电力勘测设计院
联系电话： 0591-87816024/87818754
联系传真： 0591-87842832
通信地址： 福建省福州市五四路 268 号
邮政编码： 350003

项目名称 国电云霄电厂（一期）工程

项目概况

投资总额： 810000 万元 RMB
项目性质： 新建
进展阶段： 编制项目申请报告
申报方式： 核准制
审批机关： 国家发改委
主管单位： 中国国电集团公司
建设周期： 2008 年至 2010 年
企业性质： 国有
关键设备： 发电机、汽轮机、锅炉、泵、阀、风机、闸门、压缩机。

项目简介

漳州南部电厂由国电云霄电厂和国电诏安电厂组成，分别位于云霄县东山湾南岸和诏安县诏安湾西岸，拟分别建设装机总容量 4 台 100 万千瓦燃煤机组，并配套建设 2 个 5 万吨级或 7 万吨级的专用煤码头，建成后将成为福建省电网和广东省电网连接的支撑点。

该项目为云霄电厂一期工程，厂址初选在福建省漳州市诏安县的青径（推荐）、后安，拟建设 2 台 100 万千瓦超超临界燃煤发电机组。

工程总投资 81 亿元。

联系方式

建设单位： 国电福建漳州南部电厂筹建处
联系电话： 0596-2929533
联系传真： 0596-2929533
通信地址： 福建省漳州市胜利东路 13 号电力大楼 1 楼办公室
邮政编码： 350003
咨询单位： 中国电力工程顾问集团华东电力设计院
联系电话： 021-22015888/22015350
联系传真： 021-62574087/62577326
通信地址： 上海市普陀区武宁路 409 号
邮政编码： 200063

项目名称 国电诏安电厂（一期）工程

项目概况

投资总额： 800000万元RMB
项目性质： 新建
进展阶段： 编制项目申请报告
申报方式： 核准制
审批机关： 国家发改委
主管单位： 中国国电集团公司
建设周期： 2008年至2010年
企业性质： 国有
关键设备： 发电机、汽轮机、锅炉、泵、阀、风机、闸门、压缩机。

项目简介

漳州南部电厂由国电云霄电厂和国电诏安电厂组成，分别位于云霄县东山湾南岸和诏安县诏安湾西岸，拟分别建设装机总容量4台100万千瓦燃煤机组，配套建设2个5万吨级或7万吨级的专用煤码头。建成后将成为福建省电网和广东省电网连接的支撑点。

该项目为诏安电厂一期工程，厂址初选在福建省漳州市诏安县的下傅（推荐）、东门，拟建设2台100万千瓦超超临界燃煤发电机组。

工程总投资80亿元。

联系方式

建设单位： 国电福建漳州南部电厂筹建处
联系电话： 0596-2929533
联系传真： 0596-2929533
通信地址： 福建省漳州市胜利东路13号电力大楼1楼办公室
邮政编码： 350003
咨询单位： 中国电力工程顾问集团华东电力设计院
联系电话： 021-22015888/22015350
联系传真： 021-62574087/62577326
通信地址： 上海市普陀区武宁路409号
邮政编码： 200063

项目名称 华电东山电厂（一期）工程

项目概况

投资总额： 880000万元RMB
项目性质： 新建
进展阶段： 编制项目申请报告
申报方式： 核准制
审批机关： 国家发改委
主管单位： 中国华电集团公司
建设周期： 2008年至2010年
企业性质： 股份制
关键设备： 汽轮机、发电机、锅炉、烟气脱硫设备、仪器仪表、水处理设备。

项目简介

福建东山电厂位于福建省漳州市东山县，规划装机容量为6台100万千瓦水冷超超临界燃煤发电机组。

该项目为一期工程，建设2台100万千瓦水冷超超临界燃煤发电机组，并同步建设烟气脱硫装置。

工程总投资88亿元。

联系方式

建设单位： 福建棉花滩水电开发有限公司
联系电话： 0597-2268011
联系传真： 0597-2109393
通信地址： 福建省龙岩市华莲路
邮政编码： 364000
咨询单位： 福建省电力勘测设计院
联系电话： 0591-87816024/87818754
联系传真： 0591-87842832
通信地址： 福建省福州市五四路268号
邮政编码： 350003

项目名称 华电福建漳平电厂“上大压小”工程

项目概况

投资总额： 236000万元RMB
项目性质： 改扩建
进展阶段： 正在核准
申报方式： 核准制
审批机关： 国家发改委
主管单位： 中国华电集团公司
建设周期： 2008年至2010年
企业性质： 国有
关键设备： 锅炉、发电机、汽轮机、仪器仪表、水处理设备、控制系统。

项目简介

该项目位于福建省漳平市郊顶郊村，建设2台30万千瓦水氢氢亚临界发电机组。工程主要包括：建设2台每小时1025吨循环流化床锅炉，2台30万千瓦亚临界、一次中间再热凝汽式汽机，2台30万千瓦中间再热、水一氢一氢冷却方式发电机组。

工程总投资23.6亿元。

联系方式

建设单位： 华电福建漳平电厂
联系电话： 0597-7022222/7022277
联系传真： 0597-7022222
通信地址： 福建省漳平市西南郊顶郊村
邮政编码： 364400
咨询单位： 福建省电力勘测设计院
联系电话： 0591-87816024/87818754
联系传真： 0591-87842832
通信地址： 福建省福州市五四路268号
邮政编码： 350003

项目名称 大唐抚州电厂（一期）工程

项目概况

投资总额：700000 万元 RMB
项目性质：新建
进展阶段：编制项目申请报告
申报方式：核准制
审批机关：国家发改委
主管单位：中国大唐集团公司
建设周期：2008 年至 2011 年
企业性质：国有
关键设备：锅炉、发电机、汽轮机、仪器仪表、泵、阀、脱硫设备、除尘设备。

项目简介

大唐抚州电厂是江西省抚州市"十一五"规划项目，位于江西省抚州市临川区，规划建设 4 台 100 万千瓦超超临界燃煤发电机组，同步建设脱硫、脱硝装置。

该项目为一期工程，建设 2 台 100 万千瓦国产超超临界燃煤发电机组。

工程总投资 70 亿元。

联系方式

建设单位：中国大唐集团公司
联系电话：010-66586666
联系传真：010-66586677
通信地址：北京市西城区广宁伯街 1 号
邮政编码：100032
咨询单位：江西省电力设计院
联系电话：0791-6372224
联系传真：0791-6374592
通信地址：江西省南昌市南京西路 369 号
邮政编码：330006

项目名称 贵溪一电"以大代小"工程（十一五）

项目概况

投资总额：510000 万元 RMB
项目性质：改扩建
进展阶段：编制项目申请报告
申报方式：核准制
审批机关：国家发改委
主管单位：中国电力投资集团公司
建设周期：2008 年至 2010 年
企业性质：股份制
关键设备：发电机、汽轮机、锅炉、仪器仪表、控制系统。

项目简介

贵溪一电于 1987 年建成投产，是华中电网主力电厂之一，建有 4 台 125 兆瓦机组，目前设备老化，故障率高，发电煤耗高、效率低、耗水量大、环境污染大。

该项目为以大代小技改工程，以 2 台 60 万千瓦新机组取代原机组，可充分利用原有公用设施，改善环境、降低煤耗、减少用水量，优化江西电网的火电电源结构，提高江西电网安全稳定水平和调峰能力，提高电网运行的经济性和可靠性，满足贵州省特别是赣东北地区国民经济和社会发展的电力需求。

工程总投资 51 亿元。

联系方式

建设单位：中电国际江西贵溪第一发电有限公司
联系电话：0701-3789989
联系传真：0701-3771259
通信地址：江西省贵溪市东门外
邮政编码：335400
咨询单位：中国电力工程顾问集团中南电力设计院
联系电话：027-67816781
联系传真：027-87811992
通信地址：湖北省武汉市武昌区民主路 668 号
邮政编码：430071

项目名称 国电黄金埠电厂（二期）工程

项目概况

投资总额：480000 万元 RMB
项目性质：续建
进展阶段：编制项目申请报告
申报方式：核准制
审批机关：国家发改委
主管单位：中国国电集团公司
建设周期：2008 年至 2010 年
企业性质：股份制
关键设备：发电机、汽轮机、锅炉、泵、阀、风机、闸门、压缩机。

项目简介

黄金埠电厂位于江西省上饶市余干县黄金埠镇信江河畔，规划装机 4 台 60 万千瓦燃煤机组，分两期建设，目前一期已经竣工。

该项目为二期工程，建设 2 台 60 万千瓦超超临界燃煤发电机组。

工程总投资 48 亿元。

联系方式

建设单位：国电黄金埠发电有限公司
联系电话：0793-3298050
联系传真：0793-3298053
通信地址：江西省上饶市余干县黄金埠镇
邮政编码：335101
咨询单位：江西省电力设计院
联系电话：0791-6372224
联系传真：0791-6374592
通信地址：江西省南昌市南京西路 369 号
邮政编码：330006

项目名称 华能瑞金（赣州）电厂（一期）工程

项目概况

投资总额：240000 万元 RMB
项目性质：新建
进展阶段：开工在建
申报方式：核准制
审批机关：国家发改委
主管单位：中国华能集团公司
建设周期：2007 年至 2008 年
企业性质：国有
关键设备：发电机组、锅炉、水处理设备、除尘设备、自动化控制系统。

项目简介

华能瑞金（赣州）电厂位于江西省赣州市赣县茅店镇上坝村，厂址距赣县城区 14 千米，铁路专用线长约 41 千米，在赣县车站接轨，规划总装机容量 2 台 35 万千瓦和 2 台 60 万千瓦发电机组，总投资 80 亿元。

该项目为一期工程，建设 2 台 35 万千瓦国产超临界氢冷发电机组。

项目总投资 24 亿元。

联系方式

建设单位：华能瑞金（赣州）电厂筹建处
联系电话：0797-2186986
联系传真：0797-2186986
通信地址：江西省赣州市赣县茅店镇
邮政编码：341100
咨询单位：江西省电力设计院
联系电话：0791-6372224
联系传真：0791-6374592
通信地址：江西省南昌市南京西路 369 号
邮政编码：330006

项目名称 江西分宜电厂扩建工程

项目概况

投资总额：130000 万元 RMB
项目性质：改扩建
进展阶段：开工在建
申报方式：核准制
审批机关：国家发改委
主管单位：中国电力投资集团公司
建设周期：2007 年至 2008 年
企业性质：股份制
关键设备：发电机组、锅炉、仪器仪表、水处理设备、控制系统。

项目简介

该项目位于江西省新余市分宜县分宜镇塘边，由江西分宜第二发电有限责任公司负责建设，工程建设 1 台 33 万千瓦循环流化床机组，采用炉内脱硫。

项目总投资 13 亿元。

联系方式

建设单位：江西分宜第二发电有限责任公司
联系电话：0790-5618114
联系传真：0790-5618473
通信地址：江西省新余市分宜县分宜镇塘边
邮政编码：336607
咨询单位：江西省电力设计院
联系电话：0791-6372224
联系传真：0791-6374592
通信地址：江西省南昌市南京西路 369 号
邮政编码：330006

项目名称 中电贵溪电厂“上大压小”技改工程

项目概况

投资总额：441672 万元 RMB
项目性质：改扩建
进展阶段：编制项目申请报告
申报方式：核准制
审批机关：省级发改委
主管单位：中国电力投资集团公司
建设周期：2008 年至 2010 年
企业性质：股份制
关键设备：发电机、汽轮机、锅炉、泵、阀、风机、开关柜、闸门。

项目简介

贵溪发电“以大代小”技改工程既是江西省“十一五”经济社会发展规划重大项目，也是省重大招商引资项目，更是鹰潭市、贵溪市加强能源建设的重要项目。

该项目位于江西省贵溪市贵溪一厂内，在拆除现有的 4 台 125 兆瓦机组的场地上建设，安装 2 台 60 万千瓦超临界燃煤发电机组，配 2 台 1900 吨每小时超超临界变压燃煤直流炉。

工程总投资 44.1672 亿元。

联系方式

建设单位：中电（江西贵溪）发电有限公司
联系电话：0701-3755011
联系传真：0701-3755011
通信地址：江西省贵溪市雄石路 41 号
邮政编码：335400
咨询单位：中国电力工程顾问集团中南电力设计院
联系电话：027-67816781
联系传真：027-87811992
通信地址：湖北省武汉市武昌区民主路 668 号
邮政编码：430071

项目名称 大唐东营发电厂（一期）工程

项目概况

投资总额： 830000 万元 RMB
项目性质： 新建
进展阶段： 正在核准
申报方式： 核准制
审批机关： 国家发改委
主管单位： 中国大唐集团公司
建设周期： 2008 年至 2010 年
企业性质： 股份制
关键设备： 发电机、汽轮机、锅炉、泵、阀、风机、开关柜、闸门、压缩机。

项目简介

大唐东营发电厂位于山东省东营市河口区临港工业园之内，规划建设 4 台 100 万千瓦超临界燃煤发电机组，燃煤拟由中国神华集团公司提供，电厂一期循环冷却水拟采用直流供水系统，冷却水源为海水。淡水水源为孤北水库，淡水主要供给全厂工业用水、生活和消防用水。

该项目为一期工程，建设 2 台 100 万千瓦超临界燃煤发电机组。

工程总投资 83 亿元。

联系方式

建设单位： 山东大唐国际东营发电厂筹建处
联系电话： 0546-8192901
联系传真： 0546-8192901
通信地址： 山东省东营市东城沂河路怡和家园 13 号
邮政编码： 257091
咨询单位： 中国电力工程顾问集团东北电力设计院
联系电话： 0431-85798081
联系传真： 0431-85643157
通信地址： 吉林省长春市人民大街 4368 号
邮政编码： 130021

项目名称 德州电厂（四期）工程

项目概况

投资总额： 422000 万元 RMB
项目性质： 续建
进展阶段： 编制项目申请报告
申报方式： 核准制
审批机关： 国家发改委
主管单位： 中国华能集团公司
建设周期： 2008 年至 2010 年
企业性质： 国有
关键设备： 发电机、汽轮机、锅炉、泵、阀、风机、开关柜、闸门。

项目简介

该项目位于山东省德州市西郊古运河畔，建设 2 台 66 万千瓦国产超超临界燃煤发电机组，同步建设脱硫装置。

工程总投资 42.2 亿元。

联系方式

建设单位： 华能德州电厂
联系电话： 0534-2432222
联系传真： 0534-2432222
通信地址： 山东省德州市华兴路 10 号
邮政编码： 253024
咨询单位： 山东电力工程咨询院
联系电话： 0531-85182222/85182000
联系传真： 0531-85936241
通信地址： 山东省济南市闵子骞路 106 号
邮政编码： 250013

项目名称 国电菏泽电厂（四期）工程（十一五）

项目概况

投资总额： 436000 万元 RMB
项目性质： 续建
进展阶段： 编制项目申请报告
申报方式： 核准制
审批机关： 国家发改委
主管单位： 中国国电集团公司
建设周期： 2008 年至 2010 年
企业性质： 国有
关键设备： 发电机、汽轮机、锅炉、仪器仪表、水处理设备、自动化控制系统。

项目简介

国电山东菏泽发电厂位于山东省菏泽市，目前运行装机总容量 850 兆瓦，一期工程 1992 年投产。二期由山东电力集团公司、山东省国际信托投资公司、香港中华电力有限公司和法国电力公司中外四方合作组建的山东中华发电有限公司投资。三期工程 2 台 30 万千瓦供热机组正在建设中。

该项目为四期扩建工程，拟扩建 2 台 66 万瓦国产水冷超超临界机组，厂址位于电厂三期工程东侧。

工程总投资 43.6 亿元。

联系方式

建设单位： 国电菏泽发电有限公司
联系电话： 0530-5362222
联系传真： 0530-5362968
通信地址： 山东省菏泽市菏泽发电厂
邮政编码： 274022
咨询单位： 山东电力工程咨询院
联系电话： 0531-85182222/85182000
联系传真： 0531-85936241
通信地址： 山东省济南市闵子骞路 106 号
邮政编码： 250013

项目名称 国电新泰电厂（一期）工程

项目概况

投资总额： 500000万元RMB
项目性质： 新建
进展阶段： 正在核准
申报方式： 核准制
审批机关： 国家发改委
主管单位： 中国国电集团公司
建设周期： 2008年至2009年
企业性质： 国有
关键设备： 汽轮机、发电机、锅炉、仪器仪表、水处理设备、泵、阀、自动化控制系统。

项目简介

国电新泰电厂拟选山东省新泰市大新兴、南羊流两个厂址，规划建设4台66万千瓦超超临界机组，总投资100亿元。

该项目为一期工程，建设2台66万千瓦水氢氢超超临界发电机组，工程采用超超临界一次中间再热燃煤直流锅炉，超超临界一次中间再热、三缸四排汽、单轴、凝汽式汽轮机。

工程总投资50亿元。

联系方式

建设单位： 中国国电集团山东分公司
联系电话： 0531-82638727
联系传真： 0531-82638727
通信地址： 山东省济南市泾三路17号鲁能中心A座6号
邮政编码： 250001
咨询单位： 山东电力工程咨询院
联系电话： 0531-85182222/85182000
联系传真： 0531-85936241
通信地址： 山东省济南市闵子骞路106号
邮政编码： 250013

项目名称 华能威海电厂（三期）工程

项目概况

投资总额： 499000万元RMB
项目性质： 续建
进展阶段： 编制项目申请报告
申报方式： 核准制
审批机关： 国家发改委
主管单位： 中国华能集团公司
建设周期： 2008年至2009年
企业性质： 股份制
关键设备： 发电机、汽轮机、锅炉、泵、阀、风机、电阻柜、开关柜、闸门。

项目简介

该项目位于山东省威海市经济技术开发区，由华能国际电力股份有限公司和威海市电力开发办公室共同出资，建设2台66万千瓦超临界燃煤凝汽式发电机组，年发电量72.6亿千瓦时，工程拟采用神府东胜煤，校核煤种为大同混煤，工程循环水取自黄海威海湾内的海水。

工程总投资49.9亿元。

联系方式

建设单位： 华能威海发电有限责任公司
联系电话： 0631-5909666
联系传真： 0631-5909047
通信地址： 山东省威海市环翠区海埠路58号
邮政编码： 264205
咨询单位： 山东电力工程咨询院
联系电话： 0531-85182222/85182000
联系传真： 0531-85936241
通信地址： 山东省济南市闵子骞路106号
邮政编码： 250013

项目名称 国电荥阳煤电一体化电厂（一期）工程

项目概况

投资总额： 500000万元RMB
项目性质： 新建
进展阶段： 工程设计
申报方式： 核准制
审批机关： 国家发改委
主管单位： 中国国电集团公司
建设周期： 2008年至2010年
企业性质： 股份制
关键设备： 发电机、汽轮机、锅炉、泵、阀、风机、闸门、压缩机、电缆、消防装置。

项目简介

国电荥阳煤电一体化项目包括电源和煤炭两个部分，电厂项目远期建设规模为6台60万千瓦燃煤机组以上。煤炭项目建设规划至2010年达年产原煤210万吨，力争330万吨；远期年产原煤1200万吨以上。

该项目为电厂一期工程，建设2台60万千瓦超临界机组。

项目总投资50亿元。

联系方式

建设单位： 国电荥阳煤电一体化有限公司
联系电话： 0371-69156930
联系传真： 0371-69156986
通信地址： 河南省郑州市黄河路11号豫粮大厦10层
邮政编码： 450003
咨询单位： 河南省电力勘测设计院
联系电话： 0371-67162222
联系传真： 0371-67449815
通信地址： 河南省郑州市中原西路212号
邮政编码： 450007

项目名称 鹤壁电厂（四期）工程

项目概况

投资总额：800000 万元 RMB
项目性质：新建
进展阶段：编制项目申请报告
申报方式：核准制
审批机关：国家发改委
主管单位：鹤壁市发展和改革委员会
建设周期：2008 年至 2010 年
企业性质：股份制
关键设备：发电机、汽轮机、锅炉、泵、阀、风机、开关柜、闸门。

项目简介

该项目位于河南省鹤壁市，推荐淇滨区大河涧乡北部张公堰村附近的大河涧厂址为首选厂址，建设 2 台 100 万千瓦燃煤发电机组，同时预留两台同类型机组建设条件。工程燃料选用山西长治地区的煤炭，利用规划建设的长泰铁路运输至鹤壁。

工程总投资 80 亿元。

联系方式

建设单位：鹤壁市发展和改革委员会
联系电话：0392-3327979
联系传真：0392-3327796
通信地址：河南省鹤壁市九州路 91 号
邮政编码：458030
咨询单位：河南省电力勘测设计院
联系电话：0371-67162222
联系传真：0371-67449815
通信地址：河南省郑州市中原西路 212 号
邮政编码：450007

项目名称 华能沁北电厂（三期）工程

项目概况

投资总额：620000 万元 RMB
项目性质：续建
进展阶段：正在核准
申报方式：核准制
审批机关：国家发改委
主管单位：中国华能集团公司
建设周期：2008 年至 2011 年
企业性质：股份制
关键设备：发电机、汽轮机、锅炉、仪器仪表、控制系统、水处理设备。

项目简介

该项目位于河南省济源市五龙口镇境内，由华能国际电力股份有限公司与河南省建设投资总公司共同投资，建设 2 台 100 万千瓦超临界燃煤发电机组。

工程总投资 62 亿元。

联系方式

建设单位：河南华能沁北发电有限责任公司
联系电话：0391-6032189
联系传真：0391-6032189
通信地址：河南省济源市五龙口镇
邮政编码：454662
咨询单位：中国电力工程顾问集团西北电力设计院
联系电话：029-88358888
联系传真：029-88358899
通信地址：陕西省西安市高新技术产业开发区团结南路 22 号
邮政编码：710075

项目名称 华能义马坑口电厂（一期）工程

项目概况

投资总额：420000 万元 RMB
项目性质：新建
进展阶段：编制项目申请报告
申报方式：核准制
审批机关：国家发改委
主管单位：中国华能集团公司
建设周期：2011 年至 2013 年
企业性质：股份制
关键设备：发电机、汽轮机、锅炉、泵、阀、风机、开关柜、闸门。

项目简介

华能义马坑口电厂项目位于河南省义马市，紧邻义煤集团常村矿、跃进矿、千秋矿，距义马市水厂约 10 千米，规划建设 4 台 60 万千瓦发电机组，总投资 96 亿元。

该项目为一期工程，建设 2 台 60 万千瓦超临界燃煤发电机组，同步建设脱硫装置。

工程总投资 42 亿元。

联系方式

建设单位：华能沁北发电有限责任公司
联系电话：0391-6032002/6032190
联系传真：0391-6032189
通信地址：河南省济源市五龙口镇
邮政编码：450052
咨询单位：中国电力工程顾问集团西北电力设计院
联系电话：029-88358888
联系传真：029-88358899
通信地址：陕西省西安市高新技术产业开发区团结南路 22 号
邮政编码：710075

项目名称 华润电力首阳山电厂（二期）扩建工程

项目概况

投资总额： 380000 万元 RMB
项目性质： 续建
进展阶段： 编制项目申请报告
申报方式： 核准制
审批机关： 国家发改委
主管单位： 华润电力集团公司
建设周期： 2008 年至 2009 年
企业性质： 三资
关键设备： 汽轮机、发电机、锅炉、仪器仪表、控制系统。

项目简介

该项目位于河南省偃师市首阳山镇，由华润电力集团公司投资，建设 2 台 60 万千瓦水冷超临界燃煤发电机组，工程将以煤电一体化的模式建设，利用一期工程施工场地扩建，无需新征土地，采用高参数燃煤机组。

工程总投资 38 亿元。

联系方式

建设单位： 华润电力首阳山有限公司
联系电话： 0379-65096666
联系传真： 0379-65096999
通信地址： 河南省偃师市首阳山镇
邮政编码： 471943
咨询单位： 河南省电力勘测设计院
联系电话： 0371-67162222
联系传真： 0371-67449815
通信地址： 河南省郑州市中原西路 212 号
邮政编码： 450007

项目名称 焦煤集团 1×30 万千瓦煤矸石发电项目

项目概况

投资总额： 148121 万元 RMB
项目性质： 新建
进展阶段： 正在核准
申报方式： 核准制
审批机关： 国家发改委
主管单位： 河南焦作煤业（集团）有限责任公司
建设周期： 2008 年至 2010 年
企业性质： 股份制
关键设备： 发电机、汽轮机、锅炉、泵、阀、风机、电阻柜、开关柜、闸门、压缩机。

项目简介

该项目位于河南省辉县市赵固一矿西侧，拟建 1 台 30 万千瓦国产亚临界纯凝汽汽轮发电机组，配置 1 台每小时 1025 吨循环流化床锅炉，配套设置 2 台电除尘器，除尘效率达到 99.7%，并设置炉内脱硫、烟气石灰石—石膏湿法脱硫系统，脱硫效率达到 90% 以上，锅炉采用低氮燃烧控制 NO_x 的生成，灰渣综合利用。

项目总投资 14.8121 亿元。

联系方式

建设单位： 河南焦作煤业（集团）有限责任公司
联系电话： 0391-3516422
联系传真： 0391-3516430
通信地址： 河南省焦作市解放中路 239 号
邮政编码： 454100
咨询单位： 黑龙江省电力勘察设计研究院
联系电话： 0451-84647517/53686222
联系传真： 0451-84611727
通信地址： 黑龙江省哈尔滨市道里区买卖街 11 号
邮政编码： 150010

项目名称 开封火电厂“上大压下”工程

项目概况

投资总额： 480000 万元 RMB
项目性质： 改扩建
进展阶段： 正在核准
申报方式： 核准制
审批机关： 国家发改委
主管单位： 中国电力投资集团公司
建设周期： 2008 年至 2009 年
企业性质： 股份制
关键设备： 发电机、汽轮机、锅炉、泵、阀、风机、起重机、闸门。

项目简介

该项目是全国第一批“上大压下”的工程之一，位于河南省开封市东郊土柏岗乡厂尚村，建设 2 台 60 万千瓦燃煤发电机组。

工程总投资 48 亿元。

联系方式

建设单位： 开封京源发电有限责任公司
联系电话： 0378-2902222
联系传真： 0378-2902222
通信地址： 河南省开封市东郊土柏岗乡厂尚村
邮政编码： 475002
咨询单位： 河南省电力勘测设计院
联系电话： 0371-67162222
联系传真： 0371-67449815
通信地址： 河南省郑州市中原西路 212 号
邮政编码： 450007

项目名称 台塑华阳（洛阳）孟津电厂（一期）工程

项目概况

投资总额： 435000 万元 RMB
项目性质： 新建
进展阶段： 正在核准
申报方式： 核准制
审批机关： 国家发改委
主管单位： 华阳（洛阳）电业有限公司
建设周期： 2008 年至 2010 年
企业性质： 三资
关键设备： 发电机、汽轮机、锅炉、泵、阀、风机、闸门、压缩机。

项目简介

台塑华阳（洛阳）孟津电厂项目位于河南省洛阳市孟津县白鹤镇，由台湾台塑集团投资建设，规划装机 6 台 60 万千瓦超临界燃煤发电机组，分期实施。

该项目为一期工程，建设 2 台 60 万千瓦超临界燃煤发电机组，机组型式为超临界一次中间再热凝汽式燃煤机组。

工程总投资 43.5 亿元。

联系方式

建设单位： 华阳（洛阳）电业有限公司
联系电话： 0379-65588990
联系传真： 0379-65588988
通信地址： 河南省洛阳市涧西区凯旋西路 88 号
邮政编码： 471003
咨询单位： 河南省电力勘测设计院
联系电话： 0371-67162222
联系传真： 0371-67449815
通信地址： 河南省郑州市中原西路 212 号
邮政编码： 450007

项目名称 信阳华豫电厂（二期）“上大压小”工程

项目概况

投资总额： 445777 万元 RMB
项目性质： 续建
进展阶段： 开工在建
申报方式： 核准制
审批机关： 国家发改委
主管单位： 中国大唐集团公司
建设周期： 2007 年至 2008 年
企业性质： 股份制
关键设备： 发电机、汽轮机、锅炉、泵、阀、风机、闸门、压缩机。

项目简介

该项目位于河南省信阳市平桥镇，建设 2 台 66 万千瓦超临界燃煤发电机组，建成后关停省内 22 家公司 64 台小机组共计 83.975 万千瓦。

工程总投资 44.5777 亿元。

联系方式

建设单位： 大唐信阳华豫发电有限责任公司
联系电话： 0376-6522222
联系传真： 0376-6522333
通信地址： 河南省信阳市平桥镇
邮政编码： 464100
咨询单位： 中国电力工程顾问集团西北电力设计院
联系电话： 029-88358888
联系传真： 029-88358899
通信地址： 陕西省西安市高新技术产业开发区团结南路 22 号
邮政编码： 710075

项目名称 姚孟电厂（五期）工程

项目概况

投资总额： 800000 万元 RMB
项目性质： 续建
进展阶段： 编制项目申请报告
申报方式： 核准制
审批机关： 国家发改委
主管单位： 中国电力投资集团公司
建设周期： 2008 年至 2011 年
企业性质： 股份制
关键设备： 发电机、汽轮机、仪器仪表、控制系统、锅炉。

项目简介

该项目位于河南省平顶山市，为姚孟电厂五期扩建工程，由中国电力投资集团公司的境外全资子公司中国电力国际发展有限公司投资，建设 2 台 100 万千瓦超超临界燃煤发电机组。

工程总投资 80 亿元。

联系方式

建设单位： 平顶山姚孟发电有限责任公司
联系电话： 0375-4932226
联系传真： 0375-4932226
通信地址： 河南省平顶山市平湖路
邮政编码： 467031
咨询单位： 河南省电力勘测设计院
联系电话： 0371-67162222
联系传真： 0371-67449815
通信地址： 河南省郑州市中原西路 212 号
邮政编码： 450007

项目名称 禹州电厂（二期）工程

项目概况

投资总额： 382000 万元 RMB
项目性质： 续建
进展阶段： 正在核准
申报方式： 核准制
审批机关： 国家发改委
主管单位： 中国大唐集团公司
建设周期： 2008 年至 2010 年
企业性质： 股份制
关键设备： 发电机、汽轮机、锅炉、仪器仪表、控制系统。

项目简介

该项目位于河南省禹州市方岗乡，东距禹州市区 9 千米，东南距平禹铁路禹州站 8 千米，紧邻禹登铁路。一期建设 2 台 35 万千瓦亚临界燃煤凝汽式汽轮发电机组于 2001 年全部建成投产。

该项目为二期工程，由中国大唐集团公司与河南省建设投资总公司、许昌市发展投资有限责任公司和禹州市建设投资有限责任公司共同出资，建设 2 台 60 万千瓦水氢氢超超临界燃煤发电机组。

工程总投资 38.2 亿元。

联系方式

建设单位： 大唐许昌龙岗发电有限责任公司
联系电话： 0374-8862248
联系传真： 0374-8862248
通信地址： 河南省禹州市方岗乡
邮政编码： 461690
咨询单位： 河南省电力勘测设计院
联系电话： 0371-67162222
联系传真： 0371-67449815
通信地址： 河南省郑州市中原西路 212 号
邮政编码： 450007

项目名称 中电投新乡电厂扩建工程

项目概况

投资总额： 800000 万元 RMB
项目性质： 改扩建
进展阶段： 编制项目申请报告
申报方式： 核准制
审批机关： 国家发改委
主管单位： 中国电力投资集团公司
建设周期： 2008 年至 2010 年
企业性质： 国有
关键设备： 发电机、汽轮机、锅炉、泵、阀、风机、开关柜、闸门、压缩机。

项目简介

该项目位于河南省新乡市北站区，建设 2 台 100 万千瓦超超临界燃煤发电机组。

工程总投资 80 亿元。

联系方式

建设单位： 中电投新乡火电厂
联系电话： 0373-3092222
联系传真： 0373-3092222
通信地址： 河南省新乡市北站区
邮政编码： 453011
咨询单位： 河南省电力勘测设计院
联系电话： 0371-67162222
联系传真： 0371-67449815
通信地址： 河南省郑州市中原西路 212 号
邮政编码： 450007

项目名称 大别山电厂（二期）工程

项目概况

投资总额： 486054 万元 RMB
项目性质： 续建
进展阶段： 编制项目申请报告
申报方式： 核准制
审批机关： 国家发改委
主管单位： 中国电力投资集团公司
建设周期： 2008 年至 2009 年
企业性质： 股份制
关键设备： 发电机、汽轮机、锅炉、仪器仪表、泵、阀、自动化控制系统。

项目简介

大别山电厂位于湖北省麻城市中驿镇四化岗，厂址处于京九铁路与麻汉铁路的交汇处，是湖北省重要的骨干电厂，是一座大型区域性路口火力发电厂，投产后可满足湖北省特别是鄂东地区电力负荷增长的需要，实现水火电补偿运行，提升电网的安全稳定水平和经济运行水平。一期工程投资 49 亿元，安装 2 台 60 万千瓦超临界燃煤发电机组。

该项目为二期工程，在一期基础上安装 2 台 60 万千瓦超临界燃煤发电机组。

工程总投资 48.6054 亿元。

联系方式

建设单位： 中国电力黄冈大别山发电有限责任公司
联系电话： 0713-2726555
联系传真： 0713-2726555
通信地址： 湖北省麻城市金桥大道 9 号
邮政编码： 431600
咨询单位： 中国电力工程顾问集团中南电力设计院
联系电话： 027-67816781
联系传真： 027-87811992
通信地址： 湖北省武汉市武昌区民主路 668 号
邮政编码： 430071

项目名称 华电孝感火电厂（一期）工程

项目概况

投资总额： 500000 万元 RMB
项目性质： 新建
进展阶段： 编制项目申请报告
申报方式： 核准制
审批机关： 国家发改委
主管单位： 中国华电集团公司
建设周期： 2008 年至 2010 年
企业性质： 国有
关键设备： 锅炉、汽轮机、发电机组、仪器仪表、除尘设备、监控设备。

项目简介

孝感火电厂位于湖北省孝感市，是继汉川电厂之后落户孝感市的第二座火电厂，规划总装机容量 240 万千瓦，总投资额 120 亿元。

该项目为一期工程，建设 2 台 60 万千瓦水氢氢超临界燃煤发电机组。

工程总投资 50 亿元。

联系方式

建设单位： 中国华电集团公司湖北分公司
联系电话： 027-87122093
联系传真： 027-87122143
通信地址： 湖北省武汉市武昌中北路 66 号-A 座 21 楼
邮政编码： 430014
咨询单位： 中国电力工程顾问集团中南电力设计院
联系电话： 027-67816781
联系传真： 027-87811992
通信地址： 湖北省武汉市武昌区民主路 668 号
邮政编码： 430071

项目名称 荆沙火电厂（一期）工程

项目概况

投资总额： 800000 万元 RMB
项目性质： 新建
进展阶段： 编制项目申请报告
申报方式： 核准制
审批机关： 国家发改委
主管单位： 中国华电集团公司
建设周期： 2008 年至 2011 年
企业性质： 国有
关键设备： 锅炉、发电机、泵类、阀门、仪器仪表、水处理设备。

项目简介

荆沙火电厂项目位于湖北省荆州市，规划建设 4 台单机容量 100 万千瓦的超临界燃煤发电机组，项目总投资 160 亿元。

该项目为一期工程，建设 2 台 100 万千瓦水氢氢超临界燃煤发电机组，同时配套建设脱硫装置。

工程总投资 80 亿元。

联系方式

建设单位： 中国华电集团公司湖北分公司
联系电话： 027-87122093
联系传真： 027-87122143
通信地址： 湖北省武汉市武昌中北路 66 号-A 座 21 楼
邮政编码： 430014
咨询单位： 中国电力工程顾问集团中南电力设计院
联系电话： 027-67816781
联系传真： 027-87811992
通信地址： 湖北省武汉市武昌区民主路 668 号
邮政编码： 430071

项目名称 武汉华能阳逻电厂（四期）扩建工程

项目概况

投资总额： 670000 万元 RMB
项目性质： 续建
进展阶段： 编制项目申请报告
申报方式： 核准制
审批机关： 国家发改委
主管单位： 中国华能集团公司
建设周期： 2008 年至 2010 年
企业性质： 股份制
关键设备： 发电机、汽轮机、锅炉、泵、阀、风机、开关柜、闸门。

项目简介

该项目位于湖北省武汉市新洲区阳逻镇，由武汉华中华能发电公司阳逻电厂开发建设，新增 2 台 100 万千瓦超临界燃煤发电机组，并配套建设烟气脱硫环保装置。建成后，电厂总装机容量将达到 440 万千瓦，有望成为全国最大的燃煤火电基地。

工程总投资 67 亿元。

联系方式

建设单位： 武汉华中华能发电公司阳逻电厂
联系电话： 027-89643169
联系传真： 027-89643169
通信地址： 湖北省武汉市阳逻经济技术开发区
邮政编码： 431415
咨询单位： 中国电力工程顾问集团中南电力设计院
联系电话： 027-67816781
联系传真： 027-87811992
通信地址： 湖北省武汉市武昌区民主路 668 号
邮政编码： 430071

项目名称 西塞山电厂（二期）工程

项目概况

投资总额： 460000 万元 RMB
项目性质： 续建
进展阶段： 正在核准
申报方式： 核准制
审批机关： 国家发改委
主管单位： 中国华电集团公司
建设周期： 2008 年至 2010 年
企业性质： 股份制
关键设备： 发电机、汽轮机、锅炉、泵、阀、风机。

项目简介

西塞山电厂位于湖北省黄石市西塞山区王家墩，规划装机 240 万千瓦，由中国华电集团公司、美亚电力有限公司和黄石市投资公司共同出资，分期建设。一期建设 2 台 30 万千瓦机组，已经开工。

该项目为二期工程，建设 2 台 60 万千瓦超临界燃煤发电机组。

工程总投资 46 亿元。

联系方式

建设单位： 湖北西塞山发电有限公司
联系电话： 0714-6415307
联系传真： 0714-6415302
通信地址： 湖北黄石市西塞山区王家墩特 8 号
邮政编码： 435001
咨询单位： 中国电力工程顾问集团中南电力设计院
联系电话： 027-67816781
联系传真： 027-87811992
通信地址： 湖北省武汉市武昌区民主路 668 号
邮政编码： 430071

项目名称 安化石煤综合利用电厂（一期）工程

项目概况

投资总额： 60000 万元 RMB
项目性质： 新建
进展阶段： 编制项目申请报告
申报方式： 核准制
审批机关： 国家发改委
主管单位： 安化海粤发电有限公司
建设周期： 2008 年至 2009 年
企业性质： 股份制
关键设备： 发电机组、仪器仪表、除尘设备、控制系统。

项目简介

安化县石煤综合发展项目计划利用安化丰富的煤炭、石煤、农林业废弃物发展一个集林木工业一体化、煤电、冶金综合开发于一体的大型高效综合开发项目，包括以林木作为工业原料的林木工业一体化项目、利用煤炭、石煤、农林业废弃物建设的发电厂项目和利用发电厂的煤渣提取金属钒后制成水泥和渣砖项目三个部分。计划分两期实施，年总产值将达 56.8 亿元。

该项目为配套电厂一期工程，位于湖南省益阳市安化县东坪镇唐家观和钟鼓村境内的株树垭，建设 2 台 60 兆瓦石煤发电机组，初期灰场选址在花园冲。

工程总投资 6 亿元。

联系方式

建设单位： 安化海粤发电有限公司筹建处
联系电话： 0737-7226059
联系传真： 0737-7226059
通信地址： 湖南省益阳市安化县东坪镇
邮政编码： 413500
咨询单位： 湖南省电力勘测设计院
联系电话： 0731-5387222/5387295
联系传真： 0731-5556678
通信地址： 湖南省长沙市劳动西路 471 号
邮政编码： 410007

项目名称 大唐华银金竹山发电厂扩建（二期）工程

项目概况

投资总额： 200000 万元 RMB
项目性质： 续建
进展阶段： 开工在建
申报方式： 核准制
审批机关： 国家发改委
主管单位： 中国大唐集团公司
建设周期： 2007 年至 2008 年
企业性质： 股份制
关键设备： 发电机、汽轮机、锅炉、仪器仪表、水处理设备、自动化控制系统。

项目简介

大唐华银金竹山电厂位于湖南省冷水江市，电厂原有 6 台电力机组（总装机容量 60 万千瓦）已于 2004 年底退役 4 台。从 2004 年开始对电厂实施扩建工程，分两期进行。一期扩建 2 台 60 万千瓦超临界汽轮发电机组，已经于 2006 年下半年投运。

该项目为扩建二期 1 台 60 万千瓦机组工程，建设一台 60 万千瓦超临界汽轮发电机组。

工程总投资 20 亿元。

联系方式

建设单位： 大唐华银金竹山发电厂扩建工程二期筹建处
联系电话： 0738-5185241/5185222
联系传真： 0738-5185869
通信地址： 湖南省冷水江市金竹中路 68 号
邮政编码： 417503
咨询单位： 湖南省电力勘测设计院
联系电话： 0731-5387222/5387295
联系传真： 0731-5556678
通信地址： 湖南省长沙市劳动西路 471 号
邮政编码： 410007

项目名称 华电长沙电厂（二期）工程

项目概况

投资总额： 680000 万元 RMB
项目性质： 续建
进展阶段： 编制项目申请报告
申报方式： 核准制
审批机关： 国家发改委
主管单位： 中国华电集团公司
建设周期： 2008 年至 2010 年
企业性质： 股份制
关键设备： 发电机组、锅炉、控制系统、水处理设备、变压器。

项目简介

长沙电厂工程位于湖南省长沙市望城县铜官镇花果村，由华电集团独资建设，规划建设 2 台 60 万千瓦和 2 台 100 万千瓦燃煤发电机组，分两期进行建设。

该项目为二期工程，规划建设 2 台 100 万千瓦超超临界燃煤发电机组，电站同步建设脱硫、脱硝装置。

工程总投资 68 亿元。

联系方式

建设单位： 湖南华电长沙发电有限公司
联系电话： 0731-8206049
联系传真： 0731-8206049
通信地址： 湖南省长沙市 6 号信箱
邮政编码： 410203
咨询单位： 湖南省电力勘测设计院
联系电话： 0731-5387222/5387295
联系传真： 0731-5556678
通信地址： 湖南省长沙市劳动西路 471 号
邮政编码： 410007

项目名称 华润鲤电“以大代小”改扩建工程

项目概况

投资总额： 250000 万元 RMB
项目性质： 新建
进展阶段： 编制项目申请报告
申报方式： 核准制
审批机关： 省级发改委
主管单位： 华润电力集团公司
建设周期： 2009 年至 2011 年
企业性质： 三资
关键设备： 发电机、汽轮机、锅炉、泵、阀、风机、开关柜、闸门。

项目简介

该项目位于湖南省郴州市资兴市鲤鱼江镇南部，由湖南华润电力鲤鱼江有限公司投资建设，拟在 2 台 65 兆瓦（7 号、8 号）机组退役后的厂址上建设 2 台 30 万千瓦燃煤发电机组。工程采用二次循环供水方式，以耒水为水源，利用现有的 7 号、8 号机组取水泵房取水，最大取水流量 0.443 立方米每秒，年最大取水量 877 万立方米，单位产品取水量为每万千瓦时 26.8 立方米。

工程总投资 25 亿元。

联系方式

建设单位： 湖南华润电力鲤鱼江有限公司
联系电话： 0735-3252334/3252331
联系传真： 0735-3252331
通信地址： 湖南省郴州市资兴市大兴路 41 号
邮政编码： 423401
咨询单位： 湖南省电力勘测设计院
联系电话： 0731-5387222/5387295
联系传真： 0731-5556678
通信地址： 湖南省长沙市劳动西路 471 号
邮政编码： 410007

项目名称 湘潭电厂（三期）工程

项目概况

投资总额： 790000 万元 RMB
项目性质： 续建
进展阶段： 编制项目申请报告
申报方式： 核准制
审批机关： 国家发改委
主管单位： 中国大唐集团公司
建设周期： 2008 年至 2011 年
企业性质： 股份制
关键设备： 发电机、汽轮机、锅炉、仪器仪表、脱硫设备、脱硝设备、泵、阀。

项目简介

湘潭电厂位于湖南省湘潭市东南的板塘铺，南邻湘江，北接长潭高速公路，处于长沙、湘潭、株洲金三角地区，总装机容量 190 万千瓦。

该项目为三期工程，位于湖南省湘潭市境内，由中国大唐集团公司和湖南省地方电力资产经营有限公司共同出资，建设 2 台 100 万千瓦燃煤发电机组，同步建设脱硫及脱硝装置。

工程总投资 79 亿元。

联系方式

建设单位： 湖南湘潭发电有限责任公司
联系电话： 0732-5203114/5202114
联系传真： 0732-5203335
通信地址： 湖南省湘潭市岳塘区双马镇
邮政编码： 411102
咨询单位： 湖南省电力勘测设计院
联系电话： 0731-5387222/5387295
联系传真： 0731-5556678
通信地址： 湖南省长沙市劳动西路 471 号
邮政编码： 410007

项目名称 攸县煤电一体化电厂（一期）工程

项目概况

投资总额：480000 万元 RMB
项目性质：新建
进展阶段：正在核准
申报方式：核准制
审批机关：国家发改委
主管单位：中国大唐集团公司
建设周期：2008 年至 2009 年
企业性质：股份制
关键设备：发电机、汽轮机、锅炉、泵、阀、风机、开关柜、闸门。

项目简介

大唐华银攸县煤电一体化项目涉及攸县网岭、湖南坳等两个乡镇，工程包括：开发建设华银株洲第二发电厂和年产 200 万吨原煤的华源矿业黄兰煤矿。

该项目为株洲火电 B 厂一期工程，位于湖南省株洲市攸县工程由大唐湖南分公司与长沙矿业有限公司共同出资，建设 2 台 60 万千瓦燃煤超临界发电机组。

工程总投资 48 亿元。

联系方式

建设单位：株洲华银火力发电有限公司
联系电话：0733-8302222/8302333
联系传真：0733-8302277
通信地址：湖南省株洲市建设北路 2 号
邮政编码：412004
咨询单位：湖南省电力勘测设计院
联系电话：0731-5387222/5387295
联系传真：0731-5556678
通信地址：湖南省长沙市劳动西路 471 号
邮政编码：410007

项目名称 宝新能源荷树园电厂（三期）工程

项目概况

投资总额：300000 万元 RMB
项目性质：续建
进展阶段：编制项目申请报告
申报方式：核准制
审批机关：国家发改委
主管单位：广东宝丽华新能源股份有限公司
建设周期：2008 年至 2010 年
企业性质：股份制
关键设备：发电机、汽轮机、锅炉、仪器仪表、自动化控制系统。

项目简介

该项目位于广东省梅州市梅县，为资源综合利用项目，建设 2 台 30 万千瓦国产亚临界循环流化床锅炉燃煤发电机组。

工程总投资 30 亿元。

联系方式

建设单位：广东宝丽华实业股份有限公司
联系电话：0753-2511298
联系传真：0753-2511398
通信地址：广东省梅州市梅县华侨城香港花园宝丽华综合大楼
邮政编码：514788
咨询单位：广东省电力设计研究院
联系电话：020-87756416
联系传真：020-87766160
通信地址：广东省广州市东风东路 846 号
邮政编码：510600

项目名称 平海电厂（一期）1、2 号机组工程

项目概况

投资总额：790000 万元 RMB
项目性质：新建
进展阶段：正在核准
申报方式：核准制
审批机关：国家发改委
主管单位：广东省粤电集团有限公司
建设周期：2008 年至 2010 年
企业性质：股份制
关键设备：发电机、汽轮机、锅炉、泵、阀、闸门。

项目简介

平海电厂是广东省“十一五”规划建设的大型电力项目，也是广东省首批单机容量百万千瓦级的高效能项目。位于广东省惠州市惠东县平海镇，厂址在大亚湾东岸的湖头角。建设 6 台 100 万千瓦机组，分期建设，一期拟建 4 台发电机组。

该项目为一期 1 号、2 号机组工程，建设 2 台 100 万千瓦超超临界燃煤发电机组。

工程总投资 79 亿元。

联系方式

建设单位：广东惠州平海发电厂有限公司
联系电话：0752-8399631
联系传真：0752-8808486
通信地址：广东省惠州市惠东县平山镇碧甲村
邮政编码：516363
咨询单位：广东省电力设计研究院
联系电话：020-87756416
联系传真：020-87766160
通信地址：广东省广州市东风东路 846 号
邮政编码：510600

项目名称 沙角A电厂（三期）工程

项目概况

投资总额： 800000万元RMB
项目性质： 续建
进展阶段： 正在核准
申报方式： 核准制
审批机关： 国家发改委
主管单位： 广东省粤电集团有限公司
建设周期： 2008年至2010年
企业性质： 股份制
关键设备： 发电机、汽轮机、锅炉、泵、阀、风机、闸门。

项目简介

该项目位于广东省东莞市虎门镇，是沙角A电厂的三期扩建工程，建设2台100万千瓦燃煤发电机组。

项目总投资80亿元。

联系方式

建设单位： 沙角A电厂
联系电话： 0769-85136760
联系传真： 0769-85136763
通信地址： 广东省东莞市虎门镇
邮政编码： 523936
咨询单位： 广东省电力设计研究院
联系电话： 020-87756416
联系传真： 020-87766160
通信地址： 广东省广州市东风东路846号
邮政编码： 510600

项目名称 韶关发电厂（一期）改建工程

项目概况

投资总额： 469000万元RMB
项目性质： 改扩建
进展阶段： 编制项目申请报告
申报方式： 核准制
审批机关： 国家发改委
主管单位： 广东省粤电集团有限公司
建设周期： 2008年至2010年
企业性质： 股份制
关键设备： 发电机、锅炉、汽轮机、仪器仪表、自动化控制系统、泵、阀。

项目简介

韶关发电厂改建工程位于广东省韶关市曲江县乌石镇，规划建设4台60万千瓦发电机组，分两期建设。

该项目为一期改建工程，建设2台60万千瓦超临界水冷发电机组。

工程总投资46.9亿元。

联系方式

建设单位： 韶关发电厂
联系电话： 0751-6638088/6632733
联系传真： 0751-6638447
通信地址： 广东省韶关市曲江县乌石镇
邮政编码： 512132
咨询单位： 广东省电力设计研究院
联系电话： 020-87756416
联系传真： 020-87766160
通信地址： 广东省广州市东风东路846号
邮政编码： 510600

项目名称 中山火电2×30万千瓦环保型燃煤机组项目

项目概况

投资总额： 270000万元RMB
项目性质： 新建
进展阶段： 编制项目申请报告
申报方式： 核准制
审批机关： 省级发改委
主管单位： 中山火力发电有限公司
建设周期： 2009年至2011年
企业性质： 股份制
关键设备： 发电机、汽轮机、锅炉、泵、阀、电阻柜、开关柜、闸门。

项目简介

该项目位于广东省中山市黄圃镇牛岗山旁，建设2台30万千瓦环保型燃煤机组。作为该区域的“热电联产”项目，供应电厂周边5~8千米范围内的企业用热与用汽，项目的实施将减少区域的大气污染负荷和电厂的温排水总量，改善区域大气环境和水环境。

项目总投资27亿元。

联系方式

建设单位： 中山火力发电有限公司
联系电话： 0760-3232216
联系传真： 0760-3238520
通信地址： 广东省中山市黄圃镇
邮政编码： 528449
咨询单位： 广东省电力设计研究院
联系电话： 020-87756416
联系传真： 020-87766160
通信地址： 广东省广州市东风东路846号
邮政编码： 510600

项目名称 珠海发电厂（二期）5、6号机组工程

项目概况

投资总额： 800000万元RMB
项目性质： 续建
进展阶段： 编制项目申请报告
申报方式： 核准制
审批机关： 国家发改委
主管单位： 广东省粤电集团有限公司
建设周期： 2008年至2010年
企业性质： 股份制
关键设备： 发电机、汽轮机、锅炉、泵、阀、开关柜、闸门。

项目简介

该项目为珠海发电厂二期5、6号机组工程，位于广东省珠海市高栏港经济区，建设2台100万千瓦级燃煤发电机组。

工程总投资80亿元。

联系方式

建设单位： 广东珠海金湾发电有限公司
联系电话： 0756-7718718
联系传真： 0756-7718732
通信地址： 广东省珠海市高栏港经济区
邮政编码： 519000
咨询单位： 广东省电力设计研究院
联系电话： 020-87756416
联系传真： 020-87766160
通信地址： 广东省广州市东风东路846号
邮政编码： 510600

项目名称 广西钦州燃煤电厂（二期）工程

项目概况

投资总额： 594276万元RMB
项目性质： 续建
进展阶段： 正在核准
申报方式： 核准制
审批机关： 国家发改委
主管单位： 国投电力公司
建设周期： 2008年至2011年
企业性质： 股份制
关键设备： 发电机、汽轮机、锅炉、自动化控制系统、水处理设备、泵、阀。

项目简介

该项目位于广西壮族自治区钦州市南部的钦州港经济开发区鹰岭作业区钦州燃煤电厂预留的二期工程场地内，建设2台100万千瓦超超临界燃煤发电机组。

工程总投资59.4276亿元。

联系方式

建设单位： 国投钦州发电有限公司
联系电话： 0777-3668114
联系传真： 0777-3668114
通信地址： 广西壮族自治区钦州市钦州港区
邮政编码： 535008
咨询单位： 山东电力工程咨询院
联系电话： 0531-85182222/85182000
联系传真： 0531-85936241
通信地址： 山东省济南市闵子骞路106号
邮政编码： 250013

项目名称 国电崇左发电厂（一期）项目

项目概况

投资总额： 477380万元RMB
项目性质： 新建
进展阶段： 正在核准
申报方式： 核准制
审批机关： 国家发改委
主管单位： 中国国电集团公司
建设周期： 2008年至2010年
企业性质： 股份制
关键设备： 发电机、汽轮机、锅炉、泵、阀、风机、开关柜、闸门、压缩机。

项目简介

该项目位于广西壮族自治区崇左市江洲区濑湍镇仁良村岜傲屯西南面约1千米处，西南距崇左市约11千米，西北侧靠近左江，东南侧靠近湘桂铁路，建设2台60万千瓦燃煤发电机组。

工程总投资47.738亿元。

联系方式

建设单位： 中国国电崇左发电有限公司
联系电话： 0771-5509160
联系传真： 0771-5509160
通信地址： 广西壮族自治区南宁市五一东路29号
邮政编码： 530031
咨询单位： 中国电力工程顾问集团西南电力设计院
联系电话： 028-84402315
联系传真： 028-84443982
通信地址： 四川省成都市东风路18号
邮政编码： 610061

项目名称 合山发电厂“上大压小”工程

项目概况

投资总额：400000 万元 RMB
项目性质：新建
进展阶段：编制项目申请报告
申报方式：核准制
审批机关：国家发改委
主管单位：中国大唐集团公司
建设周期：2008 年至 2010 年
企业性质：股份制
关键设备：发电机、汽轮机、锅炉、泵、阀、风机、开关柜、闸门。

项目简介

该项目位于广西壮族自治区合山市红水河左岸，南距南宁市 180 千米，北距柳州市 100 千米，距来宾市 57 千米，是合山电厂“上大压小”工程，建设 2 台 60 万千瓦级超临界水冷发电机组。

工程总投资 40 亿元。

联系方式

建设单位：大唐桂冠合山发电有限公司
联系电话：0772-8939813/8939101
联系传真：0772-8948355
通信地址：广西壮族自治区合山市电北路 1 号
邮政编码：546501
咨询单位：山东电力工程咨询院
联系电话：0531-85182222/85182000
联系传真：0531-85936241
通信地址：山东省济南市闵子骞路 106 号
邮政编码：250013

项目名称 华电贵港电厂（二期）工程（十一五）

项目概况

投资总额：700000 万元 RMB
项目性质：续建
进展阶段：编制项目申请报告
申报方式：核准制
审批机关：国家发改委
主管单位：中国华电集团公司
建设周期：2008 年至 2010 年
企业性质：国有
关键设备：发电机、汽轮机、仪器仪表、锅炉、泵、阀、自动化控制系统。

项目简介

该项目是广西壮族自治区“十一五”计划重点工程，位于广西壮族自治区贵港市市郊，距南宁市 136 千米，地处南宁、柳州、北海、梧州等市的中心位置，建设 2 台 100 万千瓦超超临界燃煤火力发电机组。

工程总投资 70 亿元。

联系方式

建设单位：中国华电集团贵港发电有限公司
联系电话：0775-4206688
联系传真：0775-4206999
通信地址：广西壮族自治区贵港市中山路
邮政编码：537100
咨询单位：山东电力工程咨询院
联系电话：0531-85182222/85182000
联系传真：0531-85936241
通信地址：山东省济南市闵子骞路 106 号
邮政编码：250013

项目名称 华能海南东方电厂（一期）工程

项目概况

投资总额：280000 万元 RMB
项目性质：新建
进展阶段：开工在建
申报方式：核准制
审批机关：国家发改委
主管单位：中国华能集团公司
建设周期：2007 年至 2009 年
企业性质：股份制
关键设备：发电机、汽轮机、锅炉、泵、阀、风机、开关柜、闸门、压缩机。

项目简介

华能海南东方电厂是海南省“十一五”规划重点能源项目，是华能海南发电公司全资新建电厂，位于海南省东方市，北距海口 200 多千米，南临三亚约 180 千米，规划分期建设 4 台 35 万千瓦超临界燃煤发电机组。

该项目为一期工程，建设 2 台 35 万千瓦超临界燃煤发电机组。

工程总投资 28 亿元。

联系方式

建设单位：华能海南东方电厂筹建处
联系电话：0898-25515766
联系传真：0898-25515766
通信地址：海南省东方市华能海南东方电厂筹建处
邮政编码：572600
咨询单位：中国电力工程顾问集团中南电力设计院
联系电话：027-67816781
联系传真：027-87811992
通信地址：湖北省武汉市武昌区民主路 668 号
邮政编码：430071

项目名称　松藻电力扩建2×35万千瓦煤矸石发电工程

项目概况

投资总额： 300000万元RMB
项目性质： 改扩建
进展阶段： 编制项目申请报告
申报方式： 核准制
审批机关： 国家发改委
主管单位： 重庆松藻电力有限公司
建设周期： 2008年至2010年
企业性质： 股份制
关键设备： 发电机、汽轮机、锅炉、泵、阀、风机、开关柜、闸门。

项目简介

该项目位于重庆市綦江县安稳镇，建设2台35万千瓦（CFB）煤矸石发电机组。

工程总投资30亿元。

联系方式

建设单位： 重庆松藻电力有限公司
联系电话： 023-48731114
联系传真： 023-48730871
通信地址： 重庆市綦江县安稳镇
邮政编码： 401448
咨询单位： 中国电力工程顾问集团中南电力设计院
联系电话： 027-67816781
联系传真： 027-87811992
通信地址： 湖北省武汉市武昌区民主路668号
邮政编码： 430071

项目名称　内江白马循环流化床示范电站工程

项目概况

投资总额： 200000万元RMB
项目性质： 新建
进展阶段： 编制项目申请报告
申报方式： 核准制
审批机关： 国家发改委
主管单位： 国家电网公司
建设周期： 2008年至2010年
企业性质： 股份制
关键设备： 汽轮机、发电机、锅炉、仪器仪表、水处理设备。

项目简介

该项目位于四川省内江市，为内江白马循环流化床（CFB）技术示范中心工程，总装机容量60万千瓦，计划建设1台60万千瓦等级循环流化床（CFB）机组。

工程总投资20亿元。

联系方式

建设单位： 四川白马循环流化床示范电站有限责任公司
联系电话： 0832-2285011/2285018
联系传真： 0832-2285011
通信地址： 四川省内江市白马镇
邮政编码： 641005
咨询单位： 中国电力工程顾问集团西南电力设计院
联系电话： 028-84402315
联系传真： 028-84443982
通信地址： 四川省成都市东风路18号
邮政编码： 610061

项目名称　贵州都匀电厂异地改扩建项目

项目概况

投资总额： 480000万元RMB
项目性质： 改扩建
进展阶段： 开工在建
申报方式： 核准制
审批机关： 国家发改委
主管单位： 中国国电集团公司
建设周期： 2007年至2009年
企业性质： 股份制
关键设备： 发电机、汽轮机、锅炉、泵、阀、风机、闸门、压缩机。

项目简介

该项目为都匀电厂“以大代小”异地扩建工程，位于贵州省福泉市马场坪镇，建设2台60万千瓦级空冷超临界燃煤发电机组。

工程总投资48亿元。

联系方式

建设单位： 国电凯里发电厂
联系电话： 0855-8652222/8652030
联系传真： 0855-8652080
通信地址： 贵州省凯里市沿江路230号
邮政编码： 556000
咨询单位： 贵州电力设计研究院
联系电话： 0851-5577828
联系传真： 0851-5577419
通信地址： 贵州省贵阳市遵义路56号
邮政编码： 550002

项目名称 贵州华电清镇电厂异地技改工程

项目概况

投资总额： 480000 万元 RMB
主管单位： 中国华电集团公司
项目性质： 改扩建
建设周期： 2008 年至 2010 年
进展阶段： 工程设计
企业性质： 国有
申报方式： 核准制
关键设备： 发电机、汽轮机、锅炉、仪器仪表、控制系统、水处理设备。
审批机关： 国家发改委

项目简介

该项目位于贵州省清镇市王庄布依族苗族乡，是华电清镇电厂异地技改工程，建设 2 台 60 万千瓦燃煤发电机组。

工程总投资 48 亿元。

联系方式

建设单位： 贵州华电清镇发电有限公司
联系电话： 0851-2593000
联系传真： 0851-2593504
通信地址： 贵州省清镇市后午
邮政编码： 551418
咨询单位： 河北省电力勘测设计研究院
联系电话： 0311-87912222
联系传真： 0311-85064114
通信地址： 河北省石家庄市建华北大街 6 号
邮政编码： 050031

项目名称 国电织金发电厂（一期）工程

项目概况

投资总额： 481300 万元 RMB
主管单位： 中国国电集团公司
项目性质： 新建
建设周期： 2008 年至 2010 年
进展阶段： 编制项目申请报告
企业性质： 国有
申报方式： 核准制
关键设备： 发电机、汽轮机、锅炉、泵、阀、风机、闸门、压缩机。
审批机关： 国家发改委

项目简介

国电织金发电厂新建工程位于贵州省毕节市织金县八步镇杨家寨，距县城 24 千米，规划装机容量 240 万千瓦，分期建设。

该项目为一期工程，建设 2 台 60 万千瓦燃煤发电机组。

工程总投资 48.13 亿元。

联系方式

建设单位： 国电织金发电厂筹建处
联系电话： 0851-5823898
联系传真： 0851-5823898
通信地址： 贵州省贵阳市新华路
邮政编码： 550001
咨询单位： 中国电力工程顾问集团中南电力设计院
联系电话： 027-67816781
联系传真： 027-87811992
通信地址： 湖北省武汉市武昌区民主路 668 号
邮政编码： 430071

项目名称 华润六枝电厂（一期）工程

项目概况

投资总额： 700000 万元 RMB
主管单位： 华润电力集团公司
项目性质： 新建
建设周期： 2008 年至 2010 年
进展阶段： 正在核准
企业性质： 三资
申报方式： 核准制
关键设备： 发电机、汽轮机、锅炉、仪器仪表、自动化控制系统、泵、阀。
审批机关： 国家发改委

项目简介

该项目位于贵州省六盘水市六枝特区岩脚镇老坡底村，为原贵州西电电力股份有限公司六枝电厂新建 2 台 60 万千瓦机组厂址（但未建设）。工程拟建设 2 台 100 万千瓦燃煤发电机组。初期灰场选址在距厂址北面 4 千米的冒鸡冲。

工程总投资 70 亿元。

联系方式

建设单位： 华润电力六枝电厂筹建处
联系电话： 0851-5562888
联系传真： 0851-5562888
通信地址： 贵州省贵阳市新华路 126 号富中国际广场 19 楼 C 座
邮政编码： 550002
咨询单位： 中国电力工程顾问集团西南电力设计院
联系电话： 028-84402315
联系传真： 028-84443982
通信地址： 四川省成都市东风路 18 号
邮政编码： 610061

项目名称 华电镇雄电厂（一期）工程（十一五）

项目概况

投资总额： 500000 万元 RMB
项目性质： 新建
进展阶段： 工程设计
申报方式： 核准制
审批机关： 国家发改委
主管单位： 中国华电集团公司
建设周期： 2008 年至 2009 年
企业性质： 股份制
关键设备： 发电机、汽轮机、锅炉、泵、阀、风机、闸门。

项目简介

镇雄电厂是云南电力系统中区域性大型主力火电电源之一，对确保“十一五”期间云电送粤 480 万千瓦和进一步促进云电外送起到积极作用。电厂位于云南省昭通市镇雄县塘房镇，地处“西电东送”中通道和南通道的接合部，具有坑口电厂的优势，规划建设 4 台 60 万千瓦级发电机组，分二期建设。

该项目为一期工程，建设 2 台 60 万千瓦级超临界燃煤发电机组，项目锅炉采用 W 火焰炉。

工程总投资 50 亿元。

联系方式

建设单位： 云南华电镇雄发电有限公司
联系电话： 0870-3133876/3133888
联系传真： 0870-3133887
通信地址： 云南省昭通市镇雄县乌峰镇乌峰路 22 号
邮政编码： 657200
咨询单位： 河北省电力勘测设计研究院
联系电话： 0311-87912222
联系传真： 0311-85064114
通信地址： 河北省石家庄市建华北大街 6 号
邮政编码： 050031

项目名称 大唐彬长电厂（一期）工程

项目概况

投资总额： 460000 万元 RMB
项目性质： 新建
进展阶段： 开工在建
申报方式： 核准制
审批机关： 国家发改委
主管单位： 中国大唐集团公司
建设周期： 2007 年至 2009 年
企业性质： 股份制
关键设备： 发电机、汽轮机、锅炉、泵、阀、风机、开关柜、闸门。

项目简介

彬长发电厂是中国大唐集团公司彬长煤电水一体化项目配套建设的火力发电厂，属陕西省“十一五”电力发展规划电源项目，主要承担关中地区经济社会发展新增供电任务。规划分期建设 8 台 60 万千瓦亚临界空冷燃煤机组。

该项目为一期工程，位于咸阳市长武县冉店乡，由中国大唐集团公司和陕西煤业集团有限责任公司共同出资，建设 2 台 60 万千瓦超临界空冷燃煤机组。

工程总投资 46 亿元。

联系方式

建设单位： 彬长煤电一体化项目筹建处
联系电话： 029-82582630
联系传真： 029-82581815
通信地址： 陕西省西安市友谊东路 6 号新兴·翰园 210 室
邮政编码： 710054
咨询单位： 中国电力工程顾问集团西北电力设计院
联系电话： 029-88358888
联系传真： 029-88358899
通信地址： 陕西省西安市高新技术产业开发区团结南路 22 号
邮政编码： 710075

项目名称 国电宝鸡二电厂扩建工程（十一五）

项目概况

投资总额： 460000 万元 RMB
项目性质： 改扩建
进展阶段： 正在核准
申报方式： 核准制
审批机关： 国家发改委
主管单位： 中国国电集团公司
建设周期： 2008 年至 2010 年
企业性质： 股份制
关键设备： 发电机、汽轮机、锅炉、泵、阀、风机、闸门、压缩机。

项目简介

该项目已列入陕西省“十一五”重点开工项目，位于陕西省宝鸡市凤翔县长青镇，地处宝鸡市东北，东距凤翔县城 19 千米，由中国国电集团公司和陕西省投资集团（有限）公司共同出资，建设 2 台 66 万千瓦级海勒式间接空冷燃煤机组。

工程总投资 46 亿元。

联系方式

建设单位： 国电宝鸡第二发电厂扩建筹建处
联系电话： 0917-3673961
联系传真： 0917-3673905
通信地址： 陕西省宝鸡市凤翔县长青镇
邮政编码： 721405
咨询单位： 中国电力工程顾问集团西北电力设计院
联系电话： 029-88358888
联系传真： 029-88358899
通信地址： 陕西省西安市高新技术产业开发区团结南路 22 号
邮政编码： 710075

项目名称 华能延安电厂（一期）工程

项目概况

投资总额：500000 万元 RMB
项目性质：新建
进展阶段：编制项目申请报告
申报方式：核准制
审批机关：国家发改委
主管单位：中国华能集团公司
建设周期：2008 年至 2010 年
企业性质：股份制
关键设备：发电机、汽轮机、锅炉、仪器仪表、泵、阀、自动化控制系统。

项目简介

华能延安电厂位于陕西省延安市富县吉子现乡，规划分期建设 4 台 60 万千瓦国产燃煤超临界空冷发电机组，总投资 90 亿元。建成后，将有力地改善延安市电力生产布局，加快黄陵煤田的煤电转化，延长产业链条。

该项目为一期工程，建设 2 台 60 万千瓦国产燃煤超临界空冷发电机组，并留有扩建余地。机组年燃煤约 293 万吨，由陕西省黄陵县境内黄陵二号矿井供应。

工程总投资 50 亿元。

联系方式

建设单位：华能国际电力股份有限公司
联系电话：010-66491999
联系传真：010-66491888
通信地址：北京市西城区复兴门南大街丙 2 号天银大厦 C 段西区
邮政编码：100031
咨询单位：中国电力工程顾问集团西北电力设计院
联系电话：029-88358888
联系传真：029-88358899
通信地址：陕西省西安市高新技术产业开发区团结南路 22 号
邮政编码：710075

项目名称 陕西府谷清水川电厂（二期）工程

项目概况

投资总额：400000 万元 RMB
项目性质：续建
进展阶段：编制项目申请报告
申报方式：核准制
审批机关：国家发改委
主管单位：陕西清水川发电有限公司
建设周期：2008 年至 2010 年
企业性质：股份制
关键设备：发电机、汽轮机、锅炉、泵、阀、风机、开关柜、闸门。

项目简介

陕西府谷清水川电厂位于陕西省榆林市府谷县黄甫镇沟门村，地处晋、陕、蒙三省（区）接壤地带，规划容量为 180 万千瓦，分期建设，一期建设 2 台 30 万千瓦空冷燃煤发电机组。

该项目为二期工程，建设 2 台 60 万千瓦级国产空冷超临界燃煤机组，工程主要满足榆林电网未来电力负荷增长的需要，为当地能源化工企业提供电力，年需燃煤量约 286.195 万吨。

工程总投资 40 亿元。

联系方式

建设单位：陕西清水川发电有限公司
联系电话：0912-8855515/8855511
联系传真：0912-8855538
通信地址：陕西省榆林市府谷县黄甫镇沟门村
邮政编码：710054
咨询单位：中国电力工程顾问集团西北电力设计院
联系电话：029-88358888
联系传真：029-88358899
通信地址：陕西省西安市高新技术产业开发区团结南路 22 号
邮政编码：710075

项目名称 陕西汉江旬阳水电站工程（十一五）

项目概况

投资总额：221909 万元 RMB
项目性质：新建
进展阶段：编制项目申请报告
申报方式：核准制
审批机关：国家发改委
主管单位：陕西汉江投资开发公司
建设周期：2008 年至 2013 年
企业性质：股份制
关键设备：水轮发电机组、自动化控制设备、泵、阀、仪器仪表、变压器。

项目简介

该项目位于陕西省安康市旬阳县城上游，是国家汉江上游梯级电站规划中的第五个梯级，属Ⅱ等大（2）型工程，最大坝高 57.6 米，坝长 496.5 米。总库容 3.9 亿立方米，正常蓄水位为 240 米。电站枢纽由河床式厂房、冲沙闸、泄洪闸、大导墙、升船机、开关站等建筑物组成。建设 4 台 8 万千瓦机组，总装机容量 32 万千瓦，设计多年平均发电量 8 亿千瓦时，主要以发电为主，兼顾航运、防洪、旅游和养殖等。

工程总投资 22.1909 亿元。

联系方式

建设单位：陕西汉江投资开发有限公司
联系电话：029-87453262
联系传真：029-87451515
通信地址：陕西省西安市尚德路 48 号
邮政编码：710004
咨询单位：北京市水利规划设计研究院
联系电话：010-68411155
联系传真：010-68431361
通信地址：北京市海淀区车公庄西路 21 号
邮政编码：100044

项目名称 陕西神木电厂（三期）工程（西电东送）

项目概况

投资总额： 450000 万元 RMB
项目性质： 续建
进展阶段： 正在核准
申报方式： 核准制
审批机关： 国家发改委
主管单位： 国华电力集团公司
建设周期： 2008 年至 2010 年
企业性质： 股份制
关键设备： 发电机、汽轮机、锅炉、仪器仪表、控制系统。

项目简介

锦界煤电一体化项目位于陕西省榆林市神木县锦界工业园区，是目前国内具有典型意义的“煤电一体化”开发建设项目，由规划容量 6 台 60 万千瓦的电厂和规划建设总规模为年产原煤 1000 万吨的配套煤矿组成。其中电厂是继长江三峡工程、山西阳城电厂后第三家由国家电网公司直接调度的电厂。

该项目为配套电厂三期工程，建设 2 台 60 万千瓦国产燃煤空冷发电机组。

工程总投资 45 亿元。

联系方式

建设单位： 陕西国华锦界能源有限责任公司
联系电话： 0912-8551026
联系传真： 0912-8551028
通信地址： 陕西省榆林市神木县锦界工业园区
邮政编码： 719319
咨询单位： 中国电力工程顾问集团西北电力设计院
联系电话： 029-88358888
联系传真： 029-88358899
通信地址： 陕西省西安市高新技术产业开发区团结南路 22 号
邮政编码： 710075

项目名称 华能平凉电厂（二期）扩建工程

项目概况

投资总额： 418789 万元 RMB
项目性质： 续建
进展阶段： 正在核准
申报方式： 核准制
审批机关： 国家发改委
主管单位： 中国华能集团公司
建设周期： 2008 年至 2010 年
企业性质： 股份制
关键设备： 发电机、汽轮机、锅炉、泵、阀、风机、闸门。

项目简介

该项目位于甘肃省平凉市东二十里铺，依现有工程向东扩建，距平凉市 10 千米，厂区总平面布置由南向北采用升压站、空冷器、主厂房、煤场四列式布置格局，工程建设 2 台 60 万千瓦级亚临界空冷燃煤凝汽式机组。

工程总投资 41.8789 亿元。

联系方式

建设单位： 甘肃华能平凉发电有限责任公司
联系电话： 0933-8392222
联系传真： 0933-8392153
通信地址： 甘肃省平凉市二十里铺
邮政编码： 744000
咨询单位： 中国电力工程顾问集团西北电力设计院
联系电话： 029-88358888
联系传真： 029-88358899
通信地址： 陕西省西安市高新技术产业开发区团结南路 22 号
邮政编码： 710075

项目名称 宝丰能源综合利用电厂项目

项目概况

投资总额： 50000 万元 RMB
项目性质： 新建
进展阶段： 正在核准
申报方式： 核准制
审批机关： 国家发改委
主管单位： 宁夏宝丰能源有限公司
建设周期： 2007 年至 2009 年
企业性质： 股份制
关键设备： 发电机、汽轮机、锅炉、泵、阀、风机、起重机、装载机、碎煤机、给煤机。

项目简介

该项目位于宁夏回族自治区宁东能源重化工基地临河综合工业园，建设 3 台 2.5 万千瓦背压发电机组。

项目总投资 5 亿元。

联系方式

建设单位： 宁夏宝丰能源有限公司
联系电话： 0951-6881011
联系传真： 0951-6881011
通信地址： 宁夏回族自治区银川市新市区丽子园南街
邮政编码： 750002
咨询单位： 山东省能源建筑设计院
联系电话： 0531-82677838
联系传真： 0531-82677816
通信地址： 山东省济南市千佛山西路 26 号
邮政编码： 250014

项目名称 华电宁东马莲台电厂扩建工程

项目概况

投资总额： 386000万元RMB
项目性质： 改扩建
进展阶段： 编制项目申请报告
申报方式： 核准制
审批机关： 国家发改委
主管单位： 中国华电集团公司
建设周期： 2008年至2010年
企业性质： 股份制
关键设备： 发电机、汽轮机、锅炉、泵、阀、风机、闸门。

项目简介

宁东马莲台电厂位于宁夏回族自治区灵武市宁东镇，是宁夏回族自治区规划建设两个千万千瓦级火电基地的重要组成部分，是宁东煤电基地规划建设中的6个大型坑口电站之一。一期计划建设4台30万千瓦燃煤发电机组，已经建成2台30万千瓦发电机组。

该项目属于宁东马莲台电厂一期扩建工程，由原定建设2台30万千瓦燃煤发电机组改为建设2台60万千瓦燃煤发电机组。

工程总投资38.6亿元。

联系方式

建设单位： 宁夏发电集团有限公司马莲台电厂
联系电话： 0951-4927031
联系传真： 0951-4927031
通信地址： 宁夏回族自治区灵武市宁东镇马莲台电厂
邮政编码： 750411
咨询单位： 中国电力工程顾问集团西北电力设计院
联系电话： 029-88358888
联系传真： 029-88358899
通信地址： 陕西省西安市高新技术产业开发区团结南路22号
邮政编码： 710075

项目名称 宁夏大坝电厂（三期）扩建工程

项目概况

投资总额： 492500万元RMB
项目性质： 续建
进展阶段： 开工在建
申报方式： 核准制
审批机关： 国家发改委
主管单位： 中国大唐集团公司
建设周期： 2007年至2009年
企业性质： 股份制
关键设备： 发电机、汽轮机、锅炉、泵、阀、风机、开关柜、闸门。

项目简介

该项目位于宁夏回族自治区青铜峡市境内，由大唐国际发电股份有限公司、宁夏发电集团有限责任公司和中国华电集团公司共同出资，建设2台60万千瓦国产亚临界空冷燃煤发电机组，并留有扩建余地。电厂年需燃煤约320万吨，由宁东矿区供应。

工程总投资49.25亿元。

联系方式

建设单位： 宁夏大唐国际大坝发电有限责任公司
联系电话： 0953-3024114
联系传真： 0953-6352222
通信地址： 宁夏回族自治区青铜峡市立新镇
邮政编码： 751600
咨询单位： 华北电力设计院工程有限公司
联系电话： 010-82281188
联系传真： 010-82281800
通信地址： 北京市西城区黄寺大街甲24号
邮政编码： 100011

项目名称 阜康发电厂（二期）工程

项目概况

投资总额： 260000万元RMB
项目性质： 续建
进展阶段： 编制项目申请报告
申报方式： 核准制
审批机关： 国家发改委
主管单位： 山东鲁能建设集团有限公司
建设周期： 2008年至2010年
企业性质： 股份制
关键设备： 发电机、汽轮机、锅炉、泵、阀、风机、电阻柜、开关柜、闸门。

项目简介

阜康发电厂位于新疆维吾尔族自治区阜康市西南，规划装机总容量270万千瓦，分期建设。全部达产后，年用煤量约640万吨，年用水量约1600万立方米。

该项目为二期工程，在一期工程扩建端外建设，建设2台30万千瓦凝汽式亚临界空冷机组，配两台1045吨每小时的锅炉。工程年用煤量约156万吨，年取水量为200万立方米。

工程总投资26亿元。

联系方式

建设单位： 新疆阜康能源开发有限公司
联系电话： 0991-4856030
联系传真： 0991-4856030
通信地址： 新疆维吾尔自治区乌鲁木齐市水磨沟区
邮政编码： 830017
咨询单位： 新疆电力设计院
联系电话： 0991-2923051/2923294
联系传真： 0991-2610491
通信地址： 新疆乌鲁木齐市三道湾8号
邮政编码： 830002

项目名称 国电库车火电厂（二期）工程

项目概况

投资总额： 250000 万元 RMB
项目性质： 续建
进展阶段： 编制项目申请报告
申报方式： 核准制
审批机关： 国家发改委
主管单位： 国电库车发电有限公司
建设周期： 2008 年至 2010 年
企业性质： 股份制
关键设备： 发电机、汽轮机、锅炉、泵、阀、电阻柜、开关柜、闸门、压缩机。

项目简介

国电库车火电厂位于新疆维吾尔自治区阿克苏市库车县城西北约 7 千米，217 国道以西 2 千米，厂址周围均为开阔平坦的戈壁荒滩。规划建设 4 台 30 万千瓦级机组，分期实施。

该项目为二期 3、4 号机组工程，建设 2 台 33 万千瓦发电机组。

工程总投资 25 亿元。

联系方式

建设单位： 国电库车发电有限公司
联系电话： 0997-7228015
联系传真： 0997-7228015
通信地址： 新疆维吾尔自治区阿克苏市库车县
邮政编码： 842000
咨询单位： 新疆电力设计院
联系电话： 0991-2923051/2923294
联系传真： 0991-2610491
通信地址： 新疆维吾尔自治区乌鲁木齐市三道湾 8 号
邮政编码： 830002

项目名称 哈密伊吾淖毛湖煤电一体化电源（一期）工程

项目概况

投资总额： 500000 万元 RMB
项目性质： 新建
进展阶段： 编制项目申请报告
申报方式： 核准制
审批机关： 国家发改委
主管单位： 中国华电集团公司
建设周期： 2008 年至 2010 年
企业性质： 股份制
关键设备： 发电机、汽轮机、锅炉、泵、阀、风机、开关柜、闸门。

项目简介

哈密伊吾淖毛湖煤电基地位于新疆维吾尔自治区哈密市伊吾淖毛湖区域，被列为华电“十一五”规划的四大煤电基地之一和西北电网与新疆电网 750 千伏联网工程的主要支撑点。工程主要建设大型坑口电厂，最终形成年产 600 万吨原煤和 2 台 60 万千瓦、4 台 100 万千瓦规模。

该项目为煤电一体化电源一期工程，建设 2 台 60 万千瓦燃煤发电机组。

工程总投资 50 亿元。

联系方式

建设单位： 新疆哈密英格玛煤电投资有限公司
联系电话： 0902-2230629
联系传真： 0902-2230630
通信地址： 新疆维吾尔自治区哈密市光明路建设大厦 7 层
邮政编码： 839000
咨询单位： 中国电力工程顾问集团西北电力设计院
联系电话： 029-88358888
联系传真： 029-88358899
通信地址： 陕西省西安市高新技术产业开发区团结南路 22 号
邮政编码： 710075

项目名称 华电沙湾煤电一体化电厂（一期）项目

项目概况

投资总额： 312130 万元 RMB
项目性质： 新建
进展阶段： 编制项目申请报告
申报方式： 核准制
审批机关： 国家发改委
主管单位： 华电煤业集团有限公司
建设周期： 2008 年至 2011 年
企业性质： 股份制
关键设备： 发电机、汽轮机、锅炉、泵、阀、风机、闸门、压缩机。

项目简介

沙湾县煤电一体项目位于新疆维吾尔自治区石河子市沙湾县，规划建设 4 台 30 万千瓦机组电厂、年产 300 万吨大型煤矿及煤制甲醇、二甲醚、活性炭等煤化工项目，总投资 76 亿元。

该项目为沙湾电厂一期工程，由华电煤业集团有限公司和西部发展控股有限公司沙湾电厂共同出资，建设 2 台 30 万千瓦亚临界凝汽式机组。

项目总投资 31.213 亿元。

联系方式

建设单位： 华电沙湾煤电项目筹备组
联系电话： 0991-2304025
联系传真： 0991-2304021
通信地址： 新疆维吾尔自治区乌鲁木齐市小西门
邮政编码： 830000
咨询单位： 新疆电力设计院
联系电话： 0991-2923051/2923294
联系传真： 0991-2610491
通信地址： 新疆维吾尔自治区乌鲁木齐市三道湾 8 号
邮政编码： 830002

项目名称　天津东北郊热电厂（一期）工程

项目概况

投资总额： 260000 万元 RMB
项目性质： 新建
进展阶段： 开工在建
申报方式： 核准制
审批机关： 国家发改委
主管单位： 中国国电集团公司
建设周期： 2007 年至 2009 年
企业性质： 股份制
关键设备： 发电机、汽轮机、锅炉、泵、阀、风机、开关柜、闸门。

项目简介

天津东北郊热电厂位于天津市东丽区大毕庄镇与华明镇交界处，具体地址位于杨北公路与金钟路交口处的东南侧，距市中心约 14 千米，规划建设 4 台 30 万千瓦级燃煤供热机组，分两期建设。

该项目为一期工程，建设 2 台 33 万千瓦燃煤供热机组，配备 2 台 1025 吨每小时煤粉锅炉，以及其它相关配套设施。

工程总投资 26 亿元。

联系方式

建设单位： 天津国电津能热电有限公司
联系电话： 022-84850501
联系传真： 022-24226018
通信地址： 天津市东丽区大毕庄
邮政编码： 300240
咨询单位： 华北电力设计院工程有限公司
联系电话： 010-82281188
联系传真： 010-82281800
通信地址： 北京市西城区黄寺大街甲 24 号
邮政编码： 100011

项目名称　振兴水泥余热发电工程

项目概况

投资总额： 5538 万元 RMB
项目性质： 改扩建
进展阶段： 施工准备
申报方式： 核准制
审批机关： 国家发改委
主管单位： 天津振兴水泥有限公司
建设周期： 2007 年至 2008 年
企业性质： 股份制
关键设备： 发电机、锅炉、冷却塔、过滤器、加药装置、水箱、分离器、泵、分析仪器。

项目简介

该项目已列入国家重点资金支持的节能专项计划，位于天津市北辰经济开发区，总装机容量 9 兆瓦。工程将利用两条生产线的窑头和窑尾余热建设装机容量为 2 台 4.5 兆瓦的余热电站，还将完善厂区污水处理系统和热电联供系统建设。

项目总投资 5538 万元。

联系方式

建设单位： 天津振兴水泥有限公司
联系电话： 022-26882118
联系传真： 022-26971243
通信地址： 天津市北辰区引河桥北
邮政编码： 300400
咨询单位： 天津水泥工业设计研究院有限公司
联系电话： 022-26915565
联系传真： 022-26390071
通信地址： 天津市北辰区引河里北道 1 号
邮政编码： 300400

项目名称　大唐河北保定南郊热电厂（一期）工程

项目概况

投资总额： 290000 万元 RMB
项目性质： 新建
进展阶段： 正在核准
申报方式： 核准制
审批机关： 国家发改委
主管单位： 中国大唐集团公司
建设周期： 2008 年至 2009 年
企业性质： 国有
关键设备： 发电机、汽轮机、锅炉、泵、阀、风机、开关柜、闸门。

项目简介

大唐河北省保定南郊热电厂工程位于河北省保定市南环线以南 3 千米处的清苑县境内，规划分期建设 4 台 30 万千瓦国产燃煤抽气式供热机组，工程建成后将替代供热区域的分散供热小锅炉 430 台。

该项目为一期工程，建设 2 台 30 万千瓦国产燃煤抽气式供热机组，配套建设 2 台 1025 吨每小时亚临界中间再热自然循环燃煤汽包炉。

工程总投资 29 亿元。

联系方式

建设单位： 大唐保定电厂
联系电话： 0312-3305114
联系传真： 0312-3305607
通信地址： 河北省保定市乐凯北大街
邮政编码： 071100
咨询单位： 河北省电力勘测设计研究院
联系电话： 0311-87912222
联系传真： 0311-85064114
通信地址： 河北省石家庄市建华北大街 6 号
邮政编码： 050031

项目名称 国电滦河电厂（五期）扩建工程

项目概况

投资总额： 294000 万元 RMB
项目性质： 改扩建
进展阶段： 开工在建
申报方式： 核准制
审批机关： 国家发改委
主管单位： 中国国电集团公司
建设周期： 2007 年至 2008 年
企业性质： 国有
关键设备： 发电机、汽轮机、锅炉、泵、阀、风机、电阻柜、开关柜、闸门。

项目简介

该项目是河北省承德市的重点建设项目之一，位于河北省承德市西郊双滦区滦河镇以东约 1.5 千米，距离承德市约 18 千米，由中国国电集团公司和河北省建设投资公司共同出资兴建。在电厂四期工程主厂房东侧场地上扩建，建设 2 台 30 万千瓦国产湿冷亚临界燃煤抽气供热机组，同期建设炉后烟气脱硫装置。项目投产后形成 1200 万平方米以上的供采暖能力，并将替代承德市区域内 191 台分散的小锅炉。

工程总投资 29.4 亿元。

联系方式

建设单位： 中国国电集团公司滦河发电厂
联系电话： 0314-4300080/4042941
联系传真： 0314-4044501
通信地址： 河北省承德市双滦区滦河镇滦河发电厂
邮政编码： 067002
咨询单位： 华北电力设计院工程有限公司
联系电话： 010-82281188
联系传真： 010-82281800
通信地址： 北京市西城区黄寺大街甲 24 号
邮政编码： 100011

项目名称 河北建投任丘热电厂项目

项目概况

投资总额： 280000 万元 RMB
项目性质： 新建
进展阶段： 正在核准
申报方式： 核准制
审批机关： 国家发改委
主管单位： 河北建投任丘热电有限责任公司
建设周期： 2008 年至 2010 年
企业性质： 股份制
关键设备： 发电机、汽轮机、锅炉、泵、阀、风机、闸门、压缩机、电缆、消防装置。

项目简介

河北建投任丘热电厂主要为任丘市城区和油区供应采暖热水，同时对市区及油区企业提供工业蒸汽。规划建设 4 台 30 万千瓦供热机组，分两期实施。

该项目为一期工程，建设 2 台 30 万千瓦供热机组，年用燃煤 150 万吨，生产用水采用深度处理后的污水处理厂的中水。

工程总投资 28 亿元。

联系方式

建设单位： 河北建投任丘热电有限责任公司
联系电话： 0317-2211037
联系传真： 0317-2211037
通信地址： 河北省任丘市电力局电厂办
邮政编码： 062550
咨询单位： 河北省电力勘测设计研究院
联系电话： 0311-87912222
联系传真： 0311-85064114
通信地址： 河北省石家庄市建华北大街 6 号
邮政编码： 050031

项目名称 河北建投宣化热电厂（一期）项目

项目概况

投资总额： 296910 万元 RMB
项目性质： 新建
进展阶段： 正在核准
申报方式： 核准制
审批机关： 国家发改委
主管单位： 河北省建设投资公司
建设周期： 2008 年至 2010 年
企业性质： 股份制
关键设备： 发电机、汽轮机、锅炉、泵、阀、压缩机、电缆、消防装置。

项目简介

宣化热电厂项目位于河北省张家口市宣化县，由河北省建设投资公司开发建设。规划容量 4 台 30 万千瓦燃煤供热机组，分期建设。

该项目为一期工程，建设 2 台 30 万千瓦燃煤供热机组。投产后预计年发电量 30 亿千瓦时，年供热 942 万吉焦，既可满足宣化区居民采暖集中供热需要，又可供应大量的工业蒸气，还可替代分散、低效、高污染的小锅炉，利于改善当地及北京周边环境质量。

工程总投资 29.691 亿元。

联系方式

建设单位： 河北建投宣化热电有限责任公司筹建处
联系电话： 0313-3861958
联系传真： 0313-3861958
通信地址： 河北省张家口市宣化县
邮政编码： 075000
咨询单位： 华北电力设计院工程有限公司
联系电话： 010-82281188
联系传真： 010-82281800
通信地址： 北京市西城区黄寺大街甲 24 号
邮政编码： 100011

项目名称 中电投廊坊IGCC热电厂工程

项目概况

投资总额： 700000万元RMB
项目性质： 新建
进展阶段： 编制项目申请报告
申报方式： 核准制
审批机关： 国家发改委
主管单位： 中国电力投资集团公司
建设周期： 2008年至2009年
企业性质： 股份制
关键设备： 燃气轮机发电机组、锅炉、蒸汽轮发电机组、仪器仪表、控制系统。

项目简介

IGCC整体煤气化联合循环技术是当今国际上正在兴起和发展的一种先进的洁净煤发电技术，脱硫效率可达到98%以上，与常规燃煤电厂相比，SO_2、烟尘和NO_x的排放量均较低。

该项目位于河北省廊坊市东南面大枣林庄的西南侧，东北距大枣林庄约0.4千米，建设2台40万千瓦级IGCC供热发电机组，同时工程将替代供热区域内分散小锅炉，建设内容包括厂区、备用灰场、铁路专用线、运灰道路和供水系统。

工程总投资70亿元。

联系方式

建设单位： 中电投华北分公司廊坊IGCC热电项目部
联系电话： 0316-2098253
联系传真： 0316-2098253
通信地址： 河北省廊坊市广阳区新华广场3号楼
邮政编码： 065000
咨询单位： 华北电力设计院工程有限公司
联系电话： 010-82281188
联系传真： 010-82281800
通信地址： 北京市西城区黄寺大街甲24号
邮政编码： 100011

项目名称 大唐太原第二热电厂（七期）扩建工程

项目概况

投资总额： 260000万元RMB
项目性质： 续建
进展阶段： 编制项目申请报告
申报方式： 核准制
审批机关： 国家发改委
主管单位： 中国大唐集团公司
建设周期： 2008年至2009年
企业性质： 股份制
关键设备： 发电机、汽轮机、锅炉、泵、阀、风机、起重机。

项目简介

该项目是大唐集团公司在山西地区战略布局的重要项目，位于山西省太原市北郊工业区，由中国大唐集团公司全资建设，建设2台30万千瓦国产亚临界空冷供热发电机组。

工程总投资26亿元。

联系方式

建设单位： 大唐太原第二热电厂
联系电话： 0351-5672222
联系传真： 0351-5672214
通信地址： 山西省太原市尖草坪区西流路5号
邮政编码： 030021
咨询单位： 山西省电力勘测设计院
联系电话： 0351-8823900
联系传真： 0351-4043561
通信地址： 山西省太原市迎泽大街255号
邮政编码： 030001

项目名称 国电榆次热电厂（一期）项目

项目概况

投资总额： 240000万元RMB
项目性质： 新建
进展阶段： 开工在建
申报方式： 核准制
审批机关： 国家发改委
主管单位： 中国国电集团公司
建设周期： 2007年至2009年
企业性质： 股份制
关键设备： 发电机、汽轮机、锅炉、泵、阀、风机、闸门、压缩机。

项目简介

国电榆次热电厂项目是晋中市“十一五”时期建设的重点工程，是由中国国电集团公司方面控股投资建设的燃煤热电联产电厂，规划容量为120万千瓦。项目建成后每年可为山西省中部地区提供40亿千瓦时的电量，而且还可解决晋中市1000万平方米的居民采暖。

该项目为一期工程，位于山西省晋中市榆次区，建设2台33万千瓦级亚临界空冷供热机组。

工程总投资24亿元。

联系方式

建设单位： 国电榆次热电厂筹建处
联系电话： 0351-6012387
联系传真： 0351-6012387
通信地址： 山西省太原市晋源区晋祠路三段59号太原第一热电厂扩建处
邮政编码： 030021
咨询单位： 山西省电力勘测设计院
联系电话： 0351-8823900
联系传真： 0351-4043561
通信地址： 山西省太原市迎泽大街255号
邮政编码： 030001

项目名称 侯马2×30万千瓦热电联产扩建工程

项目概况

投资总额： 250000万元RMB
项目性质： 新建
进展阶段： 编制项目申请报告
申报方式： 核准制
审批机关： 国家发改委
主管单位： 中国电力投资集团公司
建设周期： 2008年至2009年
企业性质： 股份制
关键设备： 发电机、汽轮机、锅炉、泵、阀、电阻柜、开关柜、闸门。

项目简介

该项目是在拆除侯马热电厂4台25兆瓦机组基础上的异地新建工程，位于山西省侯马市浍南工业园区，由中国电力投资集团公司与山西漳泽电力股份有限公司共同出资，建设2台30万千瓦空冷燃煤供热汽轮发电机组。

工程总投资25亿元。

联系方式

建设单位： 侯马热电厂筹建处
联系电话： 0357-4232214
联系传真： 0357-4232214
通信地址： 山西省侯马市浍南工业园区
邮政编码： 043001
咨询单位： 山西省电力勘测设计院
联系电话： 0351-8823900
联系传真： 0351-4043561
通信地址： 山西省太原市迎泽大街255号
邮政编码： 030001

项目名称 临汾热电2×30万千瓦机组工程

项目概况

投资总额： 246000万元RMB
项目性质： 新建
进展阶段： 开工在建
申报方式： 核准制
审批机关： 国家发改委
主管单位： 中国电力投资集团公司
建设周期： 39147年至2009年
企业性质： 股份制
关键设备： 发电机、汽轮机、锅炉、泵、阀、风机、电阻柜、开关柜、闸门。

项目简介

该项目位于山西省临汾市尧都区河西工业园区，是国家“十一五”电力规划的重点项目，计划建设2台30万千瓦供热空冷发电机组，配套国产2台每小时1065吨燃煤锅炉，采用烟气脱硫、脱硝、静电除尘、干式除渣装置，除尘率99.5%以上，脱硫率80%以上。

工程总投资24.6亿元。

联系方式

建设单位： 山西临汾热电有限公司
联系电话： 0357-3282126
联系传真： 0357-3282126
通信地址： 山西省临汾市尧都区河西工业园区
邮政编码： 041000
咨询单位： 山西省电力勘测设计院
联系电话： 0351-8823900
联系传真： 0351-4043561
通信地址： 山西省太原市迎泽大街255号
邮政编码： 030001

项目名称 山西平遥热电厂2×20万千瓦机组工程

项目概况

投资总额： 180000万元RMB
项目性质： 新建
进展阶段： 编制项目申请报告
申报方式： 核准制
审批机关： 国家发改委
主管单位： 山西国际电力集团有限公司
建设周期： 2008年至2009年
企业性质： 股份制
关键设备： 锅炉、发电机、汽轮机、仪器仪表、水处理设备、自动化控制系统。

项目简介

该项目位于山西省晋中市平遥县，建设2台20万千瓦燃煤热电机组。

工程总投资18亿元。

联系方式

建设单位： 山西国际电力集团有限公司
联系电话： 0351-3111666
联系传真： 0351-3185235
通信地址： 山西省太原市东辑虎营37号
邮政编码： 030009
咨询单位： 中国电力工程顾问集团中南电力设计院
联系电话： 027-67816781
联系传真： 027-87811992
通信地址： 湖北省武汉市武昌区民主路668号
邮政编码： 430071

项目名称 山西瑞光热电2×30万千瓦机组工程

项目概况

投资总额： 270000万元RMB
项目性质： 新建
进展阶段： 编制项目申请报告
申报方式： 核准制
审批机关： 国家发改委
主管单位： 山西国际电力集团有限公司
建设周期： 2008年至2009年
企业性质： 股份制
关键设备： 发电机、汽轮机、锅炉、泵、阀、风机、开关柜、闸门。

项目简介

该项目是山西省"十一五"期间重点建设项目，位于山西省晋中市榆次区乌金山镇，建设规模2台30万千瓦燃煤空冷供热机组。

工程总投资27亿元。

联系方式

建设单位： 山西国际电力集团有限公司
联系电话： 0351-3111666
联系传真： 0351-3185235
通信地址： 山西省太原市东辑虎营37号
邮政编码： 030009
咨询单位： 华北电力设计院工程有限公司
联系电话： 010-82281188
联系传真： 010-82281800
通信地址： 北京市西城区黄寺大街甲24号
邮政编码： 100011

项目名称 朔州2×20万千瓦热电联产空冷机组工程

项目概况

投资总额： 198000万元RMB
项目性质： 新建
进展阶段： 正在核准
申报方式： 核准制
审批机关： 国家发改委
主管单位： 朔州热电有限责任公司
建设周期： 2008年至2009年
企业性质： 股份制
关键设备： 发电机、汽轮机、锅炉、泵、阀、风机、电阻柜、开关柜、闸门。

项目简介

该项目位于山西省朔州市朔城区小平易乡木寨村东，建设2台20万千瓦超高压、中间再热、直接空冷凝汽、单抽汽采暖供热机组，配2台690吨每小时超高压、一次中间再热、自然循环汽包锅炉，配套工程有备用储灰场等。工程建成后可以替代朔州城区小型电厂一座、分散采暖锅炉187台，年耗煤量为108.93万吨。

工程总投资19.8亿元。

联系方式

建设单位： 朔州热电有限责任公司
联系电话： 0349-2262032
联系传真： 0349-2202010
通信地址： 山西省朔州市朔城区富甲工业园区1号
邮政编码： 036002
咨询单位： 内蒙古电力勘测设计院
联系电话： 0471-6943426/6223421
联系传真： 0471-5973584
通信地址： 内蒙古自治区呼和浩特市锡林南路209号
邮政编码： 010020

项目名称 垣曲五龙热电厂2×20万千瓦供热机组工程

项目概况

投资总额： 179147万元RMB
项目性质： 新建
进展阶段： 编制项目申请报告
申报方式： 核准制
审批机关： 国家发改委
主管单位： 垣曲县五龙热电厂筹备处
建设周期： 2008年至2009年
企业性质： 股份制
关键设备： 发电机、汽轮机、锅炉、仪器仪表、泵、阀、水处理设备。

项目简介

该项目已列入山西省"十一五"备选项目，位于山西省运城市垣曲县城区东南约四千米的皋落乡岭回村，由垣曲县五龙铜业有限公司和浙江华业电力工程股份有限公司共同出资，建设2台20万千瓦发电机组，配2台690吨每小时超高压锅炉，工程将作为垣曲县集中供热的热源点，为垣曲县供热、供汽，所发电力全部上网销售。

工程总投资17.9147亿元。

联系方式

建设单位： 垣曲县五龙热电厂筹备处
联系电话： 0359-6029577
联系传真： 0359-6029577
通信地址： 山西省运城市垣曲县
邮政编码： 043700
咨询单位： 山西省电力勘测设计院
联系电话： 0351-8823900
联系传真： 0351-4043561
通信地址： 山西省太原市迎泽大街255号
邮政编码： 030001

项目名称 神华包头煤制烯烃热电站工程

项目概况

投资总额： 110000 万元 RMB
项目性质： 新建
进展阶段： 开工
申报方式： 核准制
审批机关： 国家发改委
主管单位： 神华包头煤化工有限公司
建设周期： 2007 年至 2009 年
企业性质： 股份制
关键设备： 发电机、汽轮机、锅炉、泵、阀、风机、开关柜、闸门、压缩机。。

项目简介

该项目为神华煤制烯烃配套热电站工程，位于内蒙古自治区包头市九原区工业开发区，建设 2 台 50 兆瓦直接空冷抽凝式供热汽轮发电机组，配套 3 台每小时 480 吨高压煤粉锅炉。

工程总投资 11 亿元。

联系方式

建设单位： 神华包头煤化工有限公司
联系电话： 0472-6982852
联系传真： 0472-6982872
通信地址： 内蒙古包头市九原区工业开发区
邮政编码： 014060
咨询单位： 内蒙古电力勘测设计院
联系电话： 0471-6943426/6223421
联系传真： 0471-5973584
通信地址： 内蒙古呼和浩特市锡林南路 209 号
邮政编码： 010020

项目名称 包头东河热电厂 2×30 万千瓦热电机组工程

项目概况

投资总额： 296000 万元 RMB
项目性质： 续建
进展阶段： 正在核准
申报方式： 核准制
审批机关： 国家发改委
主管单位： 包头东河热电厂筹建处
建设周期： 2008 年至 2009 年
企业性质： 股份制
关键设备： 发电机、汽轮机、锅炉、泵、阀、风机、闸门。

项目简介

该项目即包头铝业自备电厂 2 台 30 万千瓦机组工程，位于内蒙古自治区包头市东河区国家生态工业示范园区内，由包头铝业（集团）有限责任公司和内蒙古蒙能能源有限责任公司共同出资，建设 2 台 30 万千瓦国产燃煤空冷发电供热机组，并留有再扩建余地，电厂燃煤拟由神华集团万利煤炭有限责任公司及包头市杨圪塄煤矿供应。

工程总投资 29.6 亿元。

联系方式

建设单位： 包头东河热电厂筹建处
联系电话： 0472-4199900
联系传真： 0472-4199900
通信地址： 内蒙古自治区包头市东河区
邮政编码： 014040
咨询单位： 内蒙古电力勘测设计院
联系电话： 0471-6943426/6223421
联系传真： 0471-5973584
通信地址： 内蒙古自治区呼和浩特市锡林南路 209 号
邮政编码： 010020

项目名称 大唐富龙赤峰热电联产工程

项目概况

投资总额： 277000 万元 RMB
项目性质： 新建
进展阶段： 编制项目申请报告
申报方式： 核准制
审批机关： 国家发改委
主管单位： 赤峰大地基础产业股份有限公司
建设周期： 2008 年至 2009 年
企业性质： 股份制
关键设备： 发电机、汽轮机、锅炉、泵、阀、风机、开关柜、闸门、压缩机。

项目简介

该项目位于内蒙古自治区赤峰市，为赤峰市中心城区采暖供热、热电联产配套热电厂工程，由大唐公司和赤峰大地基础公司共同出资，建设 2 台 30 万千瓦燃煤供热机组。

工程总投资 27.7 亿元。

联系方式

建设单位： 赤峰大地基础产业股份有限公司
联系电话： 0476-2216683/2216622
联系传真： 0476-2216691
通信地址： 内蒙古自治区赤峰市松山区西站大街 8 号
邮政编码： 024005
咨询单位： 中国电力工程顾问集团东北电力设计院
联系电话： 0431-85798081
联系传真： 0431-85643157
通信地址： 吉林省长春市人民大街 4368 号
邮政编码： 130021

项目名称 磴口热电厂（一期）工程

项目概况

投资总额： 300000 万元 RMB
项目性质： 新建
进展阶段： 正在核准
申报方式： 核准制
审批机关： 国家发改委
主管单位： 华润电力集团公司
建设周期： 2008 年至 2010 年
企业性质： 三资
关键设备： 发电机、汽轮机、锅炉、泵、阀、风机、开关柜、闸门。

项目简介

磴口热电厂项目位于内蒙古巴自治区彦淖尔市磴口县工业园，规划装机容量为 4 台 30 万千瓦等级亚临界热电联产机组，分期建设。

该项目为一期工程，由华润电力控股有限公司和河北金牛能源股份有限公司共同出资建设，建设 2 台 30 万千瓦等级亚临界热电联产机组，同步建设烟气脱硫装置，预留烟气脱硝装置的条件，并留有再扩建的条件。

工程总投资 30 亿元。

联系方式

建设单位： 内蒙古华润金能热电有限公司
联系电话： 0478-4267715
联系传真： 0478-4267715
通信地址： 内蒙古自治区巴彦淖尔市磴口县
邮政编码： 015002
咨询单位： 内蒙古电力勘测设计院
联系电话： 0471-6943426/6223421
联系传真： 0471-5973584
通信地址： 内蒙古自治区呼和浩特市锡林南路 209 号
邮政编码： 010020

项目名称 国电东胜热电厂项目

项目概况

投资总额： 278000 万元 RMB
项目性质： 新建
进展阶段： 开工在建
申报方式： 核准制
审批机关： 国家发改委
主管单位： 中国国电集团公司
建设周期： 2007 年至 2008 年
企业性质： 股份制
关键设备： 发电机、汽轮机、锅炉、仪器仪表、泵、阀、自动化控制系统。

项目简介

该项目位于内蒙古自治区鄂尔多斯市东胜区东北侧柴家梁处，建设 2 台 33 万千瓦国产燃煤空冷供热机组，同步建设配套的热网工程，并安装烟气脱硫装置。项目投产后，新增供暖面积 1050 万平方米，并替代供热区域内 206 台小锅炉。

工程总投资 27.8 亿元。

联系方式

建设单位： 国电内蒙古东胜热电有限公司
联系电话： 0477-8136018
联系传真： 0477-8136000
通信地址： 内蒙古自治区鄂尔多斯市东胜区富兴北路 18 号
邮政编码： 017000
咨询单位： 内蒙古电力勘测设计院
联系电话： 0471-6943426/6223421
联系传真： 0471-5973584
通信地址： 内蒙古自治区呼和浩特市锡林南路 209 号
邮政编码： 010020

项目名称 国电临河热电厂（二期）工程

项目概况

投资总额： 289000 万元 RMB
项目性质： 续建
进展阶段： 编制项目申请报告
申报方式： 核准制
审批机关： 国家发改委
主管单位： 中国国电集团公司
建设周期： 2008 年至 2010 年
企业性质： 股份制
关键设备： 锅炉、发电机、汽轮机、管道、水处理设备、变压器、脱硫设备。

项目简介

临河热电厂位于内蒙古自治区巴彦卓尔市临河区东南部，一期工程建设 2 台 30 万千瓦国产空冷亚临界燃煤供热发电机组，已经竣工。

该项目为二期工程，由北方联合电力有限责任公司出资，建设 2 台 30 万千瓦国产空冷亚临界燃煤供热发电机组，同步安装高效静电除尘器和烟气连续监测装置。项目采用低氮燃烧技术并预留脱氮空间，电厂以 220 千伏电压等级接入蒙西电网。项目投产后供采暖面积 860 万平方米，将替代供热区域内 132 台分散小锅炉。

工程总投资 28.9 亿元。

联系方式

建设单位： 北方联合电力有限责任公司临河热电厂
联系电话： 0478-8653012
联系传真： 0478-8653012
通信地址： 内蒙古巴彦淖尔市临河区八一工业园
邮政编码： 015000
咨询单位： 内蒙古电力勘测设计院
联系电话： 0471-6943426/6223421
联系传真： 0471-5973584
通信地址： 内蒙古自治区呼和浩特市锡林南路 209 号
邮政编码： 010020

项目名称 克什克腾热电厂2×30万千瓦机组工程

项目概况

投资总额： 280000万元RMB
项目性质： 新建
进展阶段： 编制项目申请报告
申报方式： 核准制
审批机关： 国家发改委
主管单位： 内蒙古克什克腾热电厂筹建处
建设周期： 2008年至2009年
企业性质： 股份制
关键设备： 发电机、汽轮机、锅炉、泵、阀、风机、开关柜、闸门。

项目简介

该项目位于内蒙古自治区赤峰市克什克腾旗，由内蒙古能源发电投资公司投资，建设2台30万千瓦燃煤空冷发电供热机组。

项目总投资28亿元。

联系方式

建设单位： 内蒙古克什克腾热电厂筹建处
联系电话： 0476-5227600
联系传真： 0476-5227600
通信地址： 内蒙古自治区赤峰市克什克腾旗经棚镇园林街
邮政编码： 025350
咨询单位： 内蒙古电力勘测设计院
联系电话： 0471-6943426/6223421
联系传真： 0471-5973584
通信地址： 内蒙古自治区呼和浩特市锡林南路209号
邮政编码： 010020

项目名称 大唐国际葫芦岛热电厂工程

项目概况

投资总额： 270000万元RMB
项目性质： 新建
进展阶段： 编制项目申请报告
申报方式： 核准制
审批机关： 国家发改委
主管单位： 中国大唐集团公司
建设周期： 2008年至2010年
企业性质： 股份制
关键设备： 发电机、汽轮机、锅炉、泵、阀、风机、开关柜、闸门。

项目简介

该项目位于辽宁省葫芦岛市经济开发区北港工业区中规划的综合工业园区内，为葫芦岛市城市热电发展总体规划的热源，建设2台30万千瓦亚临界抽凝式燃煤供热发电机组。

工程总投资27亿元。

联系方式

建设单位： 辽宁大唐国际葫芦岛热电厂筹建处
联系电话： 0429-2615015
联系传真： 0429-2615004
通信地址： 辽宁省葫芦岛市连山区中央路
邮政编码： 125001
咨询单位： 华北电力设计院工程有限公司
联系电话： 010-82281188
联系传真： 010-82281800
通信地址： 北京市西城区黄寺大街甲24号
邮政编码： 100011

项目名称 抚顺热电厂供热机组扩建工程

项目概况

投资总额： 270000万元RMB
项目性质： 改扩建
进展阶段： 开工在建
申报方式： 核准制
审批机关： 国家发改委
主管单位： 中国电力投资集团公司
建设周期： 2007年至2008年
企业性质： 股份制
关键设备： 发电机、汽轮机、锅炉、泵、阀、风机、开关柜、闸门。

项目简介

该项目位于辽宁省抚顺市顺城区，为抚顺热电厂的三期扩建工程，建设2台30万千瓦供热机组，同步建设脱硫装置。

工程总投资27亿元。

联系方式

建设单位： 中电投抚顺热电有限责任公司
联系电话： 0413-3863201
联系传真： 0413-3863201
通信地址： 辽宁省抚顺市顺城区
邮政编码： 113006
咨询单位： 中国电力工程顾问集团东北电力设计院
联系电话： 0431-85798081
联系传真： 0431-85643157
通信地址： 吉林省长春市人民大街4368号
邮政编码： 130021

项目名称 新建华能营口热电厂（一期）工程

项目概况

投资总额：300000 万元 RMB
项目性质：新建
进展阶段：工程设计
申报方式：核准制
审批机关：国家发改委
主管单位：中国华能集团公司
建设周期：2008 年至 2009 年
企业性质：股份制
关键设备：发电机、汽轮机、锅炉、泵、阀、风机、闸门。

项目简介

华能营口热电厂新建工程位于辽宁省营口市沿海产业基地，为营口市规划的主要城市集中供热源，将承担北部、南部两个供热区域的部分采暖热负荷和南部供热地区的工业热负荷。规划建设 6 台 30 万千瓦级抽气式供热机组，分期建设，拟燃用内蒙古呼伦贝尔盟扎赉诺尔煤和五牧场煤。

该项目为一期工程，由华能国际电力股份有限公司出资建设，建设 2 台 32 万千瓦级国产燃煤发电供热机组。

工程总投资 30 亿元。

联系方式

建设单位：华能国际电力股份有限公司营口电厂
联系电话：0417-6882222/6882130
联系传真：0417-6882130
通信地址：辽宁省营口市经济技术开发区
邮政编码：115007
咨询单位：中国电力工程顾问集团东北电力设计院
联系电话：0431-85798081
联系传真：0431-85643157
通信地址：吉林省长春市人民大街 4368 号
邮政编码：130021

项目名称 大唐长春第三热电厂扩建（一期）工程

项目概况

投资总额：280000 万元 RMB
项目性质：新建
进展阶段：正在核准
申报方式：核准制
审批机关：国家发改委
主管单位：中国大唐集团公司
建设周期：2008 年至 2008 年
企业性质：国有
关键设备：抽汽供热机组、锅炉、仪器仪表、控制系统。

项目简介

大唐长春第三热电厂项目位于吉林省长春市经济技术开发区内，是长春市规划的主要热源和电源，属区域性电厂，规划建设 4 台 30 万千瓦机组，分两期建设。

该项目为一期工程，位于富锋镇前程村，建设 2 台 35 万千瓦机组。留有扩建的条件，规划采暖供热面积为 1123 万平方米，同时承担中国第一汽车集团公司 70 兆瓦工业热负荷。项目投产后年耗煤量约 176 万吨，拟由吉林省营城矿业有限责任公司和黑龙江省龙煤矿业集团有限责任公司提供。

工程总投资 28 亿元。

联系方式

建设单位：大唐长春第三热电厂工程筹建处
联系电话：0431-85029703
联系传真：0431-85029700
通信地址：吉林省长春市汽车产业开发区
邮政编码：130021
咨询单位：中国电力工程顾问集团东北电力设计院
联系电话：0431-85798081
联系传真：0431-85643157
通信地址：吉林省长春市人民大街 4368 号
邮政编码：130021

项目名称 国电龙华白城热电厂“上大压小”工程

项目概况

投资总额：176687 万元 RMB
项目性质：新建
进展阶段：正在核准
申报方式：核准制
审批机关：国家发改委
主管单位：中国国电集团公司
建设周期：2008 年至 2010 年
企业性质：股份制
关键设备：发电机、汽轮机、锅炉、水处理设备、仪器仪表、控制系统。

项目简介

该项目已纳入白城市“十一五”规划，位于吉林省白城市白城热电厂现有厂区东北侧，新征占地 18.88 平方千米，拟新建 2 台 20 万千瓦超高压凝汽机组，配 2 台 670 吨每小时煤粉炉。建成后可解决白城市区供热面积 750 万平方米，每小时提供工业蒸汽 116 吨，同时向白城地区供电，将会提高白城市供热质量，节约能源，改善大气质量，并将进一步促进白城市火电基地的开发建设，对白城市的经济发展起到重要作用。

工程总投资 17.6687 亿元。

联系方式

建设单位：国电吉林龙华白城热电厂
联系电话：0436-3272082
联系传真：0436-3272081
通信地址：吉林省白城市电厂路 56 号
邮政编码：137000
咨询单位：吉林省电力勘测设计院
联系电话：0431-85794480
联系传真：0431-88915095
通信地址：吉林省长春市人民大街 3850 号
邮政编码：130022

项目名称 吉林四平第二热电厂扩建项目

项目概况

投资总额：262700 万元 RMB
主管单位：中国电力投资集团公司
项目性质：改扩建
建设周期：2008 年至 2009 年
进展阶段：编制项目申请报告
企业性质：三资
申报方式：核准制
关键设备：发电机、汽轮机、锅炉、泵、阀、风机、开关柜、闸门。
审批机关：国家发改委

项目简介

该项目位于吉林省四平市东郊经济开发区，由香港长江基建集团、吉林能源交通总公司和吉林电力股份公司共同投资，建设 2 台 35 万千瓦级燃煤发电机组，配套 2 台 1025 吨每小时国产煤粉锅炉。

工程总投资 26.27 亿元。

联系方式

建设单位：四平热电有限责任公司
联系电话：0434-6182222/6182111
联系传真：0434-6182112
通信地址：吉林省四平市东郊经济开发区
邮政编码：136001
咨询单位：河北省电力勘测设计研究院
联系电话：0311-87912222
联系传真：0311-85064114
通信地址：河北省石家庄市建华北大街 6 号
邮政编码：050031

项目名称 松花江热电厂（一期）工程（十一五）

项目概况

投资总额：110000 万元 RMB
主管单位：中国电力投资集团公司
项目性质：新建
建设周期：2008 年至 2009 年
进展阶段：编制项目申请报告
企业性质：股份制
申报方式：核准制
关键设备：发电机、汽轮机、锅炉、泵、阀、风机、开关柜、闸门、压缩机。
审批机关：国家发改委

项目简介

松花江热电厂“上大压小”工程原名松花江热电厂扩建工程，位于吉林省吉林市松花江，规划建设 2 台 30 万千瓦燃煤供热发电机组，配装 2 台 1025 吨每小时锅炉，分期建设。

该项目为一期工程，建设 1 台 30 万千瓦国产亚临界一次中间再热双抽供热汽轮发电机组，锅炉配 1025 吨每小时亚临界中间再热汽包煤粉炉。

工程总投资 11 亿元。

联系方式

建设单位：吉林松花江热电厂
联系电话：0432-2705810
联系传真：0432-2705810
通信地址：吉林省吉林市经济技术开发区新力路 1 号
邮政编码：132019
咨询单位：河北省电力勘测设计研究院
联系电话：0311-87912222
联系传真：0311-85064114
通信地址：河北省石家庄市建华北大街 6 号
邮政编码：050031

项目名称 松原市 60 万千瓦热电联产项目

项目概况

投资总额：250000 万元 RMB
主管单位：中国电力投资集团公司
项目性质：新建
建设周期：2008 年至 2009 年
进展阶段：编制项目申请报告
企业性质：股份制
申报方式：核准制
关键设备：发电机、汽轮机、锅炉、仪器仪表、自动化控制系统、泵、阀。
审批机关：国家发改委

项目简介

该项目为吉林省松原市重点推进的重大项目，建设 2 台 30 万千瓦供热发电机组。

项目总投资 25 亿元。

联系方式

建设单位：吉林省能源交通总公司
联系电话：0431-85601999
联系传真：0431-85603208
通信地址：吉林省长春市人民大街 138-1 号
邮政编码：130021
咨询单位：辽宁省电力勘测设计院
联系电话：024-23147107
联系传真：024-23500150
通信地址：辽宁省沈阳市和平区太原南街 224 号
邮政编码：110005

项目名称 大唐滨江热电厂工程

项目概况

投资总额：280000 万元 RMB
项目性质：新建
进展阶段：编制项目申请报告
申报方式：核准制
审批机关：国家发改委
主管单位：中国大唐集团公司
建设周期：2009 年至 2011 年
企业性质：国有
关键设备：发电机、锅炉、仪器仪表、水处理设备、控制系统。

项目简介

该项目位于黑龙江省哈尔滨市道外区水泥路，建设 2 台 30 万千瓦燃煤供热发电机组。

项目总投资 28 亿元。

联系方式

建设单位：大唐哈尔滨滨江热电厂筹建处
联系电话：0451-53682496
联系传真：0451-53682496
通信地址：黑龙江省哈尔滨市南岗区红军街 63 号
邮政编码：150001
咨询单位：黑龙江省电力勘察设计研究院
联系电话：0451-84647517/53686222
联系传真：0451-84611727
通信地址：黑龙江省哈尔滨市道里区买卖街 11 号
邮政编码：150010

项目名称 大唐哈尔滨第一热电厂项目

项目概况

投资总额：280000 万元 RMB
项目性质：新建
进展阶段：正在核准
申报方式：核准制
审批机关：国家发改委
主管单位：中国大唐集团公司
建设周期：2008 年至 2010 年
企业性质：股份制
关键设备：发电机、汽轮机、锅炉、泵、阀、风机、开关柜、闸门。

项目简介

该项目位于黑龙江省哈尔滨市道里区群力乡程家岗区域，由中国大唐集团黑龙江发电有限公司和黑龙江省电力开发公司共同出资，建设 2 台 30 万千瓦供热机组，可实现集中供热面积 1700 万平方米。

项目总投资 28 亿元。

联系方式

建设单位：大唐哈尔滨第一热电有限公司
联系电话：0451-84195215
联系传真：0451-84195215
通信地址：黑龙江省哈尔滨市道里区新发镇建国村
邮政编码：150078
咨询单位：黑龙江省电力勘察设计研究院
联系电话：0451-84647517/53686222
联系传真：0451-84611727
通信地址：黑龙江省哈尔滨市道里区买卖街 11 号
邮政编码：150010

项目名称 东宁县热电联产项目

项目概况

投资总额：70000 万元 RMB
项目性质：新建
进展阶段：编制项目申请报告
申报方式：核准制
审批机关：国家发改委
主管单位：东宁县热电厂
建设周期：2008 年至 2009 年
企业性质：股份制
关键设备：发电机、汽轮机、锅炉、泵、阀、风机、闸门、压缩机。

项目简介

该项目位于黑龙江省牡丹江市东宁县，建设 2 台 5 万千瓦供热机组。建成后，年发电能力 6 亿千瓦时，年产热量 400 万吉焦。

工程总投资 7 亿元。

联系方式

建设单位：东宁县热电厂
联系电话：0453-3671000
联系传真：0453-3671098
通信地址：黑龙江省牡丹江市东宁县东宁镇光明街 1 号
邮政编码：157200
咨询单位：黑龙江省电力勘察设计研究院
联系电话：0451-84647517/53686222
联系传真：0451-84611727
通信地址：黑龙江省哈尔滨市道里区买卖街 11 号
邮政编码：150010

项目名称　宏伟热电厂以煤代油热电联产扩建工程

项目概况

投资总额：292000 万元 RMB
项目性质：改扩建
进展阶段：编制项目申请报告
申报方式：核准制
审批机关：国家发改委
主管单位：黑龙江省大庆市电力集团宏伟热电厂
建设周期：2008 年至 2009 年
企业性质：股份制
关键设备：发电机、汽轮机、锅炉、泵、阀、电阻柜、开关柜、闸门。

项目简介

该项目为让乘地区以煤代油热电联产扩建工程，位于黑龙江省大庆市宏伟热电厂院内，建设 2 台 30 万千瓦燃煤发电机组配 2 台每小时 1025 吨燃煤锅炉。

工程总投资 29.2 亿元。

联系方式

建设单位：黑龙江省大庆市电力集团宏伟热电厂
联系电话：0459-5619199
联系传真：0459-5618116
通信地址：黑龙江省大庆市让胡路区乘风马鞍山
邮政编码：163700
咨询单位：中国电力工程顾问集团东北电力设计院
联系电话：0431-85798081
联系传真：0431-85643157
通信地址：吉林省长春市人民大街 4368 号
邮政编码：130021

项目名称　华电牡丹江第二发电厂“上大压小”工程

项目概况

投资总额：270000 万元 RMB
项目性质：改扩建
进展阶段：编制项目申请报告
申报方式：核准制
审批机关：国家发改委
主管单位：中国华电集团公司
建设周期：2008 年至 2010 年
企业性质：股份制
关键设备：发电机、汽轮机、锅炉、泵、阀、风机、闸门、压缩机。

项目简介

该项目即华电能源牡丹江第二发电厂四期扩建工程，位于黑龙江省牡丹江市，建设 2 台 30 万千瓦热电联产机组，建成后将替代原有 4 台 10 万千瓦供热机组。

项目总投资 27 亿元。

联系方式

建设单位：华电能源牡丹江第二发电厂
联系电话：0453-6362222
联系传真：0453-6362211
通信地址：黑龙江省牡丹江市阳明区桦林路 2 号
邮政编码：157015
咨询单位：中国电力工程顾问集团东北电力设计院
联系电话：0431-85798081
联系传真：0431-85643157
通信地址：吉林省长春市人民大街 4368 号
邮政编码：130021

项目名称　大唐鸡西 B 厂煤矸石热电联产工程

项目概况

投资总额：285857 万元 RMB
项目性质：新建
进展阶段：正在核准
申报方式：核准制
审批机关：国家发改委
主管单位：中国大唐集团公司
建设周期：2008 年至 2010 年
企业性质：股份制
关键设备：发电机、汽轮机、锅炉、泵、阀、风机、开关柜、闸门。

项目简介

该项目位于黑龙江省鸡西市滴道区，由大唐鸡西热电有限责任公司负责建设，由大唐黑龙江发电有限公司和黑龙江省电力开发公司共同出资，建设 2 台 30 万千瓦循环流化床发电机组，配套建设 2 台每小时 1025 吨循环流化床锅炉。

工程总投资 28.5857 亿元。

联系方式

建设单位：大唐鸡西热电有限责任公司
联系电话：0467-2742222
联系传真：0467-2742222
通信地址：黑龙江省鸡西市鸡冠区 170 号
邮政编码：158100
咨询单位：黑龙江省电力勘察设计研究院
联系电话：0451-84647517/53686222
联系传真：0451-84611727
通信地址：黑龙江省哈尔滨市道里区买卖街 11 号
邮政编码：150010

项目名称 淮阴发电公司“上大压小”热电联产工程

项目概况

投资总额： 130000 万元 RMB
项目性质： 改扩建
进展阶段： 正在核准
申报方式： 核准制
审批机关： 国家发改委
主管单位： 江苏省国信集团公司
建设周期： 2008 年至 2009 年
企业性质： 股份制
关键设备： 发电机、汽轮机、锅炉、泵、阀、风机、开关柜、闸门、压缩机。

项目简介

该项目位于江苏省淮安市，距市区 5 千米，紧邻洪泽湖、大运河畔，建设 1 台 30 万千瓦级热电联产机组。建成后按照“热电兼顾”的方式运行。

工程总投资 13 亿元。

联系方式

建设单位： 江苏淮阴发电有限公司
联系电话： 0517-83588222
联系传真： 0517-83902345
通信地址： 江苏省淮安市西大街 200 号
邮政编码： 223001
咨询单位： 黑龙江省电力勘察设计研究院
联系电话： 0451-84647517/53686222
联系传真： 0451-84611727
通信地址： 黑龙江省哈尔滨市道里区买卖街 11 号
邮政编码： 150010

项目名称 南京梅山能源 1×60 兆瓦发电供热机组工程

项目概况

投资总额： 30000 万元 RMB
项目性质： 改扩建
进展阶段： 工程设计
申报方式： 核准制
审批机关： 省级发改委
主管单位： 南京梅山能源有限公司
建设周期： 2008 年至 2008 年
企业性质： 股份制
关键设备： 锅炉、汽轮机、发电机、仪器仪表、自动化控制系统。

项目简介

该项目位于江苏省南京市梅山钢铁集团内部，北面紧邻钢铁厂，西距桥北村及联合村 50 米，南距孙家村 50 米，建设规模为在现有基础上扩建 1 台 220 吨每小时全烧煤气锅炉（5 号锅炉）、1 台 60 兆瓦双抽式冷凝发电机组（6 号机组）及相应的配套辅助设施。建成后形成五炉四机规模，总装机容量达 176 兆瓦。

工程总投资 3 亿元。

联系方式

建设单位： 南京梅山能源有限公司
联系电话： 025-86362221
联系传真： 025-86362221
通信地址： 江苏省南京市中华门外
邮政编码： 210012
咨询单位： 江苏省电力设计院
联系电话： 025-83300300/83320289
联系传真： 025-86636217
通信地址： 江苏省南京市北京西路 22 号
邮政编码： 210024

项目名称 水泥余热发电项目

项目概况

投资总额： 6000 万元 RMB
项目性质： 新建
进展阶段： 施工准备
申报方式： 核准制
审批机关： 省级发改委
主管单位： 江苏汉天水泥有限公司
建设周期： 2008 年至 2008 年
企业性质： 股份制
关键设备： 余热发电机组、锅炉补给水系统、输灰系统、仪器仪表。

项目简介

该项目位于江苏省南京市溧水县，由江苏汉天水泥有限公司投资，建设一条日产 4500 吨水泥熟料生产线的配套工程，总装机容量 9 兆瓦。

项目总投资 6000 万元。

联系方式

建设单位： 江苏汉天水泥有限公司
联系电话： 025-57223775
联系传真： 025-57223775
通信地址： 江苏省南京市溧水县
邮政编码： 211200
咨询单位： 中材国际南京水泥工业设计研究院
联系电话： 025-86611333/86835555
联系传真： 025-86611234
通信地址： 江苏省南京市汉中路 209 号
邮政编码： 210029

项目名称 桐庐三狮建材纯低温余热发电项目

项目概况

投资总额： 6000 万元 RMB
项目性质： 改扩建
进展阶段： 工程设计
申报方式： 核准制
审批机关： 省级发改委
主管单位： 桐庐三狮建材有限公司
建设周期： 2008 年至 2008 年
企业性质： 股份制
关键设备： 发电机、锅炉、冷却塔、过滤器、加药装置、分离器、泵、风机、分析仪器。

项目简介

该项目属于纯低温余热发电工程，利用水泥熟料生产过程中产生的热量发电，是桐庐三狮公司完成“十一五”节能降耗目标的必要技改条件。工程位于浙江省杭州市桐庐县，总装机容量 9 兆瓦。建成后预计年发电量 5470 万千瓦时，年供电量 5310 万千瓦时，占桐庐三狮公司年用电量的 1/3 左右。

项目总投资 6000 万元。

联系方式

建设单位： 桐庐三狮建材有限公司
联系电话： 0571-64634063
联系传真： 0571-64625153
通信地址： 浙江省杭州市桐庐镇梓芳坞
邮政编码： 311500
咨询单位： 天津水泥工业设计研究院有限公司
联系电话： 022-26915565
联系传真： 022-26390071
通信地址： 天津市北辰区引河里北道 1 号
邮政编码： 300400

项目名称 10 兆瓦水泥低温余热发电项目

项目概况

投资总额： 7500 万元 RMB
项目性质： 新建
进展阶段： 开工在建
申报方式： 核准制
审批机关： 省级发改委
主管单位： 福建金牛水泥有限公司
建设周期： 2007 年至 2008 年
企业性质： 股份制
关键设备： 发电机、锅炉、冷却塔、过滤器、分离器、泵、风机、起重机、分析仪器。

项目简介

该项目位于福建省三明市将乐县，建设总装机容量 10 兆瓦。项目建成后，年发电量可达 7200 万千瓦时，满足公司三分之一的生产用电，每年节约标煤 2.5 万吨。

项目总投资 7500 万元。

联系方式

建设单位： 福建金牛水泥有限公司
联系电话： 0598-2269098
联系传真： 0598-2269098
通信地址： 福建省三明市将乐县古镛镇
邮政编码： 353000
咨询单位： 天津水泥工业设计研究院有限公司
联系电话： 022-26915565
联系传真： 022-26390071
通信地址： 天津市北辰区引河里北道 1 号
邮政编码： 300400

项目名称 泉州贵格纸业热电联产技改项目

项目概况

投资总额： 6499 万元 RMB
项目性质： 改扩建
进展阶段： 编制项目申请报告
申报方式： 核准制
审批机关： 省级发改委
主管单位： 泉州贵格纸业有限公司
建设周期： 2008 年至 2008 年
企业性质： 股份制
关键设备： 发电机、汽轮机、锅炉、除尘设备、仪器仪表。

项目简介

该项目位于福建省南平市，建设地点为泉州贵格纸业有限公司厂区南侧，厂区污水处理站（氧化塘）西侧的山体坡地，占地 6.35 万平方米，建设 1 台每小时 75 吨循环流化床锅炉，12 兆瓦抽汽式机组，工程主要包括：燃烧系统、热力系统、电力系统、除灰系统、燃料供应及运输等。

项目总投资 6499 万元。

联系方式

建设单位： 泉州贵格纸业有限公司
联系电话： 0595-86461333
联系传真： 0595-86451188
通信地址： 福建省南平市八一路 407 号
邮政编码： 350014
咨询单位： 湖南省冶金规划设计院
联系电话： 0731-5466662/5796298
联系传真： 0731-5465670
通信地址： 湖南省长沙市韶山北路 505 号
邮政编码： 410007

项目名称　华电青岛电厂（三期）"以大代小"工程

项目概况

投资总额： 450000 万元 RMB
项目性质： 改扩建
进展阶段： 正在核准
申报方式： 核准制
审批机关： 国家发改委
主管单位： 华电青岛发电有限公司
建设周期： 2008 年至 2010 年
企业性质： 股份制
关键设备： 发电机、汽轮机、锅炉、泵、阀、风机、闸门、压缩机。

项目简介

该项目位于山东省青岛市四方区兴隆路，建设 2 台 60 万千瓦级热电联产大型供热机组，是兼具"以大代小"性质的扩建工程。建成投产后每小时最大供气能力达到 1600 吨，同时每小时最大发电量达到 98.4 万千瓦时，将主要以高温水作为供热介质向该市市南、市北、四方等区域供热，承担采暖供热面积 2000 万平方米。

工程总投资 45 亿元。

联系方式

建设单位： 华电青岛发电有限公司
联系电话： 0532-81852222
联系传真： 0532-81853500
通信地址： 山东省青岛市四方区兴隆路
邮政编码： 266031
咨询单位： 中国电力工程顾问集团华东电力设计院
联系电话： 021-22015888/22015350
联系传真： 021-62574087/62577326
通信地址： 上海市普陀区武宁路 409 号
邮政编码： 200063

项目名称　济南西部热电厂（一期）工程（十一五）

项目概况

投资总额： 260000 万元 RMB
项目性质： 新建
进展阶段： 编制项目申请报告
申报方式： 核准制
审批机关： 国家发改委
主管单位： 中国国电集团公司
建设周期： 2008 年至 2010 年
企业性质： 国有
关键设备： 发电机、汽轮机、锅炉、仪器仪表、自动化控制系统、泵、阀。

项目简介

该项目为热电联产工程，位于山东省济南市区西北方向约 12 千米，槐荫区油牌赵村北侧，拟选择 2 台 30 万千瓦亚临界、一次中间再热、单抽供热机组，保留扩建余地。

工程总投资 26 亿元。

联系方式

建设单位： 中国国电集团山东分公司
联系电话： 0531-82638727
联系传真： 0531-82638727
通信地址： 山东省济南市经一路 88 号明珠怡和 40 层
邮政编码： 250001
咨询单位： 中国电力工程顾问集团西北电力设计院
联系电话： 029-88358888
联系传真： 029-88358899
通信地址： 陕西省西安市高新技术产业开发区团结南路 22 号
邮政编码： 710075

项目名称　鲁能莱芜电厂热电联产扩建项目

项目概况

投资总额： 268000 万元 RMB
项目性质： 改扩建
进展阶段： 正在进行施工准备工作
申报方式： 核准制
审批机关： 国家发改委
主管单位： 山东鲁能发展集团有限公司
建设周期： 2007 年至 2009 年
企业性质： 股份制
关键设备： 发电机、汽轮机、锅炉、泵、阀、风机、闸门、压缩机、电缆、消防装置。

项目简介

该项目位于山东省莱芜市，由山东鲁能发展集团有限公司和莱芜市经济开发投资公司共同出资，建设 2 台 30 万千瓦国产亚临界燃煤热电联产机组。项目投产后每小时提供工业抽汽 200 吨和 1500 万平方米的供采暖能力，相应拆除供热区域内 107 台小锅炉。

工程总投资 26.8 亿元。

联系方式

建设单位： 山东莱芜鲁能热电有限公司
联系电话： 0634-6062222/6062160
联系传真： 0634-6062174
通信地址： 山东省莱芜市莱芜电厂
邮政编码： 271100
咨询单位： 山东电力工程咨询院
联系电话： 0531-85182222/85182000
联系传真： 0531-85936241
通信地址： 山东省济南市闵子骞路 106 号
邮政编码： 250013

项目名称 淄博2×30万千瓦级供热机组扩建工程

项目概况

投资总额： 260000万元RMB
项目性质： 改扩建
进展阶段： 编制项目申请报告
申报方式： 核准制
审批机关： 国家发改委
主管单位： 中国华电集团公司
建设周期： 2008年至2009年
企业性质： 股份制
关键设备： 发电机、汽轮机、锅炉、泵、阀、风机、开关柜、闸门。

项目简介

该项目位于山东省淄博市南定镇，建设2台30万千瓦级燃煤供热发电机组，并留有再扩建条件。新机组将依托老厂建设，利用预留的扩建端空地及拆除老厂废旧机组场地，不需新征土地。工程设计为双抽凝汽式汽轮机匹配自然循环汽包炉，采用220千伏电压等级接入系统，水源全部引用城市中水。建设后可替代周边小供热锅炉，实现“以大压小”。

工程总投资26亿元。

联系方式

建设单位： 华电淄博热电有限公司
联系电话： 0533-2980256
联系传真： 0533-2980451
通信地址： 山东省淄博市张南路131号
邮政编码： 255054
咨询单位： 山东电力工程咨询院
联系电话： 0531-85182222/85182000
联系传真： 0531-85936241
通信地址： 山东省济南市闵子骞路106号
邮政编码： 250013

项目名称 纯低温余热发电综合节能项目（CDM）

项目概况

投资总额： 13440万元RMB
项目性质： 新建
进展阶段： 正在核准
申报方式： 核准制
审批机关： 国家发改委
主管单位： 河南省淅川县玉典化冶有限责任公司
建设周期： 2008年至2008年
企业性质： 股份制
关键设备： 锅炉、发电机组、水处理系统、泵、仪器仪表、阀。

项目简介

该项目位于河南省南阳市淅川县，建设内容包括：矿热炉废气余热锅炉，电站用水处理系统，电站主厂房，电站循环冷却水系统等。总装机容量15兆瓦。建成后每年可节约电力1.401亿千瓦时，折标准煤5.66万吨，每年可减排二氧化碳14.01万吨，二氧化硫0.1125万吨，氮氧化物0.0967万吨。

项目总投资1.344亿元。

联系方式

建设单位： 河南省淅川县玉典化冶有限责任公司
联系电话： 0377-69465287
联系传真： 0377-69465012
通信地址： 河南省南阳市淅川县荆紫关镇工业区100号
邮政编码： 474400
咨询单位： 河南省冶金规划设计研究院
联系电话： 0371-63933162/63923384
联系传真： 0371-63923145
通信地址： 河南省郑州市黄河路38号
邮政编码： 450002

项目名称 大唐安阳发电厂“上大压小”（一期）工程

项目概况

投资总额： 130000万元RMB
项目性质： 新建
进展阶段： 开工在建
申报方式： 核准制
审批机关： 国家发改委
主管单位： 中国大唐集团公司
建设周期： 2007年至2008年
企业性质： 股份制
关键设备： 发电机、脱硫设备、锅炉、泵、变压器。

项目简介

大唐安阳发电厂“上大压小”新建工程位于河南省安阳市西郊工业区，在拆除老厂房的厂址上建设，由中国大唐集团公司和安阳市经济技术开发公司共同出资，规划建设2台30万千瓦国产亚临界燃煤供热机组，同步安装烟气脱硫装置。工程建成后拆除安阳市供热小锅炉231台，关停1台5、2台10万千瓦老旧机组。

该项目为一期工程，建设1台30万千瓦亚临界供热机组，同步安装脱硫装置。

工程总投资13亿元。

联系方式

建设单位： 大唐安阳发电有限责任公司
联系电话： 0372-3907226
联系传真： 0372-3907241
通信地址： 河南省安阳市殷都区华祥路1号
邮政编码： 455000
咨询单位： 河南省电力勘测设计院
联系电话： 0371-67162222
联系传真： 0371-67449815
通信地址： 河南省郑州市中原西路212号
邮政编码： 450007

项目名称 华电漯河 2×30 万千瓦热电工程

项目概况

投资总额： 270000 万元 RMB
项目性质： 改扩建
进展阶段： 正在核准
申报方式： 核准制
审批机关： 国家发改委
主管单位： 中国华电集团公司
建设周期： 2008 年至 2010 年
企业性质： 股份制
关键设备： 发电机、汽轮机、锅炉、泵、阀、风机、闸门、压缩机。

项目简介

该项目是河南省“十一五”发展规划的重要电源建设工程，位于河南省漯河市经济开发区境内，建设 2 台 30 万千瓦热电机组。电厂燃煤用平顶山烟煤，可接入附近的 220 千伏变电站，循环水补充水采用城市中水，可同时供应工业和民用采暖热负荷。

工程总投资 27 亿元。

联系方式

建设单位： 漯河电厂筹建处
联系电话： 0395-3189799
联系传真： 0395-3189688
通信地址： 河南省漯河市经济开发区
邮政编码： 462000
咨询单位： 河南省电力勘测设计院
联系电话： 0371-67162222
联系传真： 0371-67449815
通信地址： 河南省郑州市中原西路 212 号
邮政编码： 450007

项目名称 日产 4500 吨熟料纯低温余热电站工程

项目概况

投资总额： 5539 万元 RMB
项目性质： 新建
进展阶段： 正在核准
申报方式： 核准制
审批机关： 省级发改委
主管单位： 河南省淅川水泥有限公司
建设周期： 2008 年至 2009 年
企业性质： 股份制
关键设备： 锅炉、发电机组、水处理系统、泵、仪器仪表、阀。

项目简介

该项目位于河南省南阳市淅川县，建设一条日产 4500 吨熟料生产线的配套项目，总装机容量 9 兆瓦。

项目总投资 5539 万元。

联系方式

建设单位： 河南省淅川水泥有限公司
联系电话： 0377-69392897
联系传真： 0377-69392897
通信地址： 河南省南阳市淅川县
邮政编码： 474450
咨询单位： 洛阳水泥工程设计研究院
联系电话： 0379-64910520
联系传真： 0379-64910570
通信地址： 河南省洛阳市涧西区安徽路付 2 号友谊苑
邮政编码： 471003

项目名称 瑞平石龙水泥低温余热电站项目

项目概况

投资总额： 12835 万元 RMB
项目性质： 新建
进展阶段： 工程设计
申报方式： 核准制
审批机关： 省级发改委
主管单位： 平顶山瑞平石龙水泥有限公司
建设周期： 2008 年至 2008 年
企业性质： 股份制
关键设备： 汽轮发电机组、锅炉、仪器仪表、水处理系统。

项目简介

该项目位于河南省平顶山市石龙区孙岭村，主要利用瑞平石龙水泥有限公司现有的两条日产 4500 吨新型干法水泥熟料生产线的余热配套建设低温余热电站，总装机容量 18 兆瓦。项目投产后，可年发电 1.3409 亿千瓦时。

项目总投资 1.2835 亿元。

联系方式

建设单位： 平顶山瑞平石龙水泥有限公司
联系电话： 0375-2522967/2522969
联系传真： 0375-2522915
通信地址： 河南省平顶山市石龙区孙岭村
邮政编码： 467045
咨询单位： 天津水泥工业设计研究院有限公司
联系电话： 022-26915565
联系传真： 022-26390071
通信地址： 天津市北辰区引河里北道 1 号
邮政编码： 300400

项目名称 水泥生产线余热发电项目

项目概况

投资总额：6300 万元 RMB
项目性质：新建
进展阶段：开工在建
申报方式：核准制
审批机关：省级发改委
主管单位：焦作千业水泥有限责任公司
建设周期：2007 年至 2008 年
企业性质：股份制
关键设备：汽轮发电机组、锅炉、仪器仪表、水处理设备、自动化控制系统。

项目简介

该项目位于河南省焦作市马村区田门工业广场，由焦作千业水泥有限责任公司开发投资，建设 1 台 9 兆瓦发电机组，采用纯低温余热发电技术。年发电量约 6120 万千瓦时，年供电量约 5630 万千瓦时，相当于年节约标准煤 2.16 万吨（按电网平均供电煤耗 383 克每千瓦时计算）；由于是采用余热发电，不需燃料，每年相当于减排二氧化碳约 2 万吨左右。

工程总投资 6300 万元。

联系方式

建设单位：焦作千业水泥有限责任公司
联系电话：0391-3535021
联系传真：0391-3535016
通信地址：河南省焦作市马村区田门工业广场
邮政编码：454171
咨询单位：中材国际南京水泥工业设计研究院
联系电话：025-86611333/86835555
联系传真：025-86611234
通信地址：江苏省南京市汉中路 209 号
邮政编码：210029

项目名称 国电长源荆州热电厂工程

项目概况

投资总额：230000 万元 RMB
项目性质：新建
进展阶段：开工在建
申报方式：核准制
审批机关：国家发改委
主管单位：中国国电集团公司
建设周期：2007 年至 2009 年
企业性质：股份制
关键设备：发电机、汽轮机、锅炉、泵、阀、风机、闸门、压缩机。

项目简介

该项目即国电沙市热电厂异地新建工程，位于湖北省荆州市高新技术产业开发区，建设 2 台 30 万千瓦级亚临界热电联产机组，建成后可满足荆州市经济发展对电、热力的需求，提高能源利用效率，改善城市环境。

工程总投资 23 亿元。

联系方式

建设单位：国电长源荆州热电有限公司
联系电话：0716-8132661
联系传真：0716-8132664
通信地址：湖北省荆州市沙市区临江路 20 号
邮政编码：434001
咨询单位：中国电力工程顾问集团中南电力设计院
联系电话：027-67816781
联系传真：027-87811992
通信地址：湖北省武汉市武昌区民主路 668 号
邮政编码：430071

项目名称 华电黄石“上大压小”热电联产工程

项目概况

投资总额：120000 万元 RMB
项目性质：改扩建
进展阶段：正在核准
申报方式：核准制
审批机关：省级发改委
主管单位：湖北华电黄石发电股份有限公司
建设周期：2008 年至 2009 年
企业性质：股份制
关键设备：发电机、汽轮机、锅炉、泵、阀、风机、开关柜、闸门、压缩机。

项目简介

该项目位于湖北省黄石市黄石港区，主要利用拆除老厂一、二期四台小机组的空闲场地进行建设，不需要新征用土地。新建 1 台 30 万千瓦热电联产燃煤机组，建成后将取代供热区域内 52 台效率低、煤耗高、能源浪费严重的燃煤小锅炉，每年可节约标煤 6.2 万吨。

工程总投资 12 亿元。

联系方式

建设单位：湖北华电黄石发电股份有限公司
联系电话：0714-6224981/6224982
联系传真：0714-6226044
通信地址：湖北市黄石市黄石大道 942 号
邮政编码：435002
咨询单位：中国电力工程顾问集团中南电力设计院
联系电话：027-67816781
联系传真：027-87811992
通信地址：湖北省武汉市武昌区民主路 668 号
邮政编码：430071

项目名称 华电武昌热电燃机（二期）工程

项目概况

投资总额： 60000 万元 RMB
项目性质： 续建
进展阶段： 施工准备
申报方式： 核准制
审批机关： 国家发改委
主管单位： 中国华电集团公司
建设周期： 2008 年至 2009 年
企业性质： 股份制
关键设备： 燃汽轮机、余热回收锅炉、发电机、仪器仪表、水处理设备。

项目简介

华电武昌热电厂工程位于湖北省武汉市武昌区临江大道 526 号，由中国华电集团公司和武汉开发投资有限公司共同出资，建设总规模 37 万千瓦“燃气—蒸气”联合循环发电供热机组。分二期建设，每期建设 1 台 18.5 万千瓦蒸汽—燃气机组。投产后，可为 150 万平方米的住宅集中供暖或降温。

该项目为二期工程，建设 1 台 18.5 万千瓦蒸汽—燃气机组，开工时间根据一期运行情况而定。

工程总投资 6 亿元。

联系方式

建设单位： 湖北华电武昌热电有限公司
联系电话： 027-88702021
联系传真： 027-88702010
通信地址： 湖北省武汉市临江大道 562 号
邮政编码： 430062
咨询单位： 中国电力工程顾问集团中南电力设计院
联系电话： 027-67816781
联系传真： 027-87811992
通信地址： 湖北省武汉市武昌区民主路 668 号
邮政编码： 430071

项目名称 秭归水泥纯低温余热发电工程

项目概况

投资总额： 5000 万元 RMB
项目性质： 续建
进展阶段： 开工在建
申报方式： 核准制
审批机关： 省级发改委
主管单位： 华新水泥股份有限公司
建设周期： 2007 年至 2008 年
企业性质： 三资
关键设备： 余热炉风机、汽轮机、发电机、循环水泵、冷却塔、空压机。

项目简介

该项目位于湖北省宜昌市秭归县郭家坝镇郭家坝村谭家咀，为秭归日产 4000 吨熟料水泥生产线配套余热发电工程，建设一套 7.5 兆瓦的纯低温余热发电系统。年发电量为 4896 万千瓦时，年供电量为 4504 万千瓦时。

工程总投资 5000 万元。

联系方式

建设单位： 华新水泥股份有限公司
联系电话： 0714-6224971/6328592
联系传真： 0714-6328404
通信地址： 湖北省黄石市黄石大道 897 号
邮政编码： 435002
咨询单位： 中材国际南京水泥工业设计研究院
联系电话： 025-86611333/86835555
联系传真： 025-86611234
通信地址： 江苏省南京市汉中路 209 号
邮政编码： 210029

项目名称 国华惠州大亚湾热电厂（一期）工程

项目概况

投资总额： 320000 万元 RMB
项目性质： 新建
进展阶段： 编制项目申请报告
申报方式： 核准制
审批机关： 国家发改委
主管单位： 国华电力集团公司
建设周期： 2008 年至 2011 年
企业性质： 股份制
关键设备： 发电机组、除尘设备、锅炉、水处理设备、自动化控制系统。

项目简介

国华惠州大亚湾热电厂位于广东省惠州市南部的大亚湾石油化学工业区，东距霞涌镇 4 千米，西距澳头港 19 千米，西北约 16 千米，为惠阳县府。规划建设 4 台 30 万千瓦发电机组，配套建设码头和脱硫工程。

该项目为一期工程，建设 2 台 30 万千瓦国产亚临界热电联产机组，公用系统按 4 台 30 万千瓦容量统一规划。

工程总投资 32 亿元。

联系方式

建设单位： 广东国华惠州热电工程筹建处
联系电话： 0752-5586636
联系传真： 0752-5586970
通信地址： 广东省惠州市大亚湾区霞涌镇伟基小区
邮政编码： 516082
咨询单位： 广东省电力设计研究院
联系电话： 020-87756416
联系传真： 020-87766160
通信地址： 广东省广州市东风东路 846 号
邮政编码： 510600

项目名称 信义集团纯低温余热发电项目

项目概况

投资总额：2500万元RMB
项目性质：新建
进展阶段：工程设计
申报方式：核准制
审批机关：省级发改委
主管单位：信义超薄玻璃（东莞）有限公司
建设周期：2008年至2008年
企业性质：股份制
关键设备：脱硫除尘系统、余热换热器、发电机组、泵、阀、仪器仪表。

项目简介

该项目位于广东省东莞市虎门镇路东村信义玻璃工业园，总装机容量3.5兆瓦，工程采用自主创新的浮法玻璃生产线纯低温余热发电技术进行建设，是我国首例利用浮法玻璃熔窑所产生的废气实现冷热电三联供进行余热发电的项目。建成后每年可节约标准煤2万吨，减少5万吨二氧化碳的排放，能源的综合利用效率将从40%提高到70%。

项目总投资2500万元。

联系方式

建设单位：信义超薄玻璃（东莞）有限公司
联系电话：0769-85266666
联系传真：0769-85238000
通信地址：广东省东莞市虎门镇路东村信义玻璃工业园
邮政编码：523000
咨询单位：中元国际工程设计研究院
联系电话：010-68428811/68732770
联系传真：010-68458344
通信地址：北京市西三环北路5号
邮政编码：100089

项目名称 华润平南水泥余热发电项目

项目概况

投资总额：10000万元RMB
项目性质：新建
进展阶段：施工准备
申报方式：核准制
审批机关：省级发改委
主管单位：华润水泥（平南）有限公司
建设周期：2008年至2008年
企业性质：股份制
关键设备：发电机、锅炉、冷却塔、过滤器、风机、起重机、分析仪器。

项目简介

该项目位于广西壮族自治区贵港市平南县，为两条日产5000吨水泥生产线的配套项目，建设2台7.5兆瓦发电机组。

项目总投资1亿元。

联系方式

建设单位：华润水泥（平南）有限公司
联系电话：0775-7768985
联系传真：0775-7768985
通信地址：广西壮族自治区贵港市平南县丹竹镇三河工业区
邮政编码：537313
咨询单位：中材国际南京水泥工业设计研究院
联系电话：025-86611333/86835555
联系传真：025-86611234
通信地址：江苏省南京市汉中路209号
邮政编码：210029

项目名称 纯低温余热发电项目

项目概况

投资总额：7000万元RMB
项目性质：新建
进展阶段：开工在建
申报方式：核准制
审批机关：省级发改委
主管单位：海南华盛天涯水泥有限公司
建设周期：2007年至2008年
企业性质：股份制
关键设备：汽轮发电机组、锅炉、仪器仪表、水处理设备、自动化控制系统。

项目简介

该项目位于海南省昌江黎族自治，建设总装机容量9兆瓦。

工程总投资7000万元。

联系方式

建设单位：海南华盛天涯水泥有限公司
联系电话：0898-31370188
联系传真：0898-31370189
通信地址：海南省海口市南海大道西19千米处
邮政编码：570206
咨询单位：天津水泥工业设计研究院有限公司
联系电话：022-26915565
联系传真：022-26390071
通信地址：天津市北辰区引河里北道1号
邮政编码：300400

项目名称 灞桥热电厂改扩建工程

项目概况

投资总额：260000 万元 RMB
项目性质：改扩建
进展阶段：开工在建
申报方式：核准制
审批机关：国家发改委
主管单位：中国大唐集团公司
建设周期：2007 年至 2008 年
企业性质：股份制
关键设备：水处理设备、锅炉、仪器仪表、燃煤发电机组。

项目简介

大唐集团灞桥热电厂位于西安市东郊，始建于 1951 年，是我国“一五”时期 156 项重点工程之一，历经五期扩建，装机达到 27.3 万千瓦。

该项目为改扩建“上大压小”工程，建设 2 台 30 万千瓦燃煤供热机组，替代关停 3 号、4 号、8 号机组。

工程总投资 26 亿元。

联系方式

建设单位：大唐西安灞桥热电有限责任公司
联系电话：029-83683222
联系传真：029-83512581
通信地址：陕西省西安市灞桥区电厂东路 23 号
邮政编码：710038
咨询单位：江苏省电力设计院
联系电话：025-83300300/83320289
联系传真：025-86636217
通信地址：江苏省南京市北京西路 22 号
邮政编码：210024

项目名称 大唐略阳发电厂 30 万千瓦级技改扩建工程

项目概况

投资总额：140000 万元 RMB
项目性质：改扩建
进展阶段：正在核准
申报方式：核准制
审批机关：国家发改委
主管单位：中国大唐集团公司
建设周期：2008 年至 2008 年
企业性质：股份制
关键设备：发电机、汽轮机、锅炉、泵、阀、风机、起重机、开关柜、闸门。

项目简介

该项目为大堂略阳电厂 7 号机组扩建工程，位于陕西省汉中市略阳县菜子坝，距县城约 2 千米，工程在预留场地建设 1 台 33 万千瓦燃煤供热机组。

工程总投资 14 亿元。

联系方式

建设单位：大唐略阳发电有限责任公司
联系电话：0916-4912222
联系传真：0916-4822377
通信地址：陕西省汉中市略阳县
邮政编码：724300
咨询单位：中国电力工程顾问集团西北电力设计院
联系电话：029-88358888
联系传真：029-88358899
通信地址：陕西省西安市高新技术产业开发区团结南路 22 号
邮政编码：710075

项目名称 神华府谷郭家湾 2×30 万千瓦 CFB 机组工程

项目概况

投资总额：286260 万元 RMB
项目性质：新建
进展阶段：正在核准
申报方式：核准制
审批机关：国家发改委
主管单位：神华神东电力有限责任公司
建设周期：2008 年至 2009 年
企业性质：股份制
关键设备：发电机、汽轮机、锅炉、泵、阀、风机、开关柜、闸门。

项目简介

郭家湾电厂由神华集团出资，以煤为主要能源，规划建设 4 台 30 万千瓦 CFB 发电机组，分期实施。

该项目为一期工程，位于陕西省榆林市府谷县大昌汗乡鸡塔村南侧，建设 2 台 30 万千瓦发电机组配套 2 台每小时 1062 吨循环流化床锅炉、电除尘器、210 米烟囱。工程主要利用矿区煤矸石作为主要原料，体现“变废为宝、能源充分利用”的产业政策。

工程总投资 28.626 亿元。

联系方式

建设单位：神华神东电力有限责任公司
联系电话：0912-8220114/8239010
联系传真：0912-8332492
通信地址：陕西省榆林市神木县城东兴街
邮政编码：719300
咨询单位：中国电力工程顾问集团西北电力设计院
联系电话：029-88358888
联系传真：029-88358899
通信地址：陕西省西安市高新技术产业开发区团结南路 22 号
邮政编码：710075

项目名称 水泥纯低温余热发电项目

项目概况

投资总额：5000 万元 RMB
项目性质：新建
进展阶段：工程设计
申报方式：核准制
审批机关：省级发改委
主管单位：安康市尧柏水泥有限公司
建设周期：2008 年至 2008 年
企业性质：股份制
关键设备：汽轮发电机组、锅炉、仪器仪表、水处理设备、自动化控制系统。

项目简介

该项目位于陕西省安康市旬阳县白柳镇，为一条日产 4000 吨水泥生产线配套余热发电工程，总装机容量 7.5 兆瓦，年发电量 4910 万千瓦时，年供电量 4518 万千瓦时。

工程总投资 5000 万元。

联系方式

建设单位：安康市尧柏水泥有限公司
联系电话：0915-7775999
联系传真：0915-7775999
通信地址：陕西省安康市旬阳县白柳镇
邮政编码：725772
咨询单位：天津水泥工业设计研究院有限公司
联系电话：022-26915565
联系传真：022-26390071
通信地址：天津市北辰区引河里北道 1 号
邮政编码：300400

项目名称 水泥低温余热发电项目

项目概况

投资总额：12000 万元 RMB
项目性质：续建
进展阶段：施工准备
申报方式：核准制
审批机关：省级发改委
主管单位：冀东海德堡（扶风）水泥有限公司
建设周期：2008 年至 2008 年
企业性质：股份制
关键设备：发电机、锅炉、冷却塔、过滤器、真空除氧器、分离器、泵、风机。

项目简介

该项目位于陕西省宝鸡市扶风县天度镇，为两条日产 4500 吨水泥熟料生产线的配套项目，设计总装机容量 18 兆瓦。

项目总投资 1.2 亿元。

联系方式

建设单位：冀东海德堡（扶风）水泥有限公司
联系电话：0917-5359876
联系传真：0917-5359063
通信地址：陕西省宝鸡市扶风县天度镇
邮政编码：722202
咨询单位：河北省建筑材料工业设计研究院
联系电话：0311-87043188
联系传真：0311-87045281
通信地址：河北省石家庄市合作路 159 号
邮政编码：050051

项目名称 水泥生产线余热发电工程

项目概况

投资总额：4500 万元 RMB
项目性质：改扩建
进展阶段：正在核准
申报方式：核准制
审批机关：省级发改委
主管单位：陕西省天柱水泥制造有限责任公司
建设周期：2008 年至 2008 年
企业性质：股份制
关键设备：汽轮发电机组、锅炉、仪器仪表、水处理设备、自动化控制系统。

项目简介

该项目位于陕西省宝鸡市凤翔县田家庄镇河北村域内，为新建一条日产 4500 吨水泥生产线配套余热发电工程，总装机容量 7.5 兆瓦。

项目总投资 4500 万元。

联系方式

建设单位：陕西省天柱水泥制造有限责任公司
联系电话：0917-8212295/8215678
联系传真：0917-8212642
通信地址：陕西省宝鸡市岐山县凤鸣镇河家道
邮政编码：722400
咨询单位：天津水泥工业设计研究院有限公司
联系电话：022-26915565
联系传真：022-26390071
通信地址：天津市北辰区引河里北道 1 号
邮政编码：300400

项目名称 渭河发电厂热电联产技改工程

项目概况

投资总额：260000万元RMB
项目性质：改扩建
进展阶段：开工在建
申报方式：核准制
审批机关：国家发改委
主管单位：中国大唐集团公司
建设周期：2007年至2008年
企业性质：股份制
关键设备：供热机组、锅炉、仪器仪表、水处理设备、泵、阀。

项目简介

大唐渭河发电厂位于西安经济圈向北拓展的龙头、西咸一体化的交汇地陕西省咸阳市渭城区正阳镇，厂区周边半径20千米以内的四个方向均是咸阳、西安重要的经济发展区域，热负荷需求很大，供热覆盖面极广。

该项目为热电联产技改工程，利用拆除原有机组后的场地建设2台30万千瓦亚临界燃煤供热湿冷机组，在布置上留有扩建余地。

工程总投资26亿元。

联系方式

建设单位：大唐渭河发电厂
联系电话：029-86678136
联系传真：029-86678136
通信地址：陕西省咸阳市渭城区正阳镇
邮政编码：712085
咨询单位：中国电力工程顾问集团西北电力设计院
联系电话：029-88358888
联系传真：029-88358899
通信地址：陕西省西安市高新技术产业开发区团结南路22号
邮政编码：710075

项目名称 国电兰州热电联产（一期）工程

项目概况

投资总额：260000万元RMB
项目性质：新建
进展阶段：正在核准
申报方式：核准制
审批机关：国家发改委
主管单位：中国国电集团公司
建设周期：2008年至2009年
企业性质：股份制
关键设备：发电机、汽轮机、锅炉、泵、阀、风机、闸门、压缩机。

项目简介

该项目已列入甘肃省和兰州市“十一五”规划重点建设项目，位于甘肃省兰州市西固区范家坪村北侧异地，由中国国电集团公司投资，建设2台30万千瓦亚临界抽凝式供热机组，配置2台1025吨每小时煤粉炉，留有再扩建余地。工程建成后，新增供热能力1200万平方米，并可替代供热区域内现有369台分散小锅炉。

工程总投资26亿元。

联系方式

建设单位：国电兰州热电有限责任公司
联系电话：0931-8497724
联系传真：0931-8497724
通信地址：甘肃省兰州市城关区嘉峪关东路143号
邮政编码：730020
咨询单位：中国电力工程顾问集团西北电力设计院
联系电话：029-88358888
联系传真：029-88358899
通信地址：陕西省西安市高新技术产业开发区团结南路22号
邮政编码：710075

项目名称 国电武威热电厂2×30万千瓦机组工程

项目概况

投资总额：246487万元RMB
项目性质：新建
进展阶段：正在核准
申报方式：核准制
审批机关：国家发改委
主管单位：中国国电集团公司
建设周期：2008年至2010年
企业性质：股份制
关键设备：亚临界燃煤供热机组、泵、阀、仪器仪表、自动化控制系统、锅炉。

项目简介

该项目是甘肃省武威市热电联产集中供热的中心工程，是甘肃省“十一五”能源工业发展规划和武威市规划建设的重要项目。厂址位于甘肃省武威市凉州区高坝镇碌碡沟村，建设2台30万千瓦亚临界燃煤供热机组，留有扩建余地。项目采用城市中水及梯级供水，燃煤主要采用民勤县红沙岗矿区煤炭。

工程总投资24.6487亿元。

联系方式

建设单位：中国国电集团公司
联系电话：010-58682000
联系传真：010-58553900
通信地址：北京市西城区阜成门北大街6-8号
邮政编码：100034
咨询单位：中国电力工程顾问集团西北电力设计院
联系电话：029-88358888
联系传真：029-88358899
通信地址：陕西省西安市高新技术产业开发区团结南路22号
邮政编码：710075

项目名称 祁连山水泥余热发电项目

项目概况

投资总额：3100 万元 RMB
项目性质：改扩建
进展阶段：正在核准
申报方式：核准制
审批机关：省级发改委

主管单位：甘肃祁连山水泥集团股份有限公司
建设周期：2008 年至 2008 年
企业性质：股份制
关键设备：发电机、锅炉、冷却塔、过滤器、加药装置、分析仪器。

项目简介

该项目位于甘肃省平凉市崆峒区四十里铺镇洪岳村，利用平凉祁连山水泥有限公司现有一条日产 2500 吨水泥生产线建造包括 2 台余热锅炉及一套凝汽式汽轮发电机组的纯低温余热电站。总装机容量 4.5 兆瓦。

项目总投资 3100 万元。

联系方式

建设单位：甘肃祁连山水泥集团股份有限公司
联系电话：0931-4900698/4900699
联系传真：0931-4900697
通信地址：甘肃省兰州市城关区酒泉路力行新村 3 号祁连山大厦
邮政编码：730030
咨询单位：天津水泥工业设计研究院有限公司
联系电话：022-26915565
联系传真：022-26390071
通信地址：天津市北辰区引河里北道 1 号
邮政编码：300400

项目名称 西固热电厂“上大压小”改扩建工程

项目概况

投资总额：250000 万元 RMB
项目性质：改扩建
进展阶段：正在核准
申报方式：核准制
审批机关：国家发改委

主管单位：中国大唐集团公司
建设周期：2008 年至 2009 年
企业性质：股份制
关键设备：发电机、汽轮机、锅炉、泵、阀、风机、开关柜、闸门。

项目简介

该项目是甘肃省“十一五”规划的重点建设项目之一，位于甘肃省兰州市西固工业区，总装机容量 60 万千瓦，建设 2 台 30 万千瓦热电联产机组。工程建成后可替代西固热电厂现役的 4 台 5 万千瓦机组，6 台燃煤锅炉和兰州市西固区、七里河区供热区域内 410 台分散供热小锅炉。

项目总投资 25 亿元。

联系方式

建设单位：大唐兰州西固热电有限公司改扩建筹建处
联系电话：0931-7355231/7503292
联系传真：0931-7503292
通信地址：甘肃省兰州市西固工业区
邮政编码：730060
咨询单位：中国电力工程顾问集团西北电力设计院
联系电话：029-88358888
联系传真：029-88358899
通信地址：陕西省西安市高新技术产业开发区团结南路 22 号
邮政编码：710075

项目名称 国电大武口电厂“上大压小”热电联产工程

项目概况

投资总额：250000 万元 RMB
项目性质：改扩建
进展阶段：编制项目申请报告
申报方式：核准制
审批机关：国家发改委

主管单位：中国国电集团公司
建设周期：2008 年至 2010 年
企业性质：股份制
关键设备：发电机、汽轮机、锅炉、泵、阀、风机、电阻柜、开关柜、闸门。

项目简介

该项目位于宁夏回族自治区石嘴山煤炭基地，建设 2 台 33 万千瓦热电联产机组，工程建成后可替代原有小锅炉供热。

工程总投资 25 亿元。

联系方式

建设单位：中国国电集团公司大武口发电厂
联系电话：0952-2422421
联系传真：0952-2422421
通信地址：宁夏回族自治区石嘴山市大武口区维电路 18 号
邮政编码：753000
咨询单位：中国电力工程顾问集团西北电力设计院
联系电话：029-88358888
联系传真：029-88358899
通信地址：陕西省西安市高新技术产业开发区团结南路 22 号
邮政编码：710075

项目名称 国电吴忠热电厂（一期）工程

项目概况

投资总额： 240000 万元 RMB
项目性质： 新建
进展阶段： 正在核准
申报方式： 核准制
审批机关： 国家发改委
主管单位： 中国国电集团公司
建设周期： 2008 年至 2009 年
企业性质： 股份制
关键设备： 发电机、汽轮机、锅炉、泵、阀、风机、闸门、压缩机。

项目简介

国电宁夏吴忠热电厂位于宁夏回族自治区吴忠市金积镇东北侧约 1 千米处，101 省道与石中高速公路之间，北靠关渠闸二组，西南侧为东门五组，位于金积工业园区规划范围内，规划建设 2 台 30 万千瓦湿冷燃煤热电机组，分期实施。

该项目为一期工程，建设 2 台 30 万千瓦热电机组。

工程总投资 24 亿元。

联系方式

建设单位： 国电宁夏回族自治区石嘴山发电有限责任公司
联系电话： 0952-3612222
联系传真： 0952-3675879
通信地址： 宁夏回族自治区石嘴山市惠农区光华路
邮政编码： 753202
咨询单位： 中国电力工程顾问集团西北电力设计院
联系电话： 029-88358888
联系传真： 029-88358899
通信地址： 陕西省西安市高新技术产业开发区团结南路 22 号
邮政编码： 710075

项目名称 神华宁煤集团煤基烯烃配套动力站工程

项目概况

投资总额： 160000 万元 RMB
项目性质： 新建
进展阶段： 开工在建
申报方式： 核准制
审批机关： 国家发改委
主管单位： 神华宁夏煤业集团烯烃有限公司
建设周期： 2007 年至 2009 年
企业性质： 股份制
关键设备： 发电机、汽轮机、锅炉、泵、阀、风机、开关柜、闸门、压缩机。

项目简介

该项目为神华宁煤集团煤基烯烃配套动力站工程，位于宁夏回族自治区灵武市宁东镇煤化工基地，建设 6 台 460 吨每小时煤粉炉锅炉（5 开 1 备）、2 台 50 兆瓦和 2 台 25 兆瓦双抽凝汽式汽轮机，2 台 60 兆瓦和 2 台 30 兆瓦空冷式发电机。锅炉补给水处理系统 1300 吨每小时，冷凝液回收处理系统的出力为 1000 吨每小时。

工程总投资 16 亿元。

联系方式

建设单位： 神华宁夏煤业集团烯烃有限公司
联系电话： 0951-6970297
联系传真： 0951-6970297
通信地址： 宁夏回族自治区银川市新华东街 217 号
邮政编码： 750004
咨询单位： 华北电力设计院工程有限公司
联系电话： 010-82281188
联系传真： 010-82281800
通信地址： 北京市西城区黄寺大街甲 24 号
邮政编码： 100011

项目名称 华电红雁池电厂（二期）项目（十一五）

项目概况

投资总额： 250000 万元 RMB
项目性质： 改扩建
进展阶段： 编制项目申请报告
申报方式： 核准制
审批机关： 国家发改委
主管单位： 中国华电集团公司
建设周期： 2008 年至 2010 年
企业性质： 股份制
关键设备： 发电机、汽轮机、锅炉、水处理设备、仪器仪表。

项目简介

该项目位于新疆维吾尔自治区乌鲁木齐市，为红雁池发电厂技术改造工程。项目关停 8 台 10 万千瓦小型发电机组，同时新上 2 台 30 万千瓦热电联产燃煤发电机组。

项目总投资 25 亿元。

联系方式

建设单位： 新疆华电红雁池发电有限责任公司
联系电话： 0991-5955013
联系传真： 0991-5955013
通信地址： 新疆维吾尔自治区乌鲁木齐市华电红雁池发电有限责任公司
邮政编码： 830000
咨询单位： 新疆电力设计院
联系电话： 0991-2923051/2923294
联系传真： 0991-2610491
通信地址： 新疆维吾尔自治区乌鲁木齐市三道湾 8 号
邮政编码： 830002

项目名称 神华新疆米东热电厂(一期)工程

项目概况

投资总额: 290000 万元 RMB
项目性质: 新建
进展阶段: 正在核准
申报方式: 核准制
审批机关: 国家发改委
主管单位: 神华神东电力有限责任公司
建设周期: 2008 年至 2010 年
企业性质: 股份制
关键设备: 发电机、汽轮机、锅炉、泵、阀、风机、闸门、压缩机。

项目简介

神华神东电力新疆米东热电厂项目位于新疆维吾尔自治区乌鲁木齐市米东区化工工业园区内,规划建设 4 台 30 万千瓦煤矸石机组,分期实施。配套的热网工程主要布设于米东新区内,供热面积为 550 万平方米。

该项目为一期工程,建设 2 台 30 万千瓦级煤矸石发电机组,燃料由神华新疆公司所属煤矿供给,水源采用七道湾污水处理厂城市中水。

工程总投资 29 亿元。

联系方式

建设单位: 神华神东电力有限责任公司
联系电话: 0912-8220114/8239010
联系传真: 0912-8332492
通信地址: 陕西省榆林市神木县城东兴街
邮政编码: 719300
咨询单位: 新疆电力设计院
联系电话: 0991-2923051/2923294
联系传真: 0991-2610491
通信地址: 新疆维吾尔自治区乌鲁木齐市三道湾 8 号
邮政编码: 830002

项目名称 图木舒克市热电联产工程

项目概况

投资总额: 54600 万元 RMB
项目性质: 新建
进展阶段: 编制项目申请报告
申报方式: 核准制
审批机关: 国家发改委
主管单位: 新疆兵团三师发改委
建设周期: 2008 年至 2008 年
企业性质: 国有
关键设备: 发电机、汽轮机、锅炉、泵、阀、仪器仪表、水处理设备。

项目简介

该项目位于新疆维吾尔自治区图木舒克市,建设 2 台 50 兆瓦热电联产电厂,项目建成后将满足图木舒克市供热需求和疆南电网及师市电网的供电需要,实现对小海子垦区和麦盖提垦区的就近供电。

工程总投资 5.46 亿元。

联系方式

建设单位: 新疆兵团三师发改委
联系电话: 0998-2533312
联系传真: 0998-2522951
通信地址: 新疆维吾尔自治区喀什市克孜都维路 440 号三师机关
邮政编码: 844000
咨询单位: 新疆电力设计院
联系电话: 0991-2923051/2923294
联系传真: 0991-2610491
通信地址: 新疆维吾尔自治区乌鲁木齐市三道湾 8 号
邮政编码: 830002

项目名称 新疆华电昌吉热电(三期)工程

项目概况

投资总额: 273566 万元 RMB
项目性质: 续建
进展阶段: 正在核准
申报方式: 核准制
审批机关: 国家发改委
主管单位: 中国华电集团公司
建设周期: 2008 年至 2011 年
企业性质: 股份制
关键设备: 水处理设备、锅炉、仪器仪表、抽汽供热空冷式燃煤发电机组。

项目简介

新疆华电集团热电厂三期工程位于新疆维吾尔自治区昌吉回族自治州滨湖乡滨湖村,总投资 50 亿元,规划 4 台 30 万千瓦抽汽供热空冷式燃煤发电机组,分两期实施。

该项目为三期 2 台 33 万千瓦机组工程,建设 2 台 33 万千瓦抽汽供热空冷式燃煤发电机组,发电机组为水氢氢冷却方式,留有扩建余地。

工程总投资 27.3566 亿元。

联系方式

建设单位: 新疆华电昌吉热电有限责任公司
联系电话: 0994-8323532
联系传真: 0994-8323535
通信地址: 新疆维吾尔自治区昌吉州绿洲南路 55 号
邮政编码: 831100
咨询单位: 新疆电力设计院
联系电话: 0991-2923051/2923294
联系传真: 0991-2610491
通信地址: 新疆维吾尔自治区乌鲁木齐市三道湾 8 号
邮政编码: 830002

项目名称 中电投乌苏热电厂（一期）工程

项目概况

投资总额：270000 万元 RMB
项目性质：新建
进展阶段：编制项目申请报告
申报方式：核准制
审批机关：国家发改委
主管单位：中国电力投资集团公司
建设周期：2008 年至 2009 年
企业性质：股份制
关键设备：抽汽供热机组、锅炉、仪器仪表、控制系统。

项目简介

该项目位于新疆维吾尔自治区塔城地区乌苏市境内乌苏市东城片区工业园东南角处，建设 2 台 30 万千瓦抽汽供热机组配 2 台 1025 吨每小时煤粉锅炉。工程建成后可满足乌苏市采暖和工业热负荷的需要，替代小锅炉分散供热，实现城市和工业区集中供热。

工程总投资 27 亿元。

联系方式

建设单位：黄河上游水电开发有限责任公司乌苏热电厂筹建办
联系电话：0991-4677802
联系传真：0991-4677802
通信地址：新疆维吾尔自治区乌鲁木齐市黄河路 93 号
邮政编码：830019
咨询单位：新疆电力设计院
联系电话：0991-2923051/2923294
联系传真：0991-2610491
通信地址：新疆维吾尔自治区乌鲁木齐市三道湾 8 号
邮政编码：830002

项目名称 海淀区六里屯生活垃圾焚烧发电工程

项目概况

投资总额：75568 万元 RMB
项目性质：新建
进展阶段：工程设计
申报方式：核准制
审批机关：省级发改委
主管单位：北京绿海能环保有限责任公司
建设周期：2008 年至 2009 年
企业性质：股份制
关键设备：焚烧炉、发电机组、锅炉、自动化控制系统。

项目简介

该项目位于北京市海淀区六里屯垃圾卫生填埋场南侧，上庄路东侧，是海淀区“十一五”期间的重大基础设施建设项目，也是《北京市城市生活垃圾治理白皮书》确定的环卫设施建设任务之一。项目日处理生活垃圾 1200 吨、年处理生活垃圾 40 万吨；配置 2 台 18 兆瓦汽轮发电机组，年上网发电约 1.3 亿千瓦时。总建筑面积 3.6628 万平方米，建筑高度 18 米。项目建成后，将大幅度提高海淀区生活垃圾无害化、资源化、减量化处理能力。

工程总投资 7.5568 亿元。

联系方式

建设单位：北京绿海能环保有限责任公司
联系电话：010-82401322
联系传真：010-82401833
通信地址：北京市海淀区西北旺后厂村路
邮政编码：100094
咨询单位：五洲工程设计研究院
联系电话：010-63176622/8319668
联系传真：010-63043157
通信地址：北京市宣武区西便门内大街 85 号
邮政编码：100053

项目名称 南宫垃圾焚烧发电厂工程（代建制）

项目概况

投资总额：78000 万元 RMB
项目性质：新建
进展阶段：正在核准
申报方式：核准制
审批机关：国家发改委
主管单位：中国航空工业规划设计研究院
建设周期：2008 年至 2009 年
企业性质：国有
关键设备：焚烧炉、发电机组、锅炉、自动化控制系统。

项目简介

该项目位于北京市大兴区青云店镇，由北京市市政管委负责组织实施，日焚烧生活垃圾 1000 吨，配套建设 21 兆瓦发电机组，年可发电约 1.2 亿千瓦时。

工程总投资 7.8 亿元。

联系方式

建设单位：中国航空工业规划设计研究院
联系电话：010-62038267
联系传真：010-62039042
通信地址：北京市西城区德外大街 12 号
邮政编码：100011
咨询单位：中国航空工业规划设计研究院
联系电话：010-62038267/62038288
联系传真：010-62039042
通信地址：北京市西城区德外大街 12 号
邮政编码：100011

项目名称 贯庄垃圾发电项目

项目概况

投资总额： 50000万元RMB
项目性质： 新建
进展阶段： 开工在建
申报方式： 核准制
审批机关： 省级发改委
主管单位： 天津泰达环保有限公司
建设周期： 2007年至2008年
企业性质： 股份制
关键设备： 焚烧炉、发电机组、锅炉、自动化控制系统。

项目简介

该项目位于天津市东丽区华明镇贯庄村，由天津泰达环保有限公司投资建设。装机容量为2台10兆瓦，设计能力为日处理生活垃圾1000吨，年发电量1.1亿千瓦时，届时天津市一半的生活垃圾将实现无害化循环处理，并用于燃烧发电。

项目总投资5亿元。

联系方式

建设单位： 天津泰达环保有限公司
联系电话： 022-58793125
联系传真： 022-58793125
通信地址： 天津市津南双港开发区61号
邮政编码： 300350
咨询单位： 中国恩菲工程技术有限公司
联系电话： 010-63936881/63936710
联系传真： 010-63963662
通信地址： 北京市海淀区复兴路12号
邮政编码： 100038

项目名称 秦皇岛生活垃圾焚烧发电改建项目

项目概况

投资总额： 45000万元RMB
项目性质： 改扩建
进展阶段： 正在核准
申报方式： 核准制
审批机关： 省级发改委
主管单位： 秦皇岛环保热电项目筹建处
建设周期： 2008年至2008年
企业性质： 股份制
关键设备： 焚烧炉、发电机组、锅炉、自动化控制系统。

项目简介

该项目位于河北省秦皇岛市海港区东港镇柳村东，在原柳村垃圾综合处理厂厂址上进行改建。使用土地范围东西向约为250米，南北向约为420米。日处理垃圾1000吨，拟建设2台日处理能力为500吨的机械炉排垃圾焚烧炉，配套2台9兆瓦凝汽发电机组。配套辅助设施包括垃圾焚烧尾气治理系统、除灰渣系统、污水处理设施等。

项目总投资4.5亿元。

联系方式

建设单位： 秦皇岛环保热电项目筹建处
联系电话： 0335-3100398
联系传真： 0335-3100398
通信地址： 河北省秦皇岛市柳村垃圾综合处理厂院内
邮政编码： 066000
咨询单位： 中国恩菲工程技术有限公司
联系电话： 010-63936881/63936710
联系传真： 010-63963662
通信地址： 北京市海淀区复兴路12号
邮政编码： 100038

项目名称 介休市城市生活垃圾焚烧发电工程

项目概况

投资总额： 14000万元RMB
项目性质： 新建
进展阶段： 开工在建
申报方式： 核准制
审批机关： 省级发改委
主管单位： 介休市国泰绿色能源有限公司
建设周期： 2007年至2008年
企业性质： 股份制
关键设备： 锅炉、发电机、送风机、泵、脱硫设备、水处理设备、起重机。

项目简介

该项目位于山西省介休市棉山镇保和村，日处理城市生活垃圾500吨，建设2台250吨垃圾焚烧炉，配套2台6兆瓦凝汽式汽轮发电机组，总建筑面积1.81万平方米，其中垃圾储存坑建筑面积5800平方米，垃圾焚烧区建筑面积5000平方米、汽轮发电区1500平方米、水处理系统建筑面积2000平方米、灰渣储运系统1400平方米以及行政办公设施2400平方米。投产后，年处理垃圾18.25万吨，年发电量为9180万千瓦时。

项目总投资1.4亿元。

联系方式

建设单位： 介休市国泰绿色能源有限公司
联系电话： 0354-7084956
联系传真： 0354-7084955
通信地址： 山西省介休市棉山镇保和村
邮政编码： 032000
咨询单位： 山西仁和电力工程设计咨询有限公司
联系电话： 0351-8232845
联系传真： 0351-8232849
通信地址： 山西省太原市迎泽大街255号
邮政编码： 030001

项目名称 拉树房生活垃圾焚烧发电厂项目（BOT）

项目概况

投资总额：60000 万元 RMB
项目性质：新建
进展阶段：开工在建
申报方式：核准制
审批机关：省级发改委
主管单位：大连绿洲能源有限公司
建设周期：2007 年至 2009 年
企业性质：三资
关键设备：焚烧炉、发电机组、锅炉、自动化控制系统。

项目简介

该项目位于辽宁省大连市甘井子区拉树房，由大连绿洲能源有限公司投资，建设日焚烧生活垃圾 1500 吨，垃圾焚烧产生的热能全部以发电形式回收利用，配套建设 2 台 20 兆瓦的发电机组。

项目总投资 6 亿元。

联系方式

建设单位：大连绿洲能源有限公司
联系电话：0411-82559889
联系传真：0411-82559889
通信地址：辽宁省大连市中山区友好路 101 号曼哈顿大厦 B 座 1801 室
邮政编码：116001
咨询单位：中冶焦耐工程技术有限公司
联系电话：0412-5532835
联系传真：0412-5534944
通信地址：辽宁省鞍山市南胜利路 27 号
邮政编码：114002

项目名称 苏州垃圾焚烧发电厂（二期）工程

项目概况

投资总额：35000 万元 RMB
项目性质：续建
进展阶段：开工在建
申报方式：核准制
审批机关：国家发改委
主管单位：光大环保能源（苏州）有限公司
建设周期：2007 年至 2008 年
企业性质：股份制
关键设备：焚烧炉、发电机组、锅炉、自动化控制系统。

项目简介

苏州垃圾焚烧发电厂工程位于江苏省苏州市吴中区，由光大环保能源（苏州）有限公司投资，分两期建设。一期已投入运营，日处理垃圾 1000 吨。

该项目为二期扩建工程，主要建设 2 台 12 兆瓦的发电机组，日处理垃圾 1000 吨。垃圾焚烧炉仍将采用比利时西格斯炉排炉，烟气净化处理也将继续采用"半干法＋石灰＋活性炭＋布袋除尘"工艺。投运后连同一期项目将达到每日 2000 吨的焚烧垃圾处理量。

项目总投资 3.5 亿元。

联系方式

建设单位：光大环保能源（苏州）有限公司
联系电话：0512-66562298
联系传真：0512-66562298
通信地址：江苏省苏州市吴中区木渎镇七子村南侧
邮政编码：215009
咨询单位：中国恩菲工程技术有限公司
联系电话：010-63936881/63936710
联系传真：010-63963662
通信地址：北京市海淀区复兴路 12 号
邮政编码：100038

项目名称 慈溪市生活垃圾焚烧发电项目

项目概况

投资总额：36000 万元 RMB
项目性质：新建
进展阶段：开工在建
申报方式：核准制
审批机关：国家发改委
主管单位：慈溪中科众茂环保热电有限公司
建设周期：2007 年至 2009 年
企业性质：股份制
关键设备：循环流化床焚烧炉、抽凝式汽轮发电机组、自动化控制设备。

项目简介

该项目位于浙江省慈溪市龙山镇慈东工业区内东部垃圾填埋场旁，建筑占地面积约 15 万平方米，日处理垃圾 1200 吨，主要设备为 3 台日处理能力为 500 吨循环流化床焚烧炉、2 台 C12 兆瓦抽凝式汽轮发电机组，主要处理慈溪市域生活垃圾，并利用垃圾燃烧产生热量发电。

项目总投资 3.6 亿元。

联系方式

建设单位：慈溪中科众茂环保热电有限公司
联系电话：0574-86332133
联系传真：0574-86332153
通信地址：浙江省宁波市镇海区镇宁东路 237 号
邮政编码：315208
咨询单位：中国联合工程公司
联系电话：0571-88137555-318
联系传真：0571-88137531
通信地址：浙江省杭州市石桥路 338 号
邮政编码：310022

项目名称 丽水市生活垃圾焚烧发电厂项目

项目概况

投资总额： 19800万元RMB
项目性质： 新建
进展阶段： 工程设计
申报方式： 核准制
审批机关： 省级发改委
主管单位： 中联实业股份有限公司
建设周期： 2008年至2008年
企业性质： 股份制
关键设备： 焚烧炉、发电机组、锅炉、自动化控制系统。

项目简介

该项目位于浙江省丽水市莲都区的潘田村用地范围内，距离丽水市区约16千米，日处理生活垃圾400吨，设两套分选线，建设2台日处理能力为175吨的热分解焚烧炉，预留一套日处理能力175吨的热分解焚烧炉的位置，配套建设1台7.5兆瓦的发电机组。

工程总投资1.98亿元。

联系方式

建设单位： 中联实业股份有限公司
联系电话： 0755-82091933
联系传真： 0755-82091933
通信地址： 广东省深圳市深南中路2号新闻大厦18楼1801-1803室
邮政编码： 518001
咨询单位： 中国华泰工程公司
联系电话： 0351-4048442/4048441
联系传真： 0351-4186061
通信地址： 山西省太原市新建南路康乐街22号
邮政编码： 030001

项目名称 生活垃圾焚烧发电项目（BOT）

项目概况

投资总额： 20000万元RMB
项目性质： 新建
进展阶段： 开工在建
申报方式： 核准制
审批机关： 省级发改委
主管单位： 温岭翰洋资源电力有限公司
建设周期： 2007年至2009年
企业性质： 股份制
关键设备： 焚烧炉、发电机组、锅炉、自动化控制系统。

项目简介

该项目位于浙江省温岭市城南镇，是由温岭瀚洋资源电力有限公司投资运营的BOT项目。设计日处理垃圾能力700吨（年处理垃圾25万吨），工程建成后，年利用余热可发电约6900万千瓦时。配套建设1台1.2万千瓦发电机组，并预留1台发电机组和扩建空间以满足未来垃圾管理方面的需求。垃圾焚烧发电项目作为温岭市环保基础设施重点项目和可再生能源项目，可实现垃圾无害化、减量化和资源化等广泛的社会效益，并在一定程度上满足温岭市用电增长需求。

项目总投资2亿元。

联系方式

建设单位： 温岭翰洋资源电力有限公司
联系电话： 0576-86219332/86219391
联系传真： 0576-86219392
通信地址： 浙江省温岭市体育场路环卫大楼三楼
邮政编码： 318000
咨询单位： 中国轻工业广州设计工程有限公司
联系电话： 020-81326609
联系传真： 020-81325759
通信地址： 广东省广州市盘福路医国后街1号
邮政编码： 510180

项目名称 安庆市城市生活垃圾焚烧发电项目

项目概况

投资总额： 19000万元RMB
项目性质： 新建
进展阶段： 编制项目申请报告
申报方式： 核准制
审批机关： 国家发改委
主管单位： 安庆中科环保电力有限公司
建设周期： 2008年至2009年
企业性质： 股份制
关键设备： 焚烧炉、发电机组、锅炉、自动化控制系统。

项目简介

该项目位于安徽省安庆市西郊山口乡灰家冲十狮公路以北，日处理城市生活垃圾800吨，配置2台500吨每日循环流化床垃圾焚烧炉和2台12兆瓦凝汽式汽轮发电机组。

项目总投资1.9亿元。

联系方式

建设单位： 安庆中科环保电力有限公司
联系电话： 0556-5536939
联系传真： 0556-5181323
通信地址： 安徽省安庆市孝肃路220号
邮政编码： 246000
咨询单位： 中国轻工业广州设计工程有限公司
联系电话： 020-81325550/81326609
联系传真： 020-81325759
通信地址： 广东省广州市盘福路医国后街1号
邮政编码： 510180

项目名称　晋江垃圾发电厂（二期）扩建工程（BOT）

项目概况

投资总额： 40000万元RMB
项目性质： 续建
进展阶段： 正在核准
申报方式： 核准制
审批机关： 省级发改委
主管单位： 创冠集团环保电力（国际）有限公司
建设周期： 2008年至2009年
企业性质： 股份制
关键设备： 焚烧炉、发电机组、锅炉、自动化控制系统。

项目简介

晋江垃圾发电厂位于福建省晋江市罗山街道华表山西北侧，由创冠集团环保电力（国际）有限公司投资、建设、运营管理，是福建省第一座以BOT方式营建的垃圾焚烧发电厂。分两期建设，一期已投入运营。工程建成后日垃圾总处理能力将达1800吨。

该项目为二期工程，是在一期现有的基础上进行扩建，日处理垃圾1050吨，总装机容量20兆瓦。

项目总投资4亿元。

联系方式

建设单位： 晋江创冠环保资源开发有限公司
联系电话： 0595-85682161
联系传真： 0595-88205555
通信地址： 福建省晋江市罗山街道永兴路
邮政编码： 362216
咨询单位： 中国航空工业规划设计研究院
联系电话： 010-62038267/62038288
联系传真： 010-62039042
通信地址： 北京市西城区德外大街12号
邮政编码： 100011

项目名称　厦门东部垃圾焚烧发电厂工程

项目概况

投资总额： 28220万元RMB
项目性质： 新建
进展阶段： 工程设计
申报方式： 核准制
审批机关： 国家发改委
主管单位： 厦门市环境能源投资发展有限公司
建设周期： 2008年至2008年
企业性质： 股份制
关键设备： 焚烧炉、发电机组、锅炉、自动化控制系统。

项目简介

该项目即翔安垃圾焚烧发电工程，位于福建省厦门市东部翔安区新圩镇白云飞。设计总装机容量1.2万千瓦，日处理垃圾600吨，总建筑面积3.1万平方米。

工程总投资2.822亿元。

联系方式

建设单位： 厦门市环境能源投资发展有限公司
联系电话： 0592-5318336
联系传真： 0592-5318077
通信地址： 福建省厦门市湖滨北路10号新港广场18A
邮政编码： 361012
咨询单位： 北京城建设计研究总院
联系电话： 010-88336666
联系传真： 010-68300793
通信地址： 北京市西城区阜成门北大街5号
邮政编码： 100037

项目名称　厦门西部垃圾焚烧发电厂工程

项目概况

投资总额： 27125万元RMB
项目性质： 新建
进展阶段： 工程设计
申报方式： 核准制
审批机关： 国家发改委
主管单位： 厦门市环境能源投资发展有限公司
建设周期： 2008年至2008年
企业性质： 股份制
关键设备： 焚烧炉、发电机组、锅炉、自动化控制系统。

项目简介

该项目即海沧垃圾发电工程，位于福建省厦门市海沧区东山底，总装机容量1.2万千瓦，日处理垃圾600吨，总建筑面积3.1万平方米。

工程总投资2.7125亿元。

联系方式

建设单位： 厦门市环境能源投资发展有限公司
联系电话： 0592-5318336
联系传真： 0592-5318077
通信地址： 福建省厦门市湖滨北路10号新港广场18A
邮政编码： 361012
咨询单位： 中国市政工程中南设计研究院
联系电话： 027-82428314
联系传真： 027-82426679
通信地址： 湖北省武汉市汉口解放公园路41号
邮政编码： 430010

项目名称 焦作市生活垃圾焚烧发电厂项目

项目概况

投资总额：38000 万元 RMB
项目性质：新建
进展阶段：编制项目申请报告
申报方式：核准制
审批机关：省级发改委

主管单位：中联实业股份有限公司
建设周期：2008 年至 2008 年
企业性质：股份制
关键设备：焚烧炉、发电机组、锅炉、自动化控制系统。

项目简介

该项目位于河南省焦作市修武县高村乡（原王屯乡）周流村，主要处理焦作市城区的生活及工业垃圾，并利用焚烧余热进行发电。采用循环流化床技术，设计规模为日处理垃圾 1000 吨，发电总装机容量为 2 台 15 兆瓦。项目分期实施，一期日处理垃圾 600 吨至 700 吨，二期根据当地垃圾量情况确定开工时间，采取 BOT 方式建设及运营，特许经营期为 25 年。

工程总投资 3.8 亿元。

联系方式

建设单位：中联实业股份有限公司
联系电话：0755-82091933
联系传真：0755-82091933
通信地址：广东省深圳市深南中路 2 号新闻大厦 18 楼 1801-1803 室
邮政编码：518001
咨询单位：核工业第四研究设计院
联系电话：0311-85912588/85912168
联系传真：0311-85815216
通信地址：河北省石家庄市体育南大街 261 号
邮政编码：050021

项目名称 荆州市生活垃圾焚烧发电项目

项目概况

投资总额：24261.52 万元 RMB
项目性质：新建
进展阶段：开工在建
申报方式：核准制
审批机关：省级发改委

主管单位：荆州市集美热电有限公司
建设周期：2007 年至 2008 年
企业性质：股份制
关键设备：焚烧炉、发电机组、锅炉、自动化控制系统。

项目简介

该项目位于湖北省荆州市荆州区拍马工业园，总装机容量 18 兆瓦，日焚烧处理生活垃圾 800 吨。预计项目建成后年处理城市生活垃圾能力 26.7 万吨、发电 1.3 亿千瓦时，从根本上消除荆州市的垃圾围城现象。

项目总投资 24261.52 万元。

联系方式

建设单位：荆州市集美热电有限公司
联系电话：0716-8270817
联系传真：0716-8270821
通信地址：湖北省荆州市荆州区纪南镇拍马村
邮政编码：434000
咨询单位：中国联合工程公司
联系电话：0571-88137555-318
联系传真：0571-88137531
通信地址：浙江省杭州市石桥路 338 号
邮政编码：310022

项目名称 武汉市青山垃圾焚烧发电厂项目（BOT）

项目概况

投资总额：45000 万元 RMB
项目性质：新建
进展阶段：开工在建
申报方式：核准制
审批机关：省级发改委

主管单位：武汉绿色动力再生能源有限公司
建设周期：2007 年至 2009 年
企业性质：三资
关键设备：焚烧炉、发电机组、锅炉、自动化控制系统。

项目简介

该项目位于湖北省武汉市洪山区建设乡群力村，建设日处理垃圾能力为 1000 吨，计划安装三条日处理能力为 350 吨的垃圾焚烧生产线，主要设备包括 3 台 350 吨每日的炉排炉，配套 2 台 12 兆瓦汽轮发电机，并同步建设烟气处理、废水处理设施。

工程总投资 4.5 亿元。

联系方式

建设单位：武汉绿色动力再生能源有限公司
联系电话：027-85800241
联系传真：027-85800465
通信地址：湖北省武汉市建设大道云林街 31 号中环大厦 B 座 1101 室
邮政编码：430015
咨询单位：中国电力工程顾问集团中南电力设计院
联系电话：027-67816781
联系传真：027-87811992
通信地址：湖北省武汉市武昌区民主路 668 号
邮政编码：430071

项目名称 深圳南山垃圾焚烧发电厂扩建工程

项目概况

投资总额：36000 万元 RMB
项目性质：改扩建
进展阶段：正在核准
申报方式：核准制
审批机关：国家发改委
主管单位：深圳市能源环保有限公司
建设周期：2008 年至 2008 年
企业性质：股份制
关键设备：焚烧炉、发电机组、锅炉、自动化控制系统。

项目简介

该项目位于广东省深圳市南山区小南山采石场，建设规模为日处理垃圾 800 吨，配置 1 台 12 兆瓦汽轮发电机组，利用余热发电；垃圾焚烧炉年利用 8000 小时。建成后，南山垃圾发电厂日处理生活垃圾将达到 1600 吨，可基本上解决该区的垃圾污染问题。

工程总投资 3.6 亿元。

联系方式

建设单位：深圳市能源环保有限公司
联系电话：0755-26530237
联系传真：0755-26530237
通信地址：广东省深圳市南山区
邮政编码：518052
咨询单位：华北电力设计院工程有限公司
联系电话：010-82281188
联系传真：010-82281800
通信地址：北京市西城区黄寺大街甲 24 号
邮政编码：100011

项目名称 昆明东郊垃圾沼气发电项目

项目概况

投资总额：40000 万元 RMB
项目性质：新建
进展阶段：开工在建
申报方式：核准制
审批机关：国家发改委
主管单位：云南省双星绿色能源有限公司
建设周期：2007 年至 2009 年
企业性质：股份制
关键设备：焚烧炉、发电机组、锅炉、自动化控制系统。

项目简介

该项目位于云南省昆明市东郊，总装机容量 4.5 万千瓦，日处理垃圾 1600 吨。

项目总投资 4 亿元。

联系方式

建设单位：云南省双星绿色能源有限公司
联系电话：0871-5709988
联系传真：0871-8898586
通信地址：云南省昆明市双星绿色能源有限公司
邮政编码：650011
咨询单位：云南省电力设计院
联系电话：0871-3175643/3169743
联系传真：0871-3013483/3137381
通信地址：云南省昆明市白塔路 201 号
邮政编码：650011

项目名称 咸阳生活垃圾焚烧发电项目

项目概况

投资总额：40000 万元 RMB
项目性质：新建
进展阶段：开工在建
申报方式：核准制
审批机关：省级发改委
主管单位：陕西万泉咸阳环保电力有限公司
建设周期：2007 年至 2008 年
企业性质：股份制
关键设备：焚烧炉、发电机组、锅炉、自动化控制系统。

项目简介

该项目位于陕西省咸阳市秦都区钓台镇，建设 3 台每小时 55 吨循环流化床垃圾焚烧炉和 2 台 1.5 万千瓦汽轮发电机组，日处理生活垃圾 1500 吨，并留有扩建条件。项目燃料为城市生活垃圾和原煤混烧，按热值垃圾占 80%、原煤占 20%，年焚烧处理垃圾 50 万吨，年需燃煤 3.4 万吨。

项目总投资 4 亿元。

联系方式

建设单位：陕西万泉咸阳环保电力有限公司
联系电话：029-88362828
联系传真：029-88498899
通信地址：陕西省咸阳市秦都区
邮政编码：710075
咨询单位：中国航空工业规划设计研究院
联系电话：010-62038267/62038288
联系传真：010-62039042
通信地址：北京市西城区德外大街 12 号
邮政编码：100011

项目名称 承德围场御道口牧场风电场（一期）工程

项目概况

投资总额： 49800万元 RMB
主管单位： 华润电力集团公司
项目性质： 新建
建设周期： 2008年至2008年
进展阶段： 施工准备
企业性质： 三资
申报方式： 核准制
关键设备： 风力发电机组、断路器、高压隔离开关、互感器、变压器。
审批机关： 省级发改委

项目简介

华润承德围场御道口牧场风电场项目位于河北省承德市围场满族蒙古族自治县境内，由香港华润电力旗下的风能开发有限公司投资，分期实施。总装机容量14.85万千瓦，总投资1.95亿美元。

该项目为一期工程，总装机容量48兆瓦，建设24台2000千瓦风力发电机组，并建设一座220千伏升压变电站，平均年上网发电量1.073亿千瓦时，主要包括升压站、风机区、道路区、施工生产生活区和弃渣场等。

工程总投资4.98亿元。

联系方式

建设单位： 华润电力（风能）开发有限公司
联系电话： 0754-8732521
联系传真： 0754-8732521
通信地址： 广东省汕头市金砂东路127号
邮政编码： 515041
咨询单位： 河北省电力勘测设计研究院
联系电话： 0311-87912222
联系传真： 0311-85064114
通信地址： 河北省石家庄市建华北大街6号
邮政编码： 050031

项目名称 龙源（包头巴音）20万千瓦风电场项目

项目概况

投资总额： 157900万元 RMB
主管单位： 龙源（包头）风力发电有限责任公司
项目性质： 新建
建设周期： 2007年至2009年
进展阶段： 开工在建
企业性质： 股份制
申报方式： 核准制
关键设备： 风力发电机组、断路器、高压隔离开关、互感器、变压器。
审批机关： 省级发改委

项目简介

该项目位于内蒙古自治区包头市达茂旗明安镇境内龙源包头巴音风电场，由龙源集团和雄亚（维尔京）有限公司投资建设，占地面积约49平方千米，总装机容量20万千瓦，建成后预计年上网发电量46592万千瓦时，每年节约煤炭16.3万吨，节水134.2万吨，减少二氧化碳排放38.3万吨。

工程总投资15.79亿元。

联系方式

建设单位： 龙源（包头）风力发电有限责任公司
联系电话： 0471-6966725
联系传真： 0471-6966725
通信地址： 内蒙古自治区呼和浩特市新城区巨隆长街奈伦公寓0201室
邮政编码： 010050
咨询单位： 中国福霖风能开发公司
联系电话： 010-63530417
联系传真： 010-63530415
通信地址： 北京市宣武区白广路二条1号国电通信综合楼13层
邮政编码： 100761

项目名称 华能阜新风电场（一期）高山子工程

项目概况

投资总额： 90000万元 RMB
主管单位： 中国华能集团公司
项目性质： 新建
建设周期： 2007年至2008年
进展阶段： 开工在建
企业性质： 股份制
申报方式： 核准制
关键设备： 转子、升速装置、发电机、控制装置、调速系统、支撑铁塔。
审批机关： 国家发改委

项目简介

华能阜新风电场项目即华能阜新50万千瓦风电设备本地化工程，位于辽宁省阜新市，规划建设50万千瓦风电场，计划分四期建设。

该项目为一期高山子风电场工程，总装机容量10.05万千瓦，工程内容包括风力发电场和输电线路两部分，计划安装1500千瓦风力发电机66台，年上网电量约2.5亿千瓦时。

工程总投资9亿元。

联系方式

建设单位： 华能阜新风力发电有限责任公司
联系电话： 0418-3897616
联系传真： 0418-3897600
通信地址： 辽宁省阜新市太平区红树路33号太平支行8楼
邮政编码： 123003
咨询单位： 上海勘测设计研究院
联系电话： 021-65427100
联系传真： 021-65420093
通信地址： 上海市虹口区逸仙路388号
邮政编码： 200434

项目名称 华能阜新风电场（二期）阜北工程

项目概况

投资总额：100000 万元 RMB
项目性质：续建
进展阶段：正在核准
申报方式：核准制
审批机关：国家发改委
主管单位：中国华能集团公司
建设周期：2008 年至 2009 年
企业性质：股份制
关键设备：转子、升速装置、发电机、控制装置、调速系统、支撑铁塔。

项目简介

华能阜新风电场项目即华能阜新 50 万千瓦风电设备本地化工程，位于辽宁省阜新市，规划建设 50 万千瓦风电场，计划分四期建设。

该项目为二期阜北风电场工程，总装机容量 10 万千瓦。

工程总投资 10 亿元。

联系方式

建设单位：华能阜新风力发电有限责任公司
联系电话：0418-3897616
联系传真：0418-3897600
通信地址：辽宁省阜新市太平区红树路 33 号太平支行 8 楼
邮政编码：123003
咨询单位：上海勘测设计研究院
联系电话：021-65427100
联系传真：021-65420093
通信地址：上海市虹口区逸仙路 388 号
邮政编码：200434

项目名称 沈阳市龙源法库和平风电场项目

项目概况

投资总额：50000 万元 RMB
项目性质：续建
进展阶段：正在核准
申报方式：核准制
审批机关：国家发改委
主管单位：沈阳龙源风力发电有限公司
建设周期：2008 年至 2008 年
企业性质：股份制
关键设备：风力发电机组、断路器、高压隔离开关、互感器、变压器。

项目简介

该项目位于辽宁省沈阳市法库县，为龙源法库风电场三期工程，总装机容量 4.93 万千瓦。

项目总投资 5 亿元。

联系方式

建设单位：沈阳龙源风力发电有限公司
联系电话：024-87115069
联系传真：024-87115069
通信地址：辽宁省沈阳市法库县兴法路 200 号
邮政编码：110400
咨询单位：中国福霖风能开发公司
联系电话：010-63530417
联系传真：010-63530415
通信地址：北京市宣武区白广路二条 1 号国电通信综合楼 13 层
邮政编码：100761

项目名称 大庆瑞好风电场（二期）工程

项目概况

投资总额：50000 万元 RMB
项目性质：续建
进展阶段：编制项目申请报告
申报方式：核准制
审批机关：国家发改委
主管单位：大庆瑞好能源科技有限公司
建设周期：2008 年至 2008 年
企业性质：股份制
关键设备：风力发电机组、断路器、高压隔离开关、互感器、变压器。

项目简介

大庆瑞好风电场项目位于黑龙江省大庆市杜蒙县境内，规划建设总装机规模 30 万千瓦，分期实施，预计总投资 25 亿元左右，项目建成后年上网电量可达 6 亿千瓦时，年销售收入 4 亿元左右。

该项目为二期工程，位于杜蒙县巴彦查干乡和敖林西伯乡境内，总装机容量 4.95 万千瓦。

工程总投资 5 亿元。

联系方式

建设单位：大庆瑞好能源科技有限公司
联系电话：0459-4303155
联系传真：0459-4303155
通信地址：黑龙江省大庆市萨尔图区东风路 37 号工商银行大厦 17 层
邮政编码：163311
咨询单位：中国福霖风能开发公司
联系电话：010-63530417
联系传真：010-63530415
通信地址：北京市宣武区白广路二条 1 号国电通信综合楼 13 层
邮政编码：100761

项目名称 大唐桦南大架子山 49.5 兆瓦风电项目

项目概况

投资总额： 45000 万元 RMB
项目性质： 新建
进展阶段： 施工准备
申报方式： 核准制
审批机关： 国家发改委
主管单位： 大唐黑龙江发电有限公司
建设周期： 2008 年至 2008 年
企业性质： 国有
关键设备： 风力发电机组、断路器、高压隔离开关、互感器、变压器、电线电缆。

项目简介

该项目位于黑龙江省佳木斯市桦南县大架子山，选用单机容量 33 台 1500 千瓦的风力发电机组。总装机容量 49.5 兆瓦。

项目总投资 4.5 亿元。

联系方式

建设单位： 大唐桦南风力发电有限公司
联系电话： 0454-8806128
联系传真： 0454-8806129
通信地址： 黑龙江省佳木斯市桦南县和平路道西怡安小区 6 号楼
邮政编码： 154002
咨询单位： 黑龙江省电力勘察设计研究院
联系电话： 0451-84647517/53686222
联系传真： 0451-84611727
通信地址： 黑龙江省哈尔滨市道里区买卖街 11 号
邮政编码： 150010

项目名称 大唐佳木斯北安屯 49.5 兆瓦风电项目

项目概况

投资总额： 45000 万元 RMB
项目性质： 新建
进展阶段： 正在核准
申报方式： 核准制
审批机关： 国家发改委
主管单位： 大唐黑龙江发电有限公司
建设周期： 2008 年至 2008 年
企业性质： 国有
关键设备： 风力发电机组、断路器、高压隔离开关、互感器、变压器、电线电缆。

项目简介

该项目位于黑龙江省佳木斯市桦南县，安装单机容量 1500 千瓦的风力发电机组 33 台，总装机容量 49.5 兆瓦。

项目总投资 4.5 亿元。

联系方式

建设单位： 大唐黑龙江发电有限公司风电项目筹建处
联系电话： 0454-8806128
联系传真： 0454-8806129
通信地址： 黑龙江省佳木斯市和平路道西怡安小区 6 号楼
邮政编码： 154002
咨询单位： 黑龙江省电力勘察设计研究院
联系电话： 0451-84647517/53686222
联系传真： 0451-84611727
通信地址： 黑龙江省哈尔滨市道里区买卖街 11 号
邮政编码： 150010

项目名称 东宁大架子山和西大岗山风电场工程

项目概况

投资总额： 57000 万元 RMB
项目性质： 新建
进展阶段： 工程设计
申报方式： 核准制
审批机关： 省级发改委
主管单位： 黑龙江东宁华富风力发电有限责任公司
建设周期： 2008 年至 2009 年
企业性质： 股份制
关键设备： 风力发电机组、断路器、高压隔离开关、互感器、变压器。

项目简介

该项目位于黑龙江省牡丹江市东宁县大架子山和西大岗山，总装机容量 49.5 兆瓦，建设 33 台 1500 千瓦风电机组。

工程总投资 5.7 亿元。

联系方式

建设单位： 黑龙江东宁华富风力发电有限责任公司
联系电话： 0453-3749345
联系传真： 0453-3749345
通信地址： 黑龙江省牡丹江市东宁县中华南路 4 号
邮政编码： 157200
咨询单位： 黑龙江省电力勘察设计研究院
联系电话： 0451-84647517/53686222
联系传真： 0451-84611727
通信地址： 黑龙江省哈尔滨市道里区买卖街 11 号
邮政编码： 150010

项目名称 瑞好风电场（三期）工程（中丹合作）

项目概况

投资总额：52000万元RMB
项目性质：续建
进展阶段：编制项目申请报告
申报方式：核准制
审批机关：国家发改委
主管单位：大庆瑞好能源科技有限公司
建设周期：2008年至2008年
企业性质：股份制
关键设备：风力发电机组、断路器、高压隔离开关、互感器、变压器。

项目简介

大庆瑞好风电场项目位于黑龙江省大庆市杜蒙县境内，规划建设总装机规模30万千瓦，分期实施，预计总投资25亿元左右，项目建成后年上网电量可达6亿千瓦时，年销售收入4亿元左右。

该项目为三期工程，即中丹杜蒙敖林西伯乡风力发电场项目，位于杜蒙县敖林西伯乡境内，总装机容量4.95万千瓦。

工程总投资5.2亿元。

联系方式

建设单位：大庆瑞好能源科技有限公司
联系电话：0459-4303155
联系传真：0459-4303155
通信地址：黑龙江省大庆市萨尔图区东风路37号工商银行大厦17层
邮政编码：163311
咨询单位：黑龙江省电力勘察设计研究院
联系电话：0451-84647517/53686222
联系传真：0451-84611727
通信地址：黑龙江省哈尔滨市道里区买卖街11号
邮政编码：150010

项目名称 东凌风电场（一期）工程

项目概况

投资总额：70000万元RMB
项目性质：新建
进展阶段：正在核准
申报方式：核准制
审批机关：国家发改委
主管单位：江苏省国信集团公司
建设周期：2008年至2008年
企业性质：股份制
关键设备：风力发电机组、断路器、高压隔离开关、互感器、变压器。

项目简介

该项目位于江苏省南通市如东县东凌垦区，总装机容量7万千瓦。

工程总投资7亿元。

联系方式

建设单位：江苏东凌风力发电有限公司
联系电话：0513-84190091
联系传真：0513-84190091
通信地址：江苏省南通市如东县青园南路
邮政编码：226400
咨询单位：中国水电顾问集团中南勘测设计研究院
联系电话：0731-5073443/5075232
联系传真：0731-5584080
通信地址：湖南省长沙市雨花区圭塘香樟路9号
邮政编码：410014

项目名称 华能启东风电场（南风电场）项目

项目概况

投资总额：94594万元RMB
项目性质：新建
进展阶段：开工在建
申报方式：核准制
审批机关：省级发改委
主管单位：华能新能源产业控股有限公司
建设周期：2007年至2008年
企业性质：股份制
关键设备：风力发电机组、断路器、高压隔离开关、互感器、变压器、电线电缆。

项目简介

该项目位于江苏省南通启东市，安装61台单机容量为1500千瓦的国产风力发电机组，总装机容量9.15万千瓦。项目建成后，年上网电量为2亿千瓦时，年平均等效满负荷小时数为2188小时。

项目总投资9.4594亿元。

联系方式

建设单位：华能启东风力发电有限公司
联系电话：0513-83109711/83109511
联系传真：0513-83109711
通信地址：江苏省南通市启东市民乐中路
邮政编码：226200
咨询单位：上海勘测设计研究院
联系电话：021-65427100/65420093
联系传真：021-65420093
通信地址：上海市虹口区逸仙路388号
邮政编码：200434

项目名称 慈溪风电场（一期）示范工程

项目概况

投资总额：46000万元RMB
项目性质：新建
进展阶段：开工在建
申报方式：核准制
审批机关：省级发改委
主管单位：慈溪长江风力发电有限公司
建设周期：2007年至2008年
企业性质：股份制
关键设备：风力发电机组、断路器、高压隔离开关、互感器、变压器。

项目简介

慈溪风电场工程位于浙江省慈溪市东北沿海滩涂上，拟装机规模为10万千瓦，分两期开发。

该项目为一期工程，位于半掘浦和徐家浦之间，总装机容量49.5兆瓦，布置单机容量33台1500千瓦风机，建成后预计可实现年发电量9570万千瓦时。

工程总投资4.6亿元。

联系方式

建设单位：慈溪长江风力发电有限公司
联系电话：0574-63090106
联系传真：0574-63042485
通信地址：浙江省慈溪市坎墩街道清水湾小区366号
邮政编码：315303
咨询单位：中国水电顾问集团华东勘测设计研究院
联系电话：0571-56738888
联系传真：0571-88076606
通信地址：浙江省杭州市潮王路22号
邮政编码：310014

项目名称 4.5万千瓦风电场项目

项目概况

投资总额：32000万元RMB
项目性质：新建
进展阶段：正在核准
申报方式：核准制
审批机关：国家发改委
主管单位：山东埕口盐化有限责任公司
建设周期：2008年至2009年
企业性质：股份制
关键设备：风力发电机组、断路器、高压隔离开关、互感器、变压器、电线电缆。

项目简介

该项目位于山东省滨州市无棣县，总装机容量4.5万千瓦。项目所在地有效风速年平均累计小时数超过4500小时，风能资源丰富。

项目总投资3.2亿元。

联系方式

建设单位：山东埕口盐化有限责任公司
联系电话：0543-6581004
联系传真：0543-6581105
通信地址：山东省滨州市无棣县马山子镇高田
邮政编码：251907
咨询单位：山东省电力工程咨询院
联系电话：0531-85182000
联系传真：0531-85936241
通信地址：山东省济南市闵子骞路106号
邮政编码：250013

项目名称 莱州鲁能风力发电（一期）工程

项目概况

投资总额：45000万元RMB
项目性质：新建
进展阶段：开工在建
申报方式：核准制
审批机关：省级发改委
主管单位：山东鲁能发展集团有限公司
建设周期：2007年至2008年
企业性质：股份制
关键设备：风力发电机组、断路器、高压隔离开关、互感器、变压器、电线电缆。

项目简介

该项目位于山东省莱州市三山岛街道办事处叼龙嘴，总装机容量48兆瓦。建设内容包括安装32台1500千瓦的风力发电机组，安装12千米110千伏的输电线路，建设2305平方米的中控楼及110千伏的升压站。年发电量9521.75万千瓦时。

工程总投资4.5亿元。

联系方式

建设单位：莱州鲁能风力发电有限公司
联系电话：0535-2710581/2710715
联系传真：0535-2710715
通信地址：山东省莱州市三山岛街道办事处永和路88号
邮政编码：261446
咨询单位：广西壮族自治区电力工业勘察设计研究院
联系电话：0771-5623989/5699010
联系传真：0771-5622655
通信地址：广西壮族自治区南宁市建政路10号
邮政编码：530023

项目名称 中电投南阳方城风电（一期）项目

项目概况

投资总额：25000 万元 RMB
项目性质：新建
进展阶段：开工在建
申报方式：核准制
审批机关：国家发改委
主管单位：中国电力投资集团公司
建设周期：2007 年至 2008 年
企业性质：股份制
关键设备：风力发电机组、断路器、高压隔离开关、互感器、变压器。

项目简介

该项目位于河南省南阳市方城县二朗庙乡，距方城县约 10 千米。场址东西长约 10 千米、南北宽约 2 千米，风机全部沿山脊布置，总装机容量 2.325 万千瓦。

项目总投资 2.5 亿元。

联系方式

建设单位：中电投南阳方城风电项目筹建处
联系电话：0377-63269768
联系传真：0377-63269768
通信地址：河南省南阳市建设中路 967 号
邮政编码：473000
咨询单位：中国水电顾问集团华东勘测设计研究院
联系电话：0571-56738888
联系传真：0571-88076606
通信地址：浙江省杭州市潮王路 22 号
邮政编码：310014

项目名称 大理者摩山风电场项目

项目概况

投资总额：38000 万元 RMB
项目性质：新建
进展阶段：开工在建
申报方式：核准制
审批机关：国家发改委
主管单位：中国水利水电建设集团公司
建设周期：2007 年至 2008 年
企业性质：股份制
关键设备：风力发电机组、断路器、高压隔离开关、互感器、变压器。

项目简介

该项目位于云南省大理市下关西南，距离市区约 20 千米。拟安装单机容量为 850 千瓦的风力发电机组 36 台，总装机容量 3.06 万千瓦。

项目总投资 3.8 亿元。

联系方式

建设单位：中国水利水电第十四工程局
联系电话：0871-3335216/3329807
联系传真：0871-3333460
通信地址：云南省昆明市环城东路 192 号
邮政编码：650041
咨询单位：中国福霖风能开发公司
联系电话：010-63530417
联系传真：010-63530415
通信地址：北京市宣武区白广路二条 1 号国电通信综合楼 13 层
邮政编码：100761

项目名称 华能大理大风坝风电场工程

项目概况

投资总额：56300 万元 RMB
项目性质：新建
进展阶段：开工在建
申报方式：核准制
审批机关：国家发改委
主管单位：中国华能集团公司
建设周期：2007 年至 2008 年
企业性质：股份制
关键设备：风力发电机组、断路器、高压隔离开关、互感器、变压器。

项目简介

该项目位于云南省大理市南面，以省道 S224（新关巍公路）为界，场址跨越东、西两个片区。其中西片区位于者摩山上，称“大风坝场址西区”，东片区位于风流坡上，称“大风坝场址东区”，根据场址条件，西片区风机沿山脊单排布置，安装 32 台单机容量为 850 千瓦的风电机组。东片区风机沿山脊单排布置，安装 24 台单机容量为 850 千瓦的风电机组。总装机容量 4.8 万千瓦。

工程总投资 5.63 亿元。

联系方式

建设单位：华能新能源产业控股有限公司大理风电项目筹备处
联系电话：0872-2156027
联系传真：0872-2191190
通信地址：云南省大理市苍浪路北段华能大理水电公司二楼
邮政编码：671000
咨询单位：中国水电顾问集团昆明勘测设计研究院
联系电话：0871-3162093/3062729
联系传真：0871-3162427
通信地址：云南省昆明市人民东路 115 号
邮政编码：650051

项目名称 甘肃安西向阳风电场工程

项目概况

投资总额： 37000 万元 RMB
项目性质： 新建
进展阶段： 开工在建
申报方式： 核准制
审批机关： 国家发改委
主管单位： 甘肃新安风电有限责任公司
建设周期： 2007 年至 2008 年
企业性质： 股份制
关键设备： 风力发电机组、断路器、互感器、变压器。

项目简介

该项目位于甘肃省酒泉地区安西县城西北约 12 千米，由甘肃电力明珠集团有限公司控股建设，总装机容量 49.5 兆瓦。

项目总投资 3.7 亿元。

联系方式

建设单位： 甘肃新安风电有限责任公司
联系电话： 0931-2958385
联系传真： 0931-2958385
通信地址： 甘肃省兰州市七里河区建工西街 3 号金雨大厦 7 层
邮政编码： 730050
咨询单位： 新疆风电工程设计咨询有限责任公司
联系电话： 0991-2920727/2920542
联系传真： 0991-2920150
通信地址： 新疆维吾尔族自治区乌鲁木齐建设路 5 号
邮政编码： 830002

项目名称 贺兰山头关风电场（一期）工程

项目概况

投资总额： 36000 万元 RMB
项目性质： 新建
进展阶段： 工程设计
申报方式： 核准制
审批机关： 国家发改委
主管单位： 宁夏达力斯发电有限公司
建设周期： 2008 年至 2008 年
企业性质： 股份制
关键设备： 风力发电机组、断路器、高压隔离开关、互感器、变压器、电线电缆。

项目简介

贺兰山头关风电场项目位于宁夏回族自治区银川市永宁县境内，坐落于贺兰山东麓洪积扇上。总装机容量 15 万千瓦，总投资 15 亿元。

该项目为一期工程，装机容量 49.5 兆瓦，拟装 33 台单机容量为 1500 千瓦的风力发电机组，占地面积 8 平方千米。

工程总投资 3.6 亿元。

联系方式

建设单位： 宁夏达力斯发电有限公司
联系电话： 0951-4124788
联系传真： 0951-4124788
通信地址： 宁夏回族自治区银川市永宁县银巴路口南
邮政编码： 750100
咨询单位： 宁夏回族自治区电力设计院
联系电话： 0951-4912405
联系传真： 0951-4101436
通信地址： 宁夏回族自治区银川市南环西路 10 号
邮政编码： 750001

项目名称 邱县 2×12 兆瓦秸秆热电项目

项目概况

投资总额： 26146 万元 RMB
项目性质： 新建
进展阶段： 正在核准
申报方式： 核准制
审批机关： 省级发改委
主管单位： 河北威利邦生物发电有限公司
建设周期： 2008 年至 2008 年
企业性质： 股份制
关键设备： 发电机、汽轮机、锅炉、仪器仪表、自动化控制系统、水处理设备。

项目简介

该项目位于河北省邯郸市邱县，设计规模为 2 台 12 兆瓦中温中压单抽凝气式汽轮机供热发电机组，配 2 台每小时 75 吨级秸秆燃烧炉。项目建成后，年利用秸秆 14.3 万吨，年发电量 1.32 亿千瓦时，年供热量 60.9 万吉焦。

项目总投资 2.6146 亿元。

联系方式

建设单位： 河北威利邦生物发电有限公司
联系电话： 0310-8369567
联系传真： 0310-8369567
通信地址： 河北省邯郸市邱县
邮政编码： 057450
咨询单位： 河北省电力勘测设计研究院
联系电话： 0311-87912222
联系传真： 0311-85064114
通信地址： 河北省石家庄市建华北大街 6 号
邮政编码： 050031

项目名称 华夏环保阜宁生物质能热电项目

项目概况

投资总额： 25000 万元 RMB
项目性质： 新建
进展阶段： 施工准备
申报方式： 核准制
审批机关： 国家发改委
主管单位： 江苏华夏环保能源有限公司
建设周期： 2008 年至 2009 年
企业性质： 股份制
关键设备： 锅炉、发电机组、仪器仪表、泵、阀。

项目简介

该项目位于江苏省盐城市阜宁县东益经济区益林镇民营科技园内，建设 2 台每小时 75 吨水冷式振动炉排中温中压锅炉、2 台 15 兆瓦中温中压抽气凝汽式汽轮发电机组，留有再扩建一台锅炉的余地。水源来自于紧邻电厂南侧的恒河，辅助工程包括综合楼、化水处理设施、循环水泵房、除灰渣系统等，采用高效布袋除尘器，工程年发电量 1.31 亿千瓦时。

项目总投资 2.5 亿元。

联系方式

建设单位： 江苏华夏环保能源有限公司
联系电话： 0515-87788987
联系传真： 0515-87788985
通信地址： 江苏省盐城市阜宁县益林镇益林大道 11 号
邮政编码： 224421
咨询单位： 东南大学建筑设计研究院-热电工程设计研究所
联系电话： 025-83795926
联系传真： 025-83616533
通信地址： 江苏省南京市四牌楼 2 号东南大学动力楼四楼
邮政编码： 210096

项目名称 华夏热电灌南生物质能热电项目

项目概况

投资总额： 28000 万元 RMB
项目性质： 新建
进展阶段： 施工准备
申报方式： 核准制
审批机关： 国家发改委
主管单位： 江苏华夏能电有限公司
建设周期： 2008 年至 2009 年
企业性质： 股份制
关键设备： 秸杆直燃锅炉、发电机组、仪器仪表、泵、阀。

项目简介

该项目位于江苏省连云港市灌南县堆沟港镇连云港化工产业园东侧，电厂水源采用位于厂址北侧约 2.3 千米的灌北干渠。建设 2 台 15 兆瓦秸秆发电供热机组，留有再扩建一台锅炉的余地。工程包括 2 台 75 吨每小时水冷式振动炉排中温中压锅炉、2 台 15 兆瓦中温中压抽气凝汽式汽轮发电机组，环保工程采用高效布袋除尘器。

工程总投资 2.8 亿元。

联系方式

建设单位： 江苏华夏能电有限公司
联系电话： 0518-83630206
联系传真： 0518-83630206
通信地址： 江苏省连云港市灌南县人民中路
邮政编码： 222500
咨询单位： 东南大学建筑设计研究院-热电工程设计研究所
联系电话： 025-83795926
联系传真： 025-83616533
通信地址： 江苏省南京市四牌楼 2 号东南大学动力楼四楼
邮政编码： 210096

项目名称 江阴新港维尔生物质能热电工程

项目概况

投资总额： 36000 万元 RMB
项目性质： 新建
进展阶段： 正在核准
申报方式： 核准制
审批机关： 省级发改委
主管单位： 江阴市新港维尔热电有限公司
建设周期： 2008 年至 2009 年
企业性质： 股份制
关键设备： 锅炉、抽凝机组、背压机组、水处理设备、仪器仪表。

项目简介

该项目位于江苏省江阴市青阳镇，建设 2 台 130 吨每小时高温高压秸秆焚烧锅炉、2 台 1.8 万千瓦发电机组。项目选用高脉冲袋式除尘器，配套辅助设施包括综合楼、生活楼、化水处理设施、循环水泵房、除灰渣系统、秸秆仓库、堆渣场。

项目总投资 3.6 亿元。

联系方式

建设单位： 江阴市新港维尔热电有限公司
联系电话： 0510-86551191
联系传真： 0510-86551191
通信地址： 江苏省江阴市青阳镇桐岐桐月路 8-10 号
邮政编码： 214403
咨询单位： 第七 O 三研究所
联系电话： 0451-88027688
联系传真： 0451-88027688
通信地址： 黑龙江省哈尔滨市香坊区红旗大街 108 号
邮政编码： 150036

项目名称 连云港生物质能热电项目

项目概况

投资总额： 25000 万元 RMB
项目性质： 新建
进展阶段： 开工在建
申报方式： 核准制
审批机关： 省级发改委
主管单位： 江苏华夏生物质环保热电有限公司
建设周期： 2007 年至 2008 年
企业性质： 股份制
关键设备： 发电机、汽轮机、锅炉、仪器仪表、自动化控制系统、水处理设备。

项目简介

该项目位于江苏省连云港市化工产业园区，主要建设 2 台 15 兆瓦的发电机组，预计年发电量约 1.8 亿千瓦时、供汽 23.6 万吨以上。

项目总投资 2.5 亿元。

联系方式

建设单位： 江苏华夏生物质环保热电有限公司
联系电话： 0518-83630256
联系传真： 0518-83630226
通信地址： 江苏省连云港市化工产业园区
邮政编码： 222500
咨询单位： 东南大学建筑设计研究院热电工程设计研究所
联系电话： 025-83795448
联系传真： 025-83795744
通信地址： 江苏省南京市四牌楼 2 号
邮政编码： 210096

项目名称 生物质（秸秆）发电项目

项目概况

投资总额： 26800 万元 RMB
项目性质： 新建
进展阶段： 开工在建
申报方式： 核准制
审批机关： 省级发改委
主管单位： 国家电网公司
建设周期： 2007 年至 2008 年
企业性质： 国有
关键设备： 发电机组、锅炉、水处理系统、仪器仪表。

项目简介

该项目位于江苏省大丰市经济开发区，由国能（大丰）生物发电有限公司投资建设，建设 2 台 12 兆瓦机组及配 2 台 48 吨高温高压锅炉。

项目总投资 2.68 亿元。

联系方式

建设单位： 国能（大丰）生物发电有限公司
联系电话： 0515-83536215
联系传真： 0515-83536212
通信地址： 江苏省大丰市健康东路建行三楼
邮政编码： 224100
咨询单位： 山东鲁能工程有限责任公司鲁能电力设计院
联系电话： 0531-83121315/83121318
联系传真： 0531-88936241
通信地址： 山东省济南市闵子骞路 106 号
邮政编码： 250013

项目名称 安徽合肥长丰秸秆能源热电厂工程

项目概况

投资总额： 31000 万元 RMB
项目性质： 新建
进展阶段： 编制项目申请报告
申报方式： 核准制
审批机关： 省级发改委
主管单位： 安徽省合肥市发展和改革委员会
建设周期： 2008 年至 2009 年
企业性质： 国有
关键设备： 发电机、汽轮机、锅炉、仪器仪表、自动化控制系统。

项目简介

该项目位于安徽省合肥市长丰县，建设 3 台 75 吨每小时秸秆燃烧的次高温次高压锅炉，配 2 台 12 兆瓦抽凝式汽轮发电机组。拟以燃用小麦、油菜和玉米秸秆为主，可掺烧少量的果木枝条等木质燃料。项目投产后，预计年发电量 1.566 亿千瓦时，年供电量 1.325 亿千瓦时，年供热量 276738 吉焦。

工程总投资 3.1 亿元。

联系方式

建设单位： 安徽省合肥市发展和改革委员会
联系电话： 0551-3538416
联系传真： 0551-3538416
通信地址： 安徽省合肥市东流路 100 号
邮政编码： 230001
咨询单位： 安徽省电力设计院
联系电话： 0551-3709114/3636517
联系传真： 0551-3633286
通信地址： 安徽省合肥市金寨路 122 号
邮政编码： 230022

项目名称 华电宿州生物质能发电（一期）项目

项目概况

投资总额：28000 万元 RMB
项目性质：新建
进展阶段：开工在建
申报方式：核准制
审批机关：国家发改委
主管单位：中国华电集团公司
建设周期：2007 年至 2008 年
企业性质：股份制
关键设备：发电机、汽轮机、锅炉、仪器仪表、自动化控制系统。

项目简介

华电宿州生物质能发电项目是中国华电第一个完全利用生物秸秆发电的新型环保清洁能源项目，位于安徽省宿州市经济技术开发区金泰南路区域，规划总装机容量 5 万千瓦，项目总投资 5 亿多元，分期实施。

该项目为一期工程，建设 2 台 12.5 兆瓦发电机组，建成后年利用秸秆 20 万吨。

工程总投资 2.8 亿元。

联系方式

建设单位：华电宿州生物质能发电有限公司
联系电话：0557-3689678
联系传真：0557-3689700
通信地址：安徽省宿州市经济技术开发区金泰南路 28 号
邮政编码：234000
咨询单位：安徽省电力设计院
联系电话：0551-3709114/3636517
联系传真：0551-3633286
通信地址：安徽省合肥市金寨路 122 号
邮政编码：230022

项目名称 兰考县秸秆热电项目

项目概况

投资总额：21300 万元 RMB
项目性质：新建
进展阶段：开工在建
申报方式：核准制
审批机关：国家发改委
主管单位：山东鲁能建设集团有限公司
建设周期：2007 年至 2008 年
企业性质：股份制
关键设备：发电机、汽轮机、锅炉、仪器仪表、自动化控制系统。

项目简介

该项目位于河南省开封市兰考县兰兴工业区韩村南侧，建设 2 台 12 兆瓦发电机组，采用抽汽凝气式机组，配置 2 台每小时 75 吨中温中压秸秆直燃锅炉，年消耗黄色秸杆 19 万吨。

工程总投资 2.13 亿元。

联系方式

建设单位：山东鲁能建设集团有限公司
联系电话：0531-86932483
联系传真：0531-86932034
通信地址：山东省济南市市中区大纬二路 58 号山东新鲁
邮政编码：250001
咨询单位：核工业第五研究设计院
联系电话：0371-67726666
联系传真：0371-67726677
通信地址：河南省郑州市中原东路 96 号
邮政编码：450052

项目名称 沙洋县生物质能秸秆气化发电试点项目

项目概况

投资总额：15000 万元 RMB
项目性质：新建
进展阶段：施工准备
申报方式：核准制
审批机关：省级发改委
主管单位：沙洋县发展和改革局
建设周期：2008 年至 2008 年
企业性质：国有
关键设备：发电机、汽轮机、锅炉、仪器仪表、自动化控制系统。

项目简介

该项目位于湖北省荆门市沙洋县，总装机容量 15 兆瓦。

项目总投资 1.5 亿元。

联系方式

建设单位：沙洋县发展和改革局
联系电话：0724-2376066
联系传真：0724-2376066
通信地址：湖北省荆门市沙洋县
邮政编码：448000
咨询单位：湖北省电力勘测设计院
联系电话：027-65690101/65690102
联系传真：027-65690109
通信地址：湖北省武汉市江汉区红旗渠路 95 号
邮政编码：430024

项目名称 白沙秸秆节煤热电厂（一期）项目

项目概况

投资总额：28000 万元 RMB
项目性质：新建
进展阶段：工程设计
申报方式：核准制
审批机关：省级发改委
主管单位：海南世纪祥光投资有限公司
建设周期：2008 年至 2008 年
企业性质：股份制
关键设备：发电机、汽轮机、锅炉、仪器仪表、自动化控制系统。

项目简介

该项目位于海南省海口市白沙黎族自治县的邦溪工业园区，利用农作物和其它植物秸秆作为原料产生热能发电，选用 3 台每小时 75 吨次高压次高温秸秆燃烧锅炉配置 2 套 15 兆瓦抽汽凝汽式汽轮发电机组。建成后年发电量达 1.8 亿千瓦时，节约标准煤 9.8 万吨，年烧秸秆量 18.1 万吨。

工程总投资 2.8 亿元。

联系方式

建设单位：海南世纪祥光投资有限公司
联系电话：0898-36683697
联系传真：0898-36688575
通信地址：海南省海口市世贸西路诚田国际大厦 A9B
邮政编码：570125
咨询单位：东南大学建筑设计研究院
联系电话：025-83793178
联系传真：025-57713341
通信地址：江苏省南京市四牌楼 2 号
邮政编码：210096

项目名称 军粮城发电厂（五期）扩建脱硫工程

项目概况

投资总额：13000 万元 RMB
项目性质：续建
进展阶段：正在核准
申报方式：核准制
审批机关：国家发改委
主管单位：国家电网公司
建设周期：2008 年至 2009 年
企业性质：股份制
关键设备：脱硫设备、仪器仪表、水处理设备、管道。

项目简介

天津军粮城电厂位于天津市东丽区小东庄乡津塘公路南，目前全厂共 8 台机组，装机容量 100 万千瓦，其中供热机组 20 万千瓦，纯凝机组 80 万千瓦。

该项目为五期脱硫工程，厂址区位于天津市东丽区小东庄镇处，对 2 台 35 万千瓦水冷亚临界供热机组进行烟气脱硫。

工程总投资 1.3 亿元。

联系方式

建设单位：天津军电热电有限公司
联系电话：022-24994411
联系传真：022-24994411
通信地址：天津市东丽区小东庄（天津军粮城发电厂院内）
邮政编码：300300
咨询单位：华北电力设计院工程有限公司
联系电话：010-82281188
联系传真：010-82281800
通信地址：北京市西城区黄寺大街甲 24 号
邮政编码：100011

项目名称 天津大港发电厂燃煤锅炉烟气脱硫工程

项目概况

投资总额：10000 万元 RMB
项目性质：新建
进展阶段：开工在建
申报方式：核准制
审批机关：国家发改委
主管单位：天津大港发电厂
建设周期：2007 年至 2008 年
企业性质：股份制
关键设备：脱硫设备、除尘设备、除雾器、吸收塔、搅拌器、旁路挡板门。

项目简介

该项目位于天津市大港区 3 号院，对 2 台 328.5 兆瓦燃煤锅炉进行整套完整的石灰石—石膏湿法全烟气脱硫。

工程总投资 1 亿元。

联系方式

建设单位：天津大港发电厂
联系电话：022-25904222
联系传真：022-25904222
通信地址：天津市大港区 3 号院
邮政编码：300280
咨询单位：华北电力设计院工程有限公司
联系电话：010-82281188
联系传真：010-82281800
通信地址：北京市西城区黄寺大街甲 24 号
邮政编码：100011

项目名称 天津东北郊热电厂（一期）脱硫工程

项目概况

投资总额： 13000万元RMB
项目性质： 新建
进展阶段： 工程设计
申报方式： 核准制
审批机关： 国家发改委
主管单位： 中国国电集团公司
建设周期： 2008年至2009年
企业性质： 股份制
关键设备： 脱硫设备、仪器仪表、水处理设备、泵、阀。

项目简介

该项目位于天津市东丽区大毕庄镇与华明镇交界处，具体地址位于杨北公路与金钟路交口处的东南侧，距市中心约14千米，规划容量为4台30万千瓦级燃煤供热机组，分两期实施。

该项目为一期脱硫工程，对2台33万千瓦燃煤供热机组进行烟气脱硫。

工程总投资1.3亿元。

联系方式

建设单位： 天津国电津能热电有限公司
联系电话： 022-84850501
联系传真： 022-24226018
通信地址： 天津市东丽区大毕庄
邮政编码： 300240
咨询单位： 华北电力设计院工程有限公司
联系电话： 010-82281188
联系传真： 010-82281800
通信地址： 北京市西城区黄寺大街甲24号
邮政编码： 100011

项目名称 保定南郊热电厂（一期）脱硫脱硝工程

项目概况

投资总额： 13000万元RMB
项目性质： 新建
进展阶段： 正在核准
申报方式： 核准制
审批机关： 国家发改委
主管单位： 中国大唐集团公司
建设周期： 2008年至2009年
企业性质： 股份制
关键设备： 脱硫设备、脱硝设备、除尘设备、仪器仪表。

项目简介

大唐河北省保定南郊热电厂工程位于河北省保定市南环线以南3千米处的清苑县境内，规划建设4台30万千瓦国产燃煤抽气式供热机组，分期实施。工程建成后替代供热区域的分散供热小锅炉430台。

该项目为一期脱硫脱硝工程，对2台30万千瓦国产供热机组进行烟气脱硫脱硝处理。

工程总投资1.3亿元。

联系方式

建设单位： 大唐保定电厂
联系电话： 0312-3305114
联系传真： 0312-3305607
通信地址： 河北省保定市乐凯北大街
邮政编码： 071100
咨询单位： 河北省电力勘测设计研究院
联系电话： 0311-87912222
联系传真： 0311-85064114
通信地址： 河北省石家庄市建华北大街6号
邮政编码： 050031

项目名称 大唐微水发电厂"以大代小"扩建脱硫工程

项目概况

投资总额： 24000万元RMB
项目性质： 改扩建
进展阶段： 正在核准
申报方式： 核准制
审批机关： 国家发改委
主管单位： 中国大唐集团公司
建设周期： 2008年至2010年
企业性质： 股份制
关键设备： 除尘设备、脱硫设备、仪器仪表、自动化控制系统。

项目简介

该项目位于河北省石家庄市井陉县，由中国大唐集团公司出资建设，对2台60万千瓦超临界凝汽式直接空冷发电机组进行烟气脱硫处理，工程安装除尘、脱硫系统，预留脱硝空间。

工程总投资2.4亿元。

联系方式

建设单位： 大唐微水发电厂
联系电话： 0311-87705269
联系传真： 0311-87705269
通信地址： 河北省石家庄市井陉县微水镇
邮政编码： 050300
咨询单位： 河北省电力勘测设计研究院
联系电话： 0311-87912222
联系传真： 0311-85064114
通信地址： 河北省石家庄市建华北大街6号
邮政编码： 050031

项目名称 国华定洲发电厂（二期）脱硫脱硝工程

项目概况

投资总额：25000 万元 RMB
项目性质：续建
进展阶段：开工在建
申报方式：核准制
审批机关：国家发改委
主管单位：国华电力集团公司
建设周期：2007 年至 2010 年
企业性质：股份制
关键设备：脱硫设备、脱硝设备、除尘设备、自动化控制系统、水处理设备。

项目简介

国华定洲发电厂位于河北省定州市开元镇，规划装机容量为 4 台 60 万千瓦。一期 2 台 60 万千瓦国产引进型燃煤发电机组已投产。

该项目为二期脱硫脱硝工程，对 2 台 66 万千瓦空冷超临界燃煤发电机组进行烟气处理，其中脱硝是对 3 号机组进行，4 号机组预留脱硝空间。

工程总投资 2.5 亿元。

联系方式

建设单位：河北国华定洲发电有限责任公司
联系电话：0312-2586886/2586731
联系传真：0312-2586800
通信地址：河北省定洲市开元镇
邮政编码：073000
咨询单位：国华荏原环境工程有限责任公司
联系电话：010-59825222
联系传真：010-59825222
通信地址：北京市海淀区西三环北路 11 号为公桥商务中心 C3 座
邮政编码：100089

项目名称 国华黄骅电厂（二期）脱硫脱硝工程

项目概况

投资总额：22000 万元 RMB
项目性质：续建
进展阶段：开工在建
申报方式：核准制
审批机关：国家发改委
主管单位：国华电力集团公司
建设周期：2008 年至 2009 年
企业性质：股份制
关键设备：脱硫设备、脱硝设备、除尘设备、除雾器、吸收塔、搅拌器。

项目简介

黄骅电厂位于河北省黄骅市黄骅港开发区，规划建设 8 台 60 万千瓦发电机组，分期实施。

该项目为二期脱硫脱硝工程，对 2 台 66 万千瓦水冷超临界燃煤发电机组进行脱硫处理，并对其中 1 台机组安装烟气脱硝装置。

工程总投资 2.2 亿元。

联系方式

建设单位：河北国华沧东发电有限责任公司
联系电话：0317-5765059/5765800
联系传真：0317-5765999
通信地址：河北省黄骅市黄骅港开发区
邮政编码：061113
咨询单位：华北电力设计院工程有限公司
联系电话：010-82281188
联系传真：010-82281800
通信地址：北京市西城区黄寺大街甲 24 号
邮政编码：100011

项目名称 河北建投任丘热电厂（一期）脱硫项目

项目概况

投资总额：13000 万元 RMB
项目性质：新建
进展阶段：正在核准
申报方式：核准制
审批机关：国家发改委
主管单位：河北省建设投资公司
建设周期：2008 年至 2010 年
企业性质：股份制
关键设备：脱硫设备、除尘设备、除雾器、旁路挡板门。

项目简介

河北建投任丘热电厂主要为任丘市城区和油区供应采暖热水，同时对市区及油区企业提供工业蒸汽，规划建设 4 台 30 万千瓦供热机组，分两期实施。

该项目为一期脱硫工程，对新建 2 台 30 万千瓦供热机组进行烟气脱硫处理。

工程总投资 1.3 亿元。

联系方式

建设单位：河北建投任丘热电有限责任公司
联系电话：0317-2211037
联系传真：0317-2211037
通信地址：河北省任丘市电力局电厂办
邮政编码：062550
咨询单位：河北省电力勘测设计研究院
联系电话：0311-87912222
联系传真：0311-85064114
通信地址：河北省石家庄市建华北大街 6 号
邮政编码：050031

项目名称 河北马头发电厂“上大压小”供热脱硫工程

项目概况

投资总额： 12000万元RMB
项目性质： 续建
进展阶段： 正在核准
申报方式： 核准制
审批机关： 国家发改委
主管单位： 国家电网公司
建设周期： 2008年至2009年
企业性质： 股份制
关键设备： 脱硫设备、除尘设备、除雾器、旁路挡板门。

项目简介

该项目即马头电厂六期扩建脱硫工程，位于河北省邯郸市马头镇，对新建2台30万千瓦燃煤供热发电机组进行烟气脱硫处理。

工程总投资1.2亿元。

联系方式

建设单位： 河北马头发电有限责任公司
联系电话： 0310-6272222
联系传真： 0310-6272222
通信地址： 河北省邯郸市马头镇
邮政编码： 056014
咨询单位： 河北省电力勘测设计研究院
联系电话： 0311-87912222
联系传真： 0311-85064114
通信地址： 河北省石家庄市建华北大街6号
邮政编码： 050031

项目名称 蔚县发电厂（一期）脱硫工程（十一五）

项目概况

投资总额： 20000万元RMB
项目性质： 新建
进展阶段： 正在核准
申报方式： 核准制
审批机关： 国家发改委
主管单位： 中国大唐集团公司
建设周期： 2008年至2010年
企业性质： 股份制
关键设备： 脱硫设备、除尘设备、除雾器、吸收塔、搅拌器。

项目简介

蔚县发电厂位于河北省张家口市蔚县县城东南约5千米处，北距张家口市150千米，东距北京直线距离140千米，规划建设4台60万千瓦级超临界燃煤发电机组。

该项目为一期脱硫工程，对新建2台66万千瓦超临界直接空冷燃煤发电机组进行烟气脱硫处理。

工程总投资2亿元。

联系方式

建设单位： 河北蔚州能源综合开发有限公司
联系电话： 0313-7213163/7213162
联系传真： 0313-7212230
通信地址： 河北省张家口市蔚县蔚州镇206号
邮政编码： 075700
咨询单位： 华北电力设计院工程有限公司
联系电话： 010-82281188
联系传真： 010-82281800
通信地址： 北京市西城区黄寺大街甲24号
邮政编码： 100011

项目名称 下花园发电厂（六期）脱硫工程

项目概况

投资总额： 24000万元RMB
项目性质： 改扩建
进展阶段： 编制项目申请报告
申报方式： 核准制
审批机关： 国家发改委
主管单位： 中国大唐集团公司
建设周期： 2008年至2010年
企业性质： 国有
关键设备： 脱硫设备、除尘设备、水处理设备、仪器仪表。

项目简介

下花园发电厂位于河北省张家口市下花园区内，是大唐国际发电股份有限公司的直属发电企业。

该项目为六期脱硫工程，对2台60万千瓦间接空冷超临界国产燃煤机组进行烟气脱硫。

工程总投资2.4亿元。

联系方式

建设单位： 下花园发电厂
联系电话： 0313-8632534
联系传真： 0313-8632950
通信地址： 河北省张家口市下花园区民胜路1号
邮政编码： 075311
咨询单位： 华北电力设计院工程有限公司
联系电话： 010-82281188
联系传真： 010-82281800
通信地址： 北京市西城区黄寺大街甲24号
邮政编码： 100011

项目名称 古交发电厂（二期）脱硫工程

项目概况

投资总额：20000万元RMB
项目性质：续建
进展阶段：正在核准
申报方式：核准制
审批机关：国家发改委
主管单位：山西兴能发电有限责任公司
建设周期：2008年至2009年
企业性质：股份制
关键设备：脱硫设备、除尘设备、除雾器、吸收塔、搅拌器、旁路挡板门。

项目简介

古交发电厂工程位于山西省古交市，距省会太原市50千米，规划装机容量300万千瓦。一期安装2台30万千瓦国产直接空冷、脱硫、燃中煤发电机组，总投资26.3亿元，已经投运。

该项目为二期脱硫工程，对2台60万千瓦燃煤发电机组进行烟气脱硫处理。

工程总投资2亿元。

联系方式

建设单位：山西兴能发电有限责任公司
联系电话：0351-5196800
联系传真：0351-5111444
通信地址：山西省古交市金牛大街76号
邮政编码：030200
咨询单位：山西省电力勘测设计院
联系电话：0351-8823900
联系传真：0351-4043561
通信地址：山西省太原市迎泽大街255号
邮政编码：030001

项目名称 国电霍州发电厂“以大代小”脱硫工程

项目概况

投资总额：24000万元RMB
项目性质：改扩建
进展阶段：正在核准
申报方式：核准制
审批机关：国家发改委
主管单位：中国国电集团公司
建设周期：2008年至2010年
企业性质：国有
关键设备：低氮燃烧器、脱硫设备、除尘设备、除雾器、吸收塔、搅拌器、旁路挡板门。

项目简介

该项目位于山西省霍州市辛置镇，对新建2台60万千瓦超临界燃煤空冷发电机组进行烟气脱硫处理，工程采用湿法脱硫除尘技术，建设240米高烟囱，以及石灰石一石膏湿法烟气脱硫装置、低氮燃烧器、除尘器等，预留烟气脱硝空间。

工程总投资2.4亿元。

联系方式

建设单位：国电霍州发电厂
联系电话：0357-5692171
联系传真：0357-5692215
通信地址：山西省霍州市辛置镇
邮政编码：031413
咨询单位：山西省电力勘测设计院
联系电话：0351-8823900
联系传真：0351-4043561
通信地址：山西省太原市迎泽大街255号
邮政编码：030001

项目名称 国电榆次热电厂（一期）脱硫工程

项目概况

投资总额：13000万元RMB
项目性质：新建
进展阶段：开工在建
申报方式：核准制
审批机关：国家发改委
主管单位：中国国电集团公司
建设周期：2007年至2009年
企业性质：股份制
关键设备：脱硫设备、除尘设备、除雾器、吸收塔、搅拌器。

项目简介

国电榆次热电厂项目是晋中市“十一五”时期建设的重点工程，是由中国国电集团公司方面控股投资建设的燃煤热电联产电厂，规划容量为120万千瓦。

该项目为一期脱硫工程，位于山西省晋中市榆次区，对新建2台33万千瓦级亚临界空冷供热机组进行烟气脱硫处理。

工程总投资1.3亿元。

联系方式

建设单位：国电榆次热电厂筹建处
联系电话：0351-6012387
联系传真：0351-6012387
通信地址：山西省太原市晋源区晋祠路三段59号太原第一热电厂扩建处
邮政编码：030021
咨询单位：山西省电力勘测设计院
联系电话：0351-8823900
联系传真：0351-4043561
通信地址：山西省太原市迎泽大街255号
邮政编码：030001

项目名称 侯马2×30万千瓦热电联产扩建脱硫工程

项目概况

投资总额：13000万元RMB
项目性质：新建
进展阶段：编制项目申请报告
申报方式：核准制
审批机关：国家发改委
主管单位：中国电力投资集团公司
建设周期：2008年至2009年
企业性质：股份制
关键设备：脱硫设备、除尘设备、仪器仪表、自动化控制系统。

项目简介

该项目是在拆除侯马热电厂4台25兆瓦机组基础上的异地新建脱硫工程，位于山西省侯马市浍南工业园区，由中国电力投资集团公司和山西漳泽电力股份有限公司共同出资建设，对2台30万千瓦空冷燃煤供热汽轮发电机组进行烟气脱硫处理。

工程总投资1.3亿元。

联系方式

建设单位：侯马热电厂筹建处
联系电话：0357-4232214
联系传真：0357-4232214
通信地址：山西省侯马市浍南工业园区
邮政编码：043001
咨询单位：山西省电力勘测设计院
联系电话：0351-8823900
联系传真：0351-4043561
通信地址：山西省太原市迎泽大街255号
邮政编码：030001

项目名称 娘子关电厂“上大压小”脱硫工程

项目概况

投资总额：40000万元RMB
项目性质：改扩建
进展阶段：编制项目申请报告
申报方式：核准制
审批机关：国家发改委
主管单位：山西漳泽电力股份有限公司
建设周期：2008年至2010年
企业性质：股份制
关键设备：脱硫设备、除尘设备、除雾器、吸收塔、搅拌器、旁路挡板门。

项目简介

娘子关电厂“上大压小”扩建项目是山西省“上大压小、节能减排”首批示范项目。建设2台60万千瓦国产亚临界凝汽式汽轮发电机组，建成后将关停77.3万千瓦小火电机组。

该项目为配套脱硫装置工程，对新建2台60万千瓦国产亚临界凝汽式汽轮发电机组进行烟气脱硫处理，采用石灰石—石膏湿法脱硫工艺。

工程总投资4亿元。

联系方式

建设单位：山西漳泽电力股份有限公司
联系电话：0353-6032222
联系传真：0353-6032222
通信地址：山西省阳泉市平定县娘子关镇
邮政编码：045200
咨询单位：河北省电力勘测设计研究院
联系电话：0311-87912222
联系传真：0311-85064114
通信地址：河北省石家庄市建华北大街6号
邮政编码：050031

项目名称 山西大唐国际定襄发电厂脱硫工程

项目概况

投资总额：40000万元RMB
项目性质：新建
进展阶段：正在核准
申报方式：核准制
审批机关：省级发改委
主管单位：大唐国际发电股份有限公司
建设周期：2009年至2011年
企业性质：股份制
关键设备：脱硫设备、除尘设备、除雾器、吸收塔、搅拌器、旁路挡板门。

项目简介

该项目位于山西省忻州市定襄县东王村，主要对2台100万千瓦的国产超超临界燃煤发电机组进行烟气脱硫处理。

工程总投资4亿元。

联系方式

建设单位：山西大唐国际定襄发电厂筹备处
联系电话：0350-6029600/6025800
联系传真：0350-6025800
通信地址：山西省忻州市定襄县解放路37号
邮政编码：035400
咨询单位：山西省电力勘测设计院
联系电话：0351-8823900
联系传真：0351-4043561
通信地址：山西省太原市迎泽大街255号
邮政编码：030001

项目名称 山西屯留古城电厂（一期）脱硫脱硝工程

项目概况

投资总额： 40000 万元 RMB
项目性质： 新建
进展阶段： 正在核准
申报方式： 核准制
审批机关： 国家发改委
主管单位： 山西国际电力集团有限公司
建设周期： 2008 年至 2011 年
企业性质： 股份制
关键设备： 脱硫设备、除尘设备、仪器仪表、自动化控制系统、水处理设备。

项目简介

山西屯留古城电厂位于山西省长治市屯留县内，为配套潞安古城井田建设大型燃煤坑口火电厂，规划容量 4 台 100 万千瓦超超临界燃煤空冷机组，分期实施。

该项目为一期脱硫脱硝工程，由山西国际电力集团公司和潞安矿业集团公司共同出资，建设对 2 台 100 万千瓦超超临界燃煤空冷机组进行烟气脱硫脱硝处理，采用 1 座 240 米高的烟囱排放烟气，拟装置除尘效率大于 99.7%的三室四电场静电除尘器，并采取湿式石灰石—石膏法烟气脱硫工艺，脱硫效率为 90%。

工程总投资 4 亿元。

联系方式

建设单位： 山西国际电力集团有限公司
联系电话： 0351-3111666
联系传真： 0351-3185235
通信地址： 山西省太原市东辑虎营 37 号
邮政编码： 030009
咨询单位： 中国电力工程顾问集团中南电力设计院
联系电话： 027-67816781
联系传真： 027-87811992
通信地址： 湖北省武汉市武昌区民主路 668 号
邮政编码： 430071

项目名称 朔州 2×20 万千瓦热电联产机组脱硫工程

项目概况

投资总额： 8000 万元 RMB
项目性质： 改扩建
进展阶段： 正在核准
申报方式： 核准制
审批机关： 国家发改委
主管单位： 朔州热电有限责任公司
建设周期： 2008 年至 2009 年
企业性质： 股份制
关键设备： 脱硫设备、除尘设备、仪器仪表、自动化控制系统。

项目简介

该项目位于山西省朔州市朔城区小平易乡木寨村东约 500 米，对 2 台 20 万千瓦直接空冷供热机组进行烟气脱硫处理。

工程总投资 8000 万元。

联系方式

建设单位： 朔州热电有限责任公司
联系电话： 0349-2262032
联系传真： 0349-2202010
通信地址： 山西省朔州市朔城区富甲工业园区 1 号
邮政编码： 036002
咨询单位： 内蒙古电力勘测设计院
联系电话： 0471-6943426/6223421
联系传真： 0471-5973584
通信地址： 内蒙古呼和浩特市锡林南路 209 号
邮政编码： 010020

项目名称 太原第二热电厂（七期）脱硫脱硝工程

项目概况

投资总额： 20000 万元 RMB
项目性质： 续建
进展阶段： 编制项目申请报告
申报方式： 核准制
审批机关： 国家发改委
主管单位： 中国大唐集团公司
建设周期： 2008 年至 2009 年
企业性质： 股份制
关键设备： 脱硫设备、脱硝设备、除尘设备、除雾器、吸收塔、搅拌器。

项目简介

大唐太原第二热电厂七期项目，位于山西省太原市北郊工业区，是大唐集团公司在山西地区战略布局的重要项目，建设 2 台 30 万千瓦国产亚临界空冷供热发电机组。

该项目为七期扩建脱硫脱硝工程，对新建 2 台 30 万千瓦国产亚临界空冷供热发电机组进行烟气脱硫脱硝处理。

工程总投资 2 亿元。

联系方式

建设单位： 大唐太原第二热电厂
联系电话： 0351-5672222
联系传真： 0351-5672214
通信地址： 山西省太原市尖草坪区西流路 5 号
邮政编码： 030021
咨询单位： 山西省电力勘测设计院
联系电话： 0351-8823900
联系传真： 0351-4043561
通信地址： 山西省太原市迎泽大街 255 号
邮政编码： 030001

项目名称 王曲电厂（二期）扩建脱硫脱硝工程

项目概况

投资总额： 40000 万元 RMB
项目性质： 续建
进展阶段： 编制项目申请报告
申报方式： 核准制
审批机关： 国家发改委
主管单位： 山东鲁能建设集团有限公司
建设周期： 2008 年至 2010 年
企业性质： 股份制
关键设备： 脱硫设备、脱硝设备、仪器仪表、自动化控制系统、泵、阀。

项目简介

该项目位于山西省长治市潞城市西偏北约 2 千米，长治市以北 18 千米处，由山东鲁能发展集团有限公司、山东省国际信托投资有限公司和山西国际电力集团有限公司共同出资建设。工程在电厂一期工程的扩建端侧建设，对 2 台 60 万千瓦级超临界燃煤空冷发电机组进行烟气脱硫脱硝处理。

工程总投资 4 亿元。

联系方式

建设单位： 山西鲁晋王曲发电有限责任公司
联系电话： 0355-5992222
联系传真： 0355-5992001
通信地址： 山西省潞城市电厂路 6 号
邮政编码： 047500
咨询单位： 山东电力工程咨询院
联系电话： 0531-85182222/85182000
联系传真： 0531-85936241
通信地址： 山东省济南市闵子骞路 106 号
邮政编码： 250013

项目名称 西上庄煤电一体化电厂脱硫脱硝工程

项目概况

投资总额： 24000 万元 RMB
项目性质： 新建
进展阶段： 编制项目申请报告
申报方式： 核准制
审批机关： 国家发改委
主管单位： 阳泉市南庄煤炭集团有限责任公司
建设周期： 2008 年至 2009 年
企业性质： 股份制
关键设备： 脱硫设备、脱硝设备、除尘设备、除雾器、吸收塔、搅拌器。

项目简介

该项目为西上庄煤电一体化发电工程，位于山西省阳泉市平坦镇西上庄村，距离阳泉市直线距离 14 千米，电厂厂址靠近拟建煤矿，规划建设 2 台 60 万千瓦燃煤发电机组，属典型坑口电站。

该项目为电厂脱硫脱硝工程，对新建 2 台 60 万千瓦燃煤发电机组进行脱硫脱硝处理。

工程总投资 2.4 亿元。

联系方式

建设单位： 阳泉市南庄煤炭集团有限责任公司
联系电话： 0353-2188294/2032175
联系传真： 0353-2188543
通信地址： 山西省阳泉市南庄路 231 号
邮政编码： 045001
咨询单位： 山西省电力勘测设计院
联系电话： 0351-8823900
联系传真： 0351-4043561
通信地址： 山西省太原市迎泽大街 255 号
邮政编码： 030001

项目名称 垣曲五龙热电厂 2×20 万千瓦机组脱硫工程

项目概况

投资总额： 17000 万元 RMB
项目性质： 新建
进展阶段： 编制项目申请报告
申报方式： 核准制
审批机关： 国家发改委
主管单位： 垣曲县五龙热电厂筹备处
建设周期： 2008 年至 2009 年
企业性质： 国有
关键设备： 脱硫设备、仪器仪表、自动化控制系统、水处理设备。

项目简介

该项目已列入山西省"十一五"备选项目，位于山西省运城市垣曲县城区东南约四千米的皋落乡岭回村，对 2 台 20 万千瓦发电机组进行烟气脱硫。

工程总投资 1.7 亿元。

联系方式

建设单位： 垣曲县五龙热电厂筹备处
联系电话： 0359-6029577
联系传真： 0359-6029577
通信地址： 山西省运城市垣曲县
邮政编码： 043700
咨询单位： 山西省电力勘测设计院
联系电话： 0351-8823900
联系传真： 0351-4043561
通信地址： 山西省太原市迎泽大街 255 号
邮政编码： 030001

项目名称 漳泽发电厂改扩建脱硫脱硝工程

项目概况

投资总额： 40000 万元 RMB
项目性质： 续建
进展阶段： 编制项目申请报告
申报方式： 核准制
审批机关： 国家发改委
主管单位： 中国电力投资集团公司
建设周期： 2008 年至 2010 年
企业性质： 股份制
关键设备： 脱硫设备、脱硝设备、除尘设备、仪器仪表。

项目简介

漳泽发电厂位于山西省长治市北郊，毗邻潞安煤田和漳泽水库，是山西和华北电网主力发电厂。一期工程为 2 台 10 万千瓦国产机组，二期工程为 4 台 21 万千瓦前苏联进口机组，都已投产。

该项目为 2 台 100 万千瓦机组扩建脱硫脱硝工程，对 2 台 100 万千瓦级超超临直接空冷燃煤发电机组进行烟气脱硫脱硝处理。

工程总投资 4 亿元。

联系方式

建设单位： 山西漳泽电力股份有限公司
联系电话： 0351-4265109
联系传真： 0351-4265168
通信地址： 山西省太原市五一路 279 号
邮政编码： 030001
咨询单位： 山西省电力勘测设计院
联系电话： 0351-8823900
联系传真： 0351-4043561
通信地址： 山西省太原市迎泽大街 255 号
邮政编码： 030001

项目名称 北方电力海勃湾发电厂（四期）脱硫工程

项目概况

投资总额： 20000 万元 RMB
项目性质： 续建
进展阶段： 编制项目申请报告
申报方式： 核准制
审批机关： 国家发改委
主管单位： 中国国电集团公司
建设周期： 2008 年至 2010 年
企业性质： 国有
关键设备： 脱硫设备、除尘设备、仪器仪表、水处理系统。

项目简介

海勃湾发电厂位于内蒙古乌海市海南区拉僧庙镇，属国有大型企业，是乌海地区最大的火力发电厂，远景规划总装机容量 246 万千瓦，分四期建设。海电现有发电机组 6 台，分别为 2 台 10 万千瓦、2 台 20 万千瓦和 2 台 33 万千瓦，装机容量 126 万千瓦，可年发电 93.82 亿千瓦时。

该项目为四期脱硫工程，对 2 台 60 万千瓦燃煤发电机组进行烟气脱硫。

工程总投资 2 亿元。

联系方式

建设单位： 北方联合电力有限责任公司海勃湾发电厂
联系电话： 0473-4558114
联系传真： 0473-4558114
通信地址： 内蒙古乌海市海南区拉僧庙海勃湾发电厂
邮政编码： 016034
咨询单位： 内蒙古电力勘测设计院
联系电话： 0471-6943426/6223421
联系传真： 0471-5973584
通信地址： 内蒙古呼和浩特市锡林南路 209 号
邮政编码： 010020

项目名称 大板发电厂脱硫工程

项目概况

投资总额： 20000 万元 RMB
项目性质： 新建
进展阶段： 正在核准
申报方式： 核准制
审批机关： 国家发改委
主管单位： 中国电力投资集团公司
建设周期： 2008 年至 2009 年
企业性质： 股份制
关键设备： 脱硫设备、除尘设备、除雾器、吸收塔、搅拌器、旁路挡板门。

项目简介

该项目位于内蒙古自治区巴林右旗大板镇，对新建 2 台 60 万千瓦燃煤空冷发电机组进行烟气脱硫处理。

工程总投资 2 亿元。

联系方式

建设单位： 内蒙古大板发电有限责任公司
联系电话： 0476-5807605
联系传真： 0476-5807605
通信地址： 内蒙古自治区巴林右旗大板镇
邮政编码： 025150
咨询单位： 中国电力工程顾问集团东北电力设计院
联系电话： 0431-85798081
联系传真： 0431-85643157
通信地址： 吉林省长春市人民大街 4368 号
邮政编码： 130021

项目名称 大唐富龙赤峰热电联产脱硫工程

项目概况

投资总额： 15000 万元 RMB
项目性质： 新建
进展阶段： 编制项目申请报告
申报方式： 核准制
审批机关： 国家发改委
主管单位： 赤峰大地基础产业股份有限公司
建设周期： 2008 年至 2009 年
企业性质： 股份制
关键设备： 脱硫设备、除尘设备、除雾器、吸收塔、搅拌器、旁路挡板门。

项目简介

该项目位于内蒙古赤峰市，为赤峰市中心城区采暖供热、热电联产配套热电厂脱硫工程，对新建 2 台 30 万千瓦燃煤供热机组进行烟气脱硫处理。

工程总投资 1.5 亿元。

联系方式

建设单位： 赤峰大地基础产业股份有限公司
联系电话： 0476-2216683/2216622
联系传真： 0476-2216691
通信地址： 内蒙古自治区赤峰市松山区西站大街 8 号
邮政编码： 024005
咨询单位： 中国电力工程顾问集团东北电力设计院
联系电话： 0431-85798081
联系传真： 0431-85643157
通信地址： 吉林省长春市人民大街 4368 号
邮政编码： 130021

项目名称 国电东胜热电厂脱硫项目

项目概况

投资总额： 16000 万元 RMB
项目性质： 新建
进展阶段： 开工在建
申报方式： 核准制
审批机关： 国家发改委
主管单位： 中国国电集团公司
建设周期： 2007 年至 2008 年
企业性质： 股份制
关键设备： 脱硫设备、仪器仪表、泵、阀、自动化控制系统、水处理设备。

项目简介

该项目位于内蒙古自治区鄂尔多斯市东胜区东北侧柴家梁处，距离鄂尔多斯市市中心约 3.5 千米，对 2 台 33 万千瓦国产燃煤空冷供热机组进行烟气脱硫。

工程总投资 1.6 亿元。

联系方式

建设单位： 国电内蒙古东胜热电有限公司
联系电话： 0477-8136018
联系传真： 0477-8136000
通信地址： 内蒙古自治区鄂尔多斯市东胜区富兴北路 18 号
邮政编码： 017000
咨询单位： 国电环境保护研究院
联系电话： 025-58852317
联系传真： 025-58852616
通信地址： 江苏省南京市浦口区浦东路 10 号
邮政编码： 210031

项目名称 国华呼伦贝尔能源（一期）脱硫脱硝工程

项目概况

投资总额： 24000 万元 RMB
项目性质： 新建
进展阶段： 编制项目申请报告
申报方式： 核准制
审批机关： 国家发改委
主管单位： 国华电力集团公司
建设周期： 2008 年至 2010 年
企业性质： 股份制
关键设备： 脱硫设备、脱硝设备、除尘设备、除雾器、吸收塔、搅拌器。

项目简介

国华呼伦贝尔能源项目即宝日希勒发电厂工程，位于内蒙古自治区呼伦贝尔市陈巴尔虎旗境内。规划建设 6 台 60 万千瓦国产燃煤亚临界直接空冷发电机组，分期实施。

该项目为一期脱硫脱硝工程，对新建 2 台 60 万千瓦国产燃煤亚临界直接空冷发电机组进行烟气脱硫脱硝处理。

工程总投资 2.4 亿元。

联系方式

建设单位： 内蒙古国华宝日发电有限责任公司
联系电话： 0470-6767008
联系传真： 0470-8242288
通信地址： 内蒙古自治区海拉尔市
邮政编码： 021000
咨询单位： 中国电力工程顾问集团西北电力设计院
联系电话： 029-88358888
联系传真： 029-88358899
通信地址： 陕西省西安市高新技术产业开发区团结南路 22 号
邮政编码： 710075

项目名称 金山坑口电厂（一期）脱硫工程（十一五）

项目概况

投资总额： 23000万元RMB

项目性质： 新建

进展阶段： 开工在建

申报方式： 核准制

审批机关： 国家发改委

主管单位： 白音华金山发电有限公司

建设周期： 2007年至2008年

企业性质： 股份制

关键设备： 脱硫设备、除尘设备、除雾器、旁路挡板门。

项目简介

白音华金山坑口电厂工程位于内蒙古锡林郭勒盟西乌珠穆沁旗白音华煤电工业园区，规划装机4台60万千瓦空级冷燃煤发电机组，分期实施，并留有再扩建余地。

该项目为一期脱硫工程，对新建2台60万千瓦级空冷燃煤发电机组进行烟气脱硫处理。

工程总投资2.3亿元。

联系方式

建设单位： 白音华金山发电有限公司

联系电话： 0479-3835017

联系传真： 0479-3835017

通信地址： 内蒙古锡林郭勒盟西乌珠穆沁旗白音华煤电工业园区

邮政编码： 026200

咨询单位： 中国电力工程顾问集团东北电力设计院

联系电话： 0431-85798081

联系传真： 0431-85643157

通信地址： 吉林省长春市人民大街4368号

邮政编码： 130021

项目名称 魏家峁煤电一体化电厂（一期）脱硫工程

项目概况

投资总额： 24000万元RMB

项目性质： 新建

进展阶段： 正在核准

申报方式： 核准制

审批机关： 国家发改委

主管单位： 中国国电集团公司

建设周期： 2008年至2010年

企业性质： 股份制

关键设备： 脱硫设备、除尘设备、仪器仪表、水处理设备、自动化控制系统。

项目简介

魏家峁煤电一体化项目位于内蒙古自治区准格尔矿区，规划建设8台60万千瓦发电机组和年产180万吨的露天煤矿，分期实施。

该项目为电厂一期脱硫工程，位于内蒙古鄂尔多斯市准格尔旗龙口镇魏家峁乡，对2台60万千瓦燃煤发电机组进行烟气脱硫，预留脱硝空间。

工程总投资2.4亿元。

联系方式

建设单位： 北方电力魏家峁煤电有限责任公司

联系电话： 0471-5924259/5924262

联系传真： 0471-5923430

通信地址： 内蒙古呼和浩特市南二环赛罕区政府西800米

邮政编码： 010020

咨询单位： 华北电力设计院工程有限公司

联系电话： 010-82281188

联系传真： 010-82281800

通信地址： 北京市西城区黄寺大街甲24号

邮政编码： 100011

项目名称 准格尔矿区酸刺沟矸石电厂脱硫工程

项目概况

投资总额： 12000万元RMB

项目性质： 新建

进展阶段： 正在核准

申报方式： 核准制

审批机关： 国家发改委

主管单位： 北京京能热电股份有限公司

建设周期： 2008年至2009年

企业性质： 股份制

关键设备： 脱硫设备、除尘设备、除雾器、旁路挡板门。

项目简介

准格尔矿区酸刺沟矸石电厂位于内蒙古自治区准格尔旗酸刺沟煤矿附近，属于坑口电厂，建设2台30万千瓦燃煤发电机组。

该项目为脱硫工程，对新建2台30万千瓦燃煤发电机组进行烟气脱硫处理。

工程总投资1.2亿元。

联系方式

建设单位： 北京京能热电股份有限公司

联系电话： 010-88991155

联系传真： 010-88992553

通信地址： 北京市石景山区广宁路10号

邮政编码： 100041

咨询单位： 中国电力工程顾问集团西北电力设计院

联系电话： 029-88358888

联系传真： 029-88358899

通信地址： 陕西省西安市高新技术产业开发区团结南路22号

邮政编码： 710075

项目名称 神华包头煤制烯烃热电站脱硫工程

项目概况

投资总额：6000 万元 RMB
项目性质：新建
进展阶段：开工
申报方式：核准制
审批机关：国家发改委
主管单位：神华包头煤化工有限公司
建设周期：2007 年至 2009 年
企业性质：股份制
关键设备：脱硫设备、除尘设备、除雾器、吸收塔、搅拌器、旁路挡板门。

项目简介

该项目为神华煤制烯烃配套热电站脱硫工程，位于内蒙古自治区包头市九原区工业开发区，对新建 2×50 兆瓦直接空冷抽凝式供热汽轮发电机组进行烟气脱硫。

工程总投资 6000 万元。

联系方式

建设单位：神华包头煤化工有限公司
联系电话：0472-6982852
联系传真：0472-6982872
通信地址：内蒙古包头市九原区工业开发区
邮政编码：014060
咨询单位：浙江浙大网新科技股份有限公司
联系电话：0571-87950588
联系传真：0571-87988110
通信地址：浙江省杭州市文二路 212
邮政编码：310007

项目名称 国电电力庄河电厂（二期）脱硫脱硝工程

项目概况

投资总额：40000 万元 RMB
项目性质：续建
进展阶段：正在核准
申报方式：核准制
审批机关：国家发改委
主管单位：中国国电集团公司
建设周期：2008 年至 2010 年
企业性质：股份制
关键设备：脱硫设备、脱硝设备、除尘设备、除雾器、旁路挡板门。

项目简介

国电电力庄河发电厂位于辽宁省大连东北部庄河市东东南 18 千米的黑岛镇黄圈村附近的海岸，一期建设 2 台 60 万千瓦超临界燃煤机组，已经投产。

该项目为二期脱硫脱硝工程，对新建 2 台 100 万千瓦超超临界燃煤发电机组进行烟气脱硫脱硝处理。工程采用高效静电除尘器以及石灰石湿法脱硫工艺。

工程总投资 4 亿元。

联系方式

建设单位：国电电力大连庄河发电有限责任公司
联系电话：0411-89399100
联系传真：0411-89399100
通信地址：辽宁省大连市庄河黑岛镇
邮政编码：116400
咨询单位：中国电力工程顾问集团东北电力设计院
联系电话：0431-85798081
联系传真：0431-85643157
通信地址：吉林省长春市人民大街 4368 号
邮政编码：130021

项目名称 华能营口热电厂（一期）脱硫脱硝工程

项目概况

投资总额：15000 万元 RMB
项目性质：新建
进展阶段：开工在建
申报方式：核准制
审批机关：国家发改委
主管单位：中国华能集团公司
建设周期：2007 年至 2009 年
企业性质：股份制
关键设备：脱硫设备、脱硝设备、除尘设备、除雾器、吸收塔、搅拌器。

项目简介

华能营口热电厂工程位于辽宁省营口市沿海产业基地，将承担北部、南部 2 个供热区域的部分采暖热负荷和南部供热地区的工业热负荷。项目规划建设 6 台 30 万千瓦级抽气式供热机组，分期实施。拟燃用内蒙古呼伦贝尔盟扎赉诺尔煤和五牧场煤。

该项目为一期脱硫脱硝工程，对新建 2 台 32 万千瓦级国产燃煤发电供热机组进行烟气脱硫脱硝处理，工程采用石灰石—石膏湿法烟气脱硫工艺。

工程总投资 1.5 亿元。

联系方式

建设单位：华能国际电力股份有限公司营口电厂
联系电话：0417-6882222
联系传真：0417-6882130
通信地址：辽宁省营口市经济技术开发区
邮政编码：115007
咨询单位：中国电力工程顾问集团东北电力设计院
联系电话：0431-85798081
联系传真：0431-85643157
通信地址：吉林省长春市人民大街 4368 号
邮政编码：130021

项目名称 清河发电厂（二期）“以大代小”脱硫工程

项目概况

投资总额： 12000 万元 RMB
项目性质： 改扩建
进展阶段： 正在核准
申报方式： 核准制
审批机关： 国家发改委
主管单位： 中国电力投资集团公司
建设周期： 2008 年至 2009 年
企业性质： 股份制
关键设备： 脱硫设备、除尘设备、除雾器、吸收塔、搅拌器、旁路挡板门。

项目简介

该项目位于辽宁省铁岭市清河区，由中国电力国际有限公司投资建设，对新建 1 台 60 万千瓦超临界燃煤发电机组进行烟气脱硫处理，预留脱硝空间。

工程总投资 1.2 亿元。

联系方式

建设单位： 辽宁省清河发电有限责任公司
联系电话： 0410-2112222
联系传真： 0410-2112222
通信地址： 辽宁省铁岭市清河区虹光路 31 号
邮政编码： 112003
咨询单位： 中国电力工程顾问集团东北电力设计院
联系电话： 0431-85798081
联系传真： 0431-85643157
通信地址： 吉林省长春市人民大街 4368 号
邮政编码： 130021

项目名称 长春第三热电厂扩建（一期）脱硫工程

项目概况

投资总额： 20000 万元 RMB
项目性质： 新建
进展阶段： 正在核准
申报方式： 核准制
审批机关： 国家发改委
主管单位： 中国大唐集团公司
建设周期： 2008 年至 2009 年
企业性质： 股份制
关键设备： 脱硫设施、脱硝设施、除尘设施、水处理设施、仪器仪表、控制系统。

项目简介

大唐长春第三热电厂项目位于吉林省长春市经济技术开发区内，是长春市规划的主要热源和电源，属区域性电厂。规划建设 4 台 30 万千瓦机组，分两期建设。

该项目为一期脱硫工程，对 2 台 35 万千瓦机组进行烟气脱硫。

工程总投资 2 亿元。

联系方式

建设单位： 大唐长春第三热电厂工程筹建处
联系电话： 0431-85029703
联系传真： 0431-85029700
通信地址： 吉林省长春市汽车产业开发区
邮政编码： 130021
咨询单位： 中国电力工程顾问集团东北电力设计院
联系电话： 0431-85798081
联系传真： 0431-85643157
通信地址： 吉林省长春市人民大街 4368 号
邮政编码： 130021

项目名称 大唐辽源热电厂扩建脱硫工程

项目概况

投资总额： 13000 万元 RMB
项目性质： 改扩建
进展阶段： 正在核准
申报方式： 核准制
审批机关： 国家发改委
主管单位： 中国大唐集团公司
建设周期： 2008 年至 2010 年
企业性质： 股份制
关键设备： 脱硫设备、除尘设备、仪器仪表、自动化控制系统。

项目简介

该项目位于吉林省辽源市东南郊工农乡五一村，对 2 台 33 万千瓦国产亚临界供热机组进行烟气脱硫处理。

工程总投资 1.3 亿元。

联系方式

建设单位： 大唐辽源热电有限责任公司
联系电话： 0437-3506222
联系传真： 0437-3506045
通信地址： 吉林省辽源市工农乡五一村
邮政编码： 136200
咨询单位： 中国电力工程顾问集团东北电力设计院
联系电话： 0431-85798081
联系传真： 0431-85643157
通信地址： 吉林省长春市人民大街 4368 号
邮政编码： 130021

项目名称 国电龙华白城热电厂“上大压小”脱硫工程

项目概况

投资总额： 8000万元RMB
项目性质： 改扩建
进展阶段： 正在核准
申报方式： 核准制
审批机关： 国家发改委
主管单位： 中国国电集团公司
建设周期： 2008年至2010年
企业性质： 股份制
关键设备： 脱硫设备、除尘设备、水处理设备、仪器仪表、控制系统。

项目简介

国电吉林龙华白城热电厂“上大压小”供热改造工程已纳入白城市“十一五”规划，项目位于吉林省白城市白城热电厂现有厂区东北侧，新征占地18.88平方千米，建成后主要解决白城市区供热面积750万平方米，每小时提供工业蒸汽116吨，同时向白城地区供电。

该项目为配套脱硫工程，对2台20万千瓦超高压凝汽机组进行烟气脱硫。

工程总投资8000万元。

联系方式

建设单位： 国电吉林龙华白城热电厂
联系电话： 0436-3272082
联系传真： 0436-3272081
通信地址： 吉林省白城市电厂路56号
邮政编码： 137000
咨询单位： 吉林省电力勘测设计院
联系电话： 0431-85794480
联系传真： 0431-88915095
通信地址： 吉林省长春市人民大街3850号
邮政编码： 130022

项目名称 华能九台电厂（一期）脱硫工程

项目概况

投资总额： 20000万元RMB
项目性质： 新建
进展阶段： 开工在建
申报方式： 核准制
审批机关： 国家发改委
主管单位： 华能国际电力开发公司
建设周期： 2007年至2009年
企业性质： 股份制
关键设备： 脱硫设备、除尘设备、水处理设备、仪器仪表。

项目简介

华能九台电厂新建工程由华能国际电力开发公司独资建设，位于吉林省九台市，西距长春市48千米，东距吉林市50千米，规划建设4台660兆瓦国产高效超临界机组，分二期实施。

该项目为一期脱硫工程，对2台66万千瓦国产水冷超临界机组进行烟气脱硫。

工程总投资2亿元。

联系方式

建设单位： 华能九台电厂筹建处
联系电话： 0431-82569051
联系传真： 0431-82569070
通信地址： 吉林省九台市土们岭镇
邮政编码： 130033
咨询单位： 中国电力工程顾问集团东北电力设计院
联系电话： 0431-85798081
联系传真： 0431-85643157
通信地址： 吉林省长春市人民大街4368号
邮政编码： 130021

项目名称 吉林四平第二热电厂扩建脱硫项目

项目概况

投资总额： 15000万元RMB
项目性质： 改扩建
进展阶段： 编制项目申请报告
申报方式： 核准制
审批机关： 国家发改委
主管单位： 中国电力投资集团公司
建设周期： 2008年至2009年
企业性质： 三资
关键设备： 脱硫设备、除尘设备、除雾器、吸收塔、搅拌器、旁路挡板门。

项目简介

该项目位于吉林省四平市东郊经济开发区，对新建2台35万千瓦级燃煤发电机组进行烟气脱硫处理。

工程总投资1.5亿元。

联系方式

建设单位： 四平热电有限责任公司
联系电话： 0434-6182222/6182111
联系传真： 0434-6182112
通信地址： 吉林省四平市东郊经济开发区
邮政编码： 136001
咨询单位： 河北省电力勘测设计研究院
联系电话： 0311-87912222
联系传真： 0311-85064114
通信地址： 河北省石家庄市建华北大街6号
邮政编码： 050031

项目名称 松花江热电厂"上大压小"（一期）脱硫工程（十一五）

项目概况

投资总额： 6000 万元 RMB
项目性质： 改扩建
进展阶段： 编制项目申请报告
申报方式： 核准制
审批机关： 国家发改委
主管单位： 中国电力投资集团公司
建设周期： 2008 年至 2009 年
企业性质： 三资
关键设备： 脱硫设备、除尘设备、除雾器、吸收塔、搅拌器、旁路挡板门。

项目简介

松花江热电厂"上大压小"工程原名松花江热电厂扩建工程，位于吉林省吉林市，规划建设 2 台 30 万千瓦燃煤供热发电机组，配装 2 台每小时 1025 吨锅炉，分期实施。

该项目为一期脱硫工程，对新建 1 台 30 万千瓦国产亚临界一次中间再热双抽供热汽轮发电机组进行烟气脱硫处理。

工程总投资 6000 万元。

联系方式

建设单位： 吉林松花江热电厂
联系电话： 0432-2705810
联系传真： 0432-2705810
通信地址： 吉林省吉林市经济技术开发区新力路 1 号
邮政编码： 132019
咨询单位： 河北省电力勘测设计研究院
联系电话： 0311-87912222
联系传真： 0311-85064114
通信地址： 河北省石家庄市建华北大街 6 号
邮政编码： 050031

项目名称 松原市 60 万千瓦热电联产脱硫项目

项目概况

投资总额： 13000 万元 RMB
项目性质： 新建
进展阶段： 编制项目申请报告
申报方式： 核准制
审批机关： 国家发改委
主管单位： 中国电力投资集团公司
建设周期： 2008 年至 2009 年
企业性质： 国有
关键设备： 脱硫设备、仪器仪表、自动化控制系统、检测设备、水处理设备。

项目简介

松原市 60 万千瓦热电联产项目为吉林省松原市重点推进的重大项目，建设 2 台 30 万千瓦供热发电机组。

该项目为脱硫工程，对 2 台 30 万千瓦供热发电机组进行烟气脱硫。

项目总投资 1.3 亿元。

联系方式

建设单位： 吉林省能源交通总公司
联系电话： 0431-85601999
联系传真： 0431-85603208
通信地址： 吉林省长春市人民大街 138-1 号
邮政编码： 130021
咨询单位： 辽宁省电力勘测设计院
联系电话： 024-23147107
联系传真： 024-23500150
通信地址： 辽宁省沈阳市和平区太原南街 224 号
邮政编码： 110005

项目名称 中电投白城电厂（一期）脱硫工程

项目概况

投资总额： 20000 万元 RMB
项目性质： 新建
进展阶段： 正在核准
申报方式： 核准制
审批机关： 国家发改委
主管单位： 中国电力投资集团公司
建设周期： 2008 年至 2010 年
企业性质： 国有
关键设备： 除尘设备、脱硫设备、水处理设备、仪器仪表、自动化控制系统。

项目简介

中电投白城电厂工程位于吉林省白城市区西南约 9 千米处，规划建设 4 台 60 万千瓦级超临界空冷燃煤发电机组，分期实施。工程燃煤采用内蒙古霍林河露天矿业股份有限公司供应的褐煤，年燃煤总量为 451 万吨。

该项目为一期脱硫工程，对 2 台 60 万千瓦级发电机组进行烟气脱硫。工程采用石灰石一石膏湿法脱硫工艺，脱硫效率为 90%以上，年产石膏总量约 9.96 万吨。

工程总投资 2 亿元。

联系方式

建设单位： 吉林省能源交通总公司
联系电话： 0431-85601999
联系传真： 0431-85603208
通信地址： 吉林省长春市人民大街 138-1 号
邮政编码： 130021
咨询单位： 中国电力工程顾问集团东北电力设计院
联系电话： 0431-85798081
联系传真： 0431-85643157
通信地址： 吉林省长春市人民大街 4368 号
邮政编码： 130021

项目名称 大唐哈尔滨第一热电厂脱硫脱硝项目

项目概况

投资总额： 20000 万元 RMB
项目性质： 新建
进展阶段： 正在核准
申报方式： 核准制
审批机关： 国家发改委
主管单位： 中国大唐集团公司
建设周期： 2008 年至 2010 年
企业性质： 股份制
关键设备： 脱硫设备、脱硝设备、仪器仪表、水处理设备、除尘设备。

项目简介

该项目位于黑龙江省哈尔滨市道里区群力乡程家岗区域，对 2 台 30 万千瓦供热机组进行烟气脱硫和脱硝处理。

项目总投资 2 亿元。

联系方式

建设单位： 大唐哈尔滨第一热电有限公司
联系电话： 0451-84195215
联系传真： 0451-84195215
通信地址： 黑龙江省哈尔滨市道里区新发镇建国村
邮政编码： 150078
咨询单位： 黑龙江省电力勘察设计研究院
联系电话： 0451-84647517/53686222
联系传真： 0451-84611727
通信地址： 黑龙江省哈尔滨市道里区买卖街 11 号
邮政编码： 150010

项目名称 大唐国际葫芦岛热电厂脱硫工程

项目概况

投资总额： 13000 万元 RMB
项目性质： 新建
进展阶段： 编制项目申请报告
申报方式： 核准制
审批机关： 国家发改委
主管单位： 中国大唐集团公司
建设周期： 2008 年至 2010 年
企业性质： 股份制
关键设备： 脱硫设备、除尘设备、除雾器、吸收塔、搅拌器、旁路挡板门。

项目简介

大唐国际葫芦岛热电厂，位于辽宁省葫芦岛市经济开发区北港工业区中规划的综合工业园区内，建设 2 台 30 万千瓦亚临界抽凝式燃煤供热发电机组。投运后，将替代供热区域分散小锅炉，有利于改善区域环境空气质量。

该项目为脱硫工程，对电厂新建 2 台 30 万千瓦亚临界抽凝式燃煤供热发电机组进行烟气脱硫处理。

工程总投资 1.3 亿元。

联系方式

建设单位： 辽宁大唐国际葫芦岛热电厂筹建处
联系电话： 0429-2615015
联系传真： 0429-2615004
通信地址： 辽宁省葫芦岛市连山区中央路
邮政编码： 125001
咨询单位： 华北电力设计院工程有限公司
联系电话： 010-82281188
联系传真： 010-82281800
通信地址： 北京市西城区黄寺大街甲 24 号
邮政编码： 100011

项目名称 常熟电厂 2×100 万千瓦机组脱硫工程

项目概况

投资总额： 28000 万元 RMB
项目性质： 改扩建
进展阶段： 正在核准
申报方式： 核准制
审批机关： 国家发改委
主管单位： 中国电力投资集团公司
建设周期： 2008 年至 2010 年
企业性质： 三资
关键设备： 除尘设备、脱硫设备、水处理设备、仪器仪表。

项目简介

常熟发电有限公司扩建工程位于江苏省常熟市常熟经济开发区内，新建 2 台 100 万千瓦级水冷超超临界燃煤汽轮机发电机组。

该项目为脱硫工程，对 2 台 100 万千瓦级水冷超超临界燃煤汽轮机发电机组进行烟气脱硫处理。

工程总投资 2.8 亿元。

联系方式

建设单位： 江苏常熟发电有限公司
联系电话： 0512-52657023
联系传真： 0512-52657023
通信地址： 江苏省常熟市新港镇吴市
邮政编码： 215536
咨询单位： 中国电力工程顾问集团华东电力设计院
联系电话： 021-22015888/22015350
联系传真： 021-62574087/62577326
通信地址： 上海市普陀区武宁路 409 号
邮政编码： 200063

项目名称 大唐南京下关发电厂搬迁扩建脱硫工程

项目概况

投资总额： 30000万元 RMB
项目性质： 改扩建
进展阶段： 正在核准
申报方式： 核准制
审批机关： 国家发改委
主管单位： 中国大唐集团公司
建设周期： 2008年至2010年
企业性质： 国有
关键设备： 脱硫设备、除尘设备、仪器仪表、控制系统。

项目简介

大唐南京电厂搬迁扩建工程位于江苏省南京市栖霞区靖安镇东北端马渡村，建设2台660兆瓦级超超临界燃煤发电机组，项目由大唐集团公司出资建设。

该项目为脱硫工程，对2台66万千瓦级超超临界燃煤发电机组进行烟气脱硫。

工程总投资3亿元。

联系方式

建设单位： 大唐南京下关发电厂
联系电话： 025-58805161
联系传真： 025-58805161
通信地址： 江苏省南京市中山北路576号
邮政编码： 210011
咨询单位： 江苏省电力设计院
联系电话： 025-83300300/83320289
联系传真： 025-86636217
通信地址： 江苏省南京市北京西路22号
邮政编码： 210024

项目名称 国信靖江发电厂（一期）脱硫脱硝工程

项目概况

投资总额： 25000万元 RMB
项目性质： 新建
进展阶段： 正在核准
申报方式： 核准制
审批机关： 国家发改委
主管单位： 江苏省国信集团公司
建设周期： 2008年至2010年
企业性质： 股份制
关键设备： 脱硫设备、脱硝设备、除尘设备、除雾器、旁路挡板门。

项目简介

国信靖江发电厂由江苏省国信资产管理集团有限公司出资80%、江苏华靖资产经营有限公司出资20%合资建设。位于江苏省靖江市经济开发区新港园区，规划总装机容量732万千瓦，分期实施。

该项目为一期脱硫脱硝工程，对新建2台66万千瓦超超临界燃煤发电机组进行脱硫脱硝处理。

工程总投资2.5亿元。

联系方式

建设单位： 江苏国信靖江发电有限公司
联系电话： 0523-84877655/84877677
联系传真： 0523-84877670
通信地址： 江苏省泰州市靖江市靖城镇开发区
邮政编码： 214500
咨询单位： 江苏省电力设计院
联系电话： 025-83300300/83320289
联系传真： 025-86636217
通信地址： 江苏省南京市北京西路22号
邮政编码： 210024

项目名称 华电泗源电厂脱硫脱硝工程

项目概况

投资总额： 40000万元 RMB
项目性质： 新建
进展阶段： 编制项目申请报告
申报方式： 核准制
审批机关： 国家发改委
主管单位： 中国华电集团公司
建设周期： 2008年至2011年
企业性质： 股份制
关键设备： 脱硫设备、脱硝设备、除尘设备、水处理设备、仪器仪表、泵、阀。

项目简介

该项目位于江苏省仪征市新城镇泗源沟，对2台100万千瓦超超临界燃煤发电机组进行脱硫脱硝处理。

工程总投资4亿元。

联系方式

建设单位： 江苏华电扬州发电有限公司
联系电话： 0514-87610441
联系传真： 0514-87610349
通信地址： 江苏省扬州市竹西路158号
邮政编码： 225002
咨询单位： 江苏省电力设计院
联系电话： 025-83300300/83320289
联系传真： 025-86636217
通信地址： 江苏省南京市北京西路22号
邮政编码： 210024

项目名称 华能金陵电厂（二期）脱硫脱硝工程

项目概况

投资总额： 60000万元RMB
项目性质： 续建
进展阶段： 正在核准
申报方式： 核准制
审批机关： 国家发改委
主管单位： 中国华能集团公司
建设周期： 2008年至2010年
企业性质： 股份制
关键设备： 脱硫设备、脱硝设备、除尘设备、仪器仪表、水处理设备。

项目简介

华能金陵发电厂位于江苏省南京市金陵，一期为燃机电厂，建设2台39万千瓦燃气-蒸汽循环发电机组，已经投产。

该项目为二期脱硫脱硝工程，对2台100万千瓦超超临界燃煤发电机组进行烟气脱硫脱硝。采用石灰石—石膏湿法烟气脱硫、SCR低氮燃烧技术。

工程总投资6亿元。

联系方式

建设单位： 华能金陵电厂
联系电话： 025-85728207
联系传真： 025-85728207
通信地址： 江苏省南京市栖霞经济技术开发区
邮政编码： 210034
咨询单位： 中国电力工程顾问集团华东电力设计院
联系电话： 021-22015888/22015350
联系传真： 021-62574087/62577326
通信地址： 上海市普陀区武宁路409号
邮政编码： 200063

项目名称 淮阴电厂“上大压小”热电联产脱硫工程

项目概况

投资总额： 6000万元RMB
项目性质： 改扩建
进展阶段： 正在核准
申报方式： 核准制
审批机关： 国家发改委
主管单位： 江苏省国信集团公司
建设周期： 2008年至2009年
企业性质： 股份制
关键设备： 脱硫设备、除尘设备、除雾器、吸收塔、搅拌器。

项目简介

该项目位于江苏省淮安市，距市区5千米，紧邻洪泽湖、大运河畔，对新建1台30万千瓦级热电联产机组进行烟气脱硫处理。

工程总投资6000万元。

联系方式

建设单位： 江苏淮阴发电有限公司
联系电话： 0517-83588222
联系传真： 0517-83902345
通信地址： 江苏省淮安市西大街200号
邮政编码： 223001
咨询单位： 黑龙江省电力勘察设计研究院
联系电话： 0451-84647517/53686222
联系传真： 0451-84611727
通信地址： 黑龙江省哈尔滨市道里区买卖街11号
邮政编码： 150010

项目名称 江苏国华陈家港电厂（一期）脱硫工程

项目概况

投资总额： 33600万元RMB
项目性质： 新建
进展阶段： 编制项目申请报告
申报方式： 核准制
审批机关： 国家发改委
主管单位： 国华电力集团公司
建设周期： 2008年至2010年
企业性质： 股份制
关键设备： 除尘设备、脱硫设备、仪器仪表、自动化控制系统。

项目简介

江苏国华陈家港电厂位于江苏省盐城市响水县陈家港镇蟒牛村北面，厂址东临黄海，傍依灌河。电厂采用超临界燃煤机组，规划总装机容量6台60万千瓦，分期实施。

该项目为一期脱硫工程，对2台60万千瓦超临界燃煤机组进行烟气脱硫，工程对烟气污染采取的防治措施主要为：静电除尘器除尘；湿式石灰石—石膏法脱硫；低氮燃烧器减少NO_x排放并预留脱硝空间。

工程总投资3.36亿元。

联系方式

建设单位： 江苏国华陈家港发电厂筹建处
联系电话： 0515-86785075
联系传真： 0515-86785053
通信地址： 江苏省盐城市响水县城南大道法院西楼
邮政编码： 224600
咨询单位： 中国电力工程顾问集团华东电力设计院
联系电话： 021-22015888/22015350
联系传真： 021-62574087/62577326
通信地址： 上海市普陀区武宁路409号
邮政编码： 200063

项目名称 射阳港电厂（三期）脱硫脱硝工程

项目概况

投资总额： 20000 万元 RMB
项目性质： 续建
进展阶段： 正在核准
申报方式： 核准制
审批机关： 国家发改委
主管单位： 中国电力投资集团公司
建设周期： 2008 年至 2010 年
企业性质： 股份制
关键设备： 脱硫设备、除尘设备、自动化控制系统。

项目简介

射阳港电厂是目前江苏沿海首座火力发电厂，一期、二期工程总装机容量达 55 万千瓦。

该项目为三期脱硫脱硝工程，对 2 台 66 万千瓦水氢氢级超超临界机组进行烟气脱硫脱硝处理。

工程总投资 2 亿元。

联系方式

建设单位： 江苏射阳港发电有限公司
联系电话： 0515-82200300
联系传真： 0515-82200333
通信地址： 江苏省射阳县射阳港
邮政编码： 224346
咨询单位： 江苏省电力设计院
联系电话： 025-83300300/83320289
联系传真： 025-86636217
通信地址： 江苏省南京市北京西路 22 号
邮政编码： 210024

项目名称 新海发电厂“以大代小”脱硫工程

项目概况

投资总额： 40000 万元 RMB
项目性质： 改扩建
进展阶段： 编制项目申请报告
申报方式： 核准制
审批机关： 国家发改委
主管单位： 江苏新海发电有限公司
建设周期： 2008 年至 2010 年
企业性质： 股份制
关键设备： 脱硫设备、除尘设备、仪器仪表、水处理设备。

项目简介

江苏新海发电厂位于江苏省连云港市古海州城北，占地面积 48.76 万平方米，在原址上“以大代小”扩建 2 台 100 万千瓦机组。

该项目为“以大代小”脱硫工程，对 2 台 100 万千瓦水冷超超临界机组进行烟气脱硫处理。

工程总投资 4 亿元。

联系方式

建设单位： 江苏新海发电有限公司
联系电话： 0518-85282012
联系传真： 0518-85282011
通信地址： 江苏省连云港市海洲区新海路 218 号
邮政编码： 222023
咨询单位： 中国电力工程顾问集团华东电力设计院
联系电话： 021-22015888/22015350
联系传真： 021-62574087/62577326
通信地址： 上海市普陀区武宁路 409 号
邮政编码： 200063

项目名称 大唐乌沙山发电厂（二期）脱硫脱硝工程

项目概况

投资总额： 26000 万元 RMB
项目性质： 续建
进展阶段： 编制项目申请报告
申报方式： 核准制
审批机关： 国家发改委
主管单位： 中国大唐集团公司
建设周期： 2008 年至 2010 年
企业性质： 股份制
关键设备： 仪器仪表、自动化控制系统、泵、阀、脱硫设备、除尘设备。

项目简介

浙江大唐乌沙山发电厂位于浙江省宁波市象山县西周镇东北约 2.5 千米的乌沙山西侧的山前平原上，厂址西北距宁波市约 53 千米，东南距象山县城约 21 千米，北临象山港。

该项目为二期脱硫工程，对 2 台 100 万千瓦的燃煤凝汽式超超临界汽轮发电机组进行烟气脱硫，预留脱硝空间。

工程总投资 2.6 亿元。

联系方式

建设单位： 浙江大唐乌沙山发电厂有限责任公司
联系电话： 0574-65855260
联系传真： 0574-65855200
通信地址： 浙江省宁波市象山县西周镇
邮政编码： 315722
咨询单位： 浙江省电力设计院
联系电话： 0571-88334013
联系传真： 0571-88334012
通信地址： 浙江省杭州市假山路 69 号
邮政编码： 310007

项目名称 国电北仑电厂（三期）扩建脱硫脱硝工程

项目概况

投资总额：116000 万元 RMB
项目性质：续建
进展阶段：开工在建
申报方式：核准制
审批机关：国家发改委
主管单位：国电北仑第一发电有限责任公司
建设周期：2007 年至 2009 年
企业性质：股份制
关键设备：脱硫设备、脱硝设备、除尘设备、除雾器、旁路挡板门。

项目简介

该项目位于浙江省宁波市北仑区新契镇，对 2 台 100 万千瓦超临界燃煤发电机组同步建设脱硫、脱硝、除尘及水处理装置。工程采用烟气湿法脱硫和选择性催化还原法（SCR）脱硝装置，同时采用先进低氮燃烧技术；采用四室五电场高效静电除尘器除尘，是国内首个百万机组同步建设脱硫、脱硝的项目。项目建成后能大大削减二氧化硫和氮氧化物的排放量，成为绿色环保电厂。

工程总投资 11.6 亿元。

联系方式

建设单位：国电北仑第一发电有限责任公司
联系电话：0574-86892542/86893910
联系传真：0574-86893908
通信地址：浙江省宁波市北仑区新契镇
邮政编码：315200
咨询单位：中国电力工程顾问集团华东电力设计院
联系电话：021-22015888/22015350
联系传真：021-62574087/62577326
通信地址：上海市普陀区武宁路 409 号
邮政编码：200063

项目名称 嘉兴发电厂（三期）脱硫工程

项目概况

投资总额：40000 万元 RMB
项目性质：续建
进展阶段：正在核准
申报方式：核准制
审批机关：国家发改委
主管单位：浙江嘉华发电有限责任公司
建设周期：2008 年至 2010 年
企业性质：股份制
关键设备：脱硫设备、除尘设备、仪器仪表、水处理设备、自动化控制系统。

项目简介

该项目位于浙江省平湖市乍浦镇长安桥村，在二期工程南面扩建，对新建 2 台 100 万千瓦超超临界燃煤发电机组进行烟气脱硫。

工程总投资 4 亿元。

联系方式

建设单位：浙江嘉华发电有限责任公司
联系电话：0573-85591482/85592498
联系传真：0573-85591497
通信地址：浙江省嘉兴市乍浦镇金门村
邮政编码：314200
咨询单位：中国电力工程顾问集团华东电力设计院
联系电话：021-22015888/22015350
联系传真：021-62574087/62577326
通信地址：上海市普陀区武宁路 409 号
邮政编码：200063

项目名称 安庆电厂（二期）脱硫工程

项目概况

投资总额：24000 万元 RMB
项目性质：续建
进展阶段：编制项目申请报告
申报方式：核准制
审批机关：国家发改委
主管单位：安徽省能源投资集团有限公司
建设周期：2008 年至 2010 年
企业性质：股份制
关键设备：脱硫设备、除尘设备、仪器仪表、水处理设备。

项目简介

安庆电厂位于安徽省安庆市东郊老峰镇，是支撑安庆“十一五”经济发展的重要项目之一。

该项目为二期扩建脱硫工程，对 2 台 60 万千瓦水冷超超临界燃煤发电机组进行烟气脱硫处理。

工程总投资 2.4 亿元。

联系方式

建设单位：安徽安庆皖江发电有限责任公司
联系电话：0556-5425114
联系传真：0556-5425114
通信地址：安徽省安庆市老峰镇皖江北路 1 号
邮政编码：246008
咨询单位：安徽省电力设计院
联系电话：0551-3709114/3636517
联系传真：0551-3633286
通信地址：安徽省合肥市金寨路 122 号
邮政编码：230022

项目名称 凤台电厂（二期）脱硫工程

项目概况

投资总额： 20000 万元 RMB
项目性质： 续建
进展阶段： 编制项目申请报告
申报方式： 核准制
审批机关： 国家发改委
主管单位： 淮浙煤电有限责任公司
建设周期： 2008 年至 2010 年
企业性质： 股份制
关键设备： 脱硫设备、除尘设备、除雾器、旁路挡板门。

项目简介

凤台电厂位于安徽省淮南市凤台县桂集乡，距淮南市约 40 千米，规划建设 2 台 60 万千瓦和 2 台 66 万千瓦燃煤发电机组，分期实施。

该项目为二期脱硫工程，对 2 台 66 万千瓦燃煤发电机组进行烟气脱硫处理。

工程总投资 2 亿元。

联系方式

建设单位： 淮浙煤电有限责任公司凤台发电公司
联系电话： 0554-8972588
联系传真： 0554-8972502
通信地址： 安徽省淮南市凤台县
邮政编码： 232007
咨询单位： 中国电力工程顾问集团华东电力设计院
联系电话： 021-22015888/22015350
联系传真： 021-62574087/62577326
通信地址： 上海市普陀区武宁路 409 号
邮政编码： 200063

项目名称 国电蚌埠电厂（一期）脱硫工程

项目概况

投资总额： 26000 万元 RMB
项目性质： 新建
进展阶段： 开工在建
申报方式： 核准制
审批机关： 国家发改委
主管单位： 中国国电集团公司
建设周期： 2007 年至 2009 年
企业性质： 股份制
关键设备： 脱硫设备、除尘设备、仪器仪表、控制系统、水处理设备。

项目简介

国电蚌埠发电厂是安徽省"861"重点项目，位于安徽省蚌埠市西南怀远县南部的孝仪乡境内，临近"两淮"煤矿基地，由中国国电集团公司、安徽省能源集团有限公司和蚌埠市建设投资有限公司共同出资建设，规划容量为 4 台 60 万千瓦超临界燃煤发电机组，总投资约 100 亿元。

该项目为一期脱硫工程，对 2 台 60 万千瓦超临界燃煤发电机组进行烟气脱硫。

工程总投资 2.6 亿元。

联系方式

建设单位： 国电蚌埠发电有限公司
联系电话： 0552-8572011
联系传真： 0552-8572011
通信地址： 安徽省蚌埠市怀远县马城镇国电大道 1 号
邮政编码： 233411
咨询单位： 中国电力工程顾问集团华东电力设计院
联系电话： 021-22015888/22015350
联系传真： 021-62574087/62577326
通信地址： 上海市普陀区武宁路 409 号
邮政编码： 200063

项目名称 国电蚌埠电厂（二期）脱硫工程

项目概况

投资总额： 26000 万元 RMB
项目性质： 续建
进展阶段： 编制项目申请报告
申报方式： 核准制
审批机关： 国家发改委
主管单位： 中国国电集团公司
建设周期： 2008 年至 2011 年
企业性质： 股份制
关键设备： 脱硫设备、除尘设备、仪器仪表、控制系统、水处理设备。

项目简介

国电蚌埠发电厂是安徽省"861"重点项目，位于安徽省蚌埠市西南怀远县南部的孝仪乡境内，临近"两淮"煤矿基地，由中国国电集团公司、安徽省能源集团有限公司和蚌埠市建设投资有限公司共同出资建设。规划容量为 4 台 60 万千瓦超临界燃煤发电机组，总投资约 100 亿元。

该项目为二期脱硫工程，对 2 台 60 万千瓦超临界燃煤发电机组进行烟气脱硫处理。

工程总投资 2.6 亿元。

联系方式

建设单位： 国电蚌埠发电有限公司
联系电话： 0552-8572011
联系传真： 0552-8572011
通信地址： 安徽省蚌埠市怀远县马城镇国电大道 1 号
邮政编码： 233411
咨询单位： 中国电力工程顾问集团华东电力设计院
联系电话： 021-22015888/22015350
联系传真： 021-62574087/62577326
通信地址： 上海市普陀区武宁路 409 号
邮政编码： 200063

项目名称 国电铜陵发电厂（一期）脱硫项目

项目概况

投资总额：24000 万元 RMB
项目性质：新建
进展阶段：开工在建
申报方式：核准制
审批机关：国家发改委
主管单位：中国国电集团公司
建设周期：2007 年至 2008 年
企业性质：股份制
关键设备：脱硫设备、水处理设备、仪器仪表、自动化控制系统。

项目简介

国电铜陵发电厂位于安徽省铜陵市铜陵县东联乡（原永丰乡）境内，规划建设规模为 4 台 60 万千瓦发电机组，预计总投资 100 亿元，项目分两期建设。

该项目为一期脱硫工程，对 2 台 60 万千瓦国产超临界水氢氢燃煤发电机组进行烟气脱硫处理。

项目总投资 2.4 亿元。

联系方式

建设单位：国电铜陵发电有限责任公司
联系电话：0562-2805278/8216020
联系传真：0562-8216029
通信地址：安徽省铜陵市东联乡
邮政编码：244153
咨询单位：北京国电龙源环境保护工程有限公司
联系电话：010-83158866
联系传真：010-83158866
通信地址：北京市宣武门外大街 28 号富卓大厦 17 层
邮政编码：100052

项目名称 国投宣城电厂（二期）脱硫脱硝工程

项目概况

投资总额：12000 万元 RMB
项目性质：续建
进展阶段：编制项目申请报告
申报方式：核准制
审批机关：国家发改委
主管单位：国投电力公司
建设周期：2008 年至 2009 年
企业性质：股份制
关键设备：脱硫设备、脱硝设备、水处理设备、仪器仪表、自动化控制系统。

项目简介

该项目位于安徽省宣城市向阳镇国投宣城电厂内，为二期扩建脱硫脱硝工程，对 1 台 60 万千瓦超临界发电机组进行脱硫脱硝处理。

工程总投资 1.2 亿元。

联系方式

建设单位：国投宣城发电有限责任公司
联系电话：0563-2105115/2105111
联系传真：0563-2105100
通信地址：安徽省宣城市向阳镇国投宣城电厂
邮政编码：242052
咨询单位：安徽省电力设计院
联系电话：0551-3709114/3636517
联系传真：0551-3633286
通信地址：安徽省合肥市金寨路 122 号
邮政编码：230022

项目名称 华电六安电厂（二期）脱硫脱硝工程

项目概况

投资总额：30000 万元 RMB
项目性质：续建
进展阶段：正在核准
申报方式：核准制
审批机关：国家发改委
主管单位：中国华电集团公司
建设周期：2008 年至 2010 年
企业性质：股份制
关键设备：水处理设备、脱硫设备、除尘设备、仪器仪表。

项目简介

该项目位于安徽省六安市南部约 10.5 千米的城南镇潘岗村，东距陡步河 200 米，西距 105 国道约 3 千米，西面与补给水取水口的淠河总干渠相距约 4.5 千米，北距六安火车站接轨点约 8.4 千米。拟对 2 台 60 万千瓦超超临界水氢氢冷却发电机组进行烟气脱硫脱硝处理，采用石灰石—石膏湿法烟气脱硫装置，脱硫吸收剂为石灰石粉。

工程总投资 3 亿元。

联系方式

建设单位：安徽华电六安发电有限公司
联系电话：0564-3616002
联系传真：0564-3616000
通信地址：安徽省六安市裕安区城南镇
邮政编码：237003
咨询单位：安徽省电力设计院
联系电话：0551-3709114/3636517
联系传真：0551-3633286
通信地址：安徽省合肥市金寨路 122 号
邮政编码：230022

项目名称 华能巢湖电厂（一期）脱硫工程

项目概况

投资总额：18000 万元 RMB
项目性质：新建
进展阶段：开工在建
申报方式：核准制
审批机关：国家发改委
主管单位：中国华能集团公司
建设周期：2007 年至 2009 年
企业性质：股份制
关键设备：脱硫设备、除尘设备、水处理设备、自动化设备、泵、阀。

项目简介

华能巢湖电厂项目是节约型和环保型项目，位于安徽省巢湖市，项目规划容量为 4 台 60 万千瓦燃煤发电机组。

该项目为一期脱硫工程，对 2 台 60 万千瓦国产超临界燃煤发电机组进行烟气脱硫，工程安装高效静电除尘器和烟气连续监测装置，采用低氮燃煤技术，并预留脱氮空间。

工程总投资 1.8 亿元。

联系方式

建设单位：华能巢湖电厂
联系电话：0565-2857046
联系传真：0565-2853333
通信地址：安徽省巢湖市居巢区夏阁镇东风石矿
邮政编码：238015
咨询单位：北京博奇电力科技有限公司
联系电话：010-58782222
联系传真：010-58698018
通信地址：北京市朝阳区东三环中路 39 号建外 SOHO16 号楼 705 室
邮政编码：100022

项目名称 淮南平圩电厂（三期）扩建脱硫脱硝工程

项目概况

投资总额：40000 万元 RMB
项目性质：续建
进展阶段：正在核准
申报方式：核准制
审批机关：国家发改委
主管单位：中国电力投资集团公司
建设周期：2008 年至 2011 年
企业性质：三资
关键设备：脱硫设备、脱硝设备、水处理设备、泵、阀、仪器仪表。

项目简介

该项目位于安徽省淮南市潘集区平圩镇平圩电厂内，为三期脱硫脱硝工程，对 2 台 100 万千瓦国产超超临界燃煤发电机组进行烟气脱硫和脱硝。

工程总投资 4 亿元。

联系方式

建设单位：淮南平圩发电有限责任公司
联系电话：0554-2522222/2522361
联系传真：0554-2522222
通信地址：安徽省淮南市潘集区平圩镇平圩电厂内
邮政编码：232082
咨询单位：中国电力工程顾问集团华东电力设计院
联系电话：021-22015888/22015350
联系传真：021-62574087/62577326
通信地址：上海市普陀区武宁路 409 号
邮政编码：200063

项目名称 芜湖电厂（五期）脱硫工程

项目概况

投资总额：16000 万元 RMB
项目性质：续建
进展阶段：正在核准
申报方式：核准制
审批机关：国家发改委
主管单位：中国电力投资集团公司
建设周期：2008 年至 2009 年
企业性质：股份制
关键设备：脱硫设备、仪器仪表、除尘设备、自动化控制系统。

项目简介

该项目位于安徽省芜湖市，是芜湖发电厂五期扩建脱硫工程，工程对 2 台 60 万千瓦超临界燃煤发电机组进行烟气脱硫。

工程总投资 1.6 亿元。

联系方式

建设单位：中电投芜湖发电厂
联系电话：0553-5202598/5202316
联系传真：0553-5202222
通信地址：安徽省芜湖市褐山路 115 号
邮政编码：241009
咨询单位：中国电力工程顾问集团华东电力设计院
联系电话：021-22015888/22015350
联系传真：021-62574087/62577326
通信地址：上海市普陀区武宁路 409 号
邮政编码：200063

项目名称 阜阳电厂（二期）扩建脱硫脱硝项目

项目概况

投资总额： 24000 万元 RMB
项目性质： 续建
进展阶段： 正在核准
申报方式： 核准制
审批机关： 国家发改委
主管单位： 华润电力集团公司
建设周期： 2009 年至 2011 年
企业性质： 三资
关键设备： 脱硫设备、脱硝设备、除尘设备、除雾器、旁路挡板门。

项目简介

该项目位于安徽省阜阳市周棚镇，对新建 2 台 60 万千瓦级（推荐 64 万千瓦或 66 万千瓦机组）超超临界水氢氢燃煤发电机组进行烟气脱硫处理。

项目总投资 2.4 亿元。

联系方式

建设单位： 阜阳华润电力有限公司
联系电话： 0558-3682118
联系传真： 0558-3682117
通信地址： 安徽省阜阳市阜涡路 168 号
邮政编码： 236158
咨询单位： 中国电力工程顾问集团华东电力设计院
联系电话： 021-22015888/22015350
联系传真： 021-62574087/62577326
通信地址： 上海市普陀区武宁路 409 号
邮政编码： 200063

项目名称 大唐宁德火电厂（二期）脱硫工程

项目概况

投资总额： 26000 万元 RMB
项目性质： 新建
进展阶段： 正在核准
申报方式： 核准制
审批机关： 国家发改委
主管单位： 中国大唐集团公司
建设周期： 2008 年至 2010 年
企业性质： 股份制
关键设备： 脱硫设备、除尘设备、仪器仪表、水处理设备、自动化控制系统。

项目简介

大唐宁德火电厂位于福建省宁德地区福安市湾坞乡三都澳白马港畔，规划总装机容量 440 万千瓦，分三期建设。其中一期工程建设 2 台 60 万千瓦国产超临界燃煤发电机组，目前已经投产发电。

该项目为二期脱硫工程，对 2 台 66 万千瓦国产超超临界燃煤发电机组进行烟气脱硫，并预留脱硝空间。

工程总投资 2.6 亿元。

联系方式

建设单位： 福建大唐国际宁德发电有限责任公司
联系电话： 0593-6182032
联系传真： 0593-6182020
通信地址： 福建省宁德地区福安市湾坞乡
邮政编码： 355000
咨询单位： 中国电力工程顾问集团华东电力设计院
联系电话： 021-22015888/22015350
联系传真： 021-62574087/62577326
通信地址： 上海市普陀区武宁路 409 号
邮政编码： 200063

项目名称 国电福建南埔电厂（二期）脱硫工程

项目概况

投资总额： 24000 万元 RMB
项目性质： 续建
进展阶段： 正在核准
申报方式： 核准制
审批机关： 国家发改委
主管单位： 中国国电集团公司
建设周期： 2008 年至 2010 年
企业性质： 股份制
关键设备： 脱硫设备、除尘设备、除雾器、吸收塔、搅拌器。

项目简介

国电福建南埔电厂位于福建省泉州市泉港区。规划总装机容量 180 万千瓦，一期工程建设 2 台 30 万千瓦亚临界燃煤脱硫发电机组，二期工程计划建设 2 台 60 万千瓦超临界燃煤发电机组，在场地布置及建设条件上留有继续扩建 4 台 100 万千瓦超超临界燃煤脱硫发电机组的余地。

该项目为二期脱硫工程，对新建 2 台 66 万千瓦级超临界凝汽式发电机组进行烟气脱硫处理，预留脱硝空间。

项目总投资 2.4 亿元。

联系方式

建设单位： 国电泉州发电有限公司
联系电话： 0595-87026028/87026052
联系传真： 0595-87782766
通信地址： 福建省泉州市泉港区南埔
邮政编码： 362804
咨询单位： 中国电力工程顾问集团西南电力设计院
联系电话： 028-84402315
联系传真： 028-84443982
通信地址： 四川省成都市东风路 18 号
邮政编码： 610061

项目名称 国电福州江阴电厂（二期）脱硫脱硝工程

项目概况

投资总额： 40000 万元 RMB
项目性质： 续建
进展阶段： 编制项目申请报告
申报方式： 核准制
审批机关： 国家发改委
主管单位： 中国国电集团公司
建设周期： 2008 年至 2010 年
企业性质： 股份制
关键设备： 脱硫设备、除尘设备、仪器仪表、水处理设备。

项目简介

国电福州江阴电厂二期工程位于福建省福清市江阴半岛东南端，拟在一期工程扩建端建设 2 台 100 万千瓦水冷超超临界燃煤发电机组，并不堵死扩建的可能。工程燃料拟燃用神华烟煤，采用海水直流冷却系统。

该项目为二期脱硫脱硝工程，对 2 台 100 万千瓦水冷超超临界燃煤发电机组进行烟气脱硫脱硝处理，工程采用高效静电除尘器。

工程总投资 4 亿元。

联系方式

建设单位： 国电福州发电有限公司
联系电话： 0591-85969621
联系传真： 0591-85966170
通信地址： 福建省福清市江阴镇口岸园区
邮政编码： 350309
咨询单位： 福建省电力勘测设计院
联系电话： 0591-87816024/87818754
联系传真： 0591-87842832
通信地址： 福建省福州市五四路 268 号
邮政编码： 350003

项目名称 贵溪电厂“上大压小”技改脱硫脱硝工程

项目概况

投资总额： 30000 万元 RMB
项目性质： 改扩建
进展阶段： 编制项目申请报告
申报方式： 核准制
审批机关： 国家发改委
主管单位： 中国电力投资集团公司
建设周期： 2008 年至 2010 年
企业性质： 股份制
关键设备： 脱硫设备、脱硝设备、除尘设备、仪器仪表、自动化控制系统。

项目简介

贵溪发电“以大代小”技改工程是江西省“十一五”经济社会发展规划重大项目。

该项目位于江西省贵溪市贵溪一厂内，对 2 台 60 万千瓦超临界燃煤发电机组进行烟气脱硫脱硝处理，工程安装高效静电除尘器，采用石灰石一石膏湿法脱硫、低氮燃烧器，建设 240 米高烟囱。

工程总投资 3 亿元。

联系方式

建设单位： 中电（江西贵溪）发电有限公司
联系电话： 0701-3755011
联系传真： 0701-3755011
通信地址： 江西省贵溪市雄石路 41 号
邮政编码： 335400
咨询单位： 中国电力工程顾问集团中南电力设计院
联系电话： 027-67816781
联系传真： 027-87811992
通信地址： 湖北省武汉市武昌区民主路 668 号
邮政编码： 430071

项目名称 外高桥电厂（二期）脱硫工程

项目概况

投资总额： 18900 万元 RMB
项目性质： 续建
进展阶段： 开工在建
申报方式： 核准制
审批机关： 国家发改委
主管单位： 中国国电集团公司
建设周期： 2007 年至 2008 年
企业性质： 股份制
关键设备： 脱硫设备、仪器仪表、除尘设备、水处理设备、自动化控制系统。

项目简介

该项目位于上海市浦东新区，是对二期已运行的 2 台 90 万千瓦燃煤机组加设脱硫装置的改造，是国内首套投运的百万级燃煤机组加装脱硫装置。

工程总投资 1.89 亿元。

联系方式

建设单位： 上海外高桥第二发电有限责任公司
联系电话： 021-28988000
联系传真： 021-28988000
通信地址： 上海市浦东新区海徐路 181 号
邮政编码： 200137
咨询单位： 上海电气石川岛电站环保工程有限公司
联系电话： 021-54609666-8001
联系传真： 021-54609666
通信地址： 上海市金都路 3669 号
邮政编码： 201108

项目名称 国电黄金埠电厂（二期）脱硫工程

项目概况

投资总额： 20000 万元 RMB
项目性质： 续建
进展阶段： 编制项目申请报告
申报方式： 核准制
审批机关： 国家发改委
主管单位： 中国国电集团公司
建设周期： 2008 年至 2010 年
企业性质： 股份制
关键设备： 脱硫设备、除尘设备、除雾器、吸收塔、搅拌器。

项目简介

黄金埠电厂位于江西省上饶市余干县黄金埠镇信江河畔，规划总装机容量为 4 台 60 万千瓦，分两期建设，目前一期已经竣工。

该项目为二期脱硫工程，对新建 2 台 60 万千瓦超超临界燃煤发电机组进行烟气脱硫处理。

工程总投资 2 亿元。

联系方式

建设单位： 国电黄金埠发电有限公司
联系电话： 0793-3298050
联系传真： 0793-3298053
通信地址： 江西省上饶市余干县黄金埠镇
邮政编码： 335101
咨询单位： 江西省电力设计院
联系电话： 0791-6372224
联系传真： 0791-6374592
通信地址： 江西省南昌市南京西路 369 号
邮政编码： 330006

项目名称 华能瑞金（赣州）电厂（一期）脱硫工程

项目概况

投资总额： 10000 万元 RMB
项目性质： 新建
进展阶段： 开工在建
申报方式： 核准制
审批机关： 国家发改委
主管单位： 中国华能集团公司
建设周期： 2007 年至 2008 年
企业性质： 股份制
关键设备： 水处理设备、除尘设备、自动化控制系统。

项目简介

华能瑞金（赣州）电厂位于江西省赣州市赣县茅店镇上坝村，厂址距赣县城区 14 千米，铁路专用线长约 41 千米，在赣县车站接轨，规划总装机容量 2 台 35 万千瓦 + 2 台 60 万千瓦，总投资 80 亿元。

该项目为一期脱硫工程，对 2 台 35 万千瓦机组进行烟气脱硫，采用的是高参数、高效率的超临界机组。

项目总投资 1 亿元。

联系方式

建设单位： 华能瑞金（赣州）电厂筹建处
联系电话： 0797-2186986
联系传真： 0797-2186986
通信地址： 江西省赣州市赣县茅店镇
邮政编码： 341100
咨询单位： 江西省电力设计院
联系电话： 0791-6372224
联系传真： 0791-6374592
通信地址： 江西省南昌市南京西路 369 号
邮政编码： 330006

项目名称 大唐东营发电厂（一期）烟气脱硫工程

项目概况

投资总额： 40000 万元 RMB
项目性质： 新建
进展阶段： 正在核准
申报方式： 核准制
审批机关： 国家发改委
主管单位： 山东大唐国际东营发电厂筹建处
建设周期： 2008 年至 2010 年
企业性质： 股份制
关键设备： 脱硫设备、除尘设备、除雾器、搅拌器、石灰石卸料及输送系统、旁路挡板门。

项目简介

大唐东营发电厂工程位于山东省东营市河口区临港工业园内，规划建设 4 台 100 万千瓦超临界燃煤发电机组，燃煤拟由中国神华集团公司提供，电厂一期循环冷却水拟采用直流供水系统，冷却水源为海水。淡水水源为孤北水库，淡水主要供给全厂工业用水、生活和消防用水。

该项目为一期烟气脱硫工程，主要对 2 台 100 万千瓦超临界燃煤发电机组烟气脱硫。

工程总投资 4 亿元。

联系方式

建设单位： 山东大唐国际东营发电厂筹建处
联系电话： 0546-8192901
联系传真： 0546-8192901
通信地址： 山东省东营市东城沂河路怡和家园 13 号
邮政编码： 257091
咨询单位： 中国电力工程顾问集团东北电力设计院
联系电话： 0431-85798081
联系传真： 0431-85643157
通信地址： 吉林省长春市人民大街 4368 号
邮政编码： 130021

项目名称　国电菏泽电厂（四期）脱硫工程

项目概况

投资总额： 26400 万元 RMB
项目性质： 续建
进展阶段： 编制项目申请报告
申报方式： 核准制
审批机关： 国家发改委
主管单位： 中国国电集团公司
建设周期： 2008 年至 2010 年
企业性质： 股份制
关键设备： 脱硫设备、除尘设备、水处理设备、仪器仪表。

项目简介

国电山东菏泽发电厂位于山东省菏泽市，目前运行装机总容量 850 兆瓦，一期工程 1992 年投产。二期由山东电力集团公司、山东省国际信托投资公司、香港中华电力有限公司和法国电力公司中外四方合作组建的山东中华发电有限公司投资，2002 年投产。三期工程 2 台 30 万千瓦供热机组正在建设中。

该项目为四期扩建脱硫工程，对 2 台 66 万千瓦国产水冷超超临界机组进行烟气脱硫。

工程总投资 2.64 亿元。

联系方式

建设单位： 国电菏泽发电有限公司
联系电话： 0530-5362222
联系传真： 0530-5362968
通信地址： 山东省菏泽市菏泽发电厂
邮政编码： 274022
咨询单位： 山东电力工程咨询院
联系电话： 0531-85182222/85182000
联系传真： 0531-85936241
通信地址： 山东省济南市闵子骞路 106 号
邮政编码： 250013

项目名称　国电新泰电厂（一期）脱硫工程

项目概况

投资总额： 24000 万元 RMB
项目性质： 新建
进展阶段： 正在核准
申报方式： 核准制
审批机关： 国家发改委
主管单位： 中国国电集团公司
建设周期： 2008 年至 2009 年
企业性质： 股份制
关键设备： 脱硫设备、除尘设备、水处理设备、仪器仪表、控制系统。

项目简介

国电新泰电厂拟选山东省新泰市大新兴、南羊流两个厂址，规划建设 4 台 660 兆瓦超超临界机组，总投资 100 亿元。

该项目为一期脱硫工程，对 2 台 660 兆瓦水氢氢超超临界发电机组进行烟气脱硫。

工程总投资 2.4 亿元。

联系方式

建设单位： 中国国电集团山东分公司
联系电话： 0531-82638727
联系传真： 0531-82638727
通信地址： 山东省济南市泾三路 17 号鲁能中心 A 座 6 号
邮政编码： 250001
咨询单位： 山东电力工程咨询院
联系电话： 0531-85182222/85182000
联系传真： 0531-85936241
通信地址： 山东省济南市闵子骞路 106 号
邮政编码： 250013

项目名称　华电青岛发电厂（三期）脱硫工程

项目概况

投资总额： 40000 万元 RMB
项目性质： 续建
进展阶段： 正在核准
申报方式： 核准制
审批机关： 国家发改委
主管单位： 华电青岛发电有限公司
建设周期： 2008 年至 2010 年
企业性质： 股份制
关键设备： 脱硫设备、除尘设备、除雾器、吸收塔、搅拌器、旁路挡板门。

项目简介

该项目位于山东省青岛市四方区兴隆路，主要对 2 台 60 万千瓦级热电联产大型供热机组配套建设烟气脱硫、海水淡化和中水处理装置，采用低氮燃烧器，并预留脱硝位置。

工程总投资 4 亿元。

联系方式

建设单位： 华电青岛发电有限公司
联系电话： 0532-81852222
联系传真： 0532-81853500
通信地址： 山东省青岛市四方区兴隆路
邮政编码： 266031
咨询单位： 中国电力工程顾问集团华东电力设计院
联系电话： 021-22015888/22015350
联系传真： 021-62574087/62577326
通信地址： 上海市普陀区武宁路 409 号
邮政编码： 200063

项目名称 华能威海电厂（三期）脱硫工程

项目概况

投资总额：20000万元 RMB
项目性质：续建
进展阶段：编制项目申请报告
申报方式：核准制
审批机关：国家发改委
主管单位：中国华能集团公司
建设周期：2008年至2009年
企业性质：股份制
关键设备：脱硫设备、除尘设备、仪器仪表、自动化控制系统。

项目简介

该项目位于山东省威海市经济技术开发区，对2台66万千瓦超临界燃煤凝汽式发电机组进行烟气脱硫处理。

工程总投资2亿元。

联系方式

建设单位：华能威海发电有限责任公司
联系电话：0631-5909666
联系传真：0631-5909047
通信地址：山东省威海市环翠区海埠路58号
邮政编码：264205
咨询单位：山东电力工程咨询院
联系电话：0531-85182222/85182000
联系传真：0531-85936241
通信地址：山东省济南市闵子骞路106号
邮政编码：250013

项目名称 济南西部热电厂（一期）脱硫工程（十一五）

项目概况

投资总额：10000万元 RMB
项目性质：新建
进展阶段：编制项目申请报告
申报方式：核准制
审批机关：国家发改委
主管单位：中国国电集团公司
建设周期：2008年至2010年
企业性质：国有
关键设备：脱硫设备、水处理设备、仪器仪表、自动化控制系统、泵、阀。

项目简介

该项目为热电联产脱硫工程，位于山东省济南市区西北方向约12千米，槐荫区油牌赵村北侧，对2台30万千瓦亚临界供热机组进行烟气脱硫。

工程总投资1亿元。

联系方式

建设单位：中国国电集团山东分公司
联系电话：0531-82638727
联系传真：0531-82638727
通信地址：山东省济南市经一路88号明珠怡和40层
邮政编码：250001
咨询单位：中国电力工程顾问集团西北电力设计院
联系电话：029-88358888
联系传真：029-88358899
通信地址：陕西省西安市高新技术产业开发区团结南路22号
邮政编码：710075

项目名称 莱城发电厂1号、2号机组脱硫技改工程

项目概况

投资总额：14000万元 RMB
项目性质：改扩建
进展阶段：正在核准
申报方式：核准制
审批机关：国家发改委
主管单位：中国华电集团公司
建设周期：2008年至2009年
企业性质：股份制
关键设备：脱硫设备、除尘设备、除雾器、吸收塔、搅拌器、旁路挡板门。

项目简介

该项目位于山东省莱芜市张家洼镇，采用目前国际上先进的石灰石—石膏湿法烟气脱硫工艺，对1号、2号2台30万千瓦燃煤机组进行烟气脱硫。投产后，脱硫效率在95%以上。

工程总投资1.4亿元。

联系方式

建设单位：华电国际莱城发电厂
联系电话：0634-6262222
联系传真：0634-6262047
通信地址：山东省莱芜市张家洼镇
邮政编码：271100
咨询单位：山东电力工程咨询院
联系电话：0531-85182222/85182000
联系传真：0531-85936241
通信地址：山东省济南市闵子骞路106号
邮政编码：250013

项目名称 淄博2×30万千瓦级供热机组脱硫工程

项目概况

投资总额： 13000万元RMB
项目性质： 续建
进展阶段： 编制项目申请报告
申报方式： 核准制
审批机关： 国家发改委
主管单位： 中国华电集团公司
建设周期： 2008年至2009年
企业性质： 股份制
关键设备： 脱硫设备、除尘设备、除雾器、吸收塔、搅拌器、旁路挡板门。

项目简介

淄博2台30万千瓦级供热机组扩建工程位于山东省淄博市南定镇，建设2台30万千瓦级燃煤供热发电机组，并留有再扩建条件。新机组将依托老厂建设，利用预留的扩建端空地及拆除老厂废旧机组场地，不需新征土地。工程设计为双抽凝汽式汽轮机匹配自然循环汽包炉，采用220千伏电压等级接入系统，水源全部引用城市中水。建设后可替代周边小供热锅炉，实现“以大压小”。

该项目为脱硫工程，对新建2台30万千瓦级燃煤供热发电机组进行烟气脱硫处理。

工程总投资1.3亿元。

联系方式

建设单位： 华电淄博热电有限公司
联系电话： 0533-2980256
联系传真： 0533-2980451
通信地址： 山东省淄博市张南路131号
邮政编码： 255054
咨询单位： 山东电力工程咨询院
联系电话： 0531-85182222/85182000
联系传真： 0531-85936241
通信地址： 山东省济南市闵子骞路106号
邮政编码： 250013

项目名称 华能威海电厂一、二期海水脱硫工程

项目概况

投资总额： 28500万元RMB
项目性质： 改扩建
进展阶段： 开工在建
申报方式： 核准制
审批机关： 省级发改委
主管单位： 中国华能集团公司
建设周期： 2007年至2008年
企业性质： 股份制
关键设备： 脱硫设备、水处理设备、仪器仪表、自动化控制系统。

项目简介

该项目位于山东省威海市环翠区海埠路，对威海电厂一期2台12.5万千瓦机组、二期2台30万千瓦机组工程进行烟气脱硫，工程采用烟气海水脱硫工艺，其中一期机组按照两炉一塔配置，二期机组按照一炉一塔配置，脱硫系统效率均大于90%。脱硫改造后一、二期工程的污染物排放量将会降低为：年排放二氧化硫2440吨、烟尘1516吨、氮氧化物9614吨。

工程总投资2.85亿元。

联系方式

建设单位： 华能威海发电有限责任公司
联系电话： 0631-5909666
联系传真： 0631-5909047
通信地址： 山东省威海市环翠区海埠路58号
邮政编码： 264205
咨询单位： 山东鲁电环保有限公司
联系电话： 0531-83121622/83121621
联系传真： 0531-88110057
通信地址： 山东省济南市华龙路1665号
邮政编码： 250013

项目名称 华电漯河2×30万千瓦热电脱硫工程

项目概况

投资总额： 15000万元RMB
项目性质： 改扩建
进展阶段： 正在核准
申报方式： 核准制
审批机关： 国家发改委
主管单位： 中国华电集团公司
建设周期： 2008年至2010年
企业性质： 股份制
关键设备： 脱硫设备、除尘设备、除雾器、吸收塔、搅拌器、旁路挡板门。

项目简介

华电漯河2台30万千瓦热电工程是河南省“十一五”发展规划的重要电源建设工程。位于河南省漯河市经济开发区境内，建设2台30万千瓦热电机组，电厂燃煤用平顶山烟煤，可接入附近的220千伏变电站，循环水补充水采用城市中水，可同时供应工业和民用采暖热负荷。

该项目为脱硫工程，对新建2台30万千瓦热电机组进行烟气脱硫处理。

工程总投资1.5亿元。

联系方式

建设单位： 漯河电厂筹建处
联系电话： 0395-3189799
联系传真： 0395-3189688
通信地址： 河南省漯河市经济开发区
邮政编码： 462000
咨询单位： 河南省电力勘测设计院
联系电话： 0371-67162222
联系传真： 0371-67449815
通信地址： 河南省郑州市中原西路212号
邮政编码： 450007

项目名称 华能沁北电厂（三期）脱硫脱硝工程

项目概况

投资总额：50000 万元 RMB
项目性质：续建
进展阶段：正在核准
申报方式：核准制
审批机关：国家发改委
主管单位：中国华能集团公司
建设周期：2008 年至 2011 年
企业性质：股份制
关键设备：脱硫设备、除尘设备、仪器仪表、控制系统、水处理设备。

项目简介

该项目位于河南省济源市五龙口镇境内，对 2 台 100 万千瓦超临界燃煤发电机组进行烟气脱硫脱硝。

工程总投资 5 亿元。

联系方式

建设单位：河南华能沁北发电有限责任公司
联系电话：0391-6032189
联系传真：0391-6032189
通信地址：河南省济源市五龙口镇
邮政编码：454662
咨询单位：中国电力工程顾问集团西北电力设计院
联系电话：029-88358888
联系传真：029-88358899
通信地址：陕西省西安市高新技术产业开发区团结南路 22 号
邮政编码：710075

项目名称 华润首阳山电厂（二期）脱硫脱硝工程

项目概况

投资总额：30000 万元 RMB
项目性质：续建
进展阶段：编制项目申请报告
申报方式：核准制
审批机关：国家发改委
主管单位：华润电力集团公司
建设周期：2008 年至 2009 年
企业性质：三资
关键设备：脱硫设备、脱硝设备、除尘设备、水处理设备。

项目简介

该项目位于河南省偃师市首阳山镇，为二期项目的环保工程，由华润电力集团公司投资建设，对 2 台 60 万千瓦水冷超临界燃煤发电机组进行烟气脱硫，在建设烟气脱硫装置的同时增设脱硝装置，节约能源。

工程总投资 3 亿元。

联系方式

建设单位：华润电力首阳山有限公司
联系电话：0379-65096666
联系传真：0379-65096999
通信地址：河南省偃师市首阳山镇
邮政编码：471943
咨询单位：河南省电力勘测设计院
联系电话：0371-67162222
联系传真：0371-67449815
通信地址：河南省郑州市中原西路 212 号
邮政编码：450007

项目名称 华豫电厂（二期）“上大压小”脱硫工程

项目概况

投资总额：20000 万元 RMB
项目性质：续建
进展阶段：开工在建
申报方式：核准制
审批机关：国家发改委
主管单位：中国大唐集团公司
建设周期：2007 年至 2008 年
企业性质：股份制
关键设备：脱硫设备、除尘设备、除雾器、吸收塔、搅拌器、旁路挡板门。

项目简介

该项目位于河南省信阳市平桥镇，对新建 2 台 66 万千瓦超临界燃煤发电机组进行烟气脱硫处理。

工程总投资 2 亿元。

联系方式

建设单位：大唐信阳华豫发电有限责任公司
联系电话：0376-6522222
联系传真：0376-6522333
通信地址：河南省信阳市平桥镇
邮政编码：464100
咨询单位：北京博奇电力科技有限公司
联系电话：010-58782222
联系传真：010-58698018
通信地址：北京市朝阳区东三环中路 39 号建外 SOHO16 号楼 705 室
邮政编码：100022

项目名称 开封火电厂“上大压小”脱硫工程

项目概况

投资总额：20000 万元 RMB
项目性质：改扩建
进展阶段：正在核准
申报方式：核准制
审批机关：国家发改委
主管单位：中国电力投资集团公司
建设周期：2008 年至 2009 年
企业性质：股份制
关键设备：脱硫设备、除尘设备、除雾器、吸收塔、搅拌器、旁路挡板门。

项目简介

该项目是全国第一批“上大压小”的工程之一，位于河南省开封市东郊土柏岗乡厂尚村，对新建 2 台 60 万千瓦燃煤发电机组进行烟气脱硫处理。

工程总投资 2 亿元。

联系方式

建设单位：开封京源发电有限责任公司
联系电话：0378-2902222
联系传真：0378-2902222
通信地址：河南省开封市东郊土柏岗乡厂尚村
邮政编码：475002
咨询单位：北京博奇电力科技有限公司
联系电话：010-58782222
联系传真：010-58698018
通信地址：北京市朝阳区东三环中路 39 号建外 SOHO16 号楼 705 室
邮政编码：100022

项目名称 台塑华阳孟津电厂（一期）脱硫工程

项目概况

投资总额：26000 万元 RMB
项目性质：新建
进展阶段：正在核准
申报方式：核准制
审批机关：国家发改委
主管单位：华阳（洛阳）电业有限公司
建设周期：2008 年至 2010 年
企业性质：三资
关键设备：脱硫设备、除尘设备、除雾器、吸收塔、搅拌器、旁路挡板门。

项目简介

台塑华阳（洛阳）孟津电厂项目位于河南省洛阳市孟津县白鹤镇，规划总装机容量为 6 台 60 万千瓦，分期实施。

该项目为一期脱硫工程，由台湾台塑集团投资建设，对新建 2 台 60 万千瓦超临界燃煤发电机组进行烟气脱硫处理。

工程总投资 2.6 亿元。

联系方式

建设单位：华阳（洛阳）电业有限公司
联系电话：0379-65588990
联系传真：0379-65588988
通信地址：河南省洛阳市涧西区凯旋西路 88 号
邮政编码：471003
咨询单位：河南省电力勘测设计院
联系电话：0371-67162222
联系传真：0371-67449815
通信地址：河南省郑州市中原西路 212 号
邮政编码：450007

项目名称 禹州电厂（二期）脱硫脱硝工程

项目概况

投资总额：30000 万元 RMB
项目性质：续建
进展阶段：正在核准
申报方式：核准制
审批机关：国家发改委
主管单位：中国大唐集团公司
建设周期：2008 年至 2010 年
企业性质：股份制
关键设备：脱硫设备、脱硝设备、仪器仪表、水处理设备。

项目简介

禹州电厂位于河南省禹州市方岗乡，东距禹州市区 9 千米，东南距平禹铁路禹州站 8 千米，紧邻禹登铁路。电厂一期工程 2 台 350 兆瓦亚临界燃煤凝汽式汽轮发电机组于 2001 年全部建成投产，目前生产运行正常。

该项目为二期脱硫脱硝工程，对 2 台 60 万千瓦水氢氢超超临界燃煤发电机组进行烟气脱硫脱硝。

工程总投资 3 亿元。

联系方式

建设单位：大唐许昌龙岗发电有限责任公司
联系电话：0374-8862248
联系传真：0374-8862248
通信地址：河南省禹州市方岗乡
邮政编码：461690
咨询单位：河南省电力勘测设计院
联系电话：0371-67162222
联系传真：0371-67449815
通信地址：河南省郑州市中原西路 212 号
邮政编码：450007

项目名称 2万千瓦黄磷尾气净化脱硫发电项目

项目概况

投资总额：17000万元RMB
项目性质：改扩建
进展阶段：开工在建
申报方式：核准制
审批机关：国家发改委
主管单位：湖北兴发化工集团股份有限公司
建设周期：2007年至2008年
企业性质：股份制
关键设备：发电机组、锅炉、变压器、压缩机、泵、阀、仪器仪表。

项目简介

该项目位于湖北省宜昌市，拟将集团下属三个公司富余黄磷尾气净化脱硫后采用专用内燃机发电，总装机容量2万千瓦，产生的电能用于黄磷生产；发电尾气利用热管余热回收汽包生产蒸汽也用于黄磷生产，总产气能力为每小时15吨；热管余热汽包出来的尾气再用于黄磷原矿烘干。

项目总投资1.7亿元。

联系方式

建设单位：湖北兴发化工集团股份有限公司
联系电话：0717-2581719/6760318
联系传真：0717-2581719
通信地址：湖北省宜昌市兴山县古夫镇昭君路昭君山庄
邮政编码：443000
咨询单位：湖北省化学工业研究设计院
联系电话：027-87439315
联系传真：027-87439566
通信地址：湖北省武汉市洪山区关山一路89号
邮政编码：430074

项目名称 3000千瓦黄磷尾气净化脱硫发电项目

项目概况

投资总额：2880万元RMB
项目性质：改扩建
进展阶段：工程设计
申报方式：核准制
审批机关：国家发改委
主管单位：五峰亚泰化工有限公司
建设周期：2008年至2008年
企业性质：股份制
关键设备：发电机、汽轮机、仪器仪表、自动化控制系统。

项目简介

该项目位于湖北省宜昌市五峰土家族自治县，总装机容量3000千瓦，建设6台500千瓦燃气发电机组。项目建成后，可全部回收黄磷尾气，彻底清除尾气排出对大气造成的污染，同时，年增发电量1900万千瓦时，可缓解公司电力紧张局面。

项目总投资2880万元。

联系方式

建设单位：五峰亚泰化工有限公司
联系电话：0717-5751025/5751366
联系传真：0717-5756356
通信地址：湖北省宜昌市五峰土家族自治县渔洋关镇李家坪村三组
邮政编码：443413
咨询单位：山东胜动燃气发电设计咨询有限公司
联系电话：0546-8831169
联系传真：0546-8831070
通信地址：山东省东营市经济技术开发区丽日湖莒州路西
邮政编码：257081

项目名称 国电长源荆州热电厂脱硫工程

项目概况

投资总额：13000万元RMB
项目性质：新建
进展阶段：开工在建
申报方式：核准制
审批机关：国家发改委
主管单位：中国国电集团公司
建设周期：2007年至2009年
企业性质：股份制
关键设备：脱硫设备、除尘设备、除雾器、吸收塔、搅拌器。

项目简介

国电长源荆州热电厂项目即国电沙市热电厂异地新建工程，位于湖北省荆州市高新技术产业开发区，建设2台30万千瓦级亚临界热电联产机组。

该项目为脱硫工程，对新建2台30万千瓦级亚临界热电联产机组进行烟气脱硫处理，工程采用石灰石—石膏湿法全烟气脱硫工艺。

工程总投资1.3亿元。

联系方式

建设单位：国电长源荆州热电有限公司
联系电话：0716-8132661
联系传真：0716-8132664
通信地址：湖北省荆州市沙市区临江路20号
邮政编码：434001
咨询单位：中国电力工程顾问集团中南电力设计院
联系电话：027-67816781
联系传真：027-87811992
通信地址：湖北省武汉市武昌区民主路668号
邮政编码：430071

项目名称 湖北汉川电厂一、二期烟气脱硫工程

项目概况

投资总额：32515 万元 RMB
项目性质：改扩建
进展阶段：开工在建
申报方式：核准制
审批机关：国家发改委
主管单位：中国国电集团公司
建设周期：2007 年至 2008 年
企业性质：股份制
关键设备：脱硫设备、水处理设备、仪器仪表、自动化控制系统、除尘设备。

项目简介

该项目位于湖北省汉川市曹家台，对汉川电厂一、二期工程（4 台 30 万千瓦）机组进行烟气脱硫改造，工程选用石灰石—石膏湿法脱硫工艺，主要建设内容包括石灰石储存和浆液制备系统、烟气系统、二氧化硫吸收系统、石膏脱水系统、脱硫石膏废水处理系统等，脱硫效率大于 90%。

工程总投资 3.2515 亿元。

联系方式

建设单位：湖北汉新发电有限公司
联系电话：027-83891738
联系传真：027-83891738
通信地址：湖北省汉川市新河镇汉川电厂
邮政编码：431614
咨询单位：浙江浙大网新科技股份有限公司
联系电话：0571-87950588
联系传真：0571-87988110
通信地址：浙江省杭州市文二路 212 号
邮政编码：310007

项目名称 华电黄石"上大压小"热电联产脱硫工程

项目概况

投资总额：6000 万元 RMB
项目性质：改扩建
进展阶段：正在核准
申报方式：核准制
审批机关：省级发改委
主管单位：湖北华电黄石发电股份有限公司
建设周期：2008 年至 2009 年
企业性质：股份制
关键设备：脱硫设备、除尘设备、除雾器、石灰石卸料及输送系统、旁路挡板门。

项目简介

该项目位于湖北省黄石市黄石港区，对新建 1 台 30 万千瓦热电联产燃煤机组进行烟气脱硫处理，并预留脱硝位置。

工程总投资 6000 万元。

联系方式

建设单位：湖北华电黄石发电股份有限公司
联系电话：0714-6224981/6224982
联系传真：0714-6226044
通信地址：湖北市黄石市黄石大道 942 号
邮政编码：435002
咨询单位：中国电力工程顾问集团中南电力设计院
联系电话：027-67816781
联系传真：027-87811992
通信地址：湖北省武汉市武昌区民主路 668 号
邮政编码：430071

项目名称 武汉华能阳逻电厂（四期）扩建脱硫工程

项目概况

投资总额：40000 万元 RMB
项目性质：续建
进展阶段：编制项目申请报告
申报方式：核准制
审批机关：国家发改委
主管单位：中国华能集团公司
建设周期：2008 年至 2010 年
企业性质：股份制
关键设备：脱硫设备、除尘设备、除雾器、吸收塔、搅拌器、旁路挡板门。

项目简介

该项目位于湖北省武汉市新洲区阳逻镇，由武汉华中华能发电公司阳逻电厂开发建设，主要对 2 台 100 万千瓦超临界燃煤发电机组配套建设烟气脱硫处理装置。

工程总投资 4 亿元。

联系方式

建设单位：武汉华中华能发电公司阳逻电厂
联系电话：027-89643169
联系传真：027-89643169
通信地址：湖北省武汉市阳逻经济技术开发区
邮政编码：431415
咨询单位：中国电力工程顾问集团中南电力设计院
联系电话：027-67816781
联系传真：027-87811992
通信地址：湖北省武汉市武昌区民主路 668 号
邮政编码：430071

项目名称 西塞山电厂（二期）脱硫工程

项目概况

投资总额： 20000 万元 RMB
项目性质： 续建
进展阶段： 正在核准
申报方式： 核准制
审批机关： 国家发改委
主管单位： 中国华电集团公司
建设周期： 2008 年至 2010 年
企业性质： 股份制
关键设备： 脱硫设备、除尘设备、除雾塞、吸收塔、搅拌器、旁路挡板门。

项目简介

西塞山电厂位于湖北省黄石市西塞山区王家墩，由中国华电集团公司、美亚电力有限公司、黄石市投资公司三方按比例出资建设，规划总装机容量为 240 万千瓦。一期建设 2 台 30 万千瓦机组，已经开工。

该项目为二期脱硫工程，对新建 2 台 60 万千瓦超临界燃煤发电机组进行烟气脱硫处理。

工程总投资 2 亿元。

联系方式

建设单位： 湖北西塞山发电有限公司
联系电话： 0714-6415307
联系传真： 0714-6415302
通信地址： 湖北黄石市西塞山区王家墩特 8 号
邮政编码： 435001
咨询单位： 中国电力工程顾问集团中南电力设计院
联系电话： 027-67816781
联系传真： 027-87811992
通信地址： 湖北省武汉市武昌区民主路 668 号
邮政编码： 430071

项目名称 大唐金竹山电厂扩建（二期）脱硫工程

项目概况

投资总额： 10000 万元 RMB
项目性质： 续建
进展阶段： 开工在建
申报方式： 核准制
审批机关： 国家发改委
主管单位： 中国大唐集团公司
建设周期： 2007 年至 2008 年
企业性质： 股份制
关键设备： 脱硫设备、除尘设备、仪器仪表、水处理设备。

项目简介

大唐华银金竹山电厂位于湖南省冷水江市，电厂原有 6 台电力机组，总装机容量 60 万千瓦，二期规划建设 2 台 60 万千瓦机组，分步实施。

该项目为二期的 1 台 60 万千瓦机组脱硫工程，对新建 1 台 60 万千瓦超临界汽轮发电机组进行烟气脱硫处理。

工程总投资 1 亿元。

联系方式

建设单位： 大唐华银金竹山发电厂扩建工程二期筹建处
联系电话： 0738-5185241/5185222
联系传真： 0738-5185869
通信地址： 湖南省冷水江市金竹中路 68 号
邮政编码： 417503
咨询单位： 湖南永清脱硫有限公司
联系电话： 0731-4880680/4416867
联系传真： 0731-4880980
通信地址： 湖南省长沙市芙蓉中路 2 段 80 号顺天国际财富中心 17 层
邮政编码： 410005

项目名称 耒阳电厂机组脱硫工程

项目概况

投资总额： 20000 万元 RMB
项目性质： 改扩建
进展阶段： 开工在建
申报方式： 核准制
审批机关： 省级发改委
主管单位： 中国大唐集团公司
建设周期： 2007 年至 2008 年
企业性质： 股份制
关键设备： 脱硫设备、除尘设备、仪器仪表、自动化控制系统。

项目简介

该项目位于湖南省耒阳市振兴路，对耒阳电厂已有 2 台 30 万千瓦、2 台 21 万千瓦机组进行烟气脱硫。

工程总投资 2 亿元。

联系方式

建设单位： 大唐耒阳发电厂
联系电话： 0734-4302000/4302851
联系传真： 0734-4302851
通信地址： 湖南省耒阳市振兴路 185 号
邮政编码： 421800
咨询单位： 湖南永清脱硫有限公司
联系电话： 0731-4880680/4416867
联系传真： 0731-4880980
通信地址： 湖南省长沙市芙蓉中路 2 段 80 号顺天国际财富中心 17 层
邮政编码： 410005

项目名称 煤电一体化电厂（一期）脱硫脱硝工程

项目概况

投资总额： 24000 万元 RMB
项目性质： 新建
进展阶段： 正在核准
申报方式： 核准制
审批机关： 国家发改委
主管单位： 中国大唐集团公司
建设周期： 2008 年至 2009 年
企业性质： 股份制
关键设备： 脱硫设备、脱硝设备、除尘设备、除雾器、吸收塔、搅拌器。

项目简介

大唐华银攸县煤电一体化项目，涉及攸县网岭、湖南坳等两个乡镇，建设华银株洲第二发电厂，以及年产 200 万吨原煤的华源矿业黄兰煤矿。工程由大唐湖南分公司与长沙矿业有限公司合资建设。

该项目为电厂一期脱硫脱硝工程，位于湖南省株洲市攸县，对新建 2 台 60 万千瓦燃煤超临界发电机组进行烟气脱硫脱硝处理。

工程总投资 2.4 亿元。

联系方式

建设单位： 株洲华银火力发电有限公司
联系电话： 0733-8302222/8302333
联系传真： 0733-8302277
通信地址： 湖南省株洲市建设北路 2 号
邮政编码： 412004
咨询单位： 湖南永清脱硫有限公司
联系电话： 0731-4880680/4416867
联系传真： 0731-4880980
通信地址： 湖南省长沙市芙蓉中路 2 段 80 号顺天国际财富中心 17 层
邮政编码： 410005

项目名称 国华惠州大亚湾热电厂（一期）脱硫工程

项目概况

投资总额： 15000 万元 RMB
项目性质： 新建
进展阶段： 编制项目申请报告
申报方式： 核准制
审批机关： 国家发改委
主管单位： 中国神华能源股份有限公司
建设周期： 2008 年至 2012 年
企业性质： 股份制
关键设备： 脱硫设备、除尘设备、除雾器、旁路挡板门。

项目简介

国华惠州大亚湾热电厂位于广东省惠州市南部的大亚湾石油化学工业区，规划容量为 4 台 30 万千瓦发电机组，配套建设码头和脱硫工程。

该项目为一期脱硫工程，对 2 台 30 万千瓦国产亚临界参数热电联产机组进行烟气脱硫。

工程总投资 1.5 亿元。

联系方式

建设单位： 广东国华惠州热电工程筹建处
联系电话： 0752-5586636
联系传真： 0752-5586970
通信地址： 广东省惠州市大亚湾区霞涌镇伟基小区
邮政编码： 516082
咨询单位： 广东省电力设计研究院
联系电话： 020-87756416
联系传真： 020-87766160
通信地址： 广东省广州市东风东路 846 号
邮政编码： 510600

项目名称 平海电厂（一期）脱硫脱硝工程

项目概况

投资总额： 40000 万元 RMB
项目性质： 新建
进展阶段： 正在核准
申报方式： 核准制
审批机关： 国家发改委
主管单位： 广东省粤电集团有限公司
建设周期： 2008 年至 2010 年
企业性质： 股份制
关键设备： 脱硫设备、脱硝设备、除尘设备、除雾器、旁路挡板门。

项目简介

平海电厂是广东省"十一五"规划建设的大型电力项目，也是广东省首批单机容量百万千瓦级的高效能项目。拟建于广东省惠州市惠东县平海镇，厂址位于大亚湾东岸的湖头角，规划建设 6 台 100 万千瓦机组，分期实施，一期拟建 4 台，先上 2 台。

该项目为一期 1 号、2 号机组脱硫脱硝工程，对新建 2 台 100 万千瓦超超临界燃煤发电机组进行烟气脱硫处理，工程采用石灰石—石膏湿法烟气脱硫工艺。

工程总投资 4 亿元。

联系方式

建设单位： 广东惠州平海发电厂有限公司
联系电话： 0752-8399631
联系传真： 0752-8808486
通信地址： 广东省惠州市惠东县平山镇碧甲村
邮政编码： 516363
咨询单位： 上海电气石川岛电站环保工程有限公司
联系电话： 021-54609666-8001
联系传真： 021-54609666
通信地址： 上海市金都路 3669 号
邮政编码： 201108

项目名称 沙角A电厂（三期）脱硫脱硝工程

项目概况

投资总额： 40000万元RMB
项目性质： 续建
进展阶段： 正在核准
申报方式： 核准制
审批机关： 国家发改委
主管单位： 广东省粤电集团有限公司
建设周期： 2008年至2010年
企业性质： 股份制
关键设备： 脱硫设备、脱硝设备、除尘设备、除雾器、旁路挡板门。

项目简介

该项目位于广东省东莞市虎门镇，是沙角A电厂的三期扩建脱硫脱硝工程，对新建2台100万千瓦燃煤发电机组进行脱硫脱硝处理。

项目总投资4亿元。

联系方式

建设单位： 沙角A电厂
联系电话： 0769-85136760
联系传真： 0769-85136763
通信地址： 广东省东莞市虎门镇
邮政编码： 523936
咨询单位： 广东省电力设计研究院
联系电话： 020-87756416
联系传真： 020-87766160
通信地址： 广东省广州市东风东路846号
邮政编码： 510600

项目名称 韶关发电厂（一期）改建脱硫工程

项目概况

投资总额： 24000万元RMB
项目性质： 改扩建
进展阶段： 编制项目申请报告
申报方式： 核准制
审批机关： 国家发改委
主管单位： 广东省粤电集团有限公司
建设周期： 2008年至2010年
企业性质： 股份制
关键设备： 脱硫设备、除尘设备、水处理设备、仪器仪表、自动化控制系统。

项目简介

韶关发电厂改建工程位于广东省韶关市曲江县乌石镇，规划建设4台60万千瓦发电机组，分两期实施。

该项目为一期改建脱硫工程，对2台60万千瓦超临界水冷发电机组进行烟气脱硫，预留脱硝空间。

工程总投资2.4亿元。

联系方式

建设单位： 韶关发电厂
联系电话： 0751-6638088/6632733
联系传真： 0751-6638447
通信地址： 广东省韶关市曲江县乌石镇
邮政编码： 512132
咨询单位： 广东省电力设计研究院
联系电话： 020-87756416
联系传真： 020-87766160
通信地址： 广东省广州市东风东路846号
邮政编码： 510600

项目名称 珠海发电厂（二期）5、6号机组脱硫工程

项目概况

投资总额： 30000万元RMB
项目性质： 续建
进展阶段： 编制项目申请报告
申报方式： 核准制
审批机关： 国家发改委
主管单位： 广东省粤电集团有限公司
建设周期： 2008年至2010年
企业性质： 股份制
关键设备： 脱硫设备、除尘设备、除雾器、旁路挡板门。

项目简介

该项目为珠海发电厂二期5号、6号机组脱硫工程，位于广东省珠海市高栏港经济区，对新建2台100万千瓦级燃煤发电机组进行烟气脱硫处理，预留脱硝空间。

工程总投资3亿元。

联系方式

建设单位： 广东珠海金湾发电有限公司
联系电话： 0756-7718718
联系传真： 0756-7718732
通信地址： 广东省珠海市高栏港经济区
邮政编码： 519000
咨询单位： 广东省电力设计研究院
联系电话： 020-87756416
联系传真： 020-87766160
通信地址： 广东省广州市东风东路846号
邮政编码： 510600

项目名称　国电崇左发电厂（一期）脱硫项目

项目概况

投资总额： 24000 万元 RMB
项目性质： 新建
进展阶段： 正在核准
申报方式： 核准制
审批机关： 国家发改委

主管单位： 中国国电崇左发电有限公司
建设周期： 2008 年至 2010 年
企业性质： 股份制
关键设备： 脱硫设备、除尘设备、除雾器、吸收塔、搅拌器、旁路挡板门。

项目简介

该项目位于广西壮族自治区崇左市江洲区濑湍镇仁良村岜傲屯西南面约 1 千米处，西南距崇左市约 11 千米，西北侧靠近左江，东南侧靠近湘桂铁路，对新建 2 台 60 万千瓦燃煤发电机组进行烟气脱硫处理。

工程总投资 2.4 亿元。

联系方式

建设单位： 中国国电崇左发电有限公司
联系电话： 0771-5509160
联系传真： 0771-5509160
通信地址： 广西壮族自治区南宁市五一东路 29 号
邮政编码： 530031
咨询单位： 中国电力工程顾问集团西南电力设计院
联系电话： 028-84402315/84442216
联系传真： 028-84443982/84402582
通信地址： 四川省成都市东风路 18 号
邮政编码： 610061

项目名称　合山发电厂“上大压小”脱硫脱硝工程

项目概况

投资总额： 24000 万元 RMB
项目性质： 改扩建
进展阶段： 编制项目申请报告
申报方式： 核准制
审批机关： 国家发改委

主管单位： 中国大唐集团公司
建设周期： 2008 年至 2010 年
企业性质： 股份制
关键设备： 脱硫设备、脱硝设备、水处理设备、仪器仪表、自动化控制系统。

项目简介

该项目位于广西壮族自治区合山市红水河左岸，南距南宁市 180 千米，北距柳州市 100 千米，距来宾市 57 千米，是合山电厂“上大压小”脱硫脱硝工程，对 2 台 60 万千瓦级超临界水冷发电机组进行烟气脱硫脱硝处理。

工程总投资 2.4 亿元。

联系方式

建设单位： 大唐桂冠合山发电有限公司
联系电话： 0772-8939813/8939101
联系传真： 0772-8948355
通信地址： 广西壮族自治区合山市电北路 1 号
邮政编码： 546501
咨询单位： 山东电力工程咨询院
联系电话： 0531-85182222/85182000
联系传真： 0531-85936241
通信地址： 山东省济南市闵子骞路 106 号
邮政编码： 250013

项目名称　华电贵港电厂（二期）脱硫脱硝工程

项目概况

投资总额： 40000 万元 RMB
项目性质： 续建
进展阶段： 编制项目申请报告
申报方式： 核准制
审批机关： 国家发改委

主管单位： 中国华电集团公司
建设周期： 2008 年至 2010 年
企业性质： 股份制
关键设备： 脱硫设备、脱硝设备、仪器仪表、锅炉、泵、阀、自动化控制系统。

项目简介

该项目位于广西壮族自治区贵港市市郊，距南宁市 136 千米，地处南宁、柳州、北海、梧州等市的中心位置，对 2 台 100 万千瓦超超临界燃煤火力发电机组进行脱硫脱硝。

工程总投资 4 亿元。

联系方式

建设单位： 中国华电集团贵港发电有限公司
联系电话： 0775-4206688
联系传真： 0775-4206999
通信地址： 广西壮族自治区贵港市中山路贵港发电有限公司
邮政编码： 537100
咨询单位： 山东电力工程咨询院
联系电话： 0531-85182222/85182000
联系传真： 0531-85936241
通信地址： 山东省济南市闵子骞路 106 号
邮政编码： 250013

项目名称 钦州燃煤电厂（二期）脱硫脱硝工程

项目概况

投资总额： 40000 万元 RMB
项目性质： 续建
进展阶段： 正在核准
申报方式： 核准制
审批机关： 国家发改委
主管单位： 国投电力公司
建设周期： 2008 年至 2011 年
企业性质： 股份制
关键设备： 自动化控制系统、水处理设备、泵、阀、脱硫设备。

项目简介

该项目位于广西壮族自治区钦州市南部的钦州港经济开发区鹰岭作业区钦州燃煤电厂预留的二期工程场地内，对 2 台 100 万千瓦超超临界燃煤发电机组进行烟气脱硫脱硝，工程包括烟气脱硫系统、静电除尘器、烟囱等。

工程总投资 4 亿元。

联系方式

建设单位： 国投钦州发电有限公司
联系电话： 0777-3668114
联系传真： 0777-3668114
通信地址： 广西壮族自治区钦州市钦州港区
邮政编码： 535008
咨询单位： 山东电力工程咨询院
联系电话： 0531-85182222/85182000
联系传真： 0531-85936241
通信地址： 山东省济南市闵子骞路 106 号
邮政编码： 250013

项目名称 华能海南东方电厂（一期）脱硫工程

项目概况

投资总额： 14000 万元 RMB
项目性质： 新建
进展阶段： 正在核准
申报方式： 核准制
审批机关： 国家发改委
主管单位： 中国华能集团公司
建设周期： 2008 年至 2009 年
企业性质： 国有
关键设备： 脱硫设备、除尘设备、除雾器、吸收塔、搅拌器、旁路挡板门。

项目简介

华能海南东方电厂是海南省“十一五”规划重点能源项目，是华能海南发电公司全资新建电厂，位于海南省东方市，北距海口 200 多千米，南临三亚约 180 千米，规划建设 4 台 35 万千瓦超临界燃煤发电机组，分期实施。

该项目为一期脱硫工程，对新建 2 台 35 万千瓦超临界燃煤发电机组进行烟气脱硫处理。

工程总投资 1.4 亿元。

联系方式

建设单位： 华能海南东方电厂筹建处
联系电话： 0898-25515766
联系传真： 0898-25515766
通信地址： 海南省东方市华能海南东方电厂筹建处
邮政编码： 572600
咨询单位： 中国电力工程顾问集团中南电力设计院
联系电话： 027-67816781
联系传真： 027-87811992
通信地址： 湖北省武汉市武昌区民主路 668 号
邮政编码： 430071

项目名称 都匀电厂异地改扩建脱硫项目

项目概况

投资总额： 20000 万元 RMB
项目性质： 改扩建
进展阶段： 正在核准
申报方式： 核准制
审批机关： 国家发改委
主管单位： 中国国电集团公司
建设周期： 2008 年至 2009 年
企业性质： 股份制
关键设备： 脱硫设备、除尘设备、除雾器、吸收塔、搅拌器。

项目简介

该项目为都匀电厂以大代小异地扩建脱硫工程，位于贵州省福泉市马场坪镇，对 2 台 60 万千瓦级空冷超临界燃煤发电机组进行烟气脱硫，预留脱硝空间。

工程总投资 2 亿元。

联系方式

建设单位： 国电凯里发电厂
联系电话： 0855-8652222/8652030
联系传真： 0855-8652080
通信地址： 贵州省凯里市沿江路 230 号
邮政编码： 556000
咨询单位： 贵州电力设计研究院
联系电话： 0851-5577828
联系传真： 0851-5577419
通信地址： 贵州省贵阳市遵义路 56 号
邮政编码： 550002

项目名称 国电织金发电厂（一期）脱硫工程

项目概况

投资总额： 24000 万元 RMB
项目性质： 新建
进展阶段： 编制项目申请报告
申报方式： 核准制
审批机关： 国家发改委
主管单位： 中国国电集团公司
建设周期： 2008 年至 2010 年
企业性质： 股份制
关键设备： 脱硫设备、除尘设备、除雾器、吸收塔、搅拌器。

项目简介

国电织金发电厂新建工程位于贵州省毕节市织金县八步镇杨家寨，距县城 24 千米，规划装机容量 240 万千瓦，分期实施。

该项目为一期脱硫工程，对 2 台 60 万千瓦燃煤发电机组进行烟气脱硫处理。

工程总投资 2.4 亿元。

联系方式

建设单位： 国电织金发电厂筹建处
联系电话： 0851-5823898
联系传真： 0851-5823898
通信地址： 贵州省贵阳市新华路
邮政编码： 550001
咨询单位： 中国电力工程顾问集团中南电力设计院
联系电话： 027-67816781
联系传真： 027-87811992
通信地址： 湖北省武汉市武昌区民主路 668 号
邮政编码： 430071

项目名称 华电清镇电厂异地技改脱硫工程

项目概况

投资总额： 20000 万元 RMB
项目性质： 改扩建
进展阶段： 工程设计
申报方式： 核准制
审批机关： 国家发改委
主管单位： 中国华电集团公司
建设周期： 2008 年至 2010 年
企业性质： 股份制
关键设备： 脱硫设备、除尘设备、仪器仪表、控制系统、水处理设备。

项目简介

该项目位于贵州省清镇市王庄布依族苗族乡，是华电清镇电厂异地技改工程，对新建 2 台 60 万千瓦燃煤发电机组进行烟气脱硫处理。

工程总投资 2 亿元。

联系方式

建设单位： 贵州华电清镇发电有限公司
联系电话： 0851-2593000
联系传真： 0851-2593504
通信地址： 贵州省清镇市后午
邮政编码： 551418
咨询单位： 河北省电力勘测设计研究院
联系电话： 0311-87912222
联系传真： 0311-85064114
通信地址： 河北省石家庄市建华北大街 6 号
邮政编码： 050031

项目名称 华润六枝电厂（一期）脱硫工程

项目概况

投资总额： 30000 万元 RMB
项目性质： 新建
进展阶段： 正在核准
申报方式： 核准制
审批机关： 国家发改委
主管单位： 华润电力集团公司
建设周期： 2008 年至 2010 年
企业性质： 三资
关键设备： 除尘设备、脱硫设备、仪器仪表、自动化控制系统、泵、阀。

项目简介

该项目位于贵州省六盘水市六枝特区岩脚镇老坡底村，对新建 2 台 100 万千瓦燃煤发电机组进行烟气脱硫处理。

工程总投资 3 亿元。

联系方式

建设单位： 华润电力六枝电厂筹建处
联系电话： 0851-5562888
联系传真： 0851-5562888
通信地址： 贵州省贵阳市新华路 126 号富中国际广场 19 楼 C 座
邮政编码： 550002
咨询单位： 中国电力工程顾问集团西南电力设计院
联系电话： 028-84402315
联系传真： 028-84443982
通信地址： 四川省成都市东风路 18 号
邮政编码： 610061

项目名称 华电镇雄电厂（一期）脱硫工程（十一五）

项目概况

投资总额： 20000 万元 RMB
项目性质： 新建
进展阶段： 工程设计
申报方式： 核准制
审批机关： 国家发改委

主管单位： 中国华电集团公司
建设周期： 2008 年至 2009 年
企业性质： 股份制
关键设备： 脱硫设备、除尘设备、水处理设备、仪器仪表、自动化控制系统。

项目简介

镇雄电厂是云南电力系统中区域性大型主力火电电源之一，对确保“十一五”期间云电送粤 480 万千瓦和进一步促进云电外送起到积极作用。电厂位于云南省昭通市镇雄县塘房镇，地处“西电东送”中通道和南通道的接合部，具有坑口电厂的优势，规划建设 4 台 60 万千瓦级发电机组，分两期建设。

该项目为一期脱硫工程，对 2 台 60 万千瓦级超临界燃煤发电机组进行烟气脱硫处理。

工程总投资 2 亿元。

联系方式

建设单位： 云南华电镇雄发电有限公司
联系电话： 0870-3133876/3133888
联系传真： 0870-3133887
通信地址： 云南省昭通市镇雄县乌峰镇乌峰路 22 号
邮政编码： 657200
咨询单位： 河北省电力勘测设计研究院
联系电话： 0311-87912222
联系传真： 0311-85064114
通信地址： 河北省石家庄市建华北大街 6 号
邮政编码： 050031

项目名称 灞桥热电厂改扩建脱硫工程

项目概况

投资总额： 20000 万元 RMB
项目性质： 改扩建
进展阶段： 开工在建
申报方式： 核准制
审批机关： 国家发改委

主管单位： 中国大唐集团公司
建设周期： 2007 年至 2008 年
企业性质： 股份制
关键设备： 脱硫设备、除尘设备、仪器仪表、水处理设备。

项目简介

大唐集团灞桥热电厂位于西安市东郊，历经五期扩建，总装机达到 27.3 万千瓦。

该项目为改扩建“上大压小”脱硫工程，对 2 台 30 万千瓦燃煤供热机组进行烟气脱硫处理。

工程总投资 2 亿元。

联系方式

建设单位： 大唐西安灞桥热电有限责任公司
联系电话： 029-83683222
联系传真： 029-83512581
通信地址： 陕西省西安市灞桥区电厂东路 23 号
邮政编码： 710038
咨询单位： 大唐环境科技工程有限公司
联系电话： 010-68928800
联系传真： 010-68928995
通信地址： 北京市海淀区厂洼中路 1 号欣正大厦 6 层
邮政编码： 100089

项目名称 大唐彬长电厂（一期）脱硫工程

项目概况

投资总额： 20000 万元 RMB
项目性质： 新建
进展阶段： 正在核准
申报方式： 核准制
审批机关： 国家发改委

主管单位： 中国大唐集团公司
建设周期： 2008 年至 2009 年
企业性质： 股份制
关键设备： 脱硫设备、除尘设备、除雾器。

项目简介

彬长发电厂是中国大唐集团公司彬长煤电水一体化项目配套建设的火力发电厂，属陕西省“十一五”电力发展规划电源项目，建设 8 台 60 万千瓦亚临界空冷燃煤机组，分期实施。

该项目为一期脱硫工程，位于咸阳市长武县冉店乡，距咸阳市 160 千米，距西安市 180 千米，对新建 2 台 60 万千瓦超临界空冷燃煤机组进行烟气脱硫处理。

工程总投资 2 亿元。

联系方式

建设单位： 彬长煤电一体化项目筹建处
联系电话： 029-82582630
联系传真： 029-82581815
通信地址： 陕西省西安市友谊东路 6 号新兴·翰园 210 室
邮政编码： 710054
咨询单位： 中国电力工程顾问集团西北电力设计院
联系电话： 029-88358888
联系传真： 029-88358899
通信地址： 陕西省西安市高新技术产业开发区团结南路 22 号
邮政编码： 710075

项目名称 国电宝鸡二电厂脱硫脱硝工程（十一五）

项目概况

投资总额：26000 万元 RMB
主管单位：中国国电集团公司
项目性质：改扩建
建设周期：2008 年至 2010 年
进展阶段：正在核准
企业性质：股份制
申报方式：核准制
关键设备：脱硫设备、脱硝设备、除尘设备、除雾器、吸收塔、搅拌器。
审批机关：国家发改委

项目简介

国电宝鸡第二发电厂扩建工程已列入陕西省十一五重点开工项目，位于陕西省宝鸡市凤翔县长青镇，地处宝鸡市东北，东距凤翔县城 19 千米。建设 2 台 66 万千瓦级海勒式间接空冷燃煤机组。

该项目为脱硫工程，对新建 2 台 66 万千瓦级海勒式间接空冷燃煤机组进行烟气脱硫脱硝处理。

工程总投资 2.6 亿元。

联系方式

建设单位：国电宝鸡第二发电厂扩建筹建处
联系电话：0917-3673961
联系传真：0917-3673905
通信地址：陕西省宝鸡市凤翔县长青镇
邮政编码：721405
咨询单位：中国电力工程顾问集团西北电力设计院
联系电话：029-88358888
联系传真：029-88358899
通信地址：陕西省西安市高新技术产业开发区团结南路 22 号
邮政编码：710075

项目名称 华能延安电厂（一期）脱硫工程

项目概况

投资总额：20000 万元 RMB
主管单位：中国华能集团公司
项目性质：新建
建设周期：2008 年至 2010 年
进展阶段：编制项目申请报告
企业性质：股份制
申报方式：核准制
关键设备：脱硫设备、除尘设备、水处理设备、自动化控制系统。
审批机关：国家发改委

项目简介

华能延安电厂位于陕西省延安市富县吉子现乡，规划建设 4 台 60 万千瓦国产燃煤超临界空冷发电机组，总投资 90 亿元，分期实施。

该项目为一期脱硫工程，对 2 台 60 万千瓦国产燃煤超临界空冷发电机组进行烟气脱硫。

工程总投资 2 亿元。

联系方式

建设单位：华能国际电力股份有限公司
联系电话：010-66491999
联系传真：010-66491888
通信地址：北京市西城区复兴门南大街丙 2 号天银大厦 C 段西区
邮政编码：100031
咨询单位：中国电力工程顾问集团西北电力设计院
联系电话：029-88358888
联系传真：029-88358899
通信地址：陕西省西安市高新技术产业开发区团结南路 22 号
邮政编码：710075

项目名称 陕西府谷清水川电厂（二期）脱硫工程

项目概况

投资总额：26000 万元 RMB
主管单位：陕西清水川发电有限公司
项目性质：续建
建设周期：2008 年至 2010 年
进展阶段：编制项目申请报告
企业性质：股份制
申报方式：核准制
关键设备：脱硫设备、除尘设备、除雾器、吸收塔、搅拌器、旁路挡板门。
审批机关：国家发改委

项目简介

陕西府谷清水川电厂位于陕西省榆林市府谷县黄甫镇沟门村，地处晋、陕、蒙三省（区）接壤地带，规划容量为 180 万千瓦，分期实施，一期建设 2 台 30 万千瓦空冷燃煤机组。

该项目为二期脱硫工程，对新建 2 台 60 万千瓦级国产空冷超临界燃煤机组进行烟气脱硫处理。

工程总投资 2.6 亿元。

联系方式

建设单位：陕西清水川发电有限公司
联系电话：0912-8855515/8855511
联系传真：0912-8855538
通信地址：陕西省榆林市府谷县黄甫镇沟门村
邮政编码：710054
咨询单位：中国电力工程顾问集团西北电力设计院
联系电话：029-88358888
联系传真：029-88358899
通信地址：陕西省西安市高新技术产业开发区团结南路 22 号
邮政编码：710075

项目名称 神木电厂（三期）脱硫工程（西电东送）

项目概况

投资总额：20000 万元 RMB
项目性质：续建
进展阶段：正在核准
申报方式：核准制
审批机关：国家发改委
主管单位：国华电力集团公司
建设周期：2008 年至 2010 年
企业性质：股份制
关键设备：脱硫设备、水处理设备、仪器仪表、除尘设备、控制系统。

项目简介

锦界煤电一体化项目位于陕西省榆林市神木县锦界工业园区，是目前国内最具典型意义的“煤电一体化”开发建设项目、陕西省首个“西电东送”的电源点项目，由规划容量 6 台 60 万千瓦的电厂和规划建设总规模为年产原煤 1000 万吨的配套煤矿组成。

该项目为配套电厂三期脱硫工程，对 2 台 60 万千瓦机组进行烟气脱硫。

工程总投资 2 亿元。

联系方式

建设单位：陕西国华锦界能源有限责任公司
联系电话：0912-8551026
联系传真：0912-8551028
通信地址：陕西省榆林市神木县锦界工业园区
邮政编码：719319
咨询单位：中国电力工程顾问集团西北电力设计院
联系电话：029-88358888
联系传真：029-88358899
通信地址：陕西省西安市高新技术产业开发区团结南路 22 号
邮政编码：710075

项目名称 渭河发电厂热电联产技改脱硫工程

项目概况

投资总额：13000 万元 RMB
项目性质：改扩建
进展阶段：开工在建
申报方式：核准制
审批机关：国家发改委
主管单位：中国大唐集团公司
建设周期：2007 年至 2008 年
企业性质：国有
关键设备：脱硫设备、除尘设备、仪器仪表、水处理设备。

项目简介

大唐渭河发电厂位于陕西省咸阳市渭城区正阳镇，西距咸阳市中心 20 千米，南距西安钟楼 17 千米，厂区周边半径 20 千米以内的四个方向均是咸阳、西安重要的经济发展区域，热负荷需求很大，供热覆盖面极广。

该项目为热电联产技改脱硫工程，对 2 台 30 万千瓦亚临界燃煤供热湿冷机组进行烟气脱硫。

工程总投资 1.3 亿元。

联系方式

建设单位：大唐渭河发电厂
联系电话：029-86678136
联系传真：029-86678136
通信地址：陕西省咸阳市渭城区正阳镇
邮政编码：712085
咨询单位：中国电力工程顾问集团西北电力设计院
联系电话：029-88358888
联系传真：029-88358899
通信地址：陕西省西安市高新技术产业开发区团结南路 22 号
邮政编码：710075

项目名称 中电国华 2×10 万千瓦机组烟气脱硫项目

项目概况

投资总额：5000 万元 RMB
项目性质：改扩建
进展阶段：开工在建
申报方式：核准制
审批机关：省级发改委
主管单位：国华电力集团公司
建设周期：2007 年至 2008 年
企业性质：股份制
关键设备：脱硫设备、除尘设备、除雾器、吸收塔、搅拌器、旁路挡板门。

项目简介

该项目位于陕西省榆林市神木县，对中电国华神木公司 2 台 10 万千瓦燃煤机组进行烟气脱硫处理。

项目总投资 5000 万元。

联系方式

建设单位：中电国华神木发电有限公司
联系电话：0912-8450616
联系传真：0912-8450318
通信地址：陕西省榆林市神木县
邮政编码：719316
咨询单位：福建龙净环保股份有限公司
联系电话：0597-2237505/2109873
联系传真：0597-2290903
通信地址：福建省龙岩市新罗区陵园路 81 号
邮政编码：364000

项目名称　国电兰州热电联产（一期）脱硫脱硝工程

项目概况

投资总额：15000 万元 RMB
项目性质：新建
进展阶段：正在核准
申报方式：核准制
审批机关：国家发改委
主管单位：中国国电集团公司
建设周期：2008 年至 2009 年
企业性质：股份制
关键设备：脱硫设备、脱硝设备、除尘设备、除雾器、吸收塔、搅拌器。

项目简介

国电兰州 2 台 30 万千瓦热电联产工程位于甘肃省兰州市西固区范家坪村北侧异地，建设 2 台 30 万千瓦亚临界抽凝式供热机组，配置 2 台 1025 吨每小时煤粉炉，留有再扩建余地。建成后，新增供热能力 1200 万平方米，并可替代供热区域内现有 369 台分散小锅炉。

该项目为脱硫脱硝工程，对 2 台 30 万千瓦亚临界供热机组进行烟气脱硫脱硝处理，采用湿法烟气脱硫装置、高效静电除尘器以及低氮燃烧技术加 SCR 脱硝技术。

工程总投资 1.5 亿元。

联系方式

建设单位：国电兰州热电有限责任公司
联系电话：0931-8497724
联系传真：0931-8497724
通信地址：甘肃省兰州市城关区嘉峪关东路 143 号
邮政编码：730020
咨询单位：中国电力工程顾问集团西北电力设计院
联系电话：029-88358888
联系传真：029-88358899
通信地址：陕西省西安市高新技术产业开发区团结南路 22 号
邮政编码：710075

项目名称　国电武威热电厂 2×30 万千瓦机组脱硫工程

项目概况

投资总额：20000 万元 RMB
项目性质：新建
进展阶段：正在核准
申报方式：核准制
审批机关：国家发改委
主管单位：中国国电集团公司
建设周期：2008 年至 2010 年
企业性质：国有
关键设备：脱硫设备、除尘设备、仪器仪表、泵、阀、自动化控制系统。

项目简介

国电武威热电厂工程是甘肃省武威市热电联产集中供热的中心工程，位于甘肃省武威市凉州区高坝镇碌碡沟村，建设 2 台 30 万千瓦亚临界燃煤供热机组，留有扩建余地，采用城市中水及梯级供水，燃煤主要采用民勤县红沙岗矿区煤炭。

该项目为脱硫工程，对 2 台 30 万千瓦亚临界燃煤供热机组进行烟气脱硫，工程采用高效静电除尘器、石灰石—石膏湿法烟气脱硫、预留烟气脱硝装置空间。

工程总投资 2 亿元。

联系方式

建设单位：中国国电集团公司
联系电话：010-58682000
联系传真：010-58553900
通信地址：北京市西城区阜成门北大街 6-8 号
邮政编码：100034
咨询单位：中国电力工程顾问集团西北电力设计院
联系电话：029-88358888
联系传真：029-88358899
通信地址：陕西省西安市高新技术产业开发区团结南路 22 号
邮政编码：710075

项目名称　华能平凉电厂（二期）扩建脱硫工程

项目概况

投资总额：20000 万元 RMB
项目性质：续建
进展阶段：正在核准
申报方式：核准制
审批机关：国家发改委
主管单位：中国华能集团公司
建设周期：2008 年至 2010 年
企业性质：股份制
关键设备：脱硫设备、除尘设备、仪器仪表、自动化控制系统。

项目简介

该项目位于甘肃省平凉市东二十里铺，对二期新建 2 台 60 万千瓦级亚临界空冷燃煤凝汽式机组进行烟气脱硫处理。

工程总投资 2 亿元。

联系方式

建设单位：甘肃华能平凉发电有限责任公司
联系电话：0933-8392222
联系传真：0933-8392153
通信地址：甘肃省平凉市二十里铺
邮政编码：744000
咨询单位：中国电力工程顾问集团西北电力设计院
联系电话：029-88358888
联系传真：029-88358899
通信地址：陕西省西安市高新技术产业开发区团结南路 22 号
邮政编码：710075

项目名称 西固热电厂"上大压小"脱硫脱硝工程

项目概况

投资总额：20000 万元 RMB
项目性质：改扩建
进展阶段：正在核准
申报方式：核准制
审批机关：国家发改委
主管单位：中国大唐集团公司
建设周期：2008 年至 2009 年
企业性质：股份制
关键设备：脱硫设备、脱硝设备、除尘设备、除雾器、吸收塔、搅拌器。

项目简介

西固热电厂"上大压小"项目，位于甘肃省兰州市西固工业区，总装机容量 60 万千瓦，建设 2 台 30 万千瓦热电联产机组，工程建成后可替代西固热电厂现役的 4 台 5 万千瓦机组，6 台燃煤锅炉和兰州市西固区、七里河区供热区域内 410 台分散供热小锅炉。

该项目为"上大压小"脱硫脱硝工程，对 2 台 30 万千瓦热电联产机组进行烟气脱硫脱硝处理。

项目总投资 2 亿元。

联系方式

建设单位：大唐兰州西固热电有限公司改扩建筹建处
联系电话：0931-7355231
联系传真：0931-7503292
通信地址：甘肃省兰州市西固工业区
邮政编码：730060
咨询单位：中国电力工程顾问集团西北电力设计院
联系电话：029-88358888
联系传真：029-88358899
通信地址：陕西省西安市高新技术产业开发区团结南路 22 号
邮政编码：710075

项目名称 大坝电厂脱硫项目

项目概况

投资总额：20122 万元 RMB
项目性质：改扩建
进展阶段：开工在建
申报方式：核准制
审批机关：国家发改委
主管单位：国家电网公司
建设周期：2007 年至 2008 年
企业性质：股份制
关键设备：脱硫设备、除尘设备、仪器仪表、自动化控制系统。

项目简介

该项目被国家环保总局列入"十一五"期间削减二氧化硫总量目标、治理大气污染的主要项目。位于宁夏回族自治区南部青铜峡市境内，对电厂 1 号、2 号机组 2 台 30 万千瓦发电机组进行烟气脱硫，采用石灰石—石膏湿法脱硫工艺，按一炉一塔设计，处理烟气量 100%，脱硫效率 95%以上，建成后年将削减二氧化硫 3 万吨。

工程总投资 2.0122 亿元。

联系方式

建设单位：国网新源宁夏大坝发电有限责任公司
联系电话：0953-3024106
联系传真：0953-3024652
通信地址：宁夏回族自治区青铜峡市
邮政编码：751600
咨询单位：山东三融环保工程有限公司
联系电话：0531-83199567/83199553
联系传真：0531-82967786
通信地址：山东省济南市燕子山西路中联花园 2 号办公楼
邮政编码：250014

项目名称 国电大武口电厂"上大压小"脱硫工程

项目概况

投资总额：13000 万元 RMB
项目性质：改扩建
进展阶段：编制项目申请报告
申报方式：核准制
审批机关：国家发改委
主管单位：中国国电集团公司
建设周期：2008 年至 2010 年
企业性质：股份制
关键设备：脱硫设备、除尘设备、除雾器、吸收塔、搅拌器、旁路挡板门。

项目简介

该项目位于宁夏回族自治区石嘴山煤炭基地，对新建 2 台 33 万千瓦热电联产机组进行烟气脱硫处理。

工程总投资 1.3 亿元。

联系方式

建设单位：中国国电集团公司大武口发电厂
联系电话：0952-2422421
联系传真：0952-2422421
通信地址：宁夏回族自治区石嘴山市大武口区维电路 18 号
邮政编码：753000
咨询单位：中国电力工程顾问集团西北电力设计院
联系电话：029-88358888
联系传真：029-88358899
通信地址：陕西省西安市高新技术产业开发区团结南路 22 号
邮政编码：710075

项目名称 国电吴忠热电厂（一期）脱硫工程

项目概况

投资总额：12000 万元 RMB
主管单位：中国国电集团公司
项目性质：新建
建设周期：2008 年至 2009 年
进展阶段：正在核准
企业性质：股份制
申报方式：核准制
关键设备：脱硫设备、除尘设备、除雾器、吸收塔、搅拌器。
审批机关：国家发改委

项目简介

国电宁夏吴忠热电厂位于宁夏回族自治区吴忠市金积镇东北侧约 1 千米处，101 省道与石中高速公路之间，北靠关渠闸二组，西南侧为东门五组，位于金积工业园区规划范围内。规划建设 2 台 30 万千瓦湿冷燃煤热电机组，分期实施。

该项目为一期脱硫工程，对新建 2 台 30 万千瓦热电机组进行烟气脱硫处理。

工程总投资 1.2 亿元。

联系方式

建设单位：国电宁夏石嘴山发电有限责任公司
联系电话：0952-3612222
联系传真：0952-3675879
通信地址：宁夏回族自治区石嘴山市惠农区光华路
邮政编码：753202
咨询单位：中国电力工程顾问集团西北电力设计院
联系电话：029-88358888
联系传真：029-88358899
通信地址：陕西省西安市高新技术产业开发区团结南路 22 号
邮政编码：710075

项目名称 马莲台电厂 2×60 万千瓦扩建脱硫工程

项目概况

投资总额：18000 万元 RMB
主管单位：中国华电集团公司
项目性质：改扩建
建设周期：2008 年至 2010 年
进展阶段：编制项目申请报告
企业性质：股份制
申报方式：核准制
关键设备：脱硫设备、除尘设备、仪器仪表、自动化控制系统。
审批机关：国家发改委

项目简介

宁东马莲台电厂位于宁夏回族自治区灵武市宁东镇，是宁夏回族自治区规划建设两个千万千瓦级火电基地的重要组成部分，是宁东煤电基地规划建设中的 6 个大型坑口电站之一。一期计划建设 4 台 30 万千瓦燃煤发电机组，已经建成 2 台 30 万千瓦发电机组。

该项目属于宁东马莲台电厂一期扩建工程，工程对新建 2 台 60 万千瓦燃煤发电机组进行烟气脱硫处理。

工程总投资 1.8 亿元。

联系方式

建设单位：宁夏发电集团有限公司马莲台电厂
联系电话：0951-4927031
联系传真：0951-4927031
通信地址：宁夏回族自治区灵武市宁东镇马莲台电厂
邮政编码：750411
咨询单位：中国电力工程顾问集团西北电力设计院
联系电话：029-88358888
联系传真：029-88358899
通信地址：陕西省西安市高新技术产业开发区团结南路 22 号
邮政编码：710075

项目名称 宁夏大坝电厂（三期）扩建脱硫工程

项目概况

投资总额：24000 万元 RMB
主管单位：中国大唐集团公司
项目性质：续建
建设周期：2007 年至 2008 年
进展阶段：开工在建
企业性质：股份制
申报方式：核准制
关键设备：脱硫设备、除尘设备、仪器仪表、自动化控制系统。
审批机关：国家发改委

项目简介

该项目位于宁夏回族自治区青铜峡市境内，对 2 台 60 万千瓦国产亚临界空冷燃煤发电机组进行烟气脱硫处理，工程安装高效静电除尘器和烟气连续监测装置，采用低氮燃烧技术。

工程总投资 2.4 亿元。

联系方式

建设单位：宁夏大唐国际大坝发电有限责任公司
联系电话：0953-3024114
联系传真：0953-6352222
通信地址：宁夏回族自治区青铜峡市立新镇
邮政编码：751600
咨询单位：浙江菲达环保科技股份有限公司
联系电话：0575-87212511/87213390
联系传真：0575-87214695
通信地址：浙江省诸暨市望云路 88 号
邮政编码：311800

项目名称 青海桥头老电厂改扩建烟气脱硫工程

项目概况

投资总额： 6000万元RMB
项目性质： 改扩建
进展阶段： 开工在建
申报方式： 核准制
审批机关： 国家发改委
主管单位： 青海宁北铝电有限责任公司
建设周期： 2007年至2008年
企业性质： 股份制
关键设备： 脱硫设备、除尘设备、除雾器、吸收塔、搅拌器、旁路挡板门。

项目简介

该项目即宁北铝电联营电厂脱硫工程，位于青海省西宁市大通县桥头镇，对新建2台13.5万千瓦国产燃煤发电机组进行烟气脱硫处理。

工程总投资6000万元。

联系方式

建设单位： 青海宁北铝电有限责任公司
联系电话： 0971-2758747
联系传真： 0971-2758747
通信地址： 青海省西宁市大通回族土族自治县桥头镇
邮政编码： 810100
咨询单位： 中国电力工程顾问集团西北电力设计院
联系电话： 029-88358888
联系传真： 029-88358899
通信地址： 陕西省西安市高新技术产业开发区团结南路22号
邮政编码： 710075

项目名称 阜康发电厂（二期）脱硫工程

项目概况

投资总额： 12000万元RMB
项目性质： 续建
进展阶段： 编制项目申请报告
申报方式： 核准制
审批机关： 国家发改委
主管单位： 山东鲁能建设集团有限公司
建设周期： 2008年至2010年
企业性质： 股份制
关键设备： 脱硫设备、除尘设备、除雾器、吸收塔、搅拌器、旁路挡板门。

项目简介

阜康发电厂位于新疆维吾尔自治区阜康市西南，规划总装机容量为270万千瓦燃煤发电机组，分期实施。全部达产后，年用煤量约640万吨，年用水量约1600万立方米。

该项目为二期脱硫工程，对新建2台30万千瓦燃煤发电机组进行烟气脱硫处理，预留脱硝空间。

工程总投资1.2亿元。

联系方式

建设单位： 新疆阜康能源开发有限公司
联系电话： 0991-4856030
联系传真： 0991-4856030
通信地址： 新疆维吾尔自治区乌鲁木齐市水磨沟区
邮政编码： 830017
咨询单位： 新疆电力设计院
联系电话： 0991-2923051/2923294
联系传真： 0991-2610491
通信地址： 新疆维吾尔自治区乌鲁木齐市三道湾8号
邮政编码： 830002

项目名称 国电库车火电厂（二期）脱硫工程

项目概况

投资总额： 20000万元RMB
项目性质： 续建
进展阶段： 编制项目申请报告
申报方式： 核准制
审批机关： 国家发改委
主管单位： 中国国电集团公司
建设周期： 2008年至2010年
企业性质： 股份制
关键设备： 低氮燃烧器、脱硫设备、除尘设备、除雾器、旁路挡板门。

项目简介

国电库车火电厂位于新疆维吾尔自治区阿克苏市库车县城西北约7千米，217国道以西2千米，厂址周围均为开阔平坦的戈壁荒滩。规划建设2台13.5万千瓦、4台30万千瓦机组，分期实施，目前一期已经竣工。

该项目为二期3号、4号机组脱硫工程，对新建2台33万千瓦发电机组进行烟气脱硫处理。

工程总投资2亿元。

联系方式

建设单位： 国电库车发电有限公司
联系电话： 0997-7228015
联系传真： 0997-7228015
通信地址： 新疆维吾尔自治区阿克苏市库车县
邮政编码： 842000
咨询单位： 新疆电力设计院
联系电话： 0991-2923051/2923294
联系传真： 0991-2610491
通信地址： 新疆维吾尔自治区乌鲁木齐市三道湾8号
邮政编码： 830002

项目名称 红雁池电厂4×20万千瓦机组脱硫技改工程

项目概况

投资总额： 16000万元RMB
项目性质： 改扩建
进展阶段： 工程设计
申报方式： 核准制
审批机关： 国家发改委
主管单位： 中国华电集团公司
建设周期： 2008年至2009年
企业性质： 股份制
关键设备： 脱硫设备、自动化控制设备、仪器仪表、泵、阀、水处理设备。

项目简介

该项目位于新疆维吾尔自治区乌鲁木齐市东南约8千米处，对红雁池电厂一期4台20万千瓦机组进行烟气脱硫改造处理。

工程总投资1.6亿元。

联系方式

建设单位： 新疆华电红雁池发电有限责任公司
联系电话： 0991-5955013
联系传真： 0991-5955013
通信地址： 新疆维吾尔自治区乌鲁木齐市华电红雁池发电有限责任公司
邮政编码： 830000
咨询单位： 江西省电力设计院
联系电话： 0791-6372224
联系传真： 0791-6374592
通信地址： 江西省南昌市南京西路369号
邮政编码： 330006

项目名称 华电昌吉热电（三期）脱硫工程

项目概况

投资总额： 20000万元RMB
项目性质： 新建
进展阶段： 正在核准
申报方式： 核准制
审批机关： 国家发改委
主管单位： 中国华电集团公司
建设周期： 2008年至2011年
企业性质： 股份制
关键设备： 脱硫设备、脱硝设备、除尘设备、仪器仪表。

项目简介

该项目位于新疆维吾尔自治区昌吉回族自治州滨湖乡滨湖村，建设2台33万千瓦机组脱硫工程，对2台33万千瓦抽汽供热空冷式燃煤发电机组进行烟气脱硫处理，采用石灰石—石膏湿法脱硫工艺，高烟囱排放烟气，预留脱硝空间。

工程总投资2亿元。

联系方式

建设单位： 新疆华电昌吉热电有限责任公司
联系电话： 0994-8323532
联系传真： 0994-8323535
通信地址： 新疆维吾尔自治区昌吉州绿洲南路55号
邮政编码： 831100
咨询单位： 新疆电力设计院
联系电话： 0991-2923051/2923294
联系传真： 0991-2610491
通信地址： 新疆维吾尔自治区乌鲁木齐市三道湾8号
邮政编码： 830002

项目名称 华电红雁池电厂（二期）扩建脱硫项目

项目概况

投资总额： 12000万元RMB
项目性质： 改扩建
进展阶段： 编制项目申请报告
申报方式： 核准制
审批机关： 国家发改委
主管单位： 中国华电集团公司
建设周期： 2008年至2010年
企业性质： 股份制
关键设备： 脱硫设备、水处理设备、仪器仪表、自动化控制系统、泵、阀。

项目简介

该项目位于新疆维吾尔自治区乌鲁木齐市，为红雁池发电厂技术改造脱硫工程，对新上2台30万千瓦热电联产燃煤发电机组进行烟气脱硫处理。

项目总投资1.2亿元。

联系方式

建设单位： 新疆华电红雁池发电有限责任公司
联系电话： 0991-5955013
联系传真： 0991-5955013
通信地址： 新疆维吾尔自治区乌鲁木齐市
邮政编码： 830000
咨询单位： 新疆电力设计院
联系电话： 0991-2923051/2923294
联系传真： 0991-2610491
通信地址： 新疆维吾尔自治区乌鲁木齐市三道湾8号
邮政编码： 830002

项目名称 中电投乌苏热电厂（一期）脱硫工程

项目概况

投资总额：20000 万元 RMB
项目性质：新建
进展阶段：编制项目申请报告
申报方式：核准制
审批机关：国家发改委
主管单位：中国电力投资集团公司
建设周期：2008 年至 2009 年
企业性质：股份制
关键设备：脱硫设备、脱硝设备、除尘设备、仪器仪表、水处理设备。

项目简介

中电投乌苏热电厂工程位于新疆维吾尔自治区塔城地区乌苏市境内乌苏市东城片区工业园东南角处，厂址西侧距离市中心约 7 千米，东邻奎屯河，南邻南昌路，西邻南京路，北邻工业园的北京东路，北疆铁路在厂址南侧约 1 千米，建设 2 台 30 万千瓦抽汽供热机组，配 2 台每小时 1025 吨煤粉锅炉。

该项目为一期脱硫工程，对 2 台 30 万千瓦抽汽供热机组进行烟气脱硫，工程采用石灰石–石膏湿法脱硫工艺以及低氮燃烧技术。

工程总投资 2 亿元。

联系方式

建设单位：黄河上游水电开发有限责任公司乌苏热电厂筹建办
联系电话：0991-4677802
联系传真：0991-4677802
通信地址：新疆维吾尔自治区乌鲁木齐市黄河路 93 号
邮政编码：830019
咨询单位：新疆电力设计院
联系电话：0991-2923051/2923294
联系传真：0991-2610491
通信地址：新疆维吾尔自治区乌鲁木齐市三道湾 8 号
邮政编码：830002

项目名称 1000 千伏晋东南变电站工程（十一五）

项目概况

投资总额：106606 万元 RMB
项目性质：新建
进展阶段：开工在建
申报方式：核准制
审批机关：国家发改委
主管单位：国家电网公司
建设周期：2006 年至 2008 年
企业性质：国有
关键设备：变压器、断路器、避雷器、互感器、电抗器。

项目简介

1000 千伏晋东南至南阳至荆门特高压交流试验示范工程是世界上电压等级最高的输变电工程，属国家“十一五”重大电力建设项目。

该项目为晋东南变电站工程，位于山西省长治市长子县崔家庄，站址距离赵庄电厂 17 千米，距离晋城电厂 45 千米，距离高河电厂 12 千米，建设一组 300 万千伏主变压器，变电站进出 1000 千伏线路，按双回路架设。

工程总投资 10.6606 亿元。

联系方式

建设单位：国家电网公司特高压建设部
联系电话：010-66598571
联系传真：010-66597742
通信地址：北京市西城区西长安街 86 号
邮政编码：100031
咨询单位：华北电力设计院工程有限公司
联系电话：010-82281188
联系传真：010-82281800
通信地址：北京市西城区黄寺大街甲 24 号
邮政编码：100011

项目名称 1000 千伏晋东南–南阳–荆门输电线路工程

项目概况

投资总额：320000 万元 RMB
项目性质：新建
进展阶段：开工在建
申报方式：核准制
审批机关：国家发改委
主管单位：国家电网公司
建设周期：2006 年至 2008 年
企业性质：国有
关键设备：电线电缆、继电保护装置、高低压开关、换流器、光缆。

项目简介

1000 千伏晋东南至南阳至荆门特高压交流试验示范工程是世界上电压等级最高的输变电工程，属国家“十一五”重大电力建设项目。

该项目为输电线路工程，起于山西省长治市，经河南省南阳市，南至湖北省荆门市，跨越黄河、汉江两大河流，线路全长 645 千米。其中新建晋东南至南阳 1000 千伏线路 362 千米（含一座黄河大跨越 3.72 千米），南阳至荆门 1000 千伏线路 283 千米，同时全线架设 OPGW 光缆和配置其他无功补偿及先进的二次系统设备。

工程总投资 32 亿元。

联系方式

建设单位：国家电网公司特高压建设部
联系电话：010-66598571
联系传真：010-66597742
通信地址：北京市西城区西长安街 86 号
邮政编码：100031
咨询单位：华北电力设计院工程有限公司
联系电话：010-82281188
联系传真：010-82281800
通信地址：北京市西城区黄寺大街甲 24 号
邮政编码：100011

项目名称 500千伏观城变电所工程

项目概况

投资总额： 30000万元RMB
项目性质： 新建
进展阶段： 编制项目申请报告
申报方式： 核准制
审批机关： 国家发改委
主管单位： 国家电网公司
建设周期： 2008年至2009年
企业性质： 国有
关键设备： 变压器、电容器、低压并联电抗器。

项目简介

该项目位于浙江省慈溪市新浦镇半掘浦区域内的九塘江南侧，由浙江省电力公司投资，建设500千伏变电所一座，变电容量为4台75万千伏安。

工程总投资3亿元。

联系方式

建设单位： 浙江省电力公司超高压建设分公司
联系电话： 0571-51216626
联系传真： 0571-51216614
通信地址： 浙江省杭州市庆春东路30号
邮政编码： 310020
咨询单位： 浙江省电力设计院
联系电话： 0571-88334013
联系传真： 0571-88334012
通信地址： 浙江省杭州市假山路69号
邮政编码： 310007

项目名称 500千伏观城输变电线路工程

项目概况

投资总额： 104700万元RMB
项目性质： 新建
进展阶段： 编制项目申请报告
申报方式： 核准制
审批机关： 国家发改委
主管单位： 国家电网公司
建设周期： 2008年至2008年
企业性质： 国有
关键设备： 变压器、电容器、继电器、电线电缆、开关柜。

项目简介

该项目是浙南“东电西送”主通道之一，也是北仑电厂能源送出通道，主要建设观城至绍北输变电线路双回99千米。

工程总投资10.47亿元。

联系方式

建设单位： 浙江省电力公司超高压建设分公司
联系电话： 0571-51216626
联系传真： 0571-51216614
通信地址： 浙江省杭州市庆春东路30号
邮政编码： 310020
咨询单位： 浙江省电力设计院
联系电话： 0571-88334013
联系传真： 0571-88334012
通信地址： 浙江省杭州市假山路69号
邮政编码： 310007

项目名称 500千伏兰溪变电所工程

项目概况

投资总额： 45000万元RMB
项目性质： 新建
进展阶段： 编制项目申请报告
申报方式： 核准制
审批机关： 省级发改委
主管单位： 国家电网公司
建设周期： 2008年至2008年
企业性质： 国有
关键设备： 变压器、电容器、低压并联电抗器。

项目简介

该项目位于浙江省兰溪市，是金华第三座500千伏变电所，也是2007年兰溪实施的五大电力工程之一，由浙江省电力公司投资，建设主变一台，以及相应的变配电设备。

工程总投资4.5亿元。

联系方式

建设单位： 浙江省电力公司超高压建设分公司
联系电话： 0571-51216626
联系传真： 0571-51216614
通信地址： 浙江省杭州市庆春东路30号
邮政编码： 310020
咨询单位： 浙江省电力设计院
联系电话： 0571-88334013
联系传真： 0571-88334012
通信地址： 浙江省杭州市假山路69号
邮政编码： 310007

项目名称 500千伏台东变电所工程

项目概况

投资总额： 27173万元RMB
项目性质： 新建
进展阶段： 正在核准
申报方式： 核准制
审批机关： 国家发改委
主管单位： 国家电网公司
建设周期： 2008年至2008年
企业性质： 国有
关键设备： 变压器、电容器、继电器、电线电缆、开关柜。

项目简介

该项目位于浙江省台州市路桥区金清镇，变电所远景规模为4组100万千伏安主变、4回500千伏出线、16回220千伏出线，本期建设一组主变、2回500千伏出线、8回220千伏出线。

工程总投资2.7173亿元。

联系方式

建设单位： 浙江省电力公司超高压建设分公司
联系电话： 0571-51216626
联系传真： 0571-51216614
通信地址： 浙江省杭州市庆春东路30号
邮政编码： 310020
咨询单位： 浙江省电力设计院
联系电话： 0571-88334013
联系传真： 0571-88334012
通信地址： 浙江省杭州市假山路69号
邮政编码： 310007

项目名称 500千伏台东输变电工程

项目概况

投资总额： 22000万元RMB
项目性质： 新建
进展阶段： 正在核准
申报方式： 核准制
审批机关： 国家发改委
主管单位： 国家电网公司
建设周期： 2008年至2008年
企业性质： 国有
关键设备： 变压器、电容器、继电器、电线电缆、开关柜。

项目简介

该项目位于浙江省台州市，工程包括：新建台南（塘岭）至台东双回500千伏送电线路，全长26千米；新建台南500千伏变电站扩建间隔及台南至台东OPGW光纤通信工程。

工程总投资2.2亿元。

联系方式

建设单位： 浙江省电力公司超高压建设分公司
联系电话： 0571-51216626
联系传真： 0571-51216614
通信地址： 浙江省杭州市庆春东路30号
邮政编码： 310020
咨询单位： 浙江省电力设计院
联系电话： 0571-88334013
联系传真： 0571-88334012
通信地址： 浙江省杭州市假山路69号
邮政编码： 310007

项目名称 500千伏温东变电所工程

项目概况

投资总额： 36000万元RMB
项目性质： 新建
进展阶段： 开工在建
申报方式： 核准制
审批机关： 国家发改委
主管单位： 国家电网公司
建设周期： 2007年至2008年
企业性质： 国有
关键设备： 断路器、电线电缆、开关柜、电抗器、计算机监控系统。

项目简介

该项目位于浙江省温州市龙湾区天河镇西前村，建设75万千伏安的主变压器1组、500千伏出线2回、220千伏出线10回。

工程总投资3.6亿元。

联系方式

建设单位： 浙江省电力公司超高压建设分公司
联系电话： 0571-51216626
联系传真： 0571-51216614
通信地址： 浙江省杭州市庆春东路30号
邮政编码： 310020
咨询单位： 浙江省电力设计院
联系电话： 0571-88334013
联系传真： 0571-88334012
通信地址： 浙江省杭州市假山路69号
邮政编码： 310007

项目名称 浙江500千伏苍岩（嵊州）输变电工程

项目概况

投资总额：36083万元RMB
项目性质：新建
进展阶段：编制项目申请报告
申报方式：核准制
审批机关：省级发改委
主管单位：国家电网公司
建设周期：2008年至2008年
企业性质：国有
关键设备：变压器、电容器、继电器、电线电缆、开关柜、电抗器、断路器。

项目简介

该项目位于浙江省嵊州市苍岩镇，包括苍岩（嵊州）500千伏变电站新建工程、桐柏至凤仪双回500千伏线路7π接人嵊州变送电线路工程，以及相关光缆通信工程。其中：苍岩变电站新建750兆伏安主变压器1组，500千伏出线4回，220千伏出线8回。主变35千伏侧采用单母线接线，装设总回路断路器1台；桐柏至凤仪双回500千伏线路7π接入嵊州变送电线路，途经浙江省嵊州市和新昌县，π接线路总长度约12千米。

工程总投资3.6083亿元。

联系方式

建设单位：浙江省电力公司超高压建设分公司
联系电话：0571-51216626
联系传真：0571-51216614
通信地址：浙江省杭州市庆春东路30号
邮政编码：310020
咨询单位：中国电力工程顾问集团华东电力设计院
联系电话：021-22015888/22015350
联系传真：021-62574087/62577326
通信地址：上海市普陀区武宁路409号
邮政编码：200063

项目名称 浙江台东500千伏输变电工程

项目概况

投资总额：50235万元RMB
项目性质：新建
进展阶段：工程设计
申报方式：核准制
审批机关：省级发改委
主管单位：国家电网公司
建设周期：2008年至2008年
企业性质：国有
关键设备：断路器、电线电缆、开关柜、电抗器、计算机监控系统。

项目简介

该项目位于浙江省台州市，工程包括台南（塘岭）至台东双回500千伏送电线路（线路全长26千米）工程、台东500千伏变电站（建设1组100万千伏安主变）新建工程、台南500千伏变电站扩建间隔工程及台南至台东OPGW光纤通信工程。

工程总投资5.0235亿元。

联系方式

建设单位：浙江省电力公司超高压建设分公司
联系电话：0571-51216626
联系传真：0571-51216614
通信地址：浙江省杭州市庆春东路30号
邮政编码：310020
咨询单位：浙江省电力设计院
联系电话：0571-88334013
联系传真：0571-88334012
通信地址：浙江省杭州市假山路69号
邮政编码：310007

项目名称 1000千伏南阳开关站工程（十一五）

项目概况

投资总额：62245万元RMB
项目性质：新建
进展阶段：开工在建
申报方式：核准制
审批机关：国家发改委
主管单位：国家电网公司
建设周期：2006年至2008年
企业性质：国有
关键设备：断路器、避雷器、互感器、换流阀、晶闸管、电抗器。

项目简介

1000千伏晋东南至南阳至荆门特高压交流试验示范工程是世界上电压等级最高的输变电工程，属国家“十一五”重大电力建设项目。

该项目为南阳开关站工程，位于河南省南阳市方城县赵河镇石寨村，工程建设1000千伏出线2回、双母线双断路器接线，采用HGIS设备，1000千伏高抗2×72万千伏安。

工程总投资6.2245亿元。

联系方式

建设单位：国家电网公司特高压建设部
联系电话：010-66598571
联系传真：010-66597742
通信地址：北京市西城区西长安街86号
邮政编码：100031
咨询单位：中国电力工程顾问集团华东电力设计院
联系电话：021-22015888/22015350
联系传真：021-62574087/62577326
通信地址：上海市普陀区武宁路409号
邮政编码：200063

项目名称 孟津电厂送出500千伏输变电工程

项目概况

投资总额：10251.58万元RMB
项目性质：新建
进展阶段：正在核准
申报方式：核准制
审批机关：国家发改委
主管单位：河南省电力公司
建设周期：2008年至2009年
企业性质：国有
关键设备：断路器、电线电缆、开关柜、电抗器、耐张塔、转角、终端塔。

项目简介

该项目位于河南省洛阳市孟津县境内，新建孟津电厂至牡丹变双回500千伏线路工程，线路全长23千米，采用4×LGJ-630/45导线，线路曲折系数1.031，转角11个；扩建牡丹500千伏变电站2个出线间隔。

工程总投资10251.58万元。

联系方式

建设单位：河南省电力公司
联系电话：0371-67905114
联系传真：0371-67905114
通信地址：河南省郑州市嵩山南路87号
邮政编码：450052
咨询单位：河南省电力勘测设计院
联系电话：0371-67162222
联系传真：0371-67449815
通信地址：河南省郑州市中原西路212号
邮政编码：450007

项目名称 新乡500千伏变电所扩建工程

项目概况

投资总额：7862万元RMB
项目性质：改扩建
进展阶段：工程设计
申报方式：核准制
审批机关：国家发改委
主管单位：国家电网公司
建设周期：2008年至2009年
企业性质：国有
关键设备：断路器、电线电缆、开关柜、电抗器、计算机监控系统。

项目简介

该项目位于河南省新乡市获嘉县和修武县交界处，建设1台750兆伏安（2号主变），扩建1个主变进线不完整间隔；1号主变下35千伏侧1台60兆乏并联电容器；2号主变下35千伏侧1台60兆乏并联电抗器和1台60兆乏并联电容器。2号主变进线接入500千伏配电装置北数第1串间隔，与宝泉出线形成1个完整串，安装1台断路器。扩建后500千伏接线形成3个完整串和3个不完整串，采用双母线接线作为过渡接线，分段间隔安装隔离开关。

工程总投资7862万元。

联系方式

建设单位：河南省电力公司
联系电话：0371-67905114
联系传真：0371-67905114
通信地址：河南省郑州市嵩山南路87号
邮政编码：450052
咨询单位：河南省电力勘测设计院
联系电话：0371-67162222
联系传真：0371-67449815
通信地址：河南省郑州市中原西路212号
邮政编码：450007

项目名称 郑州东500千伏输变电工程

项目概况

投资总额：93290万元RMB
项目性质：新建
进展阶段：施工准备
申报方式：核准制
审批机关：国家发改委
主管单位：河南省电力公司
建设周期：2008年至2009年
企业性质：国有
关键设备：断路器、电线电缆、开关柜、电抗器、计算机监控系统。

项目简介

该项目位于河南省郑州市中牟县刘集镇大吴村，建设2台1000兆伏安主变，新建两个500千伏同塔4回线路，线路全长122千米。

工程总投资9.329亿元。

联系方式

建设单位：河南省电力公司
联系电话：0371-67905114
联系传真：0371-67905114
通信地址：河南省郑州市嵩山南路87号
邮政编码：450052
咨询单位：河南省电力勘测设计院
联系电话：0371-67162222
联系传真：0371-67449815
通信地址：河南省郑州市中原西路212号
邮政编码：450007

项目名称 1000千伏荆门变电站工程（十一五）

项目概况

投资总额： 99938万元RMB
项目性质： 新建
进展阶段： 开工在建
申报方式： 核准制
审批机关： 国家发改委
主管单位： 国家电网公司
建设周期： 2006年至2008年
企业性质： 国有
关键设备： 变压器、断路器、避雷器、互感器、电抗器。

项目简介

1000千伏晋东南至南阳至荆门特高压交流试验示范工程是世界上电压等级最高的输变电工程，属国家"十一五"重大电力建设项目。

该项目为荆门变电站工程，位于湖北省荆门市东南沈家集镇，建设一组300万千伏主变压器，变电站进出1000千伏线路，按双回路架设。

工程总投资9.9938亿元。

联系方式

建设单位： 国家电网公司特高压建设部
联系电话： 010-66598571
联系传真： 010-66597742
通信地址： 北京市西城区西长安街86号
邮政编码： 100031
咨询单位： 中国电力工程顾问集团中南电力设计院
联系电话： 027-67816781
联系传真： 027-87811992
通信地址： 湖北省武汉市武昌区民主路668号
邮政编码： 430071

项目名称 500千伏斗笠至荆门输变电工程

项目概况

投资总额： 13618万元RMB
项目性质： 新建
进展阶段： 开工在建
申报方式： 核准制
审批机关： 国家发改委
主管单位： 国家电网公司
建设周期： 2007年至2008年
企业性质： 国有
关键设备： 断路器、电线电缆、开关柜、电抗器、计算机监控系统。

项目简介

该项目位于湖北省荆门市，工程包括荆门特高压站至斗笠变500千伏线路工程（新建荆门特高压变电站至斗笠变500千伏双回线路，线路长度为2×22千米，导线截面采用4×720平方毫米）；斗笠变500千伏交流配套工程（扩建斗笠500千伏变电站2个出线间隔，至荆门特高压变电站）。

工程总投资1.3618亿元。

联系方式

建设单位： 湖北省电力公司
联系电话： 027-88566114
联系传真： 027-88566114
通信地址： 湖北省武汉市武昌区徐东路175号
邮政编码： 430077
咨询单位： 中国电力工程顾问集团中南电力设计院
联系电话： 027-67816781
联系传真： 027-87811992
通信地址： 湖北省武汉市武昌区民主路668号
邮政编码： 430071

项目名称 古夫220千伏输变电工程

项目概况

投资总额： 10000万元RMB
项目性质： 新建
进展阶段： 正在核准
申报方式： 核准制
审批机关： 省级发改委
主管单位： 国家电网公司
建设周期： 2008年至2008年
企业性质： 国有
关键设备： 变压器、电线电缆、继电器、开关柜。

项目简介

该项目位于湖北省宜昌市兴山县古夫镇，由湖北省电力公司投资建设，包括220千伏古夫变电站工程和配套线路工程，主变建设1台180兆伏安，220千伏出线1回至陈家冲；110千伏出线5回；35千伏出线1回，线路全长81.4千米。

工程总投资1亿元。

联系方式

建设单位： 湖北省电力公司
联系电话： 027-88566114
联系传真： 027-88566114
通信地址： 湖北省武汉市武昌区徐东路175号
邮政编码： 430077
咨询单位： 黑龙江省电力勘察设计研究院
联系电话： 0451-84647517/53686222
联系传真： 0451-84611727
通信地址： 黑龙江省哈尔滨市道里区买卖街11号
邮政编码： 150010

项目名称 安县1000千伏特高压变电站工程（西电东送）

项目概况

投资总额： 500000万元RMB
项目性质： 新建
进展阶段： 编制项目申请报告
申报方式： 核准制
审批机关： 国家发改委
主管单位： 国家电网公司
建设周期： 2008年至2015年
企业性质： 国有
关键设备： 电线电缆、继电保护装置、高低压开关、换流器、光缆。

项目简介

该项目位于四川省绵阳市安县，是西南水电送出1000千伏特高压交流变电站工程中的子项目，已列入国家“十二五”计划的重点项目，变电容量300万千伏安，线路由四川省绵阳市安县输送到重庆万州市万县，建成后将承担国家西电东送任务。

工程总投资50亿元。

联系方式

建设单位： 国家电网公司特高压建设部
联系电话： 010-66598571
联系传真： 010-66597742
通信地址： 北京市西城区西长安街86号
邮政编码： 100031
咨询单位： 中国电力工程顾问集团西南电力设计院
联系电话： 028-84402315
联系传真： 028-84443982
通信地址： 四川省成都市东风路18号
邮政编码： 610061

项目名称 西北与华中（四川）电网直流联网工程

项目概况

投资总额： 268080万元RMB
项目性质： 新建
进展阶段： 正在核准
申报方式： 核准制
审批机关： 国家发改委
主管单位： 国家电网公司
建设周期： 2008年至2009年
企业性质： 国有
关键设备： 变压器、电线电缆、换流器、高低压开关柜。

项目简介

该项目起于陕西省宝鸡市凤翔县的宝鸡换流站（属新建项目），止于四川省德阳换流站（属新建项目），工程联网规模为120万千瓦，采用常规直流500千伏联网方式。直流输电线路途经陕西省宝鸡市、汉中市，甘肃省陇南市，四川省广元市、南充市、绵阳市、德阳市，线路全长578千米，立塔1273基。其中陕西段约241.5千米，甘肃段约70.5千米，四川段约266千米。

工程总投资26.808亿元。

联系方式

建设单位： 国家电网公司特高压建设部
联系电话： 010-66598571
联系传真： 010-66597742
通信地址： 北京市西城区西长安街86号
邮政编码： 100031
咨询单位： 中国电力工程顾问集团西北电力设计院
联系电话： 029-88358888
联系传真： 029-88358899
通信地址： 陕西省西安市高新技术产业开发区团结南路22号
邮政编码： 710075

项目名称 雅安1000千伏特高压变电站工程（西电东送）

项目概况

投资总额： 500000万元RMB
项目性质： 新建
进展阶段： 编制项目申请报告
申报方式： 核准制
审批机关： 国家发改委
主管单位： 国家电网公司
建设周期： 2008年至2015年
企业性质： 国有
关键设备： 电线电缆、继电保护装置、高低压开关、换流器、光缆。

项目简介

该项目位于四川省绵阳市安县，是西南水电送出1000千伏特高压交流变电站工程中的子项目，已列入国家“十二五”计划的重点项目，线路分两路，一路是从四川省雅安市到绵阳市安县，一路是从四川省雅安市到乐山市周家冲。建成后，将承担国家西电东送任务。

工程总投资50亿元。

联系方式

建设单位： 国家电网公司特高压建设部
联系电话： 010-66598571
联系传真： 010-66597742
通信地址： 北京市西城区西长安街86号
邮政编码： 100031
咨询单位： 中国电力工程顾问集团西南电力设计院
联系电话： 028-84402315
联系传真： 028-84443982
通信地址： 四川省成都市东风路18号
邮政编码： 610061

项目名称 330千伏韩城第二电厂（二期）送出工程

项目概况

投资总额：57258万元RMB
项目性质：续建
进展阶段：工程设计
申报方式：核准制
审批机关：省级发改委
主管单位：陕西省电力公司
建设周期：2008年至2009年
企业性质：国有
关键设备：变压器、电抗器、电容器、断路器、电线电缆、开关柜、计算机监控系统。

项目简介

该项目位于陕西省渭南市、西安市，由韩城第二发电厂送出至西安东南郊330千伏变电站，途径陕西省渭南市的韩城、合阳县、大荔县和临渭区以及西安市的蓝田县、长安区。同塔双回架设线路路径长246.7千米，同塔四回平行架设线路路径长0.8千米。

工程总投资5.7258亿元。

联系方式

建设单位：陕西省电力公司
联系电话：029-81002020/81002105
联系传真：029-87402738
通信地址：陕西省西安市柿园路218号
邮政编码：710048
咨询单位：陕西省电力设计院
联系电话：029-81008210/81008224
联系传真：029-87408300
通信地址：陕西省西安市环城南路东段50号
邮政编码：710054

项目名称 大柳塔330千伏输变电工程

项目概况

投资总额：15000万元RMB
项目性质：新建
进展阶段：工程设计
申报方式：核准制
审批机关：国家发改委
主管单位：陕西省电力公司
建设周期：2008年至2008年
企业性质：国有
关键设备：变压器、电容器、自动化控制系统、电线电缆、继电器、开关柜。

项目简介

该项目位于陕西省榆林市神木县大柳塔镇，新建330千伏变电站一座，主变两台（2×240兆伏安）。新建330千伏线路2×47.5千米，路径全部位于神木县至大柳塔镇间。

工程总投资1.5亿元。

联系方式

建设单位：陕西省电力公司
联系电话：029-81002020/81002105
联系传真：029-87402738
通信地址：陕西省西安市柿园路218号
邮政编码：710048
咨询单位：陕西省电力设计院
联系电话：029-81008210/81008224
联系传真：029-87408300
通信地址：陕西省西安市环城南路东段50号
邮政编码：710054

项目名称 横山330千伏输变电工程

项目概况

投资总额：15000万元RMB
项目性质：新建
进展阶段：工程设计
申报方式：核准制
审批机关：省级发改委
主管单位：陕西省电力公司
建设周期：2008年至2009年
企业性质：国有
关键设备：变压器、电容器、自动化控制系统、电线电缆、继电器、开关柜。

项目简介

该项目位于陕西省榆林市横山县，新建横山330千伏变电站一座，主变两台（2台240兆伏安）。新建π接330千伏输电线路2条，线路长度分别为10千米和9.5千米，共用55基铁塔，均按单回路架设。

工程总投资1.5亿元。

联系方式

建设单位：陕西省电力公司
联系电话：029-81002020/81002105
联系传真：029-87402738
通信地址：陕西省西安市柿园路218号
邮政编码：710048
咨询单位：陕西省电力设计院
联系电话：029-81008210/81008224
联系传真：029-87408300
通信地址：陕西省西安市环城南路东段50号
邮政编码：710054

项目名称 陕西铜川电厂送出 330 千伏输变电工程

项目概况

投资总额： 50000 万元 RMB
项目性质： 新建
进展阶段： 正在核准
申报方式： 核准制
审批机关： 国家发改委
主管单位： 国家电网公司
建设周期： 2008 年至 2008 年
企业性质： 国有
关键设备： 变压器、电抗器、电线电缆、开关柜。

项目简介

该项目位于陕西省咸阳市、铜川市、西安市境内，工程包括：扩建池阳 330 千伏变电站、大杨 330 千伏变电站、庄头 330 千伏变电站、桃曲 330 千伏变电站出线间隔，新建池阳变至泾河变单回、池阳变至大杨变双回、池阳变至桃曲变单回、大杨变至庄头变双回 330 千伏线路全长 268.5 千米（按单回路计）。

工程总投资 5 亿元。

联系方式

建设单位： 陕西省电力公司
联系电话： 029-87215062
联系传真： 029-87402738
通信地址： 陕西省西安市尚德路 79 号
邮政编码： 710004
咨询单位： 中国电力工程顾问集团西北电力设计院
联系电话： 029-88358888
联系传真： 029-88358899
通信地址： 陕西省西安市高新技术产业开发区团结南路 22 号
邮政编码： 710075

项目名称 良平 330 千伏变电站工程

项目概况

投资总额： 13600 万元 RMB
项目性质： 新建
进展阶段： 编制项目申请报告
申报方式： 核准制
审批机关： 省级发改委
主管单位： 国家电网公司
建设周期： 2008 年至 2008 年
企业性质： 国有
关键设备： 变压器、无功补偿设备、电抗器、电线电缆。

项目简介

该项目位于甘肃省庆阳市宁县良平乡，建设 330 千伏变电站一座。

工程总投资 1.36 亿元。

联系方式

建设单位： 甘肃省电力公司
联系电话： 0931-2952222/2952256
联系传真： 0931-2952222
通信地址： 甘肃省兰州市七里河西津东路
邮政编码： 730050
咨询单位： 甘肃省电力设计院
联系电话： 0931-2558555/2954563
联系传真： 0931-2656310
通信地址： 甘肃省兰州市建工西街 23 号
邮政编码： 730050

项目名称 社棠 330 千伏变电站工程

项目概况

投资总额： 24900 万元 RMB
项目性质： 新建
进展阶段： 编制项目申请报告
申报方式： 核准制
审批机关： 省级发改委
主管单位： 国家电网公司
建设周期： 2008 年至 2008 年
企业性质： 国有
关键设备： 变压器、无功补偿设备、电抗器、电线电缆。

项目简介

该项目位于甘肃省天水市北道区社棠镇，建设 330 千伏变电站一座。

工程总投资 2.49 亿元。

联系方式

建设单位： 甘肃省电力公司
联系电话： 0931-2952222/2952256
联系传真： 0931-2952222
通信地址： 甘肃省兰州市七里河西津东路
邮政编码： 730050
咨询单位： 甘肃省电力设计院
联系电话： 0931-2558555/2954563
联系传真： 0931-2656310
通信地址： 甘肃省兰州市建工西街 23 号
邮政编码： 730050

项目名称 西和330千伏变电站工程

项目概况

投资总额： 16400万元RMB
项目性质： 新建
进展阶段： 编制项目申请报告
申报方式： 核准制
审批机关： 省级发改委
主管单位： 国家电网公司
建设周期： 2008年至2008年
企业性质： 国有
关键设备： 变压器、无功补偿设备、电抗器、电线电缆。

项目简介

该项目位于甘肃省陇南市西和县，建设330千伏变电站一座。

工程总投资1.64亿元。

联系方式

建设单位： 甘肃省电力公司
联系电话： 0931-2952222/2952256
联系传真： 0931-2952222
通信地址： 甘肃省兰州市七里河西津东路
邮政编码： 730050
咨询单位： 甘肃省电力设计院
联系电话： 0931-2558555/2954563
联系传真： 0931-2656310
通信地址： 甘肃省兰州市建工西街23号
邮政编码： 730050

项目名称 银东330千伏变电站工程

项目概况

投资总额： 16900万元RMB
项目性质： 新建
进展阶段： 编制项目申请报告
申报方式： 核准制
审批机关： 省级发改委
主管单位： 国家电网公司
建设周期： 2008年至2008年
企业性质： 国有
关键设备： 变压器、无功补偿设备、电抗器、电线电缆。

项目简介

该项目位于甘肃省白银市，建设330千伏变电站一座。

工程总投资1.69亿元。

联系方式

建设单位： 甘肃省电力公司
联系电话： 0931-2952222/2952256
联系传真： 0931-2952222
通信地址： 甘肃省兰州市七里河西津东路
邮政编码： 730050
咨询单位： 甘肃省电力设计院
联系电话： 0931-2558555/2954563
联系传真： 0931-2656310
通信地址： 甘肃省兰州市建工西街23号
邮政编码： 730050

项目名称 玉门330千伏变电站工程

项目概况

投资总额： 32000万元RMB
项目性质： 新建
进展阶段： 编制项目申请报告
申报方式： 核准制
审批机关： 省级发改委
主管单位： 国家电网公司
建设周期： 2008年至2008年
企业性质： 国有
关键设备： 断路器、电线电缆、开关柜、电抗器、计算机监控系统。

项目简介

该项目位于甘肃省玉门市，建设330千伏变电站一座，接入8回110千伏线路，将玉门区域内风电和水电等电量全部送上嘉瓜330千伏输电线路。

工程总投资3.2亿元。

联系方式

建设单位： 甘肃省电力公司
联系电话： 0931-2952222/2952256
联系传真： 0931-2952222
通信地址： 甘肃省兰州市七里河西津东路
邮政编码： 730050
咨询单位： 甘肃省电力设计院
联系电话： 0931-2558555/2954563
联系传真： 0931-2656310
通信地址： 甘肃省兰州市建工西街23号
邮政编码： 730050

拟在建项目分类索引

（按业主单位分类）

一、中国国电集团公司

续表

地　区	项目名称	建设单位	页　码
宁夏	国电吴忠热电厂（一期）工程	国电宁夏回族自治区石嘴山发电有限责任公司	97
宁夏	国电大武口电厂“上大压小”脱硫工程	中国国电集团公司大武口发电厂	159
宁夏	国电吴忠热电厂（一期）脱硫工程	国电宁夏回族自治区石嘴山发电有限责任公司	160
山东	国电菏泽电厂（四期）工程（十一五）	国电菏泽发电有限公司	53
山东	国电新泰电厂（一期）工程	中国国电集团山东分公司	53
山东	济南西部热电厂（一期）工程（十一五）	中国国电集团山东分公司	87
山东	国电菏泽电厂（四期）脱硫工程	国电菏泽发电有限公司	142
山东	国电新泰电厂（一期）脱硫工程	中国国电集团山东分公司	142
山东	济南西部热电厂（一期）脱硫工程（十一五）	中国国电集团山东分公司	143
山西	国电霍州发电厂“以大代小”工程	国电霍州发电厂	31
山西	国电榆次热电厂（一期）项目	国电榆次热电厂筹建处	75
山西	国电霍州发电厂“以大代小”脱硫工程	国电霍州发电厂	120
山西	国电榆次热电厂（一期）脱硫工程	国电榆次热电厂筹建处	120
陕西	国电宝鸡二电厂扩建工程（十一五）	国电宝鸡第二发电厂扩建筹建处	68
陕西	国电宝鸡二电厂脱硫脱硝工程（十一五）	国电宝鸡第二发电厂扩建筹建处	156
上海	外高桥电厂（二期）脱硫工程	上海外高桥第二发电有限责任公司	140
四川	猴子岩水电站建设项目	国电大渡河流域水电开发有限公司	18
天津	天津东北郊热电厂（一期）工程	天津国电津能热电有限公司	73
天津	天津东北郊热电厂（一期）脱硫工程	天津国电津能热电有限公司	117
新疆	柳树沟水电站项目	国电新疆开都河流域水电开发有限公司	26
新疆	国电库车火电厂（二期）工程	国电库车发电有限公司	72
新疆	国电库车火电厂（二期）脱硫工程	国电库车发电有限公司	161
浙江	国电北仑电厂（三期）扩建工程	国电浙江北仑第一发电有限责任公司	42
浙江	国电北仑电厂（三期）扩建脱硫脱硝工程	国电北仑第一发电有限责任公司	135

二、中国华电集团公司

地　区	项目名称	建设单位	页　码
安徽	华电宿州生物质能发电（一期）项目	华电宿州生物质能发电有限公司	115
安徽	华电六安电厂（二期）脱硫脱硝工程	安徽华电六安发电有限公司	137
福建	福建永安火电厂“以大代小”扩建项目	福建永安火电厂	48
福建	华电东山电厂（一期）工程	福建棉花滩水电开发有限公司	50
福建	华电福建漳平电厂“上大压小”工程	华电福建漳平电厂	50
广西	华电贵港电厂（二期）工程（十一五）	中国华电集团贵港发电有限公司	65
广西	华电贵港电厂（二期）脱硫脱硝工程	中国华电集团贵港发电有限公司	152
贵州	贵州华电清镇电厂异地技改工程	贵州华电清镇发电有限公司	67
贵州	华电清镇电厂异地技改脱硫工程	贵州华电清镇发电有限公司	154
河南	华电漯河 2×30 万千瓦热电工程	漯河电厂筹建处	89
河南	华电漯河 2×30 万千瓦热电脱硫工程	漯河电厂筹建处	144
黑龙江	华电牡丹江第二发电厂“上大压小”工程	华电能源牡丹江第二发电厂	84
湖北	华电孝感火电厂（一期）工程	中国华电集团公司湖北分公司	58
湖北	荆沙火电厂（一期）工程	中国华电集团公司湖北分公司	59
湖北	西塞山电厂（二期）工程	湖北西塞山发电有限公司	59
湖北	华电黄石“上大压小”热电联产工程	湖北华电黄石发电股份有限公司	90
湖北	华电武昌热电燃机（二期）工程	湖北华电武昌热电有限公司	91
湖北	华电黄石“上大压小”热电联产脱硫工程	湖北华电黄石发电股份有限公司	148
湖北	西塞山电厂（二期）脱硫工程	湖北西塞山发电有限公司	149
湖南	华电长沙电厂（二期）工程	湖南华电长沙发电有限公司	61

续表

地　区	项目名称	建设单位	页　码
江苏	华电泗源发电厂 2×100 万千瓦机组工程	江苏华电扬州发电有限公司	40
江苏	华电泗源电厂脱硫脱硝工程	江苏华电扬州发电有限公司	132
宁夏	华电宁东马莲台电厂扩建工程	宁夏发电集团有限公司马莲台电厂	71
宁夏	马莲台电厂 2×60 万千瓦扩建脱硫工程	宁夏发电集团有限公司马莲台电厂	160
山东	华电青岛电厂（三期）“以大代小”工程	华电青岛发电有限公司	87
山东	淄博 2×30 万千瓦级供热机组扩建工程	华电淄博热电有限公司	88
山东	华电青岛发电厂（三期）脱硫工程	华电青岛发电有限公司	142
山东	莱城发电厂 1、2 号机组脱硫技改工程	华电国际莱城发电厂	143
山东	淄博 2×30 万千瓦级供热机组脱硫工程	华电淄博热电有限公司	144
四川	官地水电站项目	官地建设管理局（筹建处）	17
四川	凉山木里河俄公堡水电站工程	四川华电木里河水电开发有限公司	19
四川	凉山木里河卡基娃水电站工程	四川华电木里河水电开发有限公司	19
四川	凉山木里河立洲水电站工程	四川华电木里河水电开发有限公司	19
四川	凉山木里河上通坝水电站工程	四川华电木里河水电开发有限公司	20
四川	两河口水电站项目	两河口建设管理局（筹建处）	21
新疆	哈密淖毛湖煤电一体化电源（一期）工程	新疆哈密英格玛煤电投资有限公司	72
新疆	华电沙湾煤电一体化电厂（一期）项目	华电沙湾煤电项目筹备组	72
新疆	华电红雁池电厂（二期）项目（十一五）	新疆华电红雁池发电有限责任公司	97
新疆	新疆华电昌吉热电（三期）工程	新疆华电昌吉热电有限责任公司	98
新疆	红雁池电厂 4×20 万千瓦机组脱硫技改工程	新疆华电红雁池发电有限责任公司	162
新疆	华电昌吉热电（三期）脱硫工程	新疆华电昌吉热电有限责任公司	162
新疆	华电红雁池电厂（二期）扩建脱硫项目	新疆华电红雁池发电有限责任公司	162
云南	华电镇雄电厂（二期）工程	云南华电镇雄发电有限公司	23
云南	金沙江鲁地拉水电站项目	云南华电鲁地拉水电有限公司	24
云南	华电镇雄电厂（一期）工程（十一五）	云南华电镇雄发电有限公司	68
云南	华电镇雄电厂（一期）脱硫工程（十一五）	云南华电镇雄发电有限公司	155
浙江	浙江半山 IGCC 发电示范工程	半山发电有限责任公司	44

三、中国华能集团公司

地　区	项目名称	建设单位	页　码
安徽	华能巢湖电厂（二期）工程	华能巢湖电厂	47
安徽	华能巢湖电厂（一期）脱硫工程	华能巢湖电厂	138
甘肃	华能平凉电厂（二期）扩建工程	甘肃华能平凉发电有限责任公司	70
甘肃	华能平凉电厂（二期）扩建脱硫工程	甘肃华能平凉发电有限责任公司	158
海南	华能海南东方电厂（一期）工程	华能海南东方电厂筹建处	65
海南	华能海南东方电厂（一期）脱硫工程	华能海南东方电厂筹建处	153
河南	华能沁北电厂（三期）工程	河南华能沁北发电有限责任公司	55
河南	华能义马坑口电厂（一期）工程	华能沁北发电有限责任公司	55
河南	华能沁北电厂（三期）脱硫脱硝工程	河南华能沁北发电有限责任公司	145
湖北	武汉华能阳逻电厂（四期）扩建工程	武汉华中华能发电公司阳逻电厂	59
湖北	武汉华能阳逻电厂（四期）扩建脱硫工程	武汉华中华能发电公司阳逻电厂	148
吉林	华能九台电厂（一期）工程	华能九台电厂筹建处	38
吉林	华能九台电厂（一期）脱硫工程	华能九台电厂筹建处	129
江苏	华能金陵电厂（二期）工程	华能金陵电厂	40
江苏	华能启东风电场（南风电场）项目	华能启东风力发电有限公司	109
江苏	华能金陵电厂（二期）脱硫脱硝工程	华能金陵电厂	133
江西	华能瑞金（赣州）电厂（一期）工程	华能瑞金（赣州）电厂筹建处	52

续表

地 区	项 目 名 称	建 设 单 位	页 码
江西	华能瑞金（赣州）电厂（一期）脱硫工程	华能瑞金（赣州）电厂筹建处	141
辽宁	华能营口电厂（三期）工程	华能国际电力股份有限公司营口电厂	37
辽宁	新建华能营口热电厂（一期）工程	华能国际电力股份有限公司营口电厂	80
辽宁	华能阜新风电场（一期）高山子工程	华能阜新风力发电有限责任公司	106
辽宁	华能阜新风电场（二期）阜北工程	华能阜新风力发电有限责任公司	107
辽宁	华能营口热电厂（一期）脱硫脱硝工程	华能国际电力股份有限公司营口电厂	127
山东	荣成石岛湾核电站（一期）工程	华能核电开发有限公司	6
山东	德州电厂（四期）工程	华能德州电厂	53
山东	华能威海电厂（三期）工程	华能威海发电有限责任公司	54
山东	华能威海电厂（三期）脱硫工程	华能威海发电有限责任公司	143
山东	华能威海电厂一、二期海水脱硫工程	华能威海发电有限责任公司	144
陕西	华能延安电厂（一期）工程	华能国际电力股份有限公司	69
陕西	华能延安电厂（一期）脱硫工程	华能国际电力股份有限公司	156
四川	华能火溪河阴坪水电站工程	四川华能涪江水电有限责任公司	18
四川	华能绵阳铁龙堡水电站项目	华能四川水电有限公司	18
天津	华能绿色煤电 25 万千瓦 IGCC 电站工程	绿色煤电有限公司	27
云南	金沙江中游河段阿海水电站项目	云南金沙江中游水电开发有限公司	24
云南	金沙江中游河段梨园水电站项目	云南金沙江中游水电开发有限公司	25
云南	金沙江中游河段两家人水电站项目	云南金沙江中游水电开发有限公司	25
云南	金沙江中游河段龙开口水电站项目	云南金沙江中游水电开发有限公司	25
云南	华能大理大风坝风电场工程	华能新能源产业控股有限公司大理风电项目筹备处	111
浙江	华能玉环电厂（二期）扩建工程	华能玉环电厂	43

四、中国大唐集团公司

地 区	项 目 名 称	建 设 单 位	页 码
安徽	大唐滁州电厂（一期）工程	中国大唐集团公司安徽分公司	44
安徽	大唐凤阳小岗发电厂项目	中国大唐集团公司安徽分公司	45
福建	大唐长乐电厂（一期）项目	中国大唐集团公司福建电源项目筹建处	48
福建	大唐宁德火电厂（二期）工程	福建大唐国际宁德发电有限责任公司	48
福建	大唐宁德火电厂（二期）脱硫工程	福建大唐国际宁德发电有限责任公司	139
甘肃	西固热电厂“上大压小”改扩建工程	大唐兰州西固热电有限公司改扩建筹建处	96
甘肃	西固热电厂“上大压小”脱硫脱硝工程	大唐兰州西固热电有限公司改扩建筹建处	159
广西	合山发电厂“上大压小”工程	大唐桂冠合山发电有限公司	65
广西	合山发电厂“上大压小”脱硫脱硝工程	大唐桂冠合山发电有限公司	152
河北	大唐王滩发电厂（二期）工程	河北大唐国际王滩发电有限责任公司	27
河北	大唐微水发电厂“以大代小”扩建工程	大唐微水发电厂	28
河北	蔚县发电厂（一期）工程（十一五）	河北蔚州能源综合开发有限公司	29
河北	下花园发电厂（六期）扩建工程	下花园发电厂	30
河北	大唐河北保定南郊热电厂（一期）工程	大唐保定电厂	73
河北	保定南郊热电厂（一期）脱硫脱硝工程	大唐保定电厂	117
河北	大唐微水发电厂“以大代小”扩建脱硫工程	大唐微水发电厂	117
河北	蔚县发电厂（一期）脱硫工程（十一五）	河北蔚州能源综合开发有限公司	119
河北	下花园发电厂（六期）脱硫工程	下花园发电厂	119
河南	信阳华豫电厂（二期）“上大压小”工程	大唐信阳华豫发电有限责任公司	57
河南	禹州电厂（二期）工程	大唐许昌龙岗发电有限责任公司	58
河南	大唐安阳发电厂“上大压小”（一期）工程	大唐安阳发电有限责任公司	88
河南	华豫电厂（二期）“上大压小”脱硫工程	大唐信阳华豫发电有限责任公司	145

续表

地区	项目名称	建设单位	页码
河南	禹州电厂（二期）脱硫脱硝工程	大唐许昌龙岗发电有限责任公司	146
黑龙江	大唐滨江热电厂工程	大唐哈尔滨滨江热电厂筹建处	83
黑龙江	大唐哈尔滨第一热电厂项目	大唐哈尔滨第一热电有限公司	83
黑龙江	新建大唐鸡西B厂煤矸石热电联产工程	大唐鸡西热电有限责任公司	84
黑龙江	大唐桦南大架子山49.5兆瓦风电项目	大唐桦南风力发电有限公司	108
黑龙江	大唐佳木斯北安屯49.5兆瓦风电项目	大唐黑龙江发电有限公司风电项目筹建处	108
黑龙江	大唐哈尔滨第一热电厂脱硫脱硝项目	大唐哈尔滨第一热电有限公司	131
湖南	大唐华银核电（一期）工程	湖南华银电力股份有限公司	7
湖南	大唐华银金竹山发电厂扩建（二期）工程	大唐华银金竹山发电厂扩建工程二期筹建处	60
湖南	湘潭电厂（三期）工程	湖南湘潭发电有限责任公司	61
湖南	攸县煤电一体化电厂（一期）工程	株洲华银火力发电有限公司	62
湖南	大唐金竹山电厂扩建（二期）脱硫工程	大唐华银金竹山发电厂扩建工程二期筹建处	149
湖南	耒阳电厂机组脱硫工程	大唐耒阳发电厂	149
湖南	煤电一体化电厂（一期）脱硫脱硝工程	株洲华银火力发电有限公司	150
吉林	大唐长春第三热电厂扩建（一期）工程	大唐长春第三热电厂工程筹建处	81
吉林	长春第三热电厂扩建（一期）脱硫工程	大唐长春第三热电厂工程筹建处	128
吉林	大唐辽源热电厂扩建脱硫工程	大唐辽源热电有限责任公司	128
江苏	大唐南京下关发电厂搬迁扩建工程	大唐南京下关发电厂	39
江苏	大唐南京下关发电厂搬迁扩建脱硫工程	大唐南京下关发电厂	132
江西	大唐抚州电厂（一期）工程	中国大唐集团公司	51
辽宁	大唐辽宁调兵山煤矸石电厂工程	大唐铁岭能源化工项目筹建处	37
辽宁	大唐国际葫芦岛热电厂工程	辽宁大唐国际葫芦岛热电厂筹建处	80
辽宁	大唐国际葫芦岛热电厂脱硫工程	辽宁大唐国际葫芦岛热电厂筹建处	131
宁夏	宁夏大坝电厂（三期）扩建工程	宁夏大唐国际大坝发电有限责任公司	71
宁夏	宁夏大坝电厂（三期）扩建脱硫工程	宁夏大唐国际大坝发电有限责任公司	160
山东	大唐东营发电厂（一期）工程	山东大唐国际东营发电厂筹建处	53
山东	大唐东营发电厂（一期）烟气脱硫工程	山东大唐国际东营发电厂筹建处	141
山西	山西大唐国际定襄发电厂项目	山西大唐国际定襄发电厂筹备处	32
山西	大唐太原第二热电厂（七期）扩建工程	大唐太原第二热电厂	75
山西	山西大唐国际定襄发电厂脱硫工程	山西大唐国际定襄发电厂筹备处	121
山西	太原第二热电厂（七期）脱硫脱硝工程	大唐太原第二热电厂	122
陕西	大唐彬长电厂（一期）工程	彬长煤电一体化项目筹建处	68
陕西	灞桥热电厂改扩建工程	大唐西安灞桥热电有限责任公司	92
陕西	大唐略阳发电厂30万千瓦级技改扩建工程	大唐略阳发电有限责任公司	93
陕西	渭河发电厂热电联产技改工程	大唐渭河发电厂	94
陕西	灞桥热电厂改扩建脱硫工程	大唐西安灞桥热电有限责任公司	155
陕西	大唐彬长电厂（一期）脱硫工程	彬长煤电一体化项目筹建处	155
陕西	渭河发电厂热电联产技改脱硫工程	大唐渭河发电厂	157
四川	亭子口水利枢纽工程	嘉陵江亭子口水利水电开发有限公司	22
云南	金沙江观音岩水电站项目	大唐观音岩水电开发有限公司	24
浙江	乌沙山发电厂（二期）工程（十一五）	浙江大唐乌沙山发电厂有限责任公司	43
浙江	大唐乌沙山发电厂（二期）脱硫脱硝工程	浙江大唐乌沙山发电厂有限责任公司	134

五、中国电力投资集团公司

地区	项目名称	建设单位	页码
安徽	淮南平圩电厂（三期）扩建工程	淮南平圩发电有限责任公司	47
安徽	芜湖电厂（五期）工程	中电投芜湖发电厂	47

续表

地 区	项 目 名 称	建 设 单 位	页 码
安徽	淮南平圩电厂（三期）扩建脱硫脱硝工程	淮南平圩发电有限责任公司	138
安徽	芜湖电厂（五期）脱硫工程	中电投芜湖发电厂	138
广西	桂东核电（一期）工程	中国电力投资集团公司广西壮族自治区核电项目部	9
河北	中电投廊坊 IGCC 热电厂工程	中电投华北分公司廊坊 IGCC 热电项目部	75
河南	开封火电厂“上大压下”工程	开封京源发电有限责任公司	56
河南	姚孟电厂（五期）工程	平顶山姚孟发电有限责任公司	57
河南	中电投新乡电厂扩建工程	中电投新乡火电厂	58
河南	中电投南阳方城风电（一期）项目	中电投南阳方城风电项目筹建处	111
河南	开封火电厂“上大压小”脱硫工程	开封京源发电有限责任公司	146
湖北	大畈核电厂（一期）工程	中电投集团公司湖北核电项目筹备处	6
湖北	大别山电厂（二期）工程	中国电力黄冈大别山发电有限责任公司	58
湖南	岳阳小墨山核电厂（一期）工程	湖南核电有限公司	7
吉林	中电投白城电厂（一期）工程	吉林省能源交通总公司	38
吉林	吉林四平第二热电厂扩建项目	四平热电有限责任公司	82
吉林	松花江热电厂（一期）工程（十一五）	吉林松花江热电厂	82
吉林	松原市 60 万千瓦热电联产项目	吉林省能源交通总公司	82
吉林	吉林四平第二热电厂扩建脱硫项目	四平热电有限责任公司	129
吉林	松花江热电厂“上大压小”（一期）脱硫工程（十一五）	吉林松花江热电厂	130
吉林	松原市 60 万千瓦热电联产脱硫项目	吉林省能源交通总公司	130
吉林	中电投白城电厂（一期）脱硫工程	吉林省能源交通总公司	130
江苏	常熟电厂 2×100 万千瓦发电机组扩建工程	江苏常熟发电有限公司	39
江苏	射阳港电厂（三期）工程	江苏射阳港发电有限公司	41
江苏	常熟电厂 2×100 万千瓦机组脱硫工程	江苏常熟发电有限公司	131
江苏	射阳港电厂（三期）脱硫脱硝工程	江苏射阳港发电有限公司	134
江西	江西彭泽帽子山核电站（一期）项目	中国电力投资集团江西分公司江西核电项目筹备处	5
江西	江西分宜电厂扩建工程	江西分宜第二发电有限责任公司	52
江西	中电贵溪电厂“上大压小”技改工程	中电（江西贵溪）发电有限公司	52
江西	贵溪电厂“上大压小”技改脱硫脱硝工程	中电（江西贵溪）发电有限公司	140
辽宁	清河发电厂（二期）“以大代小”工程	辽宁省清河发电有限责任公司	38
辽宁	抚顺热电厂供热机组扩建工程	中电投抚顺热电有限责任公司	80
辽宁	清河发电厂（二期）“以大代小”脱硫工程	辽宁省清河发电有限责任公司	128
内蒙	大板发电厂工程	内蒙古大板发电有限责任公司	34
内蒙	大板发电厂脱硫工程	内蒙古大板发电有限责任公司	124
山东	海阳核电站（一期）工程	山东核电有限公司	5
山西	漳泽发电厂 2 台 100 万千瓦机组改扩建工程	山西漳泽电力股份有限公司	34
山西	侯马 2×30 万千瓦热电联产扩建工程	侯马热电厂筹建处	76
山西	临汾热电 2×30 万千瓦机组工程	山西临汾热电有限公司	76
山西	侯马 2×30 万千瓦热电联产扩建脱硫工程	侯马热电厂筹建处	121
山西	漳泽发电厂改扩建脱硫脱硝工程	山西漳泽电力股份有限公司	124
新疆	中电投乌苏热电厂（一期）工程	黄河上游水电开发有限责任公司乌苏热电厂筹建办	99
新疆	中电投乌苏热电厂（一期）脱硫工程	黄河上游水电开发有限责任公司乌苏热电厂筹建办	163
浙江	秦山核电（二期）扩建工程（十一五）	核电秦山联营有限公司	3
浙江	三门核电（一期）工程	三门核电有限公司	4
重庆	重庆万州区向家嘴水电站工程	重庆市万州区江河水电开发有限公司	15
江西	贵溪一电“以大代小”脱硫工程（十一五）	中电国际江西贵溪第一发电有限公司	140

重点项目概览篇

“十一五”前两年，我国电力建设突飞猛进。继2006年底全国电力装机总容量突破6亿千瓦后，在短短一年的时间内，这一指标又实现了从6亿千瓦到7亿千瓦的巨大飞跃。

据中电联统计，2007年全国共完成电力基本建设投资5492.9亿元，其中电源建设投资3041.5亿元，电网建设投资2451.4亿元。基建新增发电装机容量10009万千瓦，其中水电1306.5万千瓦，火电8158.35万千瓦，风电296.17万千瓦；新增220千伏及以上输电线路回路长度4.15万公里，新增220千伏及以上变电设备容量18848万千伏安。

截至2007年底，全国发电设备容量达7.13亿千瓦，220千伏及以上输电线路回路长度达33.38万公里；220千伏及以上变电容量达11.60亿千伏安。其中，水电装机容量达1.45亿千瓦，增长11.5%；火电装机容量达5.54亿千瓦，增长14.6%，增速比2006年降低9个百分点，开始明显放缓。这使火电装机过快增长、火电比重持续上升的趋势逐步改善，电源结构优化将逐步显现；核电步入快速发展期。随着田湾核电站两台百万千瓦核电机组投产，全国核电装机容量已达885万千瓦；风力发电取得突破性进展。全国风电并网生产的装机总容量达到403万千瓦，增长94.4%。2007年基建新增投产的风电容量达到了296万千瓦。此外，根据国家发改委能源局的统计，截至2007年12月27日，我国关停小火电机组1438万千瓦，共计553台。关停机组平均单机容量2.6万千瓦。其中，五大发电公司(全资和控股)、地方投资公司和地方国有企业关停小火电机组256台，关停容量1052万千瓦，占关停总量的73.1%；民营及其它企业关停小火电机组297台，关停容量386万千瓦，占关停总量的26.9%。

从2008年开始，我国电力建设进入“后十一五”时期。根据规划，“十一五”期末全国电力装机总量目标是8.4亿千瓦，其中水电1.9亿千瓦、核电1000万千瓦、风电500万千瓦、天然气发电3600万千瓦、煤电5.93亿千瓦、生物质发电550万千瓦。电网方面，国家电网在跨区域电网建设方面，交流特高压输电线路建设规模将达到4200千米，变电容量达到3900万千伏安，跨区送电能力达到7000万千瓦；在城乡电网建设方面，220千伏及以上交直流输电线路将超过34万千米，交流变电容量超过13亿千伏安。

根据电力“十一五”规划目标和已完成的投资情况，我国在2008至2010这三年间还将装机至少1.3亿千瓦。其中水电新增装机约4000万千瓦、火电新增装机约6000万千瓦、核电新增装机约400万千瓦，其它装机约3000万千瓦。

为了帮助读者更详细、深入的了解电力行业投资建设情况，编者以中国拟在建项目网(www.bhi.com.cn)的“专题项目数据库”为基础，整理了未来几年间拟建或在建的、投资额过亿的500多个重点项目，总投资额超过2万亿元。其中火电项目207个、水电项目132个、核电项目7个、风电项目82个、生物质能发电21个、电网项目107个。

核电

项目名称	地区	建设内容/规模	投资额(亿元)
田湾核电站二期工程	江苏	装机2×100万千瓦	200.00
田湾核电站一期工程	江苏	装机2×100万千瓦	256.00
江西核电站	江西	装机2×100万千瓦	230.00
秦山核电二期扩建工程	浙江	装机130万千瓦	151.90
台山核电站一期	广东	装机2×100万千瓦	237.00
沿海核电厂	广西	装机2×100万千瓦	250.00
湖南核电厂	湖南	装机4×100万千瓦	230.00

水电

项目名称	地区	建设内容/规模	投资额(亿元)
梯级电站开发项目	黑龙江	海浪河流域梯级电站开发	35.00
碧水生态水电站项目	吉林	装机1.3万千瓦，多年平均发电量5048万千瓦时	1.30
蓄能电站项目	辽宁	利用400米的山体落差进行水力发电	70.00
大青山抽水蓄能电站项目	内蒙古	装机4×30万千瓦	52.37
蚌埠涂山抽水蓄能电站项目	安徽	装机约60万~100万千瓦	33.40
响水涧抽水蓄能电站	安徽	装机4×25万千瓦	38.00

续表

项目名称	地区	建设内容/规模	投资额(亿元)
五河发电厂项目	安徽	装机4×60万千瓦	50.00
淮北马桥发电厂	安徽	装机4×6万千瓦	95.00
华口电站	福建	装机3.6万千瓦	3.48
仙游抽水蓄能电站	福建	装机120万千瓦	39.12
连云港抽水蓄能电站项目	江苏	装机4×25万千瓦	40.00
东谷水库(电站)	江西	装机2×6000千瓦，年发电量4800万千瓦时	1.20
遂川江北支水电梯级开发	江西	总装机12.72万千瓦，年发电总量32700万千瓦	7.26
石虎塘航电枢纽	江西	装机12万千瓦	18.00
泰和水电站	江西	装机20万千瓦	20.00
石虎塘航电枢纽工程	江西	总装机11.7万千瓦，年平均发电量48000万千瓦时，采用一回220千伏高压线接入泰和变电站	22.46
洪屏抽水蓄能电站	江西	装机4×30万千瓦	35.00
泰顺洋溪水电站	浙江	装机4万千瓦	3.75
泰顺甲家渡水电站	浙江	装机4万千瓦	3.80
沐尘水库及一级电站	浙江	装机2×6.3兆瓦，年发电量3833万千瓦时	4.62
龟湖电站	浙江	装机8万千瓦	5.60
桐柏抽水蓄能电站	浙江	总装机120万千瓦	31.83
丽水滩坑电站	浙江	装机60万千瓦	49.00
天荒坪抽水蓄能电站	浙江	装机210万千瓦	62.70
深圳抽水蓄能电站	广东	装机4×30万千瓦，拟用4回220千伏线路接入电网	42.68
旺村电站	广西	装机4万千瓦，年均发电量1.73亿千瓦时	3.70
大光明抽水蓄能电站	广西	装机45万千瓦	10.73
上莫蓄能电站项目	广西	装机40万千瓦	14.80
岩滩电站扩建工程	广西	装机2×30万千瓦	17.00
老口水电站项目	广西	装机4×3.9万千瓦	19.16
桥巩水电站	广西	装机8×5.7万千瓦	41.00
长洲水利枢纽电站	广西	装机15×4.2万千瓦	71.00
上程抽水蓄能电站	广西	装机240万千瓦	110.80
蓝天集团五岳抽水蓄能电站项目	河南	装机4×25万千瓦	38.00
柘溪水电站	湖南	装机2×25万千瓦	1.28
清水塘水电站	湖南	装机4×3.4万千瓦	1.36
桑植县凉水口水库水电站	湖南	装机12万千瓦	1.50
湘江土谷塘航电枢纽工程	湖南	装机7.5万千瓦，年发电量约3.5亿千瓦时	1.63
新宁县犬木塘电站	湖南	装机4万千瓦，年发电量1.54亿千瓦时	2.13
金塘冲水电站	湖南	总装机22万千瓦	2.20
桃江县金塘冲水电站	湖南	总装机22万千瓦，年发电量8.66亿千瓦时	3.13
白竹洲水电站	湖南	装机5×9兆瓦	5.44
平江县抽水蓄能电站	湖南	总装6×25万千瓦	6.29
益阳市修山水电站	湖南	装机5×1.28万千瓦	6.57
汨罗玉池抽水蓄能电站	湖南	装机4×30万千瓦	7.00
株溪口电站	湖南	总装机7.6万千瓦，年发电量3.02亿千瓦时	7.65
小水电及农村电气化	湖南	装机11万千瓦	8.02
挂治水电站	湖南	装机3×5万千瓦	9.28
东江水电站扩建	湖南	装机2×25万千瓦	10.73
新邵筱溪水电站	湖南	装机12万千瓦，年发电量4.8亿千瓦时	10.88
柘溪水电站扩建	湖南	装机2×25万千瓦	11.27
沅水安江航电枢纽工程	湖南	装机12.8万千瓦，设计年发电量5.92亿千瓦时	14.08
黑麋峰抽水蓄能电厂	湖南	装机2×30万千瓦	16.18

续表

项目名称	地区	建设内容/规模	投资额(亿元)
湘江株洲航电枢纽	湖南	装机14万千瓦，设计年发电量6.6亿千瓦时	19.47
天柱水电站	湖南	装机3×14万千瓦	31.53
湘江长沙综合枢纽工程	湖南	装机10万千瓦，设计年发电量5.1亿千瓦时	40.60
三板溪水电站	湖南	装机4×25万千瓦	61.25
达板水电站工程	甘肃	装机1.5万千瓦，设计年发电量9300万千瓦时	1.50
班多二级水电站	青海	总装机34万千瓦	23.80
羊曲水电站	青海	总装机120万千瓦	70.00
班多一级水电站	青海	总装机200万千瓦	80.00
宁木特水电站	青海	装机106万千瓦	88.00
楮河水电梯级开发	陕西	小河电站装机1.28万千瓦；田坝电站装机0.4万千瓦；白龙洞电站装机0.64万千瓦	1.35
陈仓区坪头水电站	陕西	装机1.4万千瓦	1.44
黄金峡水电站	陕西	规划装机2×5万千瓦	11.00
蜀河水电站工程	陕西	规划装机27万千瓦，安装6台4.5万千瓦灯泡贯流式水轮发电机组	22.04
旬阳水电站	陕西	规划装机4×8万千瓦	24.00
白河水电站	陕西	规划装机3×9万千瓦	25.50
玛纳斯县塔西河梯级电站建设项目	新疆	六级电站总装机6.35万千瓦	2.50
红山水电站工程项目	新疆	新建塔什米里克一级、二级电站，总装机2.5万千瓦	3.00
农七师古尔图河梯级水电站工程	新疆	共分七个梯级站，总装机5.82万千瓦，年发电量2.3亿千瓦时	4.50
吐木秀克水电站工程	新疆	总装机4.8万千瓦	5.75
石门水电站项目	新疆	规划年发电量1.74亿千瓦时	7.00
布尔津县窝依莫克山口水电站	新疆	装机约9万千瓦	7.60
哈巴河县吉勒布拉克三级水电站	新疆	规划总装机24.72万千瓦	11.96
吉勒布拉克水电站项目	新疆	年有效发电量4.57亿千瓦时	13.40
察汗乌苏水电站	新疆	装机30.9万千瓦	19.55
阿尔塔什水利枢纽工程	新疆	装机75万千瓦，年平均发电量23.6亿千瓦时	79.25
雅安栗子坪水电站	四川	装机2×6.6万千瓦	5.68
绵阳木座水电站	四川	装机2×5万千瓦	6.56
雅安大金坪水电站	四川	装机12.9万千瓦	7.77
甘孜沙坪水电站	四川	装机15.6万千瓦	8.46
广元紫兰坝水电站	四川	装机3×3.4万千瓦	8.88
雅安宝兴水电站	四川	装机3×6.5万千瓦	10.39
白水江水电梯级开发项目	四川	装机29.1万千瓦(青龙10.2万千瓦、永乐10万千瓦、双河8.9万千瓦)	14.00
凉山鸭嘴河水电梯级开发	四川	装机26万千瓦(烟岗12万千瓦、跑马坪12万千瓦、布西2万千瓦)	18.96
雅安硗碛水电站	四川	装机24万千瓦	20.09
绵阳铁龙堡、古城电站	四川	装机35万千瓦(古城10万千瓦、铁龙堡25万千瓦)	20.55
眉山瓦屋山水电站	四川	装机24万千瓦	21.31
凉山西溪河梯级开发	四川	装机44万千瓦(联补13万千瓦、洛古11万千瓦、地洛10万千瓦、青松10万千瓦)	22.47
阿坝黑水河毛尔盖水电站	四川	装机42万千瓦	26.78
阿坝岷江十里铺水电站工程	四川	装机42万千瓦，总库容4.69亿立方米	30.64
甘孜力丘河水电梯级工程	四川	装机56万千瓦	30.72
乐山沙湾水电站	四川	装机48万千瓦	33.25
南充嘉陵江渠化工程	四川	装机37.9万千瓦(金溪15万千瓦、凤仪9万千瓦、沙溪8.7万千瓦、小龙门5.2万千瓦)	33.92
阿坝杂谷脑梯级开发	四川	装机50.1万千瓦(狮子坪19.5万千瓦，薛城13.8万千瓦，古城16.8万千瓦)	39.22
攀枝花桐子林水电站	四川	装机61万千瓦	39.76
田湾河水电梯级开发及送出工程	四川	装机76万千瓦(金窝28万千瓦、仁宗海24万千瓦、大发24万千瓦)	40.56

续表

项目名称	地区	建设内容/规模	投资额(亿元)
凉山美姑河梯级开发	四川	装机 52.7 万千瓦(其中：柳洪 18 万千瓦、坪头 18 万千瓦、牛牛坝 8 万千瓦)	45.00
阿坝金川电站	四川	装机 88 万千瓦	46.50
凉山水洛河水电梯级开发	四川	装机 88 万千瓦	50.53
雅安大渡河龙头石水电站	四川	装机 70 万千瓦	53.00
雅安深溪沟水电站	四川	装机 66 万千瓦	57.92
巴底水电站	四川	装机 110 万千瓦	65.55
甘孜猴子岩水电站	四川	装机 176 万千瓦	70.49
丹巴水电站	四川	装机 130 万千瓦	71.76
阿坝双江口电站	四川	装机 200 万千瓦	80.00
岷江干流航电综合开发	四川	装机 184 万千瓦	85.00
甘孜两河口水电站	四川	装机 270 万千瓦	100.32
凉山木里河梯级开发	四川	装机 98 万千瓦(卡基娃电站 40 万千瓦，立洲电站 34 万千瓦，沙湾电站 24 万千瓦)	102.58
攀枝花观音岩水电站	四川	装机 300 万千瓦	119.80
雅安大岗山水电站	四川	装机 260 万千瓦	124.43
甘孜大渡河长河坝水电站	四川	装机 260 万千瓦	127.44
凉山官地水电站	四川	装机 240 万千瓦	150.19
雅安瀑布沟水电站	四川	装机 330 万千瓦	199.43
凉山锦屏一级水电站	四川	装机 360 万千瓦	245.79
凉山锦屏二级水电站	四川	装机 480 万千瓦	298.13
金沙江上游水电梯级开发	四川	装机 975 万千瓦	300.00
宜宾向家坝水电站	四川	装机 600 万千瓦	355.90
凉山溪洛渡水电站	四川	装机 1260 万千瓦	636.00
雪卡水电站	西藏	总装机 4 万千瓦，年平均发电量 1.82 亿千瓦时	7.23
老虎嘴水电站工程	西藏	总装机 10.2 万千瓦，年平均发电量 5 亿千瓦时	12.88
云县南河一级电站	云南	装机 4 万千瓦	2.10
云县罗扎河一级电站	云南	装机 4 万千瓦	2.50
梨园电站	云南	装机 240 万千瓦	12.00
塞格电站	云南	装机 100 万千瓦	50.00
龙开口电站	云南	装机 180 万千瓦	77.14
阿海电站	云南	装机 210 万千瓦	85.06
鲁地拉电站	云南	装机 210 万千瓦	88.86
亚碧罗电站	云南	装机 180 万千瓦	90.00
上虎跳峡电站	云南	装机 420 万千瓦	210.00

火电(含热电联产)

项目名称	地区	建设内容/规模	投资额(亿元)
热电厂扩建工程	黑龙江	装机 2×1.2 万千瓦	2.10
化纤自备电站项目	吉林	装机 2.5 万千瓦	5.02
热电项目	吉林	装机 2×20 万千瓦	18.70
四平火电机组工程	吉林	装机 2×30 万千瓦	21.80
火电机组工程	吉林	装机 2×30 万千瓦	23.00
火电工程	吉林	装机 2×60 万千瓦	43.97
香海热电厂二期扩建工程	辽宁	装机 2×2.5 万千瓦	4.40
大化复州湾热电厂	辽宁	装机 3×2.5 万千瓦	6.00

续表

项目名称	地区	建设内容/规模	投资额(亿元)
第三热电厂一期工程	辽宁	装机 2×5 万千瓦	8.10
登沙河热电厂新建工程	辽宁	装机 10 万千瓦	9.00
台山热电厂二期扩建工程	辽宁	装机 2×13.5 万千瓦	12.00
东海热电厂煤改气工程	辽宁	37.5 万千瓦发电机组技改	13.00
长兴岛热电厂新建工程	辽宁	装机 2×13.5 万千瓦	14.00
第二热电厂一期工程	辽宁	装机 2×30 万千瓦	27.30
甘井子热电厂一期工程	辽宁	装机 2×30 万千瓦	27.70
热电项目	辽宁	装机 8×30 万千瓦	100.00
保定热电厂八期工程	河北	装机 2×20 万千瓦	18.42
怀安热电厂	河北	一期装机 2×33 万千瓦	28.00
热电厂项目	河北	一期装机 2×30 万千瓦	28.60
宣化热电厂项目	河北	一期装机 2×30 万千瓦	29.10
国华定洲电厂二期工程	河北	装机 2×66 万千瓦	42.93
蒙西水泥公司自备电厂	内蒙古	装机 1.2 万千瓦	1.00
元宝山电厂 4 号机组复建工程	内蒙古	装机 1×60 万千瓦	20.96
海拉尔热电厂热电联产项目	内蒙古	装机 40 万千瓦	22.30
包头希望铝业铝电联营项目	内蒙古	年产 50 万吨电解铝，配套装机 132 万千瓦	23.00
乌兰浩特市热电联产项目	内蒙古	装机 2×30 万千瓦	28.00
准大坑口电厂项目	内蒙古	装机 2×30 万千瓦	29.00
伊敏电厂三期扩建项目	内蒙古	装机 2×60 万千瓦	45.00
东海拉尔电厂	内蒙古	装机 2×60 万千瓦	45.00
宝日希勒电源建设项目	内蒙古	装机 2×60 万千瓦	48.00
中电投集团坑口电厂一期工程	内蒙古	装机 2×60 万千瓦	50.89
白音华金山坑口电厂建设项目	内蒙古	装机 2×60 万千瓦	53.00
华电土右电厂发电项目	内蒙古	装机 2×60 万千瓦	55.00
上都电厂三期	内蒙古	装机 2×66 万千瓦	60.00
轩岗坑口电厂项目	山西	装机 2×66 万千瓦	6.63
塔山坑口电厂项目	山西	装机 2×60 万千瓦	6.72
电厂项目	山西	装机 3×60 万千瓦	11.25
晋城热电厂一期项目	山西	装机 2×30 万千瓦	31.01
杨柳青热电厂四期扩建工程	天津	装机 2×30 万千瓦	24.20
陈塘庄热电厂三期扩建工程	天津	装机 2×30 万千瓦	26.10
东北郊热电厂工程	天津	装机 2×30 万千瓦	30.49
北疆电厂工程	天津	装机 2×100 万千瓦	123.00
刘庄煤矿煤矸石发电厂	安徽	装机 2×5 万千瓦	5.00
新源热电扩建项目	安徽	扩建 1 台 2.5 万千瓦和 5 万千瓦供热机组	5.49
国安电力二期工程	安徽	装机 2×60 万千瓦	50.00
阜阳电厂二期工程	安徽	装机 2×60 万千瓦	50.00
临涣矸石电厂	安徽	一期工程设计装机 2×30 万千瓦	60.00
阜阳华润电厂三期工程	安徽	装机 2×100 万千瓦	84.00
淮北平山电厂	安徽	装机 4×60 万千瓦	94.30
国电蚌埠发电厂	安徽	一期工程装机 2×60 万千瓦	100.00
刘庄坑口发电厂	安徽	装机 4×60 万千瓦	110.00
漳平电厂改扩建	福建	装机 2×30 万千瓦	24.23
火电厂项目	福建	装机 2×30 万千瓦	25.49
福建南埔电厂二期	福建	装机 2×60 万千瓦	46.80
泉州火电厂一期	福建	首期装机 2×60 万千瓦	51.20
石狮鸿山热电厂项目	福建	一期工程装机 2×60 万千瓦	58.00

续表

项目名称	地区	建设内容/规模	投资额(亿元)
泗阳热电厂工程	江苏	装机2×1.2万千瓦	3.98
大型热电机组项目	江苏	扩建2台33万千瓦发电供热机组	25.00
国华陈家港电厂(一期)工程项目	江苏	规划总装机6×60万千瓦，一期装机2×60万千瓦	53.36
扬州二电厂三期工程	江苏	装机2×60万千瓦	77.00
江苏华电泗源电厂	江苏	装机2×100万千瓦	80.00
坑口电站	江西	装机2×5万千瓦，新增发电量6000万千瓦时	4.00
萍乡电厂扩建工程	江西	装机2×30万千瓦	25.26
华能瑞金电厂项目	江西	装机2×30万千瓦，同步安装烟气脱硫装置	26.20
分宜电厂扩建工程	江西	装机2×30万千瓦	28.10
赣州电厂	江西	装机2×30万千瓦	29.15
南昌燃气电厂	江西	装机2×30万千瓦	32.00
井冈山电厂二期工程	江西	装机2×60万千瓦	45.93
新余电厂扩建工程	江西	装机2×60万千瓦	46.42
黄金埠电厂	江西	装机2×60万千瓦	46.60
丰城电厂二期工程	江西	装机2×60万千瓦	47.50
抚州电厂	江西	装机2×60万千瓦	48.60
景德镇电厂扩建工程	江西	装机2×60万千瓦	49.17
新昌电厂项目	江西	规划装机240万千瓦，一期装机2×60万千瓦	49.51
新昌电厂	江西	装机2×60万千瓦	52.39
热电联产项目	浙江	一期装机1.2万千万抽凝式汽轮发电机组和1台6兆瓦背后压式汽轮发电机组	1.80
桐庐热电联产项目	浙江	建设3炉2机和配套设施	3.90
富春江环保热电工程	浙江	总装机7.3万千瓦	7.90
北半岛供电工程	浙江	装机30万千瓦	10.00
国华余姚天然气电厂	浙江	装机3×26万千瓦	23.90
温电三期	浙江	装机2×30万千瓦	27.00
华能玉环电厂	浙江	装机2×90万千瓦	83.50
大唐乌沙山电厂	浙江	装机4×台60万千瓦	87.00
天然气发电	浙江	装机7×30万千瓦	93.00
嘉电二期	浙江	装机4×60万千瓦	102.00
浙能兰溪电厂	浙江	装机4×60万千瓦	106.00
国华宁海电厂	浙江	装机4×60万千瓦	106.70
苍南临港环保热电厂	浙江	装机2×2.4万千瓦	160.00
丰盛电力(集团)投资有限公司"改煤压油"项目	广东	建设2×30万千瓦燃煤电厂及配套码头	4.95
南山热电厂续建工程	广东	装机1×18万千瓦	5.00
仁化县煤矸石电厂扩建工程	广东	装机2×15万千瓦	15.00
坪石B电厂三期工程	广东	装机2×30万千瓦	27.66
福华德电厂续建工程	广东	装机3×35万千瓦	28.00
南海发电一厂扩建工程	广东	装机2×30万千瓦	28.20
中电投湛江东海明珠热电项目	广东	一期工程装机2×30万千瓦	30.00
珠海LNG配套电厂	广东	装机3×35万千瓦	41.00
韶关电厂扩建工程	广东	装机2×60万千瓦	50.00
河源电厂建设项目	广东	总装机2×60万千瓦	54.00
珠海电厂5号、6号机组	广东	装机2×60万千瓦	60.00
华能广东分公司华能汕头海门电厂一期3号、4号机组	广东	装机2×100万千瓦	66.05
台山电厂二期	广东	装机4×100万千瓦	197.00
来宾电厂改扩建工程	广西	装机2×30万千瓦	26.00

续表

项 目 名 称	地 区	建设内容/规模	投资额(亿元)
永福电厂扩建工程	广西	装机 2×30 万千瓦	26.00
环江电厂	广西	装机 2×30 万千瓦	30.00
天然气发电厂	广西	装机 140 万千瓦	45.00
贺州火电厂	广西	一期工程装机 120 万千瓦，二期工程装机 320 万千瓦	45.00
桂东火电厂	广西	装机 240 万千瓦	51.00
贵港电厂一期工程	广西	装机 2×60 万千瓦	52.00
南宁电厂	广西	装机 2×60 万千瓦	52.00
崇左电厂	广西	装机 2×60 万千瓦	54.00
南宁电厂	广西	装机 4×60 万千瓦	100.00
燃煤机组	海南	装机 2×30 万千瓦	30.00
鹤煤集团综合利用热电项目	河南	年发电 13.13 亿千瓦时，年供热 2.73×1012 千焦	12.90
东城区热电厂	河南	装机 2×21 万千瓦	20.20
发电机组扩建工程	河南	装机 2×30 万千瓦	24.00
弘昌公司燃气电站项目	河南	装机 2×30 万千瓦	24.78
禹州市煤矸石(供热)电厂	河南	装机 2×20 万千瓦	25.00
平桥电厂热电联产机组项目	河南	装机 2×30 万千瓦	26.00
大唐信阳华豫发电有限责任公司二期工程	河南	装机 2×60 万千瓦	44.58
电厂三期	河南	装机 2×60 万千瓦，同步安装烟气脱硫装置	45.96
禹州电厂二期工程	河南	新装机 2×60 万千瓦	48.50
襄城县电厂一期工程	河南	装机 2×60 万千瓦	49.00
沙市热电厂改扩建项目	湖北	装机 2×30 万千瓦	3.17
黄石发电公司热电联产工程	湖北	装机 1×30 万千瓦	10.00
阳新县煤矸石电厂	湖北	装机 1×30 万千瓦	13.80
西塞山电厂二期工程	湖北	装机 2×60 万千瓦	47.48
煤矸石综合利用及发电项目	湖南	装机 6 万千瓦，预计年发电 3.6 亿千瓦时	1.00
慈利县煤矸石发电	湖南	装机 30 万千瓦，一期装机 2×6 万千瓦	1.88
益阳电厂二期工程	湖南	装机 2×60 万千瓦	4.60
金竹山电厂扩建(第一、二期)	湖南	装机 4×60 万千瓦	9.30
涟源梅雁坑口电厂	湖南	装机 2×15 万千瓦	13.69
涟源坑口电厂	湖南	装机 1×30 万千瓦	13.97
岳阳华能电厂二期	湖南	装机 2×30 万千瓦	23.00
石门电厂扩建	湖南	装机 2×30 万千瓦	23.00
益阳电厂二期	湖南	装机 2×60 万千瓦	41.00
常德电厂	湖南	装机 2×60 万千瓦	44.00
嘉禾电厂	湖南	装机 2×60 万千瓦	46.00
怀化电厂	湖南	装机 2×60 万千瓦	46.00
株洲 B 电厂	湖南	装机 2×60 万千瓦	46.00
衡阳电厂	湖南	装机 2×60 万千瓦	46.00
宝庆电厂	湖南	装机 2×60 万千瓦	46.00
鲤鱼江华润 B 厂	湖南	装机 2×60 万千瓦	46.00
长沙电厂	湖南	装机 2×60 万千瓦	46.00
新化电厂	湖南	装机 2×60 万千瓦	48.00
新化火电厂	湖南	装机 2×60 万千瓦	50.11
湘潭电厂二期	湖南	装机 2×60 万千瓦	43.97
华辰煤层气发电二期工程	陕西	装机 5×4 兆瓦	2.50
煤矸石发电项目	陕西	装机 2×5 万千瓦	5.00
鑫光铝业自备电厂二期工程	陕西	装机 2×15 万千瓦	15.00
京祥电力公司煤矸石发电厂项目	陕西	项目一期装机 2×5 万千瓦，二期装机 2×13.5 万千瓦	16.00

续表

项 目 名 称	地 区	建设内容/规模	投资额(亿元)
西安热电厂	陕西	规划装机 2×30 万千瓦	26.00
宝鸡热电厂	陕西	规划装机 2×30 万千瓦	29.66
灞桥热电厂改扩建工程	陕西	装机 2×30 万千瓦	29.80
大唐电力发电机组项目	陕西	装机 2×30 万千瓦，总供热面积 15000 万平方米	30.00
麟游北部煤田坑口电站项目	陕西	装机 2×30 万千瓦	30.00
西郊集中供热项目	陕西	装机 2×30 万千瓦	30.00
韩城二电厂二期工程	陕西	规划装机 4×60 万千瓦，一期装机 2×60 万千瓦，二期装机 2×60 万千瓦	43.81
煤电一体化项目	陕西	规划装机 2×60 万千瓦	43.96
铜川电厂工程	陕西	规划建设 2×60 万千瓦燃煤发电机组	45.39
延安电厂	陕西	规划装机 2×60 万千瓦	45.42
安康电厂	陕西	规划装机 6×60 万千瓦，一期装机 2×60 万千瓦	46.70
榆横电厂	陕西	规划装机 300 万千瓦，一期装机 2×60 万千瓦	49.12
宝鸡二电厂二期	陕西	规划装机 2×60 万千瓦	49.22
商州电厂	陕西	规划装机 2×60 万千瓦	50.36
蒲城电厂三期	陕西	新增装机 2×60 万千瓦	51.00
城北集中供热工程二期(热电联产)项目	陕西	装机 4×30 万千瓦，供热能力约 1237 吨每小时	55.00
煤电一体化项目	陕西	规划装机 420 万千瓦，一期 2×60 万千瓦	58.75
城南热电厂(热电联产)项目	陕西	规划装机 180 万千瓦，一期装机 60 万千瓦	75.00
华能电厂一、二期工程	陕西	规划装机 240 万千瓦	90.00
西安市集中供热(热电联产)项目	陕西	户县热电厂技改二期 120 万千瓦机组和老厂改造 300 万千瓦供热机组；灞桥热电厂扩建 60 万千瓦供热机组；临潼热电厂 2.4 万千瓦；西郊第二热源厂 3×100 吨链条锅炉；太华热电厂 3×150 吨锅炉、年供热 2×2.5 万千瓦时机组	95.00
煤电一体化项目	陕西	规划装机 6×60 万千瓦，一、二期装机 4×60 万千瓦	99.38
榆林煤电项目	陕西	装机 4×30 万千瓦	132.60
库尔勒经济技术开发区热电联产项目	新疆	一期装机 2.5 万千瓦，二期装机 2.5 万千瓦	2.50
和田布雅矿区坑口电站	新疆	装机 13.5 万千瓦	7.11
托里县煤电一体化建设项目	新疆	装机 2×15 万千瓦，配套建设一口年产 60 万吨煤井	14.00
西山热电厂一期工程	新疆	装机 2×33 万千瓦	25.00
煤电联产项目	新疆	建设年产 150 万吨的煤矿和 60 万千瓦坑口电厂	32.05
华电昌吉热电三期	新疆	规划装机 120 万千瓦	50.00
万源电厂扩建二期工程	四川	装机 1×30 万千瓦	12.14
攀煤集团矸石发电技改工程	四川	装机 2×13.5 万千瓦	13.54
万源电厂异地建设坑口电站一期工程	四川	装机 1×30 万千瓦	14.44
内江白马循环流化床示范电站工程	四川	装机 60 万千瓦	20.00
达州燃气蒸汽联合循环机组新建工程	四川	装机 2×35 万千瓦	22.01
江油燃气蒸汽联合循环机组新建工程	四川	装机 2×35 万千瓦	22.69
广元旺苍低热值煤坑口电厂	四川	装机 4×30 万千瓦	25.00
广安电厂三期工程	四川	装机 2×60 万千瓦	44.90
成都金堂电厂	四川	装机 2×60 万千瓦	47.84
宜宾珙县电厂一期工程	四川	装机 2×60 万千瓦	48.25
福溪坑口电厂新建工程	四川	装机 2×60 万千瓦	50.39
泸州电厂一期工程	四川	装机 2×60 万千瓦	51.45
滇东煤电二期工程	云南	装机 240 万千瓦	105.85
郑常庄燃气热电工程	北京	装机 2×25.4 万千瓦燃气－蒸汽联合循环发电机组	22.00
太阳宫燃气热点冷联供工程	北京	装机 2×35 万千瓦级燃气－蒸汽联合循环热电联产机组	35.00

续表

项目名称	地区	建设内容/规模	投资额(亿元)
月亮湾电厂燃油改燃气工程	广东	29万千瓦燃气-蒸汽联合循环发电机组燃油改燃气，扩建2×18万千瓦燃气-蒸汽联合循环发电机组	13.22
深圳前湾电厂二期工程	广东	装机3×35万千瓦燃气-蒸汽联合循环发电机组	33.60
深圳东部电厂二期工程	广东	装机6×35万千瓦燃气-蒸汽联合循环发电机组	66.00
喀什市热电联产项目	新疆	装机4×1.4万千瓦级燃气轮机发电机组、2×6兆瓦气轮机发电机组	4.09
华电芜湖电厂	安徽	一期装机2×60万千瓦超超临界机组	50.00
华电如皋电厂项目	江苏	规划装机8×100万千瓦超超临界燃煤机组，一期装机2×100万千瓦	72.80
镇江谏壁电厂扩建工程	江苏	新装机2×100万千瓦超超临界发电机组，同步实施脱硫、脱硝	73.00
华电潍坊三期项目	山东	装机2×100万千瓦超超临界发电机组及配套锅炉、汽机、铁路专用线等设施	80.00
华能广东公司华能海门电厂一期工程	广东	装机2×100万千瓦超超临界燃煤发电机组，同步建设烟气脱硫设施	92.10

风能发电

项目名称	地区	建设内容/规模	投资额(亿元)
乌尔古力山风电场工程	黑龙江	装机3万千瓦，选用1500万千瓦风力发电机组20台	3.60
风电场建设项目	黑龙江	拟装机4.93万千瓦，安装58台850千瓦风力发电机组	4.00
风力发电场项目	黑龙江	建设33台风力发电机组，总装机49.5万千瓦	5.20
风电工程	黑龙江	规划装机10万千瓦	9.00
长岭风电30号风电场工程	吉林	装机4.95万千瓦	5.25
腰井子风电场工程	吉林	装机4.95万千瓦	5.29
风电建设项目	辽宁	装机20万千瓦	17.00
风电项目	辽宁	规划装机20万千瓦	20.00
官厅风电场一期工程	北京	装机5万千瓦	5.80
万全玉龙风电场	河北	装机3.6万千瓦	3.46
尚义县满井风电场三期	河北	装机4.95万千瓦	4.68
张北风电场三期	河北	装机4.95万千瓦	4.93
崇礼县清三营风电场	河北	装机4.95万千瓦	5.03
蔚县空中草原风电场	河北	装机4.95万千瓦	5.21
国华爱依斯(黄骅)风力发电一期工程	河北	总装机4.95万千瓦，安装33台1500千瓦的风力发电机组，年上网发电量预计不少于1亿千瓦时	5.30
围场风电场一期工程	河北	建设山湾子、张家湾两个装机4.95万千瓦风电场，年发电约1.2亿千瓦时	10.00
东辛营-莲花滩风电场项目	河北	装机10万千瓦，年上网电量预计可达6.3亿千瓦时	10.00
御道口牧场风电项目	河北	装机14.85万千瓦	15.00
张北单晶河特许权风电场建设	河北	装机20万千瓦	16.00
风电项目	河北	装机20万千瓦	16.00
中广核风力发电有限公司风电场项目	河北	装机60万千瓦	40.00
坝上百万千瓦级风电基地及接入系统工程项目	河北	2010年装机100万千瓦以上	118.00
龙源(四子王)风力发电项目	内蒙古	安装单机1500千瓦风力发电机33台，上网电量为1.2亿千瓦时	4.38
风电开发项目	内蒙古	装机5万千瓦	4.70
宝龙山风电项目	内蒙古	装机4.95万千瓦	5.09
卓资风电场二期项目	内蒙古	装机4.95万千瓦	5.14
中石油鸿力投资集团公司风电项目	内蒙古	装机10万千瓦	7.50

续表

项目名称	地区	建设内容/规模	投资额(亿元)
风力发电项目	内蒙古	装机 10 万千瓦	10.00
大唐公司赛罕坝风电场四、五期风力发电项目	内蒙古	装机 10 万千瓦	10.50
包头风电项目	内蒙古	年上网发电量为 46592 万千瓦时	15.79
龙源公司巴音风电项目	内蒙古	装机 20 万千瓦	18.63
内蒙宏基实业公司风电项目	内蒙古	装机 30 万千瓦	22.50
中广核电有限责任公司风电特许权项目	内蒙古	装机 30 万千瓦	24.00
贺兰山风力发电工程	内蒙古	装机 50 万千瓦	40.00
李井滩风力发电工程	内蒙古	装机 50 万千瓦	44.00
风电场建设项目	内蒙古	装机 50 万千瓦	44.00
风电场建设项目	内蒙古	装机 100 万千瓦	90.00
风力发电一期项目	天津	总装机 2 万千瓦	1.80
风电第三期技改项目	福建	东山岛乌礁湾风电第三期技改，装机 10 万千瓦，计划年发电量 20000 多万千瓦时	10.00
莆田市风力发电场	福建	规划建设石城、石井、北高、湄洲岛、钟山、社硎等风电场，装机 20 万千瓦	15.00
启东风电场(南风电场)项目	江苏	装机 9.15 万千瓦，安装 61 台单机容量为 1500 千瓦的国产风力发电机组	9.46
风能发电项目	江苏	一期装机 4.9 万千瓦，安装 50 台风能发电机，年总发电量超过 10000 千瓦时	13.00
射阳风力发电项目	江苏	装机 20 万千瓦	18.00
滨海风力发电项目	江苏	装机 20 万千瓦	18.00
响水风力发电项目	江苏	装机 20 万千瓦	20.00
风力发电场项目	江苏	装机 20 万千瓦，分两期建设，一期装机 10 万千瓦	20.00
连云港风力发电项目	江苏	装机 60 万千瓦	50.00
矶山湖风电项目	江西	总装机 3 万千瓦，计划安装 20 台国产 1500 千瓦风电机组	3.47
鄱阳湖风力发电站	江西	装机 10 万千瓦～20 万千瓦	16.00
风力发电项目	山东	装机 30×750 千瓦	1.50
寿光华能风力发电一期	山东	装机 33×1500 千瓦	20.00
风电场建设项目	上海	装机 10 万千瓦	30.00
风电国产化示范工程	浙江	总装机 5 万千瓦，一期装机 1.35 万千瓦	4.00
苍南中部浅海风电项目	浙江	装机 15 万千瓦	160.00
德国英华威南澳海上风电场	广东	装机 2 万千瓦(8 台单机 250 千瓦风机)	2.42
湛江徐闻洋前风电项目	广东	装机 4.95 兆瓦	4.22
华润风能电力南澳海上风电项目	广东	装机 10 万千瓦	10.00
川岛风电场工程	广东	装机 20 万千瓦	18.00
上林风力发电站项目	广西	装机 2×5 万千瓦	7.00
风力发电场	海南	装机 5 万千瓦	4.00
信阳弘昌集团公司天目山风电场工程	河南	装机 24×850 千瓦	2.00
平桥天目山风电场	河南	装机 2.04 万千瓦	2.05
商城黄柏山风电场	河南	装机 2.04 万千瓦	2.11
南阳方城风能发电项目一期工程	河南	装机 2.325 万千瓦	2.50
新县大别山风电场	河南	装机 2.975 万千瓦	3.12
鸡公山风电场	河南	装机 3.485 万千瓦	3.60
雪峰山风能发电	湖南	装机 10 万千瓦	1.00
江华风能发电工程建设	湖南	装机 20 万千瓦	1.06
洪江雪峰山风能发电场	湖南	总装机 10.2 万千瓦	1.30
七弓岭风力发电场	湖南	装机 20 万千瓦	2.00
城步南山风能发电	湖南	总装机 20 万千瓦，形成年供电 1100 万千瓦时的生产能力	2.50
漉湖风电场建设工程	湖南	总装机 30 万千瓦，其中一期装机 4.95 万千瓦	2.70
大熊山风力发电场	湖南	装机 5 万千瓦	5.00

续表

项目名称	地 区	建设内容/规模	投资额(亿元)
南山风能发电项目	湖南	装机 680×24 千瓦	6.80
大通湖舵杆洲风电场建设工程	湖南	装机 10 万千瓦	7.90
龙山八面山风能发电厂	湖南	装机 10 万千瓦	12.00
洁源瓜州风电项目	甘肃	总装机 5 万千瓦	3.80
捡财塘风电项目	甘肃	装机 4.5 万千瓦	4.37
达坂城风力发电场建设项目	新疆	装机 6 万千瓦	3.60
风力发电场项目	新疆	一期装机 4.95 万千瓦	4.00

生物质能发电

项目名称	地 区	建设内容/规模	投资额(亿元)
涿鹿华达秸秆生物节能热电项目	河北	装机 2×1.2 万千瓦	2.40
广东威华集团秸秆热电项目	河北	装机 2×1.2 万千瓦中温中压单抽凝气式汽轮机供热发电机组	2.61
华达秸秆生物热电项目	河北	年可燃烧 30 多万吨农作物秸秆	3.10
国能开鲁秸秆发电项目	内蒙古	装机 2×1.2 万千瓦，年发电量 1.44 亿千瓦时	3.00
生物质能热电厂	安徽	装机 2.4 万千瓦	3.60
生物质能热电厂	安徽	装机 2×12 兆瓦	4.10
生物质秸秆发电项目	安徽	装机 2×1.2 万千瓦	9.00
秸秆发电项目	安徽	装机 2×1.2 万千瓦	10.80
秸秆气化发电示范项目	江苏	建设秸秆气化发电示范项目	1.00
连云港保鑫生物质热电工程	江苏	装机 2×1.5 万千瓦，年发电 1.8 亿千瓦时	2.47
泗阳县秸秆发电项目	江苏	装机 1.2×2 万千瓦	2.52
秸秆发电项目	江苏	装机 2×1.5 万千瓦	2.60
生物质能发电项目	江苏	装机 2×1.5 万千瓦，年发电 13500 万千瓦时	2.75
东益经济区生物质发电项目	江苏	装机 2×1.5 万千瓦，铺设管道 18 千米	3.00
生物质环保热电厂项目	江西	计划建设 2 台大型热能机组	2.50
浙江恒鑫电力公司生物质发电项目	浙江	装机 3 万千瓦	2.40
玉林市谷壳秸秆发电项目	广西	装机 4×1.2 万千瓦，占地 20 万平方米	5.00
国能生物发电有限公司扶沟县生物质发电工程	河南	一期装机 1×1.2 万千瓦	1.30
浚县生物发电项目	河南	装机 1×2.5 万千瓦	2.68
仙桃市秸秆发电厂	湖北	一期装机 2×1.5 兆瓦，年发电量约 3 亿千瓦时	3.80
巴楚县生物发电厂项目	新疆	装机 5 万千瓦，年发电量达 3.6 亿千瓦时	3.10

垃圾发电和烟气脱硫

项目名称	地 区	建设内容/规模	投资额(亿元)
廊坊市生活垃圾焚烧发电厂	河北	建设生活垃圾焚烧发电厂	1.23
保定市生活垃圾发电厂	河北	建设生活垃圾发电厂	1.76
国华盘电发电机组烟气脱硫工程	天津	2×50 万千瓦机组烟气脱硫，建筑面积 5860 平方米	3.29
垃圾焚烧发电厂二期工程	江苏	苏州垃圾焚烧发电厂二期工程，日处理垃圾能力 1000 吨	4.50
长兴(夹浦)垃圾焚烧发电项目	浙江	日垃圾焚烧量 500 吨，装机 9 兆瓦	1.73
安吉垃圾焚烧热电工程	浙江	日处理垃圾 300 吨	2.20

续表

项目名称	地区	建设内容/规模	投资额(亿元)
湖州垃圾焚烧发电项目(和孚)	浙江	装机2×7.5万千瓦	2.45
垃圾焚烧发电厂	浙江	垃圾处理总规模为每日1000吨，近期规模为每日600吨	3.10
澄海洁源垃圾焚烧发电厂	广东	一期日处理垃圾300吨，总建筑面积22000平方米	1.07
雷打石生活垃圾焚烧发电厂	广东	日焚烧处理生活垃圾1200吨，年发电量约1.5亿千瓦时	5.00
生活垃圾焚烧发电厂项目	河南	日处理生活垃圾800吨~1000吨，装机2台1.5万千瓦和1台1.2万千瓦发电机组	5.00
武汉钢电股份有限公司脱硫项目	湖北	2×20万千瓦机组脱硫，规模为2×670吨每小时	1.20
荆门热电厂烟气脱硫一体化改造	湖北	2×20万千瓦机组脱硫，规模为670吨每小时	1.61
黄石西塞山电厂脱硫	湖北	2×33万千瓦机组脱硫	1.89
赤壁电厂烟气治理	湖北	2×30万千瓦机组脱硫	2.00
华能阳逻电厂三期脱硫	湖北	2×60万千瓦机组脱硫，规模为2×1900吨每小时	2.21
鄂州电厂烟气脱硫	湖北	2×30万千瓦机组脱硫，规模为1092吨每小时	2.31
华能阳逻电厂二期脱硫	湖北	2×30万千瓦机组脱硫	2.37
青山垃圾焚烧发电工程	湖北	处理规模为每日1000吨	3.50
大别山电厂脱硫	湖北	2×60万千瓦机组脱硫	4.00
襄樊电厂一期脱硫	湖北	4×30万千瓦机组脱硫	4.15
襄樊电厂二期脱硫	湖北	2×60万千瓦机组脱硫	4.20
湘潭电厂脱硫除尘项目	湖南	对2×30万千瓦机组采用石灰石/石灰-石膏法脱硫工艺对烟气脱硫，减少二氧化硫排放量16000吨每年	2.00
株洲华银火电公司烟气脱硫项目	湖南	采用石灰石、石膏法对2×12.5万千瓦机组和2×31万千瓦机组脱硫	3.29
城市生活垃圾焚烧发电项目	四川	日处理垃圾1200吨	4.69

输变电

项目名称	地区	建设内容/规模	投资额(亿元)
阎村北220千伏输变电工程	北京	主变360兆伏安，线路全长8.6千米	2.03
沽源县500千伏输变电站工程	河北	建设变电站一座，安装15000兆伏安主变站	7.00
城市电网建设与改造一期工程	天津	新扩建15项220千伏、7项110千伏、11项35千伏输变电工程	70.72
城市电网建设与改造二期工程	天津	新扩建15项220千伏、17项110千伏、33项35千伏输变电工程	94.45
输变电工程	安徽	110千伏输变电工程	1.15
主干网架结构改造工程	安徽	新建4座变电所；新建及改造35千伏线路151千米、10千伏线路614千米	2.80
蚌埠变电所	安徽	500千伏变电工程	3.70
电网改造项目	安徽	500千伏电网改造	4.00
淮北电网改造	安徽	220千伏电网城市中低压配电网等改造	5.50
220千伏变电站	福建	占地34050平方米，变电容量120兆伏安	1.60
220千伏长汀策武变站	福建	一期容量为120兆伏安，终期容量为360兆伏安	2.30
漳平220千伏输变电工程	福建	主变容量3×18万千伏安，220千伏线路约120千米	3.08
南安110千伏输变电工程项目	福建	新建石井北、石井南、石井西、滨海、城南、城北、丰州、康美、霞美、金桥、文斗、石鸡、省新、英都、码头、官桥西、金淘等16座变电站，扩建水头、诗山、梅山、霞美等4座变电站，新增变电容量1567.5兆伏安，新建和改建110千伏线路524千米	6.80
龙岩500千伏输变电工程	福建	新增变电容量1000兆伏安	8.00
莆田市电网输变电工程	福建	新建和扩建220千伏输变电站6座，110千伏输变电站24座	20.00
220千伏双泗至涟水(旗杰)线路工程	江苏	建设220千伏双泗至涟水(旗杰)线路2×84.1千米；双泗变扩建220千伏出线间隔2个；涟水(旗杰)变扩建220千伏出线间隔2个；相应的继电保护、通信装置	4.06

续表

项目名称	地 区	建设内容/规模	投资额(亿元)
500千伏泰州北输变电工程	江苏	占地约8万多平方米，项目2组750兆伏安主变，远景4组1000兆伏安主变；500千伏出线本期2回，远景10回；220千伏出线本期6回，远景16回；4组高压无功补偿设备、16组低压无功补偿设备。500千伏泰北输变电工程	4.08
南通东220千伏开关站项目	江苏	南通东220千伏开关站建设，该电站将于2009年升级为500千伏变电站。该工程分两期实施，一期兴建220千伏开关站，二期升压为500千伏变电站	4.90
沿海特高压线路通道及盐城北开关站	江苏	建设沿海500千伏高压线路通道及盐北开关站	10.00
500千伏江阴东输变电工程	江苏	该变电所设计规模为4×100万千伏安，500千伏出线6回，220千伏出线16回；本期建设2×100万千伏安，500千伏出线2回，220千伏出线14回	10.00
500千伏通北—通东线电网项目	江苏	线路总长度为125千米，沿途共有290基塔。工程按500千伏同塔双回路设计，其中通州境内有44.8千米，109基塔	29.00
扬州电网改造工程	江苏	重点实施20千伏李典、220千伏平安(柳堡)输变电工程、220千伏广陵扩建工程。市区110千伏贾桥、110千伏泰安及高邮110千伏黄渡输变电工程、市区110千伏火车站和江都110千伏龙川变扩建工程、高邮110千伏周山和高邮110千伏甘垛变主接线完善工程、仪征110千伏真州变至谢集变线路改造工程、化学工业园区110千伏线路调整工程等	30.00
电网改造工程	江西	新建220千伏变电站，完善两个110千伏变电站二期工程及新建5个变电所；对高、低压配电网及二级系统改造，对新、老县城进行城网改造	1.24
新余城西变电站建设项目	江西	建设3台容量为240兆伏安变压器，先期规模为2台240兆伏安变压器	2.28
500千伏输变电工程	江西	建设500千伏输变电工程，安装2×750兆伏安主变，500千伏出线4回~6回，220千伏出线10回~12回	5.30
抚州输变电工程及南昌变电站扩建	江西	建设500千伏抚州输变电工程及南昌变电站扩建	7.56
220千伏输变电线路项目	江西	线路长1640千米	8.66
500千伏变电所新、扩建项目	江西	新扩建29座变电所	30.50
220千伏变电所新、扩建项目	江西	新扩建50座变电所	31.00
500千伏输变电线路项目	江西	线路长2632千米	43.00
电网综合改造项目	山东	110千伏春雨变电站及电网改造	1.01
变电站建设工程	上海	建设110千伏变电站1座(兴旺)，35千伏变电站3座(宏祥、卫亭、院校)	3.32
220千伏吕山输变电工程	浙江	变电容量18万伏安，线路12千米	1.10
220千伏拱东输变电工程	浙江	主变180兆伏安，线路4千米	1.10
三座110千伏输变电工程	浙江	水南、科山、孟岸三座110千伏输变电工程，主变容量都为50兆伏安	1.10
220千伏龙洲输变电	浙江	220千伏线路50千米，1台主变15万千伏安	1.30
220千伏剑山输变电工程	浙江	主变180兆伏安，线路52千米	1.30
220千伏高桥输变电工程	浙江	主变180兆伏安，线路8千米	1.30
220千伏西工输变电工程	浙江	变电容量2×180兆伏安，线路长1.67千米	1.45
220千伏灵洞输变电及云曹线工程	浙江	新建220千伏线路2回，长度11千米；110千伏出线间隔4回，35千伏出线间隔1回	1.49
220千伏奉南变	浙江	主变容量2×18万千伏安	1.50
220千伏仙降输变电工程	浙江	变电容量2×180兆伏安，线路长4.67千米	1.50
220千伏新华输变电工程	浙江	变电容量2×180兆伏安，线路长3.9千米	1.50
220千伏东南输变电工程	浙江	变电容量2×180兆伏安，线路长7.09千米	1.60
220千伏东新输变电工程	浙江	变电容量2×180兆伏安，线路长6.92千米	1.60
220千伏江南输变电工程	浙江	变电容量2×180兆伏安，线路长12.9千米	1.75
110千伏输变电工程	浙江	1×50兆伏安	2.28
500千伏瑞安输变电工程	浙江	变电容量750兆伏安，线路长70千米	4.50
220千伏输变电工程	浙江	1×180兆伏安工程；1×150兆伏安扩建1项	5.08
华能长兴电厂异地扩建	浙江	2×600万千瓦超临界机组	53.00
高压输变电工程	浙江	500千伏1600万千伏安1650千米；2×1800万千伏安3600千米；110千伏1550万千伏安3200千米	399.00
汕头电力局南澳110千伏过海电缆输出工程	广东	建设后宅开关站及至苏南站输电线路，长38.2千米(跨海电缆9.3千米)	1.62

续表

项目名称	地区	建设内容/规模	投资额(亿元)
110千伏输变电工程	广东	新建110千伏变电站6座(南洞、双合、龙口、朝阳、大凹、城南，含110千伏线路工程)	1.85
翁源县翁江220千伏变电站	广东	220千伏变电站及线路	1.90
新丰220千伏云峰(松园)输变电工程	广东	主变18万千伏安	2.03
220千伏彩虹输变电工程	广东	新建220千伏变电站1座，主变压器容量18万千伏安(含配套220千伏和110千伏线路)	2.57
韶关市曲江500千伏输变电站扩建	广东	扩建500千伏间隔2个、220千伏间隔3个，建设输电线路	2.93
220千伏坝头输变电工程	广东	2×180兆伏安输变电站及线路建设	2.99
海宴输变电工程	广东	220千伏线路和180万伏安主变及设施	3.00
汕头供电局220千伏电缆线路	广东	建设220千伏单回路电缆线路19.17千米，其中过海隧道长2.32千米	3.49
汕头供电局220千伏输变电工程	广东	建设主变2台共36万千伏安；220千伏线路69.84千米及配套设施	3.59
川岛联网供电工程	广东	上川、下川输变电站(1×20兆伏安)和联网供电工程(44.6千米，含海底电缆15千米)	4.50
500千伏西乡北变电站	广东	2×1000兆伏安	8.00
广东电网湛江供电工程	广东	220千伏项目4个、110千伏项目16个、35千伏项目2个	13.35
台山核电项目送出线路	广东	500千伏双回路线路	20.00
500千伏百花洞直流换流站	广东	2×1000兆伏安	30.00
220千伏变电站建设项目	广东	新建、扩建24座220千伏变电站，建设规模为11700兆伏安	52.80
110千伏变电站建设项目	广东	新建、扩建84座110千伏变电站，建设规模为12690兆伏安	54.88
昭平县江口220千伏输变电工程	广西	包括江口变电站和全长79千米输电线路	1.47
海口丘海、洋洛Ⅱ回、澄迈大丰220千伏输变电工程	海南	新建变电站2座，新增变电容量27万千伏，线路150.8千米	3.89
农场电网改造工程	海南	新建和改造42个农场10千伏及低压电网	4.00
县城电网建设与改造工程	海南	新建和改造220千伏变电站2座，线路140千米；110千伏变电站15座，线路129千米；35千伏变电站22座，线路282千米；10千伏线路816千米，配电659台，低压2573千米	9.08
海南电网建设与改造工程	海南	新建220千伏线路500千米、110千伏线路580千米、35千伏线路600千米、10千伏线路11800千米	80.00
灵宝西220千伏输变电工程	河南	总占地面积2万多平方米，规划变电容量为2×150兆伏安(本期建设规模为1×150兆伏安)，输电线路长度为26.5千米，同塔双回架设	1.18
许昌500千伏变电站	河南	1×750兆伏安	5.00
双西220千伏输变电及配套工程	湖南	主变容量1×120兆伏安；220千伏出线4回25千米；110千伏出线5回40千米	1.10
娄星区110千伏输变电及配套工程	湖南	新建城南、江龙滩、万宝、谢家4个110千伏输变电及配套工程，主变容量4×50兆伏安	1.17
户外隔离开关工程	湖南	开发550千伏~1000千伏户外隔离开关	1.20
响水乡变电站建设	湖南	50万伏变电站建设	5.53
500千伏输变电工程	湖南	扩建长沙西、衡阳、娄底3座，新建长沙、株洲、怀化、湘潭、衡阳、永州6座。总容量925万千伏安，线路全长1782千米	48.73
永登一白银输变电工程	甘肃	750千伏输变电工程	28.00
输变电工程	甘肃	750千伏输变电工程	33.00
绥德330千伏输变电工程	陕西	线路27千米，变电容量48万千伏安	2.00
西安东南郊330千伏输变电工程	陕西	线路30千米，变电容量72万千伏安	2.85
鹿城330千伏输变电工程	陕西	线路188千米，变电容量48万千伏安	3.34
750千伏乾县至宝鸡输变电工程	陕西	750千伏线路100千米	4.75
五彩湾变电站工程	新疆	建设瑶池变电站至五彩湾220千伏线路130千米，220千伏五彩湾变电站一座，主变规划容量为2×15万千伏安	1.50
玛纳斯电厂三期送出输变电工程	新疆	玛纳斯变电站、乌鲁木齐北变电站和220千伏送电线路三部分	11.86
哈密一西北电网(永登)输变电所工程	新疆	750千伏输变电所建设	17.50

续表

项目名称	地区	建设内容/规模	投资额(亿元)
二滩至石板箐500千伏输变电工程	四川	500千伏变电站1座75万千伏安、500千伏线路36千米	1.65
德阳500千伏变电站扩建工程	四川	德阳500千伏变电站扩建75万千伏安、德阳至成都(龙王)500千伏线路63千米	2.37
乐山500千伏输变电工程	四川	500千伏变电站1座75万千伏安、500千伏线路11千米	2.53
广安500千伏输变电工程	四川	500千伏变电站1座75万千伏安、500千伏线路13千米	3.42
南充至德阳500千伏输变电工程	四川	500千伏线路194千米	3.93
泸州至自贡500千伏输变电工程	四川	500千伏变电站1座150万千伏安、500千伏线路144千米	5.84
茂县至德阳500千伏输变电工程	四川	500千伏变电站1座150万千伏安、500千伏线路252千米	7.66
九龙至石棉500千伏输变电工程	四川	500千伏变电站1座150万千伏安、500千伏线路341千米	11.88
输变电工程	四川	南坝、色尔古、丹巴、水洛、西昌、资阳500千伏和雅安、会理、太和220千伏输变电	13.80
石棉至雅安至崇州500千伏输变电工程	四川	建设500千伏变电站2座，225万千伏安、500千伏开关站1座，500千伏线路454千米	16.92
户户通电专项工程	四川	110千伏变电站9座，29万千伏安、110千伏线路306千米	17.84
宜宾金沙江一期、锦屏一级、二级800千伏直流输电工程(宜宾市部分)	四川	800千伏直流输电线路7249千米,换流站8个,其中四川境内输电线路3958千米,换流站4个	100.00
省电力公司输变电工程	四川	眉山、宜宾、彭州、崇州、洪沟、龙头石500千伏，成都金牛、大丰、龙泉、乐山夹江、达州西外220千伏等输变电工程	101.40
输变电工程	四川	雅安至华阳、康定、西昌、达州、龙泉、绵阳、广元、瀑布沟、广安至万县等500千伏输变电工程；江安、会理、吴家、枣山等220千伏输变电工程	130.33
云电送粤220千伏配套工程	云南	容量1470千伏安，线路全长960千米	10.70
金安桥电站500千伏送出工程	云南	线路全长760千米	17.00
云电送粤直流工程	云南	直流电压±800千伏，输送容量500万千伏，输电线路长1418千米	25.00
广西电网建设项目	广西	500千伏、220千伏、110千伏输变电工程	208.00
西安电网建设与改造项目	陕西	拟建110千伏变电站26座，增容改造17座；增容改造35千伏变电站8座；新建及改造10千伏架空线路471千米；新装及改造户表30万户；新建330千伏变电站6座，新增线路179千米，新增变电容量360万千伏安	135.00
220千伏变电站工程项目	广东	220千伏变电站及线路	1.50
禹州东220千伏变电站项目	河南	变电容量150兆伏安	0.85
110千伏输变电工程项目	浙江	变电容量2×50兆伏安，线路长22.74千米	0.85
民丰500千伏变电扩建工程项目	湖南	主变容量3×250兆伏安	0.80
220千伏输变电及配套工程项目	湖南	主变容量1×120兆伏安，220千伏出线4回30千米，110千伏出线5回40千米	0.80
220千伏温江变电站项目	四川	220千伏输变线路，主变容量180兆伏安	0.80
110千伏变电站扩建工程	广东	扩建110千伏变电站6座(含110千伏线路工程)	0.76
双峰县110千伏输变电及配套工程	湖南	新建井字、印塘、三塘铺3个110千伏输变电及配套工程，主变容量3×31.5兆伏安	0.71
怀远输变电工程	安徽	220千伏输变电工程	0.70
孝仪输变电工程	安徽	220千伏输变电工程	0.70
涟南220千伏输变电及配套工程	湖南	主变容量1×120兆伏安，220千伏出线2回20千米，110千伏出线4回35千米	0.70
燕山输变电工程	安徽	220千伏输变电工程	0.70
110千伏变电站工程	河南	设计容量2×63000千伏安	0.69
110千伏下白石变电站项目	福建	占地9865.68平方米，远景设计规模为3台31.5兆伏安变压器，一期建设1台31.5兆伏安变压器和配套甘棠、兰田110千伏线路以及'T'接下白石35千伏线路	0.60
220千伏剑山变扩建工程	浙江	主变容量180兆伏安	0.60
新化县110千伏输变电及配套工程	湖南	新建曹家、黄泥坳、河东3个110千伏输变电及配套工程，主变容量3×31.5兆伏安	0.59

续表

项目名称	地区	建设内容/规模	投资额(亿元)
110千伏海安输变电工程	浙江	变电容量2×50兆伏安，线路长7.4千米	0.55
11万伏输变电工程	福建	首期建设两台容量共10万千伏安主变压器，并留有扩建余地	0.52
110千伏输变电项目	浙江	1台主变5万千伏安，10千伏线路10千米	0.50
110千伏潘岱输变电工程	浙江	变电容量2×50兆伏安，线路长4.76千米	0.50
110千伏仙降输变电工程	浙江	变电容量2×50兆伏安，线路长4千米	0.50
110千伏邵宅输变电工程	浙江	变电容量2×50兆伏安，线路长5千米	0.50
110千伏变电站项目	四川	变电站和线路建设	0.50
220千伏龙游石窟二期	浙江	220千伏变电容量15万千伏安，220千伏线路27千米	0.49
五湖电力线改线工程	黑龙江	220千伏大火甲乙线、220千伏火中线、220千伏让火线、110千伏三桥线改造工程	0.48
110千伏西工输变电工程	浙江	变电容量2×50兆伏安，线路长3千米	0.48
110千伏董田输变电工程	浙江	变电容量2×50兆伏安，线路长2千米	0.48
110千伏杜家输变电工程	浙江	主变50兆伏安，线路12千米	0.47
110千伏汀新输变电工程	浙江	变电容量2×50兆伏安，线路长1.2千米	0.46
110千伏八水输变电工程	浙江	变电容量2×50兆伏安，线路长3千米	0.46
110千伏鲍五输变电工程	浙江	变电容量2×50兆伏安，线路长3千米	0.46
110千伏杏林输变电工程	浙江	主变容量50兆伏安，线路6千米	0.46
110千伏上辇输变电工程	浙江	主变容量50兆伏安，线路14千米	0.46
110千伏七里输变电工程	浙江	主变容量50兆伏安，线路5千米	0.46
110千伏民建输变电工程	浙江	主变容量50兆伏安，线路6千米	0.46
110千伏下社输变电工程	浙江	变电容量2×50兆伏安，线路长3.56千米	0.45
110千伏瑞新输变电工程	浙江	变电容量2×50兆伏安，线路长1千米	0.45
110千伏肇平洋输变电工程	浙江	变电容量2×50兆伏安，线路长2千米	0.45
110千伏王西输变电工程	浙江	主变容量50兆伏安，线路8千米	0.45
深井输变电工程	广东	110千伏线路和20万伏安主变容量及设施	0.45
110千伏温塘输变电工程	浙江	主变1台，容量5万伏安，线路30千米	0.43

分　析　篇

投资建设回顾与展望

2007年电力投资特点

一、电源投资增速低于电力供应业增速

从国家统计局2007年1~9月电力固定资产投资数据可以看到，电源投资增速低于电力供应业投资增速，见表1。2007年1~9月，电源和电力供应业本年新开工项目计划总投资同比增长分别为12.28%和55.55%，本年完成投资同比增长分别为8.84%和20.52%。虽然电源投资从数额上仍然远高于电力供应业投资，但是电源投资增速已经远低于电力供应业投资增速。尽管如此，从2007年电力装机容量和发电量看，我国的电力供应能力是持续增强的。

二、电力投资结构趋向优化

2007年1~9月，电力行业固定资产投资保持适度增长，增速低于近几年水平，在各行业中也保持较低的增长水平。2007新开工项目计划总投资同比增长24.48%；2007完成投资同比增长11.99%。

从在建项目投资情况看，火电投资增速放缓，水电投资保持平稳，并将逐步进入投产期，核电和其它能源发电步入高增长期，这将逐步改变近一两年来已有和新增发电生产能力火电比重过高的现象，对于改善电源结构、缓解资源和环保压力起到重要的作用。

其中水电方面，沿江流域大型水电基地开发和骨干水电站将加快建设步伐。风电、太阳能、生物质能等清洁能源，在可在生能源政策的扶持下，显示出广阔的市场发展空间。

表1　2007年1～9月电力行业固定资产投资结构

行业＼投资	固定资产投资（亿元）	同比增速（%）	特　点
火电	2124.41	－3.48	增速放缓
水电	1047.50	11.11	平稳增长
核电	100.00	88.87	增速显著提高
其他类（风电、生物质能、太阳能等）	349.84	167.04（本年完成投资同比增长）	增速远高于常规类型电源投资

注　资料来源：中电联、国家统计局。

三、电网投资成为建设重点

2007年前三季度全国尖峰负荷电力缺口500万千瓦。目前电网投资不足，电网结构不合理，电源及配套送出工程建设进程不匹配的矛盾仍然没有解决。当前国家批复的电源项目大多是“上大压小”项目，新电源批复速度明显放慢，并且已经明确“十一五”期间电力投资主要集中到电网投资。随着电源投资规模基本稳定，电网投资规模不断扩大，电网投资增速将明显高于电源投资，电源电网投资比例失衡的问题将逐步得到解决，见图1、图2。

国家电网公司和南方电网公司的“十一五”发展规划显示，“十一五”期间，我国电网建设总投资将超过1万亿元，电网建设投资将占到电力行业总投资的50%以上，能基本满足新建电源输配电的需求。

电网建设规划给从事电网投资建设领域的投资商、设备供应商、服务商带来绝佳的发展契机。同时，电网投资向220千伏以及以下电压转移的趋势，将对输变电设备行业产品构成产生较大影响。

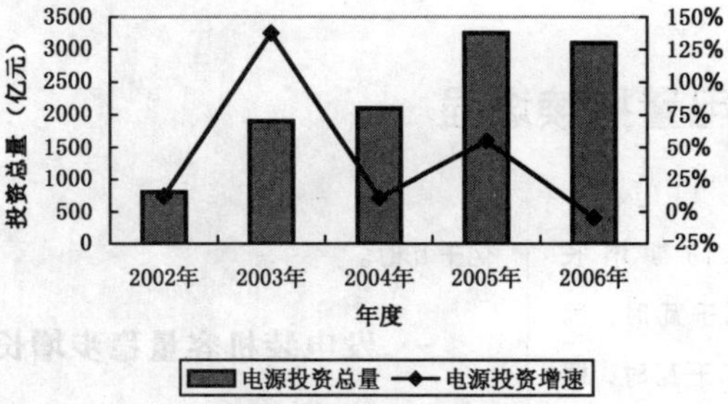

图1　电源投资总量及增速

注　资料来源：发改委、中电联、国家统计局。

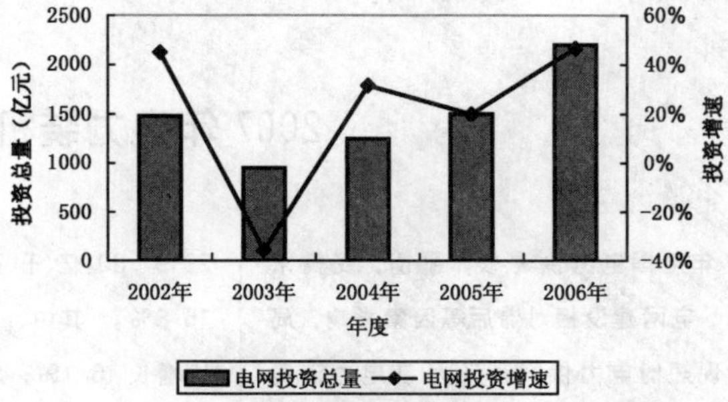

图2　电网投资总量及增速

注　资料来源：发改委、中电联、国家统计局。

四、电力投资区域表现各异

2007 年 1～9 月各区域电力投资表现出不同的特点，如表 2 所示。

表 2　2007 年 1～9 月各地区电力投资情况

地　区	电力投资增速(%)	区域投资特点
华北地区		
天津	467.7	投资增速较快
北京	44.11	
河北	33.17	
山西	24.85	
内蒙古	17.35	
山东	-43.94	
东北地区		
辽宁	86.2	投资开始复苏
吉林	37.76	
黑龙江	32.02	
华东地区		
上海	21.08	增速明显放缓
江苏	-44.39	
浙江	6.46	
安徽	72.79	
华中地区		
江西	-8.44	增长缓慢
河南	1.27	
湖北	9.73	
湖南	1.41	
重庆	-16.01	
四川	17.47	
南方地区		
广东	21.9	增长强劲
广西	19.03	
海南	31.93	
贵州	7.91	
云南	8.87	
西北地区		
陕西	88.83	除青海、宁夏，其他地区增长较快
甘肃	42.96	
新疆	95.81	
青海	-18.12	
宁夏	-3.65	

注　资料来源：中电联、国家统计局。

2007 年电力装机容量与发电量持续增强

2007 年全国电力供需总体平衡，受需求增长强劲、电网建设相对滞后等因素影响，局部地区出现短时电力供需紧张。在电力消费快速增长的同时，电力供应能力持续增强。2007 年 1～11 月，全国规模以上电厂发电量 29194.80 亿千瓦时，比去年同期增长 15.8%。其中，水电 4052.58 亿千瓦时，同比增长 16.1%；火电 24471.44 亿千瓦时，同比增长 15.5%；核电 565.85 亿千瓦时，同比增长 16.0%。全国主要电网统调发电量 2518 亿千瓦时。

一、发电装机容量稳步增长

2005 年、2006 年全国发电设备容量分别为 51718.48 万千瓦、62200 万千瓦，同比增长

16.91%、20.3%。据中国电力企业联合会发布的《2007年前三季度全国电力供需与经济运行形势分析预测报告》，中国电力装机仍在持续增长。2007年新增机组大量投产，前三季度，全国电源建设新增生产能力(正式投产)6544.15万千瓦，处于历年同期最高投产水平。可见，尽管2007年以来中国加大关停高能耗、高污染的小火电机组力度，关小目标提前两月完成，但发电装机容量仍然稳步增长，2007年底前全国发电设备装机容量将突破7亿千瓦。见图3。

二、火力发电量增长显著

2007年前三季度全国电源建设新增生产能力6544.15万千瓦中，水电804.24万千瓦，火电5422.19万千瓦，核电212.00万千瓦，火电新增生产能力占全部新增生产能力的82.86%。前三季度规模以上电厂共完成23702.41亿千瓦时，其中火电19873.70亿千瓦时，同比增长16.7%，增速比去年同期提高2.2个百分点。见图4。

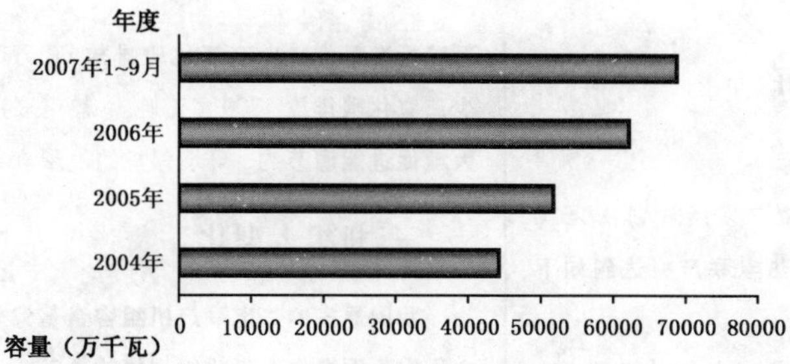

图3 近年国内装机总容量

注 数据来源：中电联、国家统计局。

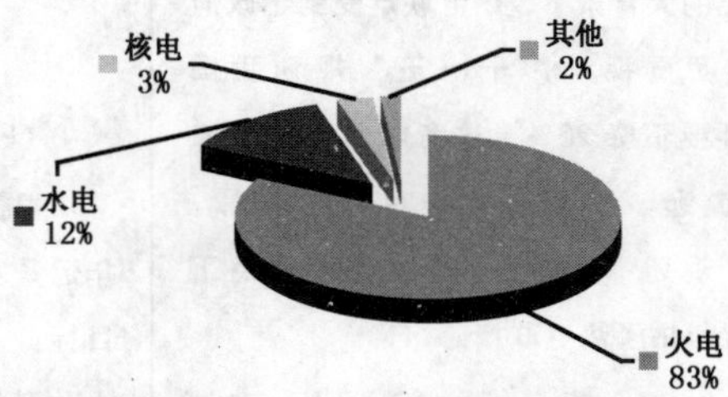

图4 2007年1~9月电源建设新增生产能力构成

注 数据来源：中电联、国家统计局。

三、电煤价格上涨压力加大

受煤炭生产成本提高、国际能源比价效应、需求扩张等因素影响，国内煤炭价格总体上涨。2007年初的电煤合同价比2006年提高30元每吨。根据国家煤炭安全监督总局的统计，全国发电用煤平均售价233.57元每吨，同比增加18.17元每吨，增长8.4%，给电力企业生产经营带来较大的压力。据统计，10月中旬，山西省大同地区优质动力煤出矿价格达到295元每吨，较9月上涨15元每吨；上海及宁波港优质动力煤提货价格达到580元~590元每吨，较9月上涨20元每吨左右；广州地区价格达到610~620元每吨；煤炭全国平均价格由年初的413.4元每吨上升到目前435.6元每吨。

煤炭价格持续上涨推高了下游行业成本，火电企业成本压力增大，利润空间被压缩。同时，由于年内CPI涨幅居高不下，火电企业通过煤电联动政策化解成本压力的期望落空。为缓解煤炭价格上涨对火电企业形成的冲击，电力企业纷纷向煤炭行业延伸产业链，煤电一体化将成为未来发展趋势。

大型水电基地开发和骨干水电站建设将加快

一、水电资源开发“十一五”规划

“十一五”期间，全国电力安排开工规模2亿千瓦，2010年发电装机达到6.5亿千瓦左右，其中水电为1.58千瓦，占24%。

结合全国联网南、中、北三条“西电东送”通道，我国将大力加快大型水电基地开发和骨干水电站的建设。南路部署开发南盘江及红水河、澜沧江、乌江、金沙江中游、怒江等水电基地，加强南部电网，加大向广东、广西方向送电的力度。中路部署开发黄河上游水电基地，黄河上游水电基地的开发，除满足西北地区电力需求外，将通过西北电网河华北电网联网，实施水火混送，实现“西电东送”，使得两网水火互补，提高经济效益。

目前，“十一五”规划的400个水电农村电气化县建设全面启动，新一轮农村电气化建设高潮正在各地兴起。小水电代燃料试点范围扩大到22个省(自治区、直辖市)的81个项目区，可有效保护森林203万亩，其中58个项目开始建设。

二、水电资源开发区域对比分析

总的来看，“十一五”期间，中国水电开发主要集中在西部区域的大江大河流域，如金沙江流域、雅砻江流域、大渡河流域、澜沧江流域以及黄河上游流域。见图5。

金沙江流域的水电开发规划总量居各大河流之首，中下游规划水电开发总量达9560万千瓦，包括20个梯级水电站。全部水电站建成后，将成为我国和世界最大的水电能源基地。

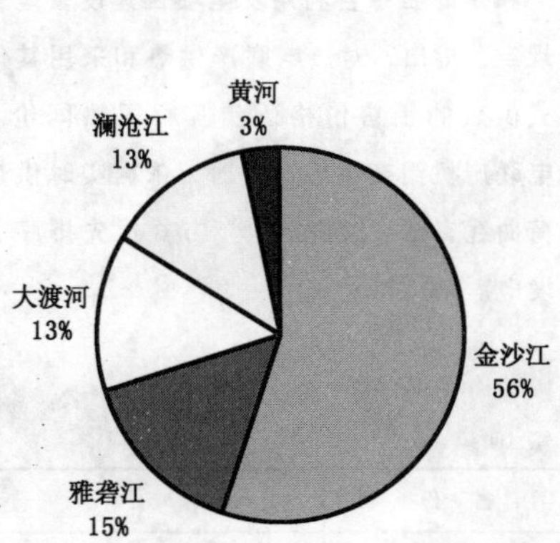

图5 主要流域水电开发对比图

注 资料来源：“十一五”电力相关规划。

雅砻江干流天然落差3830m，水电开发条件优越，未来规划建设20个水电站，总的装机容量2587万千瓦。

大渡河干流流域已被确定为中国水电能源

十大基地之一，规划开发22个梯级电站，可开发容量约2340万千瓦。

澜沧江流域则是一条国际河流，在我国境内水能资源可开发量约为3000万千瓦，其中云南省内为2259万千瓦，约占75%。目前，我国在云南境内澜沧江干流初步规划了15个梯级，总装机容量约2259万千瓦。

电站黄河水电开发条件优良的河段处于内蒙古托克托县河口镇以上，全长3472千米，建成、在建以及规划建设的大中型水电站25座。当前筹建5座水电站，总装机容量596万千瓦。

热电联产未来发展趋势看好

在节能的大背景下，热电联产受到了政府层面的高度重视。“十一五”规划我国GDP能耗要下降20%，这意味着我国未来节能任重道远。为确保这一目标的实现，“十一五”规划中又确立了十大节能重点工程，其中就包括了热电联产。

一、国家支持热电联产

（一）推进热电联产、热电冷联产和热电煤气多联供

《能源发展“十一五”规划》指出，在工业热负荷为主的地区，因地制宜建设以热力为主的背压机组；在采暖负荷集中或发展潜力较大的地区，建设30万千瓦等级高效环保热电联产机组；在中小城市建设以循环流化床技术为主的热电煤气三联供，以洁净能源作燃料的分布式热电联产和热电冷联供，将分散式供热燃煤小锅炉改造为集中供热。

（二）热电联产项目优先上网发电

国家发改委、建设部联合出台的《热电联产和煤矸石综合利用发电项目建设管理暂行规定》指出，对热电联产供热和采用其他方式供热的销售价格逐步实行同热同价。热电联产机组在供热运行时，依据实时供热负荷曲线，按“以热定电”方式优先排序上网发电。见表3。

二、市场前景看好

（一）远景发展目标

根据《2010年热电联产发展规划及2020年远景发展目标》，我国热电联产将达到如下目标：

到2010年，全国热电联产机组总容量将达1.2亿千瓦，其中城市建筑物采暖集中供热热电厂约5600万千瓦，工业生产用热热电厂约6400万千瓦预计到2010年全国发电装机容量将达8亿千瓦左右，届时热电联产将占全国发电总装机容量的15%。

到2020年，全国热电联产总装机容量将达到2亿千瓦，其中城市集中供热和工业生产用热的热电联产装机容量都约为1亿千瓦。预计到2020年，全国总发电装机容量将达到9亿千瓦左右，热电联产将占全国发电总装机容量的22%，在火电机组中的比例为37%左右。见图6。

（二）促进节能降耗

根据上述规划，2020年前，全国每年要增加热电联产装机容量约900万千瓦，年增加节能能力约800万吨标准煤。热电联产具有显著的节能和环保效益，与热电分产相比，每年可节约能源3000多万吨标准煤，减少二氧化硫排放60万吨、减少二氧化碳排放1300多万吨。热电联产将极大地促进能源节约、环境保护的发展。

三、机组大型化

我国原来的热电联产机组容量普遍偏小，由于中小型燃煤发电机组规模效益差、浪费资源、污染环境等原因，各地对大容量热电联产机组的需求越来越多。目前北京、沈阳、吉林、长春、等中心城市已有20万千瓦、30万千瓦大型抽汽冷凝两用机组在运行。从2007年下半年主要的热电联产拟在建项目可以看到，当前我国热电联产以30万千瓦机组为主。

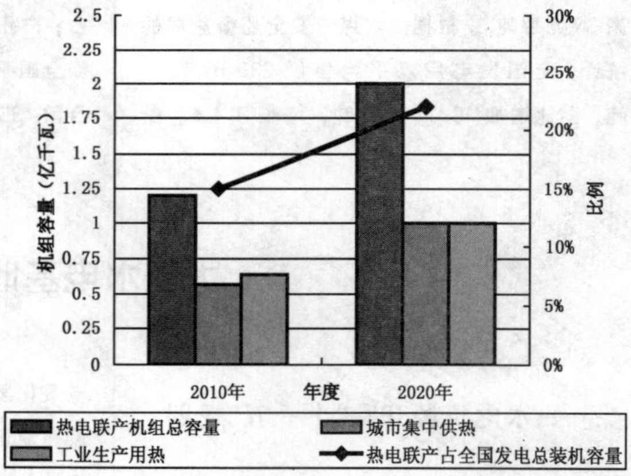

图6 热电联产2010年、2020年发展目标

注 数据来源：《2010年热电联产发展规划及2020年远景发展目标》。

表3 2007年下半年审批的30万千瓦热电联产项目（部分）

省 份	项 目 名 称	建 设 内 容
甘肃	大唐西固热电公司“上大压小”热电联产工程	2台30万千瓦热电联产机组
河北	石家庄南郊热电厂新建工程	2台30万千瓦国产亚临界燃煤供热机组
	滦河电厂五期扩建热电联产工程	2台30万千瓦国产亚临界燃煤供热机组
河南	中孚实业股份有限公司热电联产机组扩建工程	2台30万千瓦国产亚临界燃煤热电联产机组
	安阳发电厂“上大压小”第二台30万千瓦热电联产机组项目	1台30万千瓦热电联产机组
黑龙江	哈尔滨第一热电厂“上大压小”新建工程	2台30万千瓦国产亚临界燃煤热电联产机组

续表

省 份	项目名称	建设内容
湖北	沙市热电厂异地新建工程	2台30万千瓦级国产亚临界燃煤供热机组
	宜都市东阳光实业发展有限公司自备热电厂“上大压小”新建工程	2台30万千瓦国产亚临界燃煤热电联产机组
山东	莱芜电厂热电联产扩建工程	2台30万千瓦国产亚临界燃煤热电联产机组
	黄台电厂“上大压小”热电联产工程	2台30万千瓦国产亚临界燃煤热电联产机组
	烟台八角热电联产新建工程	2台30万千瓦国产亚临界燃煤热电联产机组
陕西	渭河发电厂“上大压小”热电联产工程	2台30万千瓦热电联产机组

注 数据来源：BHI拟在建项目库。

风力发电迎来新的发展机会

风力发电（下称“风电”）是利用风力带动风车叶片旋转，再透过增速机将旋转的速度提升，来促使发电机发电。中国目前奉行可持续发展和节约战略，大力发展风力发电等可再生能源发电，并出台了相应的扶持政策，以求产生巨大的经济和社会效益，这些都为风电行业提供了很大的发展空间。可以预见，在今后10～20年里，我国风电行业将会发展迅速。

一、条件优越

我国幅员辽阔，海岸线长，风能资源比较丰富。根据全国900多个气象站陆地上离地10米高度资料进行估算，全国平均风功率密度为100瓦每平方米，风能资源总储量约32.26亿千瓦，可开发和利用的陆地上风能储量有2.53亿千瓦，近海可开发和利用的风能储量有7.5亿千瓦，共计约10亿千瓦。如果陆上风电年上网电量按等效满负荷2000小时计，每年可提供5000亿千瓦时电量，海上风电年上网电量按等效满负荷2500小时计，每年可提供1.8万亿千瓦时电量，合计2.3万亿千瓦时电量。

二、发展迅速

近十年来，我国风电行业发展迅速，取得了较大的成就。

到2006年底，我国已建成约91个风电场，装机总容量达到约260万千瓦，比2005年新增装机134万千瓦，增长率105%，快过2005年66%的同比增长速度。从2007年全国各地蓬勃发展态势来看，估计2007年底中国风电装机容量即可达到400万千瓦。2007年9月24日，随着华电内蒙古辉腾锡勒12万风电项目86号风机叶片的吊装，标志着内蒙古风电装机顺利实现百万千瓦，成为我国首个百万千瓦风电规模的省区。另外，2007年6月，国家发改委正式做出批复，同意张家口坝上地区在2010年建成150万千瓦风电基地。还有2007年9月初，大唐吉林发电有限公司与洮南市政府合作，投资逾百亿元、装机总容量百万千瓦的风电项目落户洮南。这些无不昭示着风电正在我国各地蓬勃发展。

另外，有关部门组织编制有关风电前期、建设和运行规程，风电场管理逐步走向规范化。专业队伍和设备制造水平提高，具备大规模发展风电的条件经过多年的实践，培养了一批专业的风电设计、开发建设和运行管理队伍，大型风电机组的制造技术我国已基本掌握，主要零部件国内都能自己制造。其中，600千瓦及以下机组已有一定数量的整机厂，初步形成了整机试制和小批量生产。

风力发电成本逐步降低随着风电产业的形成和规模发展，通过引进技术，加速风电机组本地化进程以及加强风电场建设和运行管理，我国风电场建设和运行的成本逐步降低，初始投资从1994年的约12000元每千瓦降低到目前的约8000元每千瓦。同时风电的上网电价也从超过1.0元每千瓦时降低到约0.5元每千瓦时。

三、政策扶持

2005年2月28日通过的《中华人民共和国可再生能源法》中规定了“可再生能源发电项目的上网电价，由国务院价格主管部门根据不同类型可再生能源发电的特点和不同地区的情况，按照有利于促进可再生能源开发利用和经济合理的原则确定”，“电网企业为收购可再生能源电量而支付的合理的接网费用以及其他合理的相关费用，可以计入电网企业输电成本，并从销售电价中回收。”和“电网企业依照本法第十九条规定确定的上网电价收购可再生能源电量所发生的费用，高于按照常规能源发电平均上网电价计算所发生费用之间的差额，附加在销售电价中分摊”，将风电特许权项目中的特殊之处已经用法律条文作为通用的规定，今后风电的发展应纳入法制的框架。

另外，《电网企业全额收购可再生能源电量监管办法》（下称《办法》），并将于9月1日起开始实施。根据《办法》规定，除大中型水力发电外，包括风电在内的的可再生能源发电机组不必参与上网竞价，电网企业需优先收购并安排调度。这也为风电行业的发展提供了发展契机。

四、前景广阔

我国电源结构70%是燃煤火电，而且负荷增长迅速，环境影响特别是减排二氧化碳的压力越来越大，风能是清洁的可再生能源，我国资源丰富，能够大规模开发，风电成本逐年下降，前景广阔。风电装机容量规划目标2010年400万～500万千瓦，2020年2000万～3000万千瓦。

2006年到2010年。“十一五规划”期间全国新增风电装机容量约300万千瓦，平均每年新增60万～80万千瓦，2010年底累计装机约400万～500万千瓦。提供这样的市场空间主要目的是培育国内的风电设备制造能力，国家发展与改革委员会于2005年7月下发文件，要求所有风电项目采用的机组本地化率达到70%，否则不予核准。此后又下发文件支持国内风电设备制造企业与电源建设企业合作，提供50万千瓦规模的风电市场保障，加快制造业发展。

2020年规划目标是2000万~3000万千瓦，风电在电源结构中将有一定的比例，届时约占全国总发电装机10亿千瓦容量的2%~3%，总电量的1%~1.5%。

2020年以后随着化石燃料资源减少，成本增加，风电则具备市场竞争能力，会发展得更快。2030年以后水能资源大部分也将开发完，近海风电市场进入大规模开发时期。

五、厂商受益

在2006年，中国已经一跃成为世界第5大风力发电市场。中国巨大的风能市场需求，甚至直接导致了全球风电设备零部件的紧缺以及风力发电涡轮机订单的供不应求。目前，我国风电制造水平远落后于市场对技术的需求。风电核心设备基本上依赖进口，维斯塔斯、西班牙的格米萨技术公司（Gamesa）以及通用风能（GEWind）等跨国巨头仍然在中国的风电核心技术领域占据主导地位。

与此同时，随着中国风电整体技术的提升，配套零部件的研发和产业化水平的逐步提高，风电设备的国产化进展迅速，中国本土的一些风能企业也在迅速崛起。例如，成立10年的新疆金风科技已经成为中国风电市场的领军人物，其市场份额为33%。在未来二十年，风力发电机由机头、转体、尾翼、叶片组成。每一部分都很重要，各部分功能为：叶片用来接受风力并通过机头转为电能；尾翼使叶片始终对着来风的方向从而获得最大的风能；转体能使机头灵活地转动以实现尾翼调整方向的功能；机头的转子是永磁体，定子绕组切割磁力线产生电能。

六、制约因素

（一）电价、电网制约发展

上网电价低和电网配套是制约风电发展的两大问题。电网是电力传输的载体，支持风电发展，促进能源结构调整，电网肩负着重大的责任。目前，风电并网存在一定的制约因素。据悉，风电与热电不一样，由于风力时强时弱，并不稳定，目前还不能有效预测发电出力。从技术上来讲，这会降低电网负荷预测精度，从而影响电网的调度和运行方式，还会影响电网的稳定性。因此，想把风力电能转化为一个常规电能，在运行中必须考虑留有足够的备用电源和调峰容量，以保证电能的可靠供应，这对电网的调度也提出了更高要求。

目前的上网电价尚不能使风电项目赢利。按照政府的实施细则规定，风力发电项目的上网电价实行政府指导价，电价标准由国务院价格主管部门按照招标形成的价格确定，从前四期风电特许权项目招标的实践价格来看，中标电价（每千瓦时0.382到0.519元）都使项目亏损，预计亏损项目规模达245万千瓦。

（二）盲目追求装机容量

目前许多政府部门和发电集团只追求增加风电装机容量，甚至连风能资源和可利用土地面积是否可行都不考虑，更何况机组质量是否可靠。风电场完成装机容量指标后，比预期少发电甚至不发电的现象现实存在，这样不但项目效益差，而且浪费电网接入系统的资源。

云南成水电投资热土

一、水电资源丰富需求前景广阔

云南是全国水能资源最丰富的省份之一，全省水能资源主要集中在金沙江、澜沧江、怒江、元江、南盘江、伊洛瓦底江六大水系的干流上，可开发容量9000万千瓦，约占全国总量的1/4，其中92%以上的可开发水电资源集中在金沙江、澜沧江、怒江三大水系。云南水电资源具有明显的开发竞争优势，主要表现在：水能资源相对集中，交通相对便利，筑坝条件比较优越，多数电站开发任务单一、技术经济指标较好、单位千瓦平均造价低等。

云南电力供应前景极为乐观，需要未雨绸缪扩大潜在的电力需求。有关部门测算，中南半岛泰国、越南、老挝、缅甸、柬埔寨五国澜沧江—湄公河水能资源理论蕴藏量合计为5800万千瓦，可开发容量3700万千瓦，而五国现有装机容量仅1985万千瓦，但到2008年电力需求装机容量将达4015万千瓦，缺口达2030万千瓦；泰国、越南的电力需求量将比现有装机容量高出88%和67%；至2018年五国电力供应缺口将达5268万千瓦，其中泰国、越南、缅甸、柬埔寨的电力需求缺口较大。通过相关建设，云南有望逐步供电上述国家。另外，随着经济的快速发展，云南省部分地区已出现季节性缺电。通过本地水电建设，也可以满足本省的电力需求。

二、巨资注入云南水电

国家电力体制改革带来的活力、“西部大开发”和“三江”流域丰富的水能资源、云南开发水电的政策再加上使国内外的电力需求，使得众多有实力的企业纷纷将目光投向云南。三峡工程开发总公司、华能、华电、大唐、南方电网及华睿等有实力的国家级公司纷至沓来，拉开了全面开发云南水电的序幕。三峡总公司将在金沙江投资460亿元和290亿元，建设装机1260万千瓦的溪洛渡电站和装机600万千瓦的向家坝电站。溪洛渡电站前期工程扎实推进，以临时低线公路开建为标志的“四通一平”工程已于今年8月5日开工，全长70多千米的施工供电工程也已铺开；向家坝电站前期工作也在加紧进行。华能集团进入澜沧江投资建设小湾电站后，又分别投资300亿元和100亿元，建设装机容量585万千瓦的糯扎渡和装机150万千瓦的景洪两座电站。景洪电站进场公路和坝肩开挖已于今年7月20日开工，前期工作紧张有序；糯扎渡电站将于明年铺开前期工程。民营企业华睿集团将在金沙江上投资101亿元，建设装机160万千瓦的金安桥电站一期工程，该电站全部建成装机将达250万千瓦，“四通一平”工程已拉开帷幕。

三、中小型水电站开发成为热点

除了大型水电站外，云南和省外包括民营资本的各大企业投资积极兴建中小型水电站。

中小水电具有就近开发、就地成网、投资方式灵活、投资周期短、见效快、对生态没有大的影响等优点。在带动地方经济发展、促进扶贫开发和农村剩余劳动力转移、夯实农业基础设施、发展农村经济、增加农民收入、改善农业生产和农民生活条件等方面，具有不可替代的作用。目前云南省规划的“小水电代燃料工程”的县已有60余个，到2020年项目全部实施后，每年可代燃料用电量约23亿千瓦时，可节约薪柴1400万立方米。以华电集团为主开发的怒江首个小水电工程——装机18万千瓦的六库水电站将于年内开工。以大唐集团为主，开发李仙江干流的第一个工程、装机12万千瓦的崖羊山水电站，已于今年4月正式开工。

电网投资向220千伏及以下电压等级转移

我国超高压电网电压等级有750千伏、500千伏、330千伏，750千伏和330千伏电压等级仅仅运用在西北电网公司，500千伏电压等级广泛运用在国家电网除西北之外的地区和南方电网公司。

“十一五”规划的500千伏变电站大多数已经招标。2006年国网集中招标涉及500千伏变电站102个，2007年前8次是77个，从趋势上500千伏变电站招标也是在减少。

国网西北750千伏：“十一五”期间西北电网公司750千伏电网规划为“十变十线”，目前已建在建的有6个变电站和8条线路，2008年尚有4个变电站和2条线路的设备要进行招标，“十一五”规划的10个变电站和10条线路都将在2008年建设完毕。

国网西北330千伏：“十一五”期间西北330千伏电网规划投资情况为：陕西省投资最大，330千伏电网投资159亿元，新、扩建24个330千伏变电站；青海330千伏电网总规模为12个站，甘肃330千伏电网投资44.25亿元；宁夏电网规模很小，“十一五”宁夏电网总投资117.5亿元。西北330千伏电网已经集中招标的变电站为陕西21个、甘肃17个、青海10个、宁夏3个。由此我们可以判断“十一五”规划的330千伏电网建设大部分已经完成了招标工作。

从以上的统计分析中可以看到国家电网公司的750千伏、500千伏、330千伏超高压电网的招标已经完成了大部分，在超高压电网没有进一步投资项目的前提下，可以得出结论：2008年后的电网建设投资招标，超高压等级将大幅度减少，电网投资向220千伏及以下电压等级转移。

电网投资向220千伏及以下电压等级转移，对输变电设备行业中的一次设备公司将产生非常大的影响：变压器(包括电抗器)行业的龙头公司将失去竞争优势地位，二线公司将有很大机会；高压开关行业的内资公司价格上的优势相对合资公司技术上优势会更加明显，GIS组合电器在开关中的比例会进一步上升；互感器行业在技术趋于成熟的条件下，内资公司之间的竞争会更加激烈，内资公司市场份额会进一步提升。

政策与法规导读

能源、环保规划促进电力脱硫产业化发展

一、能源规划：强调电厂除尘设施改造

《能源发展“十一五”规划》强调，新建火电机组必须同步安装高效除尘设施；加快现役电厂除尘器改造，提高可靠性、稳定性和除尘效率。通过使用低硫燃料、装设脱硫设备等综合措施，严格控制电厂二氧化硫排放。推广低氮燃烧技术，扩大烟气脱氮试点范围，鼓励火电厂减少氮氧化物排放。到2010年，使火电厂每千瓦时烟尘排放量控制在1.2克、二氧化硫排放量下降到2.7克，电厂废水排放达标率实现100%。

二、环保规划：以火电厂脱硫设施建设为重点

近日新出台的《国家环境保护“十一五”规划》提出，“十一五”期间，将加快现役火电机组脱硫设施的建设，使现役火电机组投入运行的脱硫装机容量达到2.13亿千瓦。同时，重点发展30万千瓦以上火电厂机组脱硫。新(扩)建燃煤电厂除国家规定的特低硫煤坑口电厂外，必须同步建设脱硫设施并预留脱硝场地。在大中城市及其近郊，严格控制新(扩)建除热电联产外的燃煤电厂。

为落实“十一五”规划纲要提出的二氧化硫排放总量削减10%的目标，推动现有燃煤电厂烟气脱硫工程建设，国家发展与改革委员会同环保总局印发了《现有燃煤电厂二氧化硫治理“十一五”规划》。该规划在分析我国燃煤电厂二氧化硫治理现状、面临的形势与任务的基础上，提出了现有燃煤电厂二氧化硫治理的指导思想、原则和主要目标，并提出了重点项目及保障措施。

三、电力脱硫产业市场空间广阔

国家对脱硫环保产业大力支持，引发我国电力脱硫市场的巨大商机，加速了电力脱硫产业化发展。

(一)按照规划要求，现有燃煤电厂需安装烟气脱硫设施1.37亿千瓦，共221个项目，可形成二氧化硫减排能力约490万吨。若以脱硫工程每千瓦投入500元计，加上淘汰落后、燃用低硫煤、节能降耗等措施，未来数年中国的脱硫市场将给电力环保设备带来至少高达685亿元巨大商机。

(二)根据6家电力集团公司现役燃煤机组“十一五”烟气脱硫重点项目，2007年开工建设的脱硫项目装机总容量在1000兆瓦以上的有山西、河南、河北、江苏、山东、陕西和上海，占6家集团07年开工建设总容量的77%，为电力环保设备创造了60多亿元的收益。见图7。

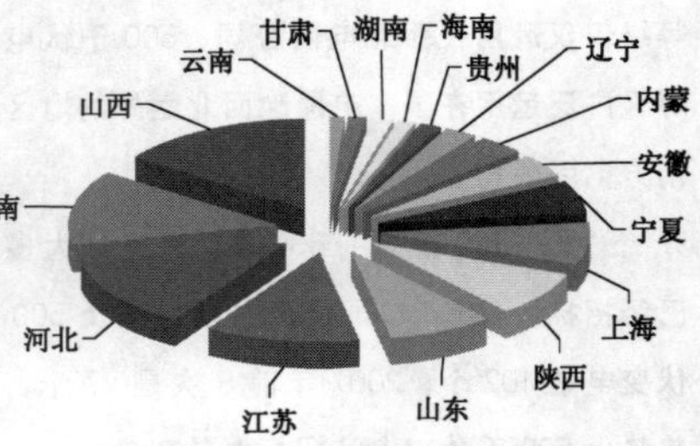

图7　2007年6家电力集团现役燃煤机组脱硫开工项目分布(按装机容量)

注　6家电力集团公司分别为：中国华能集团公司、中国大唐集团公司、国家电网公司、中国国电集团公司、中国华电集团公司、中国电力投资集团公司。

数据来源：国家环保总局。

(三)设备规模化、国产化势在必行。由于产业发展时间短，我国目前尚未形成实力特别强大的脱硫企业，骨干企业中一年能够承接5个项目、合同金额在10亿元内的脱硫公司不超过五家，相对于旺盛的市场需求而言，行业供给相对不足。加大企业生产规模，提高烟气脱硫的配套行业国产化水平是我国脱硫产业的发展方向。

“十一五”电力规划：向新能源发电倾斜

一、电力工业发展的基本方针

“十一五”期间我国电力工业发展的基本方针是“提高能源效率，保护生态环境，有序发展水电，优化发展煤电，积极推进核电建设，适度发展天然气发电，鼓励新能源(风力、太阳能、生物质能)发电，带动装备工业的技术进步。”

二、新能源发电设备面临发展机遇

未来几十年，尽管传统能源仍将是主要的能源，但可再生能源的使用在不断增加，将发挥重要作用。光伏发电、风能、生物质能、太阳能、水电和地热能将以补充的形式配合供应需求。

从“十一五”规划中对电源结构的调整可以看到，我国未来将加大对可再生能源的倾斜力度，适度控制火电的发展速度，为具备新能源发电设备生产能力的企业提供了发展机遇。着力拓展新兴能源设备，成为部分电力投资企业的重要战略。见表4。

表 4 未来 15 年发电装机容量和电源结构调整规划

单位：万千瓦

项 目	2006 年		2010 年		2020 年	
	装机容量	比重	装机容量	比重	装机容量	比重
火电	48405	77.82%	62420	72%	71220	60.05%
水电	12857	20.67%	19000	22%	30000	25.30%
风电	187	0.30%	500	0.57%	3000	2.53%
核电	685	1.10%	1000	1.15%	4000	3.37%
气电	—	—	3600	4.13%	7200	6.07%
太阳能发电	—	—	30	0.03%	180	0.15%
生物质能	66	0.11%	550	0.63%	3000	2.53%
总装机容量	62200	100.00%	87100	100%	118600	100%

注 数据来源：中电联、发改委。

三、风电将进入行业快速发展期

在可再生能源中，风电是目前成本最接近火电的可再生能源，已经具备了大规模商业开发的条件。预计未来 15 年将是风电装机容量快速增长的时期，必将带动风电设备制造企业的快速发展。“十一五”期间拟建成 30 个 10 万千瓦级的风电项目，在内蒙、河北、江苏、甘肃等地形成 4 个百万千瓦级的风电场。

东南沿海地区的广东、浙江、福建由于风能资源丰富，售电市场良好，上网电价较高，筹资能力较强，必然将以较高的速度发展。以建设能源基地为发展战略的内蒙古有较好的发展基础、优越的资源条件，也将高速发展并形成较大规模。新疆、甘肃、东北三省、河北、山东将进入规模发展的新阶段。

四、光伏发电着重服务农村

从 20 世纪 90 年代，国内光伏市场平稳发展，年增长速度在 20% 左右；进入 21 世纪，国内光伏市场呈现加速发展趋势，2001～2003 年平均增长速度都在 30% 以上。根据可再生能源发展规划，中国 2003～2009 年在农村电网建设中每年安装 70 兆瓦光伏系统，2010～2020 年普及推广应用，年平均安装 100 兆瓦。“十一五”期间，我国的光伏发电系统的应用主要还将以采用户用光伏发电系统和建设小型光伏电站为主，来解决偏远地区无电村和无电户的供电问题，将建设光伏发电 20 万千瓦，为 200 万户偏远地区农牧民（即目前我国三分之一的无电人口）提供最基本的生活用电。

五、生物质能发电获得推动力

尽管发展趋势向好，但目前我国生物质发电只占可再生能源发电装机的 0.5%，远低于世界平均 25% 的水平，尚处于初期发展阶段，产业化和商业化程度较低，单位造价及燃料成本高，持续发展能力相对不足。在新能源电源结构调整规划下，生物质能发电在政策、技术、投资等等方面将获得比以往更多地支持，一系列的措施将较大地改善行业发展环境，进一步推动生物质能发电成熟化。

政府扶持创造可再生能源发电广阔前景

一、《可再生能源中长期发展规划》蕴含巨大市场

2007 年 9 月 4 日，国家发改委发布了《可再生能源中长期发展规划》（下称《规划》），确定了中国未来 15 年的可再生能源的发展政策和目标。根据《规划》，全国水电装机总容量将在 2020 年达到 3 亿千瓦，生物质发电总装机容量将达到 3000 万千瓦，风电总装机容量将达到 3000 万千瓦。目前可再生能源在中国能源消耗中占近 8% 的比例，而《规划》明确规定可再生能源在整个中国能源消费中的占比，要在 2010 年达到 10%；再经过 10 年，到 2020 年要达到 15% 左右。其中，可再生能源发电在未来 5 年和 15 年内的平均复合增长速度分别达到 29% 和 22%。按照这一远景目标，目前尚显薄弱的中国可再生能源产业，尤其是可再生能源发电行业将迎来巨大发展契机。

二、政府采取扶持措施

为促进可再生能源发电行业的发展，政府将采取一系列措施。

（一）首先，将在政策上加以积极引导，这包括价格政策。政府鼓励使用风能和太阳能，把这部分更高的费用摊到电价上；

（二）其次，中国将采取财政和税收的优惠政策，包括建立专项基金给予补助，也包括减免税收；

为了保证可再生能源发展目标的实现，新《规划》还规定，国家要求权益发电装机总容量超过 500 万千瓦的投资者，必须投入资金进行可再生能源的研究和开发，其所拥有的非水电可再生能源发电的权益装机总容量，在 2010 年达到其权益发电装机总容量的 3% 以上，在 2020 年达到 8% 以上；对于大电网覆盖的地区，非水电可再生能源发电在电网总发电量中的比例，在 2010 年将达到 1%，到 2020 年将达到 3% 以上。

（三）此外，中国还将制定相应的电价和费用分摊政策，中央和地方将投入专项财政资金，并对于相关的企业给予税收优惠。同

时，中国将加强对可再生能源的科研投入、教育投入以及人的培养，用多种手段争取实现这一远景规划。

三、可再生能源发电将被优先收购

国家电力监管委员会下发的《电网企业全额收购可再生能源电量监管办法》(下称《办法》)，于2007年9月1日起开始实施。根据《办法》规定，对于电网覆盖范围内的可再生能源发电企业，今后电网企业必须优先全额收购其上网电量。强制优先收购的可再生能源发电项目包括水力发电、风力发电、生物质发电、太阳能发电、海洋能发电和地热能发电等六种。其中，除大中型水力发电外，可再生能源发电机组不必参与上网竞价，电网企业需优先收购并安排调度。这进一步解决了可再生能源发电的后顾之忧。

"节能降耗"催生电力投资新机会

一、政策回顾

我国政府在"十一五"规划中提出，"十一五"期间单位国内生产总值能耗降低20%，主要污染物排放减少10%。国家发改委在全国节能工作会议上提出，要把能耗指标纳入各地经济社会发展综合评价和年度考核体系。

2007年4月，国家发改委发布了《能源发展"十一五"规划》，在节能环保规划中指出电力行业要"采用先进输、变、配电技术和设备，逐步淘汰高耗能的老旧设备；加强跨区联网，推广应用电网经济运行技术；采取有效措施，减轻电磁场对环境的影响。到2010年，使电网线损率下降到7%左右。"

2007年6月3日，新华社发布了《国务院关于印发节能减排综合性工作方案的通知》。该方案中指出，要加快节能减排技术产业化示范和推广，落实节能、节水技术政策大纲，在钢铁、有色、煤炭、电力、石油石化、化工、建材、纺织、造纸、建筑等重点行业推广一批潜力大、应用面广的重大节能减排技术。《方案》中强调要把节能减排指标完成情况作为政府领导干部综合考核评价和企业负责人业绩考核的重要内容，实行"一票否决制"。

二、政策分析

(一)节能降耗不会大幅拉低电力需求

由于制造业等其他用电大户行业近几年固定资产投资增速一直在高位运行，即使考虑到未来的节能降耗的实施，制造业的产能释放仍将为电力需求提供保证，需求的强劲势头短期内不会因为节能而出现大幅下滑趋势。见图8。

(二)技术型企业受益于节能调控

在发展绿色经济和各级政府加大节能减排工作力度的环境下，产品具有明显节能效果的技术类企业，将获得巨大的发展机遇。2007年国家电网公司工作会议中强调，为降低线路损耗，提高电网经济运行水平，要重点推广电力电子技术、非晶合金变压器等一批节能技术产品。因此，拥有当前国家鼓励发展的此类技术、产品的企业，将受益于节能调控的全面执行，市场份额将会有所增加。

(三)清洁高效设备成为投资热点

随着节能减排政策的实施，清洁高效电力设备将成为未来投资的重点。大型的清洁高效发电设备，如百万千瓦核电机组、超超临界火电机组、大型循环流化床锅炉、大型水电机组等仍然是国家支持鼓励的发展方向。新能源发电设备更是进入了高速发展的阶段。《中国新能源产业年度报告》中指出，"第一步，在2020年达到新能源发展装机1.2亿千瓦，占全国发电装机总容量的12%，大力推进风力发电、生物质发电、太阳能发电。第二步，大幅度提高新能源在整个能源消费中的比例，在2050年实现新能源满足能源需求的30%～40%的战略目标。"

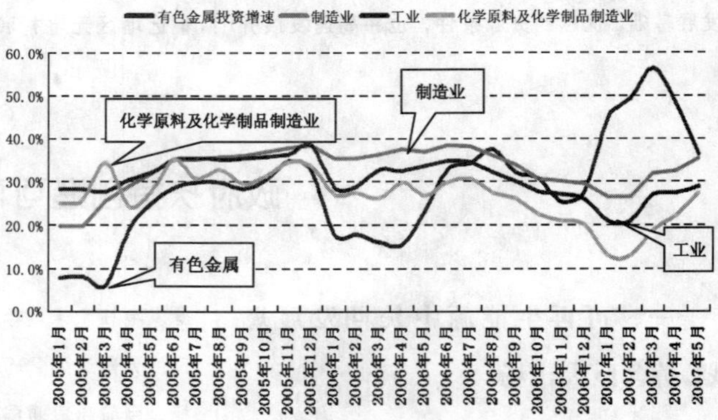

图8 制造业及其他用电大户行业投资增速

注 资料来源：国家统计局，发改委。

我国加快关停小火电机组

一、《关于加快关停小火电机组的若干意见》

为加快淘汰落后火电机组的速度，国务院于2007年年初下发《关于加快关停小火电机组的若干意见》，计划在"十一五"期间(2006～2010年)关停小火电机组5000万千瓦，2007年关停1000万千瓦的目标。

(一)实施"上大压小"

《意见》明确指出，鼓励各地区和企业关停小机组，集中建设大机组，实施"上大压小"。鼓励通过兼并、重组或收购小火电机组，并将其关停后实施"上大压小"建设大型电源项目。"上大压小"项目实施中，坚持先明确"压小"再"上大"。

（二）优先支持成效显著企业

“十一五”期间，在新建电源项目和建设规模的规划安排上，国家将对关停工作成效显著的地方和企业优先给予支持。替代关停容量较多并妥善安置关停机组职工的电源项目，优先纳入国家电源项目建设规划；达到规定替代比例的单机30万千瓦及以上火电项目、单机20万千瓦及以上热电项目，直接纳入规划，优先安排建设。

（三）降低上网电价

为贯彻《意见》提出的加强小火电机组上网电价管理，国家发改委下发《关于降低小火电机组上网电价促进小火电机组关停工作的通知》，要求逐步降低小火电机组上网电价，提出小火电可向高效率机组转让发电量指标，对转让发电量指标并确保关停的小火电机组不再降价。

二、2007年关闭小火电机组情况

国家发展改革委员会（发改委）公布了2007年全年我国关停小火电的数据统计：至2007年12月27日，我国关停小火电机组1438万千瓦，共计553台，超额完成年初关停1000万千瓦的目标。关停机组平均单机容量2.6万千瓦。其中五大发电公司、地方投资公司和地方国有企业关停小火电机组256台，关停容量1052万千瓦，占关停总量的73.1%；民营及其它企业关停小火电机组297台，关停容量386万千瓦，占关停总量的26.9%（见图9）。

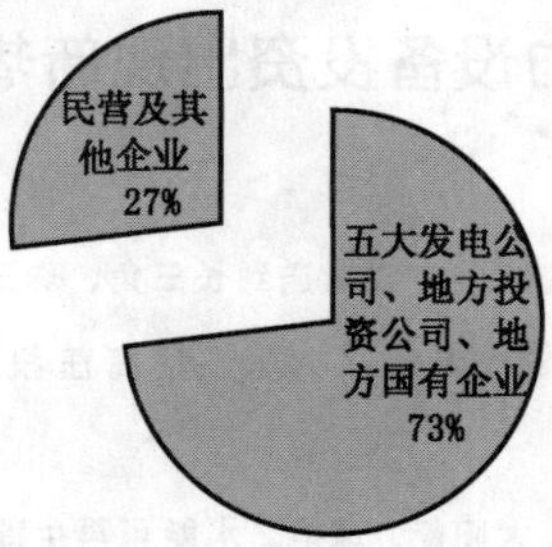

图9　2007年关停小火电机组占比情况

注　数据来源：国家发改委网站。

三、关闭小火电机组的影响

（一）促进节能减排

小火电机组与大机组相比，发同样的电，要消耗更多的煤炭，排放更多的污染物。由于小火电机组比重过高，我国发电机组能耗高、污染重的问题相当突出，浪费了大量能源，也造成环境的污染。2006年，全国发电用原煤超过12亿吨，是全国煤炭消费总量的一半，排放的二氧化硫也占了全国排放总量的54%。因此，加快关闭小火电机组，对我国节能减排有明显的促进作用。2007年山东、河南、广东、江苏、山西等省份关停容量居前5位，分别关停了171.7万千瓦、154.3万千瓦、129.4万千瓦、113.9万千瓦、100.7万千瓦。这些机组关停后，每年将减少原煤消耗1880万吨，减少二氧化硫排放29万吨，减少二氧化碳排放3760万吨。

（二）推动产业结构升级

我国电力装机在实现了跨越式发展的同时，结构不合理的矛盾依然突出。以2006年为例，全国发电装机6.22亿千瓦中，火电装机容量达484亿千瓦，占发电总装机容量的近80%，而火电机组中，小火电机组又占了相当的比重，达1.15亿千瓦，接近四分之一。此次国家大力度关闭小火电机组，将有利于电力产业结构的升级。

（三）确保大机组开工率

加快关停小燃煤和煤油机组将有助于确保大机组的开工率，预期将直接提升火电设备1%～1.5%的利用率。对于拥有大参数机组的企业，关停小火电将有望提升此类企业的发电利用小时数。由于严厉的小火电关停和更趋谨慎的新建项目审批，通过兼并收购关停的小火电企业，将成为大型发电企业扩大生产规模的较好选择。

中国核电投资逐步开放

一、核电投资多元化大势所趋

《核电中长期发展规划》（2005～2020年）明确核电运行装机容量将由目前的700万千瓦争取提高到2020年的4000万千瓦，总投资规模约4000亿元。在未来15年中，每年要开工建设2～3台以上核电机组，核燃料循环各环节生产能力到2020年也要在现有基础上提高4～6倍。

4000亿的巨额投资，若全部依靠国家的投入显然不现实。因此，该规划明确指出，要积极推进投资主体多元化，逐步建立国家投入、银行贷款、自筹资金和股权、债权融资相结合的投融资机制。除此之外，积极探索核电市场准入机制，构建技术引进、消化和创新体系。推进核电建设、运营和检修服务专业化。改革核燃料管理体制和运行机制，研究组建核燃料、退役治理专业公司。

随着《能源法》草案即将向社会公布，与之配套的《原子能法》（草案）也正在加紧制定中，其中一项重要内容是对外资及社会资本进入核燃料产业领域的政策做适当的安排，确定外资与社会资本可以进入的具体环节。

二、外资开始参与中国核电建设

相对于民营资本，外在在参与中国核电建设上先行一步。作为发展第三代核电技术计划的一部分，2007年3月，中国与美国西屋公司签订建设4座核电厂合作框架协议；中核集团、中广核集团目前已与哈萨克斯坦国家原子能公司签署相关协议。根据协议内容，中国两大核电集团将共同持有哈萨克斯坦国家原子能公司旗下一家铀矿公司49%的股权，作为交换，哈萨克斯坦国家原子能公司将获得中国核燃料加工或发电厂的股权；另外，法国电力公司将与中广核集团成立合营公司，共同建设运营台山核电站。

设备市场分析

电力设备投资出现新热点

随着我国经济的快速发展，近年来我国电力投资规模迅速提升，其中电站发电设备在2006年更是达到了历史顶峰，电站锅炉等一次设备的销售水涨船高。根据国家电网公司和南方电网公司编报的电网规划，“十一五”期间两家公司合计投资额约12500亿元，是“十五”期间电网投资的2.5倍。这给电力设备类的相关公司创造了巨大的成长与投资空间。

一、节能环保引导电源设备投资

对于电源投资来说，倾向于节能环保投资，将更加重视太阳能、风能、水能、核能的投资，而火电投资则向高效率、低污染的大参数机组迈进。目前，60万千瓦机组成为近期火电新投资的主力机组。电源设备投资企业可以此为导向，调整自己的产品结构，或进入新的设备领域，从而增加自己的市场份额。

二、电网设备投资出现三大方向

一是高压、超高压设备特吃香。我国电源点与电力负荷点并不统一，中西部具有水电、火电资源优势，但不是电力负荷点，需要通过输变电的方式输送到长三角、珠三角、环渤海区域，因此，高压、超高压投资力度加大。

二是太阳能、风能、水能可再生能源投资力度提升。近年来我国加大了对这些可再生能源的投资力度。而且由于国家出台了关于电网企业要全额优先收购可再生能源的电能的政策，因此，将刺激民间资金在内的各路实业资本将焦点聚集到这些可再生能源中，故从事这些行业产品的相关行业有望出现加快发展的态势。

三是电力自动化与节能环保为主。比如国家电网公司要求各级电网公司2007年以前完成300千伏以上电能量采集平台和市场管理模块，2010年以前完成50千伏安及以上电能量采集及监控平台，电力需求侧管理模块、客户关系管理模块、营销辅助分析决策模块建设，这些均为电力自动化的生产厂商提供了新的行业发展机遇。如此就给中高端的电网设备生产厂商带来更多产品订单。

三、电力设备投资需要注意的问题

就电力设备行业内来看，一次设备(发电设备和输变电设备)约占电源建设总投资的35%左右，二次设备(继电保护与电力自动化系统)约占电网总投资10%左右。由于发电设备的行业集中度高，进入难度大，处于寡头垄断竞争状态等特征，在今后三四年时间内，增长速度将领先于整个电力设备行业，预计今后三年年均收入增长率可达40%～50%，利润增长率甚至更高。对于电网设备来说，虽然高压、超高压设备受到追捧，但由于技术含量高，高压、超高压设备还具有高进入门槛的特点。

特高压输电工程受到关注

特高压电网是指交流1000千伏和直流±800千伏输电线路构成的高压电网。与目前普遍采用的500千伏和220千伏电网相比，特高压电网具有输送距离远，输电容量大和线损率低的优点。以1000千伏特高压交流输电线路为例，其输送功率约为500千伏线路的4～5倍；在输送相同功率的情况下，可将最远送电距离延长3倍，损耗只有500千伏线路的25%～40%，输电走廊可节省60%的土地资源。

一、特高压输电工程开始启动

由于我国的能源产地和需求地极不平衡，煤炭资源主要集中在西北地区，水力资源集中在西南地区，而主要的能源用户为东部沿海地区。随着我国国民经济的高速发展，能源产地与电力需求地区分布不均衡的矛盾日益加剧。国家为配合西部水电基地和北方大型煤电基地的发展，实现西电东送、南北互供和跨流域电力调节，将大力推动交直流特高压输电工程的建设，以适应远距离、大容量电力输送的需要。

2005年2月，国家发改委印发了《关于开展百万伏级交流、±80万伏级直流输电技术研究工作的通知》，全面启动了特高压工程的前期研究工作。

2006年，国家发改委正式核准了示范工程项目。

2007年底，国家电网公司分别与成套设计单位和八家设备制造企业签署了四川—上海±800千伏特高压直流示范工程主设备合同，标志着特高压直流示范工程设备研制生产进入全面实施阶段。

二、先示范后推广方式

“十一五”期间国家将加快西电东送三大输电通道建设。“十一五”特高压工程将采取先示范，后推广的方式进行，首先建设三条示范工程：山西晋城至湖北荆门1000千伏交流特高压工程，向家坝至上海南汇直流±800千伏特高压工程和南方电网的云南楚雄至广东穗东直流±800千伏特高压工程。特高压工程收益高峰将随着示范工程的顺利实施、推广而到来。预计我国未来15年特高压电网建设投资将超过4000亿元。见表5。

表5　特高压示范工程

线　路	长　度	静态总投资额	系统额定电压	自然输出功率
晋东南—南阳—荆门	653.8千米	56.88亿元	1000千伏	500万千瓦
云南楚雄—广东穗东	1438千米	132.88亿元	±800千伏	500万千瓦
向家坝—上海南汇	2034千米	180亿元	±800千伏	640万千瓦

注　数据来源：国家电网、国家发改委网站。

三、特高压设备要求国产化

国家将特高压输电技术研究和设备研制纳入2006～2010年国民经济和社会发展规划、国家中长期科技发展规划以及国家振兴装备制造业的重点工作。由于特高压输电线路涉及到国家供电安全，因此特高压电力系统自动化产品将依赖国内企业自行研制。国家发改委规定不允许外资公司及其控股合资公司参与特高压项目投标，特高压工程必须坚持国内企业自主研发设计和生产，并要求“十一五”期间特高压设备国产化率达到70%。该政策为我国在高压设备领域具备技术优势的龙头企业提供了有利的发展机遇。

输变电设备市场潜力巨大

一、目前电网建设滞后

从我国电力工业的现状看，电网建设滞后于电源建设。电网投资不足，电网结构不合理，电源及配套送出工程建设进程不匹配的矛盾仍然没有解决。2007年前三季度全国尖峰负荷电力缺口高达500万千瓦。按照电力建设的规律，大规模电厂建设必然要求输变电工程高速发展，此外，随着电网电压等级的提高，输变电设备对发电设备的配套定额也呈增加之势。因此，输变电设备不但将随着发电设备的增长而增长，而且增长幅度理应更大、更持久。

二、市场前景广阔

2006年，国家电网公司完成投资1482亿元，南方电网公司完成投资373亿元，全国电网投资2105.75亿元。2007年国家电网公司计划完成投资2025亿元，南方电网公司计划完成投资413亿元。

到2020年，我国装机容量将达到10亿千瓦，我国输变电设备制造业面临着巨大的市场需求。按照国家电力整体规划，到2020年我国电力容量将翻一番，特高压交流加直流的市场将达到4060亿元。此外，今后10年我国将修建12000千米电气化铁路，这将为电力设备提供了更大的发展空间。作为电力二次设备的输变电设备在“十一五”期间将保持20%～30%的增速，且整个建设周期将延续至“十二五”甚至“十三五”。长期稳定的市场需求，将给输变电设备生产企业带来实实在在的投资回报。

“十一五”期间，国家电网公司规划投资11200亿元，南方电网公司规划投资2341亿元，合计13541亿元，年复合增长率达20%。“十一五”期间后三年依然有12%的复合增长，根据国家电网和南方电网公司的“十一五”规划，国家电网公司“十一五”期间电网投资将超过1万亿元，比“十五”期间电网投资有大幅的增加；南方电网公司在“十一五”期间计划投入2341亿元，比“十五”期间的1327亿元增加76%。两家公司合计在“十一五”期间年均电网投资约2400亿元，按照电网投资特点，一般设备投资占总额的40%，每年相当于有1000亿的输变电设备的需求。

“十一五”计划前三年完成75%，按此推算，国家电网公司2008年需完成投资为4893亿元，增长率达到140%，这个任务可以说是相当艰巨。因此，2008年、2009年都是投资高峰，2010年则主要是工程收尾。而南方电网公司的投资分布则是稳步增长。

三、一次设备市场格局变化迅速

(一)变压器：容量增长快，行业龙头地位稳固。变压器容量有大小之别，变压器的售价与容量有正比的关系，因此，选择变压器容量作统计依据。通过对比分析，国家电网公司采购的变压器在容量上有44.43%的增长。在变压器设备行业，龙头公司的地位非常稳固，排名前八名的公司中只有天威保变的排名略有变动，但是各家公司的增长水平还是各有差异。合资公司与本土公司市场份分别为42.87%、57.13%，ABB公司通过合资企业重庆ABB、合肥ABB、中山ABB连续两年占据行业老大地位。上市公司特变电工通过特变电工沈变、特变电工衡变、特变电工新变，连续两年排名第二，并且容量增长超过行业平均水平。天威保变在排名从第4位下降到第5位，并且容量在行业增长44.43%的情况下下降了29.54%，显示竞争实力下降。

（二）电抗器：采购数量基本持平，500千伏等级数量下降。国网公司两年集中采购的电抗器从数量上基本持平。西安中扬电气公司的数量从150个大幅上升到288个，增长率92%。变压器公司龙头企业中标个数都有下降，其中特变电工公司的数量从111个下降到了37个，天威保变公司2006年有19个，2007年没有。追溯到电抗器型号，特变电工和天威保变都钟情于500千伏电压等级的电抗器，在今年招标的电抗器电压等级结构中，500千伏的数量减少很多，35千伏的数量有所增加增加。

（三）断路器：采购数量增长91%，内资公司获宠。国家电网公司集中招标采购的断路器数量从2006年的1064台增长到2007年的2039台，增长91.64%，参与的公司都有增长，合资企业的地位还是不可撼动。内资企业的增长超平均水平，特别是西电机械制造公司增长326.53%。平高电气、西安西开都掌握了550千伏断路器生产技术，西电机械制造公司订单则主要在220千伏。根据超高压等级招标减少的趋势，预计北京ABB公司在未来的招标中将不再有优势。

（四）GIS组合电器：252千伏及以上等级GIS在开关中占比提高到37.4%。国内三大开关厂占据了超过70%的市场份额。比较断路器和GIS的采购，220～500千伏电压等级开关类采购中GIS的比例占到了37.4%，这个比例比传统概念中的20%要高出很多，说明GIS的推广取得很大成果，特别是特高压电网和750千伏电网HGIS的研制对提高220千伏～500千伏等级GIS技术工艺水平起到很大作用，预计GIS在开关中的占比还会继续提升。

（五）隔离开关：市场重新洗牌。国网公司集中招标采购的隔离开关数量从2860台上升到6965台，增长143.53%，思源电气旗下的江苏如高高压开关公司和山东泰开开关公司都出现了巨幅的增长，其中原因首先是因为招标的220千伏变电站增加，再次是因为国网公司招标中，隔离开关的技术分占到60%，江苏如高和山东泰开的220千伏隔离开关产品经过改进后技术水平和质量提高，被市场广泛认可。由于电网投资向220千伏及以下电压等级转移，江苏如高和山东泰开将进一步的受益。

（六）互感器：合资企业优势下降，内资崛起。一次设备中互感器市场集中度最低，近两年国网公司集中招标，中标的互感器企业都达到了25家，2007年互感器招标增长74%。市场格局变化很大，原来在行业中处于前两名的合资公司日新电机（无锡）有限公司、上海MWB互感器有限公司市场份额都有很大的下降，日新电机虽然保持了第一的地位，但是相对行业平均增长水平要落后很多，上海MBW则出现负增长的情况，内资企业中思源电气下属江苏思源赫兹互感器有限公司增长195%，在行业中排名上升到第3位，出现巨额增长的还有的江苏精科互感器有限公司、湖南湘能电容器有限公司、牡丹江第一互感器厂和特变电工康嘉（沈阳）互感器有限责任公司。由于投资向220千伏及以下电压等级转移，互感器行业这种变化可能会更加明显，内资企业间竞争也会更激烈。

（七）一次设备行业未来趋势。由于电网投资向220千伏及以下电压等级转移，对输变电设备行业中的一次设备公司影响将很大。

变压器（包括电抗器）行业：龙头公司将失去竞争优势地位，影响到2009年以后的收入，二线公司将有很大机会。

高压开关行业：在整个电力系统中，高压开关的用量最多，其次才是变压器和发电机组。高压开关在电网投资中占16%。高压开关产品80%用于电网。目前，内资公司价格上的优势相对合资公司技术上优势会更加明显，GIS组合电器在开关中的比例会进一步上升。隔离开关的前三家都生产220千伏及以下电压等级产品，我们更加看好研发水平高的江苏如高高压开关公司。总体上变压器行业从市场来看和高压开关行业比较相似，中低端竞争激烈，高端处于寡头垄断的竞争格局。

互感器行业：在技术趋于成熟的条件下，内资公司之间的竞争会更加激烈，内资公司市场份额会进一步提升。

中低压开关及变压器行业竞争激烈，高端处于寡头垄断的竞争格局。

应 用 篇

如何更好地利用项目信息

在企业的经营活动中，各式各样的信息起到了非常重要的作用。无论是世界百强企业还是新兴的中小企业，都有各自获取信息的渠道与方法。现代IT技术及传媒业的发展，也为企业获得信息提供了更多的机会。

一、信息对企业的重要作用

无论是企业在制定未来的战略规划，还是制定市场战略，所获取的信息都是重要的参考依据。而项目信息更是关系到企业的销售业绩，关系到企业的经营活动。执行完一个项目所花费的时间及所消耗的成本将影响企业的绩效指标，但是在“信息爆炸”的环境中，人们面对海量的信息资源，如何用最短的时间，最低的成本获得最有用的信息成为企业非常关注的一个问题。

企业可以从传统媒体、互联网上或其他途径获取大量的信息，但是有用信息并不多，有效性和准确性不高使我们手头的信息质量大打折扣。

二、什么是有效信息

有效信息就是能够为企业带来实用价值的信息。

不同企业对项目信息的需求有相同的地方，称为共同需求。每个企业根据其自身特点对项目信息还会有不同于其他企业的特有需求，称为个性化需求。见图1，有效信息不仅满足企业共同需求，更主要的是它满足了企业个性化需求。

与需求对应，一般项目信息分为基本信息和详细信息，对应关系见图2。企业共同需求的是项目基本信息和相关单位基本信息，体现了一个项目的基本情况。个性化需求是项目详细信息和相关单位详细信息中的内容，不同客户的需求点不一样。

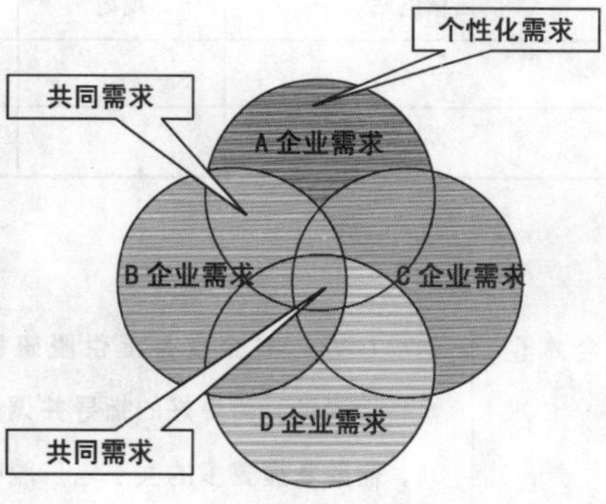

图1 共同需求与个性化需求

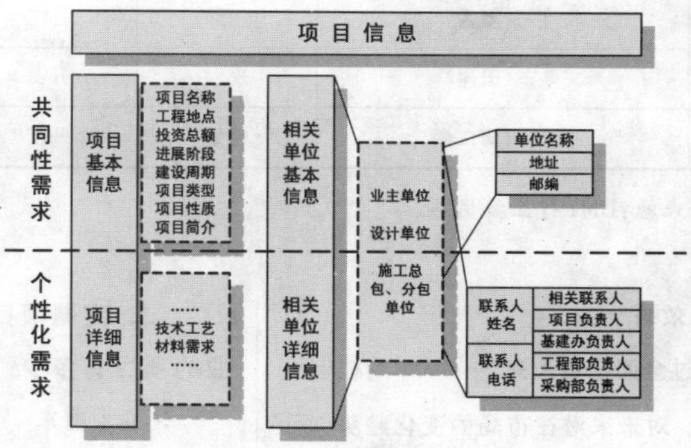

图2 项目信息与需求对应关系

三、企业如何选择和使用有效信息

(一)现有信息渠道对满足个性化需求的局限性(见表1)

表1 信息获取渠道及其特点

序号	渠道	特点	使用条件
1	通过上级有关单位获取	一般比较可靠，但数量有限	内部资源利用
2	通过行业内信息渠道(行业内刊物等)获取	一般相对可靠，数量有限	
3	通过各种论坛、研讨会等会议活动获取	数量有限，不定期	外部公开渠道
4	通过政府公开渠道获取	一般不够详细深入	
5	通过报刊、杂志、广播电视等新闻媒体获取	一般不够详细深入	
6	通过计算机网络获取	数量庞大，难以筛选	
7	通过合作伙伴、朋友获取	效果不错，但数量也有限	企业主动建立
8	通过服务商获取	企业需要有比较高的识别及使用信息能力	

（二）企业如何针对个性化需求获取有效的项目信息

每个企业都有自己的主营业务，不可能做完所有的事情。企业所需项目信息的获取，除了依托自身的能力外，还可以委托专业的公司来提供。面对日益膨胀的信息资源，涌现出很多从事信息咨询的公司，他们运用专业的方法和手段整合各种各样的信息，并提供项目信息、咨询报告等，企业可以通过购买咨询报告或服务来满足自身更多的信息需求。及时有效的信息能够满足企业解决最关键的需求，帮助企业更好更快的发展。见图3。

服务类型		企业需求
行业分析		行业的投资政策及未来发展趋势如何？
定制项目信息	聚类（重点）项目信息	当前及未来的市场容量？适合本企业的项目有哪些？
	项目详细信息	项目对服务或产品的需求如何？我关注的项目如何联系？
	项目进展跟踪	项目何时采购设备或服务？
标准项目信息		当前的拟在建项目有哪些？

图3 信息类型与企业需求对应关系

四、信息应用典型案例

（一）行业分析——了解未来市场发展趋势

❖ 企业需求

A企业已经知道国内近年将加大核电建设领域的投资，考虑将其业务领域拓展到核电项目。但需要摸清该行业的现状及发展趋势，对核电行业的投融资政策，投资规划项目等进行全面、系统的分析。

❖ 提供给企业的信息资料（见表2）

表2 全国拟在建核电项目信息列表

序号	项目名称	十一五	十二五	序号	项目名称	十一五	十二五
1	浙江三门一期	投产	投产	9	浙江三门二期	规划	开工
2	山东海阳一期	投产	投产	10	广东阳江二期	规划	开工
3	辽宁红沿河	开工	投产	11	山东海阳二期	规划	开工
4	广东阳江	开工	投产	12	辽宁红沿河二期	规划	开工
5	福建宁德	开工	投产	13	福建宁德二期	规划	开工
6	广东腰古	规划	开工	14	广西核电站	规划	开工
7	粤东（田尾）	规划	开工		……		
8	江苏田湾二期	规划	开工		……		

注 资料来源：BHI行业数据库。

❖ 应用效果

企业通过全面了解未来5～10年的核电投资建设情况，对未来潜在市场的变化趋势，可以更为准确的预测，为企业投资决策提供了有力的数据支撑。

（二）定制项目信息——了解适合本企业的项目有多少

❖ 企业需求

企业的目标市场往往会侧重某行业的一个细分市场，比如某个规模的项目，用某种技术的项目等。B企业是提供脱硫相关的技术和设备服务的，为更好的指导并调整市场营销活动，需要掌握更多的关于电厂脱硫项目的建设情况。

❖ 提供给企业的信息资料（见表2）

表3 采用反渗透水处理技术的化工项目

（日处理在1万吨以上的项目）

项目名称	地区	企业性质	投资额（万元）	进展阶段	建设周期	项目简介	业主
苇湖梁发电厂（三期）扩建脱硫工程	新疆	股份制	13000	报批可研	2007～2009	项目为三期脱硫工程，对2×30万千瓦热电联产机组进行烟气脱硫	新疆华电苇湖梁发电有限责任公司
盐城2×330兆瓦发电供热机组扩建脱硫工程	江苏	国有	25000	报批可研	2007～2009	项目为扩建脱硫工程，对2×330兆瓦发电供热机组进行烟气脱硫	盐城发电有限公司
2×30万千瓦级供热机组脱硫工程	山东	国有企业	13000	正编可研	2008～2009	对2×30万千瓦级燃煤供热发电机组进行烟气脱硫脱硝	华电淄博热电有限公司
国电常州电厂（二期）脱硫脱硝工程	江苏	股份制	30000	编制项目申请报告	2008～2010	对新建2×66万千瓦燃煤发电机组进行烟气脱硫脱硝处理	国电常州发电有限公司
国电双辽发电厂（二期）脱硫脱硝工程	吉林	股份制	30000	正在核准	2008～2010	对新建2×60万千瓦超临界燃煤发电机组进行烟气脱硫脱硝处理	国电双辽发电有限公司
……							

注 资料来源：BHI项目数据库。

❖ 应用效果

B企业通过这种数据的积累，掌握了比较全面的项目信息，不仅可以把握市场的状况，而且可对比分析企业自身开拓市场的情况。如，市场上可以参与的项目是多少？最后企业到底参与了多少项目？中标了多少项目？占有多少市场分额？分析其原因，为今后调整市场策略打下了良好的基础。

（三）定制项目信息——了解各个项目具体的设备需求及进展情况

❖ 企业需求

盈利是企业经营的主要目的之一，所以企业更关注与自身服务或产品直接相关的市场空间。C企业的产品广泛应用于电厂，但由于电厂项目从审批到建设周期较长，不确定性较大，企业希望随时了解项目的进展情况，以及业主需求意向，以便在最恰当的时机介入。

❖ 提供给企业的信息资料（见表4）

表4　沈阳康平坑口电厂项目

项目信息

项目基本信息	
项目名称	沈阳康平坑口电厂项目
地区	辽宁
项目性质	新建
行业	化工
投资额	500000万
进展阶段	报批立项
建设周期	2006年~2008年
项目简介	康平坑口发电厂工程，是国电集团在东北地区的大型火力发电项目，也是沈阳振兴老工业基地的重点工程之一。该工程位于辽宁沈阳康平县境内，规划总装机容量为320万千瓦。一期新建工程总装机容量为120万千瓦，工程总投资近50亿元

商机分析
1. 项目刚刚获批，处于前期阶段，商机较好，设备商应密切跟进
2. 业主方相关负责人透露，主机设备、辅机设备将在1-3个月后开始采购，……
3. 设计方相关负责人透露，工程设计即将启动，工程设备安装容量为**，工作容量为**，……

联系方式

业主方信息		
业主单位	中国国电康平发电有限公司	
地址	辽宁省沈阳市康平县建设街345号	
邮编	110500	
项目相关联系人		
职　务	姓　名	电　话
项目相关负责人	……	……
设备采购相关负责人	……	……
设计方信息		
设计单位	中国电力工程顾问集团东北电力设计院	
地址	吉林省长春市人民大街4368号	
邮编	130021	
项目相关联系人		
职　务	姓　名	电　话
项目相关负责人	……	……
项目设计总工	……	……
项目设计专工	……	……

跟踪数据

项目跟踪调研		
跟踪时间	项目进展阶段	跟踪内容
2003年10月17日	规划	国电康平坑口发电厂筹建处正式挂牌，开始筹备坑口电厂建设的有关事宜
……	报批可研	……
2006年4月3日	可研获批	国电康平坑口发电厂获国家发改委核准
2006年4月10日	工程设计	预计年中开始采购相关设备
……		……
2006年6月29日		设计方相关信息调研完毕
……		……
2006年7月4日	施工准备	国电康平电厂新建机组第三批辅机招标
……		……
2006年9月28日	开工	国电康平发电厂新建项目工程全面开工。
……		……
2006年12月11日	在建	国电康平发电厂一期建设中
2006年12月27日		康平电厂新建机组公开招标采购部分设备及相应的辅助设备和材料
2007年4月13日		康平电厂工程电缆桥架、风门采购招标
2007年9月11日		康平电厂机组工程第六批进口设备采购
2008年1月9日		康平电厂冷却塔除水器、配水管、喷头、托架及填料采购招标
……		……

注 资料来源：BHI项目数据库。

✣ 应用效果

C企业节约了大量的整理资料、处理数据、基础调研的时间及人力成本，企业专心致力于产品技术及产品服务方面的改进与提升，取得了良好的效果。

项目申报审批流程及问答

一、投资体制改革后的项目申报审批流程

图4针对不同的投资主体、采取不同的资金注入方式投资项目，在向政府投资主管部门申报时，应适用于哪种行政许可，以及要提交什么申请报告作出了描述。

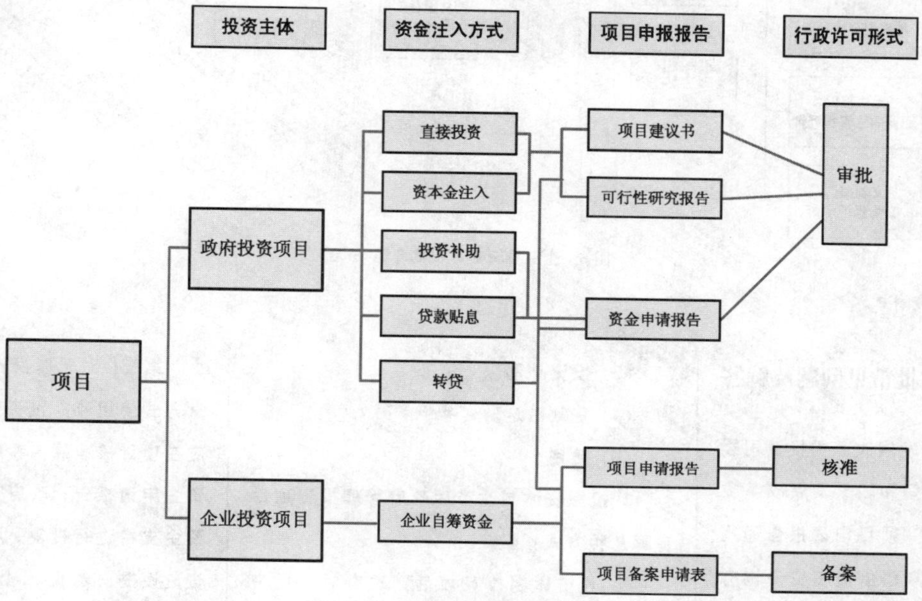

图4　投资体制改革后项目行政许可链

注　资料来源：BHI项目申请报告通用文本专题培训班。

图5分别针对政府投资项目和企业投资项目，在固定资产投资项目审批过程中所经过的大致过程进行了简要描述。

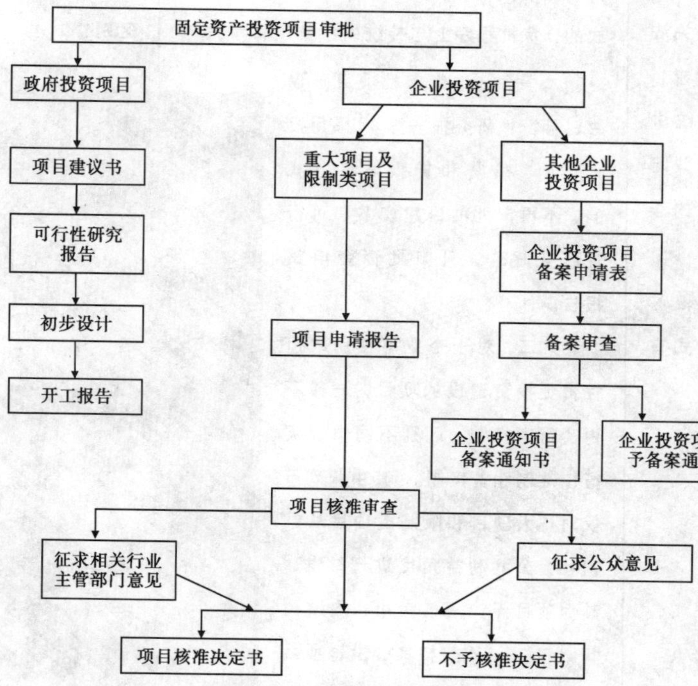

图5　固定资产投资项目审批流程

注　资料来源：BHI资料库。

图6描述了企业投资需要核准的项目，在审批过程中，所经历的主要部门及其相关系。

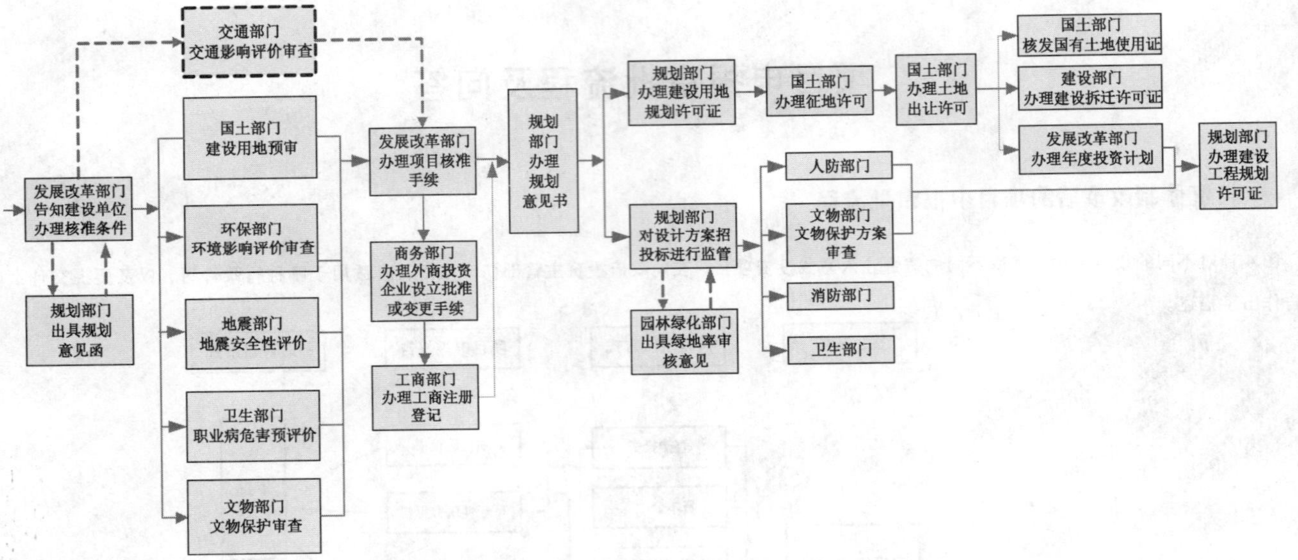

图6　企业投资项目审批流程(核准)

注　资料来源:BHI资料库。

二、项目申报及审批常见问题及解答

2007年8月，国家发展改革委投资司委托中国国际工程咨询公司和国家发展改革委投资研究所联合举办了“项目申请报告通用文本”专题培训班，北京华信捷投资咨询有限责任公司(中国拟在建项目网)承办了该培训班。来自各级发展改革委、工程咨询机构、项目业主和部分金融机构的相关人员参加了培训。在培训中，专家们按照通用文本的要求，结合企业投资体制改革的相关法规文件，从项目申请报告编写的一般要求，各个章节的具体把握和要点进行了系统讲解。下面汇总的是的学员所提出的典型问题和专家的解答，以期帮助读者更深入的理解有关政策和要求。

(一)项目申报及审批一般性问题

1.政府性资金投资来源与投入方式有哪些?

答:政府性资金有4种来源:

(1) 财政资金。

(2) 行业基金。

(3) 基本建设国债。

(4) 主权外债资金。

政府性资金有5种投入方式:

(1) 直接投资。

(2) 资本金注入。

(3) 投资补助。

(4) 贷款贴息。

(5) 转贷。

2.投融资体制改革后政府管理投资项目有哪几种方式?

答:投资体制改革以后，政府对于投资项目的管理分为审批、核准和备案三种方式。

第一，对于政府投资项目，继续实行审批制。其中采用直接投资和资本金注入方式的，审批程序上与传统的投资项目审批制度基本一致，继续审批项目建议书、可行性研究报告等。采用投资补助、转贷和贷款贴息方式的，不再审批项目建议书和可行性研究报告，只审批资金申请报告。

第二，对于企业不使用政府性资金投资建设的项目，一律不再实行审批制，区别不同情况实行核准制和备案制。其中，政府仅对重大项目和限制类项目从维护社会公共利益角度进行核准，其他项目无论规模大小，均改为备案制。《政府核准的投资项目目录》对于实行核准制的范围进行了明确界定。

第三，对于以投资补助、转贷或贷款贴息方式使用政府投资资金的企业投资项目，应在项目核准或备案后向政府有关部门提交资金申请报告；政府有关部门只对是否给予资金支持进行批复，不再对是否允许项目投资建设提出意见。以资本金注入方式使用政府投资资金的，实际上是政府、企业共同出资建设，项目单位应向政府有关部门报送项目建议书、可行性研究报告等。

3.企业投资项目核准制与审批制有什么区别?

答：实行企业投资项目核准制是投资体制改革的重大举措，其内容是：凡企业不使用政府性资金投资建设的项目，政府一律不再审批，而是针对少数重大项目和限制类项目，从维护社会公共利益的角度，实行核准制。政府有关部门制定严格规范的核准制度，明确核准的范围、内容、申报程序和办理时限，并向社会公布，提高办事效率，增强透明度。

核准制与审批制的主要区别是：①政府直接管理的企业投资项目数量大幅度减少。核准项目的范围，由《政府核准的投资项目目录》严格限定，并根据变化的情况适时调整。《目录》由国务院投资主管部门会同有关行业主管部门研究提出，报国务院批准后实施。未经国务院批准，各地区、各部门不得擅自增减核准范围。②程序简化。企业投资建设实行核准制的项目，仅须向政府提交"项目申请报告"，而无需报批项目建议书、可行性研究报告和开工报告。③政府管理的角度改变。政府主要从维护经济安全、合理开发利用资源、保护生态环境、优化重大布局、保障公共利益、防止出现垄断等方面进行审查。对于外商投资项目，政府还要从市场准入、资本项目管理等方面进行审查。

4.什么样的投资项目适用《政府核准的投资项目目录》？

答：《政府核准的投资项目目录》作为《决定》的重要内容，规定了需政府核准的企业投资项目的范围，以及核准机关的核准权限。《目录》规定，以下几类项目需经政府核准：

（1）内资企业不使用政府性资金投资建设的重大项目和限制类项目，需经政府核准。重大项目和限制类项目的范围，由国务院投资主管部门会同有关部门研究提出，报国务院批准，由《目录》做出规定，并根据变化的情况适时调整。未经国务院批准，各地区、各部门不得擅自增减《目录》规定的范围。

对《目录》规定的重大项目和限制类项目，政府主要从维护经济安全、合理开发利用资源、保护生态环境、优化重大布局、保障公共利益、防止出现垄断等方面进行核准。

（2）外商投资项目和境外投资项目，均需政府核准。政府审查的内容，除了维护经济安全、合理开发利用资源、保护生态环境、优化重大布局、保障公共利益、防止出现垄断等方面外，还包括市场准入、资本项目管理等方面。

（3）国家法律法规和国务院有专门规定的项目，按照有关规定由政府核准或审批。

5.政府对企业投资项目核准分几种类型？

答：根据《国务院关于投资体制改革的决定》和国家发展改革委颁布的改革配套文件，改革以后政府对企业投资项目的核准可分为三类，即对内资企业在我国境内投资项目的核准，对内资企业在我国境外投资项目的核准，以及对外资企业在我国境内投资项目的核准。

（1）2004年9月15日，国家发展改革委发布了第19号令《企业投资项目核准暂行办法》，规范了对内资企业境内投资项目进行核准的程序、原则、内容、效力等事项。

（2）2004年10月9日，国家发展改革委发布了第21号令《境外投资项目核准暂行管理办法》，规范了对内资企业境外投资项目核准的机关、权限、程序、条件及效力等事项。

（3）2004年10月9日，国家发展改革委发布了第22号令《外商投资项目核准暂行管理办法》，规范了对外资企业在我国境内投资项目核准的机关、权限、程序、条件及效力等事项。

根据《国务院关于投资体制改革的决定》和上述配套文件，各地方政府制定了具体实施办法。

6.项目核准申请报告与可行性研究报告的主要区别是什么？

答：项目核准申请报告与可行性研究报告在分析论证的角度、包含的内容和发挥的作用等方面，都有着很多区别。

可行性研究报告主要是从微观角度对项目本身的可行性进行分析论证，侧重于项目的内部条件和技术分析，包括市场前景是否看好、投资回报是否理想、技术方案是否合理和先进、资金来源是否落实、项目建设和运行的外部配套条件是否有保障等主要内容，主要作用是帮助投资者进行正确的投资决策、选择科学合理的建设实施方案。

项目核准申请报告主要是从宏观角度对项目的外部性影响进行论述，侧重于经济和社会分析，主要包括拟建项目的基本情况和该项目的外部影响，如该项目对国家经济安全、地区重大布局、资源开发利用、生态环境保护、防止行业垄断和保护公共利益等方面会造成哪些有利或不利的影响。项目申请报告是政府对项目进行审查以决定是否允许其投资建设的重要依据。

7.项目用地预审意见包括哪些内容？

答：《企业投资项目核准办法》的第八条规定，项目申报单位在报送项目申请报告时，应附送"国土资源行政主管部门出具的项目用地预审意见"。根据2004年10月29日国土资源部第9次部务会议修订的《建设项目用地预审管理办法》，国土资源部门对建设项目用地预审的主要内容如下。

（1）建设项目用地选址是否符合土地利用总体规划，是否符合土地管理法律、法规规定的条件。

（2）建设项目是否符合国家供地政策。

（3）建设项目用地标准和总体规模是否符合有关规定。

（4）占用耕地的，补充耕地初步方案是否可行，资金是否有保障。

（5）属《土地管理法》第二十六条规定情形，建设项目用地需修改土地利用总体规划的，规划的修改方案、项目对规划实施影响评估报告等是否符合法律、法规的规定。

预审意见应当包括对上述内容的结论性意见和对建设用地单位的具体要求。预审意见是建设项目批准、核准的必备文件，它所提出的用地标准和总规模等方面的要求，建设项目初步设计阶段应当充分考虑。建设用地单位应当认真落实预审意见，并在依法申请使用土地时出具落实预审意见的书面材料。

8. 项目申请报告的主要内容是什么？

根据国家发展和改革委员会发改投资[2007]1169号文件，《国家发展改革委关于发布项目申请报告通用文本的通知》要求，从2007年9月1日开始，向发改委报送的项目申请报告，原则上均应按《项目申请报告通用文本》的要求进行编写。

项目申请报告应包括以下主要内容。

（1）申报单位及项目概况。包括项目申报单位概况、项目概况。全面了解和掌握项目申报单位及拟建项目的基本情况，是项目核准机关对拟建项目进行分析评价以决定是否予以核准的前提和基础。

（2）发展规划、产业政策和行业准入分析。包括发展规划分析、产业政策分析、行业准入分析。是从发展规划、产业政策及行业准入的角度，论证项目建设的目标及功能定位是否合理，是否符合与项目相关的各类规划要求，是否符合相关法律法规、宏观调控政策、产业政策等规定，是否满足行业准入标准、优化重大布局等要求。

（3）资源开发及综合利用分析。包括资源开发方案、资源利用方案、资源节约措施。对于开发和利用重要资源的企业投资项目，要从建设节约型社会、发展循环经济等角度，对资源开发、利用的合理性和有效性进行分析论证。

（4）节能方案分析。包括用能标准和节能规范、能耗状况和能耗指标分析、节能措施和节能效果分析。

（5）建设用地、征地拆迁及移民安置分析。包括项目选址及用地方案、土地利用合理性分析、征地拆迁和移民安置规划方案。为有效使用土(地资源，保障受征地拆迁影响的公众利益，应制定项目建设用地、征地拆迁及移民安置规划方案，并进行分析评价。

（6）环境和生态影响分析。包括环境和生态现状、生态环境影响分析、生态环境保护措施、地质灾害影响分析、特殊环境影响分析。确保生态环境和自然文化遗产在项目建设和运营过程中得到有效保护，并避免出现由于项目建设实施而引发的地质灾害等问题。

（7）经济影响分析。包括经济费用效益或费用效果分析、行业影响分析、区域经济影响分析、宏观经济影响分析。

（8）社会影响分析。包括社会影响效果分析、社会适应性分析、社会风险及对策分析。

参考文件如下：

（1）《国务院关于投资体制改革的决定》（国发[2004]20号）。

（2）《国家发展改革委关于发布项目申请报告通用文本的通知》（发改投资[2007]1169号。

（3）《企业投资项目核准暂行办法》（中华人民共和国国家发展和改革委员会令第19号）。

（4）《境外投资项目核准暂行管理办法》（中华人民共和国国家发展和改革委员会令第21号）。

（5）《外商投资项目核准暂行管理办法》（中华人民共和国国家发展和改革委员会令第22号）。

（6）《国家发展改革委关于实行企业投资项目备案制指导以意见的通知》（发改投资[2004]2656号）。

（二）申请政府投资资金

1. 什么情况需要资金申请报告？

答：地方政府投资的项目以投资补助、转贷或贷款贴息方式使用政府投资资金的。中央政府安排给单个地方政府投资项目的中央预算内投资资金在3000万元及以下的，一律按投资补助或贴息方式管理，需审批资金申请报告。

企业投资项目以投资补助、转贷或贷款贴息方式使用政府投资资金的。

2. 资金申请报告包括哪些主要内容？

答：主要包括以下内容：

（1）项目单位的基本情况和财务状况。

（2）项目的基本情况，包括建设背景、建设内容、总投资及资金来源、技术工艺、各项建设条件落实情况等。

（3）申请投资补助或贴息资金的主要原因和政策依据。

（4）项目招标内容（适用于申请投资补助或贴息资金500万元及以上的投资项目）。

（5）国家发展改革委要求提供的其他内容。

已经国家发展改革委审批或核准的投资项目，其资金申请报告的内容可适当简化，重点论述申请投资补助或贴息资金的主要原因和政策依据。

3. 资金申请报告一般需要哪些附件？

答：资金申请报告一般需要以下附件：

（1）政府投资项目的可行性研究报告批准文件。

（2）企业投资项目的核准或备案的批准文件。

（3）城市规划部门出具的城市规划选址意见（适用于城市规划区域内的投资项目）。

（4）国土资源部门出具的项目用地预审意见。

（5）环保部门出具的环境影响评价文件的审批意见。

（6）申请贴息的项目须出具项目单位与有关金融机构签订的贷款协议。

（7）项目单位对资金申请报告内容和附属文件真实性负责的声明。

（8）国家发展改革委要求提供的其他文件。

凡已经由国务院、国家发展改革委审批或核准的投资项目，单独报送资金申请报告时，可不再附送第十二条所规定的第一、第二、第三、第四、第五5项材料；

凡已经省级和计划单列市发展改革委审批或核准的投资项目，报送资金申请报告时可不再附送第十二条所规定的第三、第四、第五项材料；

申请使用的投资补助或贴息资金总额在200万元以下的投资项目，或根据有关规定集中申请的投资项目，报送的附件材料可适当简化。

4.中小企业发展专项资金是什么？

答：中小企业发展专项资金（以下简称专项资金）是根据《中华人民共和国中小企业促进法》，由中央财政预算安排主要用于支持中小企业专业化发展、与大企业协作配套、技术进步和改善中小企业发展环境等方面的专项资金（不含科技型中小企业技术创新基金）。

5.哪个部门管理中小企业发展专项资金？

答：财政部负责专项资金的预算管理、项目资金分配和资金拨付，并对资金的使用情况进行监督检查。

国家发展改革委负责确定专项资金的年度支持方向和支持重点，会同财政部对申报的项目进行审核，并对项目实施情况进行监督检查。

6.企业可获得的政府资金支持方式是什么？

答：政府对中小企业有专项资金支持，支持方式采用无偿资助或贷款贴息方式。以自有资金为主投资的固定资产建设项目和改善中小企业发展环境的项目，一般采取无偿资助方式；以金融机构贷款为主投资的固定资产建设项目，一般采取贷款贴息方式。

7.企业可申请中小企业专项资金的额度是多少？

答：专项资金无偿资助的额度，每个项目一般控制在200万元以内。

专项资金贷款贴息的额度，根据项目贷款额度及人民银行公布的同期贷款利率确定。每个项目的贴息期限一般不超过2年，贴息额度最多不超过200万元。

8.企业投资项目何时可提交专项资金申请？

答：按有关规定应报国务院或国家发展改革委审批、核准的项目，可在报送可行性研究报告或项目申请报告时一并提出资金申请，不再单独报送资金申请报告；也可在项目经审批或核准同意后，根据国家有关投资补助、贴息的政策要求，另行报送资金申请报告。

按有关规定应由地方政府审批的地方政府投资项目，应在可行性研究报告经有权审批单位批准后提出资金申请报告。

按有关规定应由地方政府核准或备案的企业投资项目，应在核准或备案后提出资金申请报告。但项目申请报告的批复要作为附件。

参考文件如下：

（1）《中央预算内投资补助和贴息项目管理暂行办法》（中华人民共和国国家发展和改革委员会令第31号）。

（2）关于印发《中小企业发展专项资金管理办法》的通知（财企[2006]226号）。

（3）国家发展改革委办公厅、财政部办公厅关于请做好2007年中小企业发展专项资金项目申报工作的通知（发改办企业[2007]1819号）。

（三）申请免税

1.什么设备进口可以进行免税申请？

答：（1）对符合《外商投资产业指导目录》鼓励类和限制乙类，并转让技术的外商投资项目，在投资总额内进口的自用设备，除《外商投资项目不予免税的进口商品目录》所列商品外，免征关税和进口环节增值税。

外国政府贷款和国际金融组织贷款项目进口的自用设备、加工贸易外商提供的作价进口设备，比照上款执行，即除《外商投资项目不予免税的进口商品目录》所列商品外，免征关税和进口环节增值税。

（2）对符合《产业结构调整指导目录（2005年本）》的国内投资项目，在投资总额内进口的自用设备，除《国内投资项目不予免税的进口商品目录》所列商品外，免征关税和进口环节增值税。

（3）对符合上述规定的项目，按照合同随设备进口的技术及配套件、备件，也免征关税和进口环节增值税。

（4）对属于《中西部外资目录》中的外商投资项目，可按照《海关总署关于贯彻〈国务院关于调整进口设备税收政策的通知〉的紧急通知》（署税[1997]1062号）的规定，免征关税和进口环节增值税。

（5）在上述规定范围之外的进口设备减免征，由国务院决定。

2.内资企业如何免税申请程序？

答：程序简要介绍如下：

（1）确定项目所需进口的设备属于免税范围。

（2）向发改委提交相关的文件。

（3）获得发改委授予的免税确认书《国家鼓励发展的内外资项目确认书》或《符合产业政策的技术改造项目确认书》。

（4）凭免税确认书到当地海关办理免税业务。

具体请参照各地方出台的内资项目进口设备免税相关文件。

参考文件如下：

（1）《国务院关于调整进口设备税收政策的通知》（国发[1997]37号）。

（2）海关总署关于转发《中西部地区外商投资优势产业目录（2004年修订）》的通知。

（3）《产业结构调整指导目录（2005年本）》。

（4）《国内投资项目不予免税的进口商品目录》（2006年修订）（财政部公告2007年第2号）。

（5）国务院关于发布实施《促进产业结构调整暂行规定》的决定（国发[2005]40号）。

(6)《国家发展改革委关于办理内资项目〈国家鼓励发展的内外资项目确认书〉》有关问题的通知》(发改办规划[2003]900号)。

(7)关于进一步加强内资项目进口设备免税确认管理工作的通知(发改办规划[2005]1537号)。

(8)国家发展改革委办公厅关于调整内资项目进口设备免税确认书出具依据等事项的通知(发改办规划[2005]682号)。

(四)外资投资项目申请报告

1.外商投资项目申报程序?

答:外商投资项目申报程序一般如下

(1)确定核准单位是哪一级投资主管部门。

(2)向审核部门报送项目申请报告以及相关文件。

其中核准机关及权限如下:

(1)《外商投资产业指导目录》分类,总投资(包括增资额,下同)1亿美元及以上的鼓励类、允许类项目和总投资5000万美元及以上的限制类项目,由国家发展改革委核准项目申请报告,其中总投资5亿美元及以上的鼓励类、允许类项目和总投资1亿美元及以上的限制类项目由国家发展改革委对项目申请报告审核后报国务院核准。

(2)总投资1亿美元以下的鼓励类、允许类项目和总投资5000万美元以下的限制类项目由地方发展改革部门核准,其中限制类项目由省级发展改革部门核准,此类项目的核准权不得下放。

(3)地方政府按照有关法规对上款所列项目的核准另有规定的,从其规定。

具体可参照《外商投资项目核准暂行管理办法》(国家发展和改革委员会令第22号)。

2.外商并购企业是否需要项目申请报告?

答:根据《外商投资项目核准暂行管理办法》(国家发展和改革委员会令第22号),外商并购境内企业属于外商投资项目核准范畴,需要向发改委递交项目申请报告。

3.外商投资项目如何申请进口设备免税?

答:符合免税申请要求的企业须凭《国家鼓励发展的内外资项目确认书》免征进口关税和进口环节增值税。

投资总额3000万美元及以上的鼓励类外商投资项目由国家发展改革委出具项目确认书;投资总额3000万美元以下的鼓励类外商投资项目,由省级(即各省、自治区、直辖市、计划单列市及新疆生产建设兵团)发展改革委(经委)出具项目确认书。具体范围包括:

(1)中外合资、中外合作、外商独资等外商投资的项目。

(2)中外合资企业、中外合作企业和外商独资企业通过增加外方注册资本扩大项目投资总额的增资项目。

项目单位凭国家发改委或省级发展改革委(经委)出具的项目确认书及其他相关文件,到项目所在地直属海关办理进口免税手续。海关根据上述文件并对照《外商投资项目不予免税的进口商品目录》,在用汇额度内对项目进口设备进行审核,并按规定办理免税手续。

参考文件如下:

(1)国家发展改革委关于办理外商投资项目《国家鼓励发展的内外资项目确认书》有关问题的通知(发改外资[2006]316号)。

(2)《外商投资产业指导目录(2007年修订)》(2007第57号令)。

(3)《国务院关于调整进口设备税收政策的通知》(国发[1997]37号)。

(4)中西部地区外商投资优势产业目录(2004年修订)。

(五)节能专篇

1.什么项目需要节能评估?

答:根据《中华人民共和国节约能源法》、《国务院关于加强节能工作的决定》、及各地相关办法,各地编制了固定资产投资项目节能评估和审查管理办法。下面以北京市为例。

北京市固定资产投资审批、核准或备案权限内符合下列条件的项目应进行节能评估和审查:

(1)建筑面积在2万平方米以上(含)的公共建筑项目。

(2)建筑面积在20万平方米以上(含)的居住建筑项目。

(3)其它年耗能2000吨标准煤以上(含)的项目。

凡属于节能评估范围内的固定资产投资项目,项目建设单位应在申报项目可行性研究报告审批、申请项目核准或项目备案之前申请节能审查,并按项目审批权限向发展改革部门提交节能专篇。

凡不在本办法第三条所述的节能评估范围内的固定资产投资项目,实行节能登记管理。项目建设单位应在申报项目可行性研究报告、申请项目核准报告或项目备案的同时,进行项目节能登记,并按照项目审批权限向发展改革部门提交节能登记表。

2.固定资产投资项目节能专篇主要包括哪些内容?

答:节能专篇应包括以下内容:

(1)项目概况。

(2)项目所在地能源供应条件。

(3)合理用能标准和节能设计规范。

(4)项目能源消耗种类、数量及能源使用分布情况。

(5)项目节能措施及效果分析。

3.节能评估主要包括哪些内容?

答:固定资产投资项目节能审查的主要内容包括:项目用能总量及能源结构是否合理;项目是否符合国家、地方和行业节能设计规范及标准;项目能效指标是否达到同行业国内先进水平或达到国际先进水平;有无采用明令禁止或淘汰的落后工艺、设备;项目采用节能新工艺、新技术、新产品等情况。

参考文件如下:

(1)《关于加强固定资产投资项目节能评估和审查工作的通知》(发改投资[2006]2787号)。

(2)《国家发展改革委关于印发固定资产投资项目节能评估和审查指南(2006)的通知》(发改环资[2007]21号)。

附 录

2007年投资建设大事记

1月

★1月1日 中国联合水泥集团有限公司南阳分公司纯低温余热发电工程获河南省发展和改革委员会备案。项目总投资1.013546亿元，建设6兆瓦和9兆瓦装机容量的低参数汽轮发电机组。（河南）

★1月4日 文县白龙江苗家坝水电站前期导流洞工程正式动工修建。该水电站是一座引流式水电站，总投资20.3亿元，装机24万千瓦，设计年发电量9.07亿千瓦时，装机年利用小时3779时，水库蓄水位库容2.68亿立方米。（甘肃）

★1月8日 500千伏通北－通东线（沿海大通道南通段）全线开工。工程总投资近29亿元，线路总长度为125千米，沿途共有290基塔，按500千伏同塔双回路设计。（江苏）

★1月9日 湖南华电常德发电有限公司2×66万千瓦超临界机组主机设备合同签约。该项目规划装机容量为332万千瓦，分两期建设，一期工程拟建设2×66万千瓦国产超临界凝汽式燃煤发电机组，静态投资为46.7616亿元，动态投资为49.4257亿元，厂址位于德山经济技术开发区。（湖南）

★1月12日 江苏省泗阳县秸秆发电项目签约落户。项目由江苏省国信集团投资建设，总投资约2.52亿元，建设2台1.2万千瓦发电机组，全部采用可再生能源秸秆为燃料。（江苏）

★1月13日 500千瓦防城输变电工程可行性研究报告获原则通过。可行性研究报告由广西电力勘察设计研究院提交，工程包含变电工程、线路工程及系统二次工程三部分，动态投资约3亿元。（广西）

★1月15日 浪石滩水电站二期工程顺利截流。浪石滩水电站二期工程位于湖南省娄底市冷水江市境内资水干流中游，坝址位于冷江大桥上游0.82千米处的大湾里，是资水干流的第五个梯级电站，下接柘溪水库库尾，上与筱溪尾水衔接，总装机容量3.6万千瓦，年发电量1.6亿千瓦时，项目总投资3.4亿元。（湖南）

★1月16日 滁州琅琊山抽水蓄能电站1号机组满负荷运行试验成功，该机组采用世界领先的泵工况启动技术。（安徽）

★1月19日 汗海－沽源－平安城和平安城－唐山西500千伏输变电工程设计、监理、施工、物资供应合同在北京签定，合同总金额达10亿元。（综合）

★1月19日 小龙潭电厂三期2×30万千瓦机组扩建工程8号机组顺利投产。工程由中国国电集团公司、云南省开发投资有限公司、云南耀荣电力股份有限公司三方分别按55%、35%、10%的比例共同投资建设，项目静态投资为2.684亿元。（云南）

★1月20日 神华集团新疆公司煤矸石热电厂项目可行性研究报告通过专家评审。项目将投资14.08亿元在乌鲁木齐市建设2×13.5万千瓦煤矸石热电厂项目，计划于2008年底投产发电。（新疆）

★1月21日 新疆维吾尔自治区吉勒布拉克水电站项目开工。吉勒布拉克水利枢纽工程是哈巴河河道上的主要控制性工程，总投资13.4亿元，年有效发电量4.57亿千瓦时，设计工期5年。（新疆）

★1月22日 上海东海风力发电有限公司正式落户上海电力科技园。该公司是上海市东海大桥10万千瓦风电场项目建设和运营企业。东海大桥风电场项目为中国第一个海上风电项目，未来预计发电量可达2.6亿千瓦时，总投资30亿元。（上海）

★1月23日 河北龙山发电项目1号机组正式投产。项目由中国国电集团公司和河北省建设投资公司按60%和40%的比例投资建设，规划装机总容量为6×60万千瓦，分期建设，其中一期工程总投资49亿元，建设2×60万千瓦。（河北）

★1月23日 浦城220千伏输变电工程开工建设，工程位于蒲城县省级工业园区东麓。（福建）

★1月23日 大唐国际电力公司大型电厂项目在北京正式签约。电厂项目装机2×100万千瓦，总投资80亿元，位于山西省定襄县。（山西）

★1月24日 陕西省地方电力集团榆林能源化工基地“126”电网通过专家组审查。电网投资62亿元，规划新建110千伏变电站66座，新增变电容量526万千伏安，线路2359千米。（陕西）

★1月26日 扬州二电厂二期工程顺利投产发电。工程建设规模为2台共120万千瓦的燃煤发电机组，分四个阶段实施，总投资50亿元。（江苏）

★1月28日 秦山核电二期扩建工程第2台机组正式开工建设。工程设计装机容量为2台65万千瓦压水堆核电机组，采用中国核工业集团公司成功创立的国产化核电品牌CNP600技术，设计寿命为40年。（浙江）

★1月29日 九江电厂三期扩建工程通过环境保护验收。工程扩建2×35万千瓦燃煤发电机组，总投资37亿元，其中环保投资为2.61亿元。（江西）

★1月30日 雅砻江上装机规模最大的锦屏二级水电站开工建设。电站坝址位于锦屏一级电站下游7.5千米处，计划安装8台60万千瓦机组，多年平均发电量242.3亿千瓦时，预计2012年首台机组发电，总投资298亿元。（四川）

★1月31日 镇江市500千伏上党输变电工程建成投运。上党输变电工程是镇江电厂三期扩建工程的配套工程，送电线路全长50多千米，总投资8.2亿元。（江苏）

★1月31日 南通220千伏钟秀输变电

工程通过竣工验收并一次投运成功。工程位于南通市区东北部，总造价2.3亿元，本期安装1台18万千伏安主变压器，新建8回220千伏、6回110千伏出线和16.064千米同塔双回输电线、0.609千米单回输电线。（江苏）

☆月内 杨柳青热电厂7号机组建成并投产发电。该项目建设2台30万千瓦的国产燃煤抽汽供热机组，同步建设脱硫装置，安装高效静电除尘设备和烟气连续监测装置，由中国华能集团公司和天津市津能投资公司共同投资24.07亿元兴建。（天津）

☆月内 洮河杨家河水电站开工建设。该水电站位于临洮县境内三甲水电站至杨家河村洮河左岸，采用无坝引水式开发，装机容量为3.75万千瓦。项目总投资2.8亿元。（甘肃）

2月

★2月2日 昌吉热电三期工程初步可行性研究报告通过专家审查。工程在昌吉市新建规划容量为4×30万千瓦热电联产项目，总投资约为50亿元，厂址位于昌吉市滨湖乡，距新城区4千米，占地面积约66.7万平方米。（新疆）

★2月3日 20万千瓦风电项目在北京举行签约仪式。项目总投资16亿元人民币，由国华能源投资公司与张家口市赤城县合作投资建设。项目分四期实施，一期工程2007年动工，2008年并网发电。（河北）

★2月5日 吉林松原500千伏输变电工程初步设计评审会议在长春召开。吉林松原500千伏输变电工程一期包括新建松原500千伏变电站、新增变电容量750兆伏安、长春合心500千伏变电站扩建1个500千伏间隔、新建松原变电站至合心变电站500千伏线路153.5千米。项目总投资约6.1亿元，预计2008年投入运行。（吉林）

★2月8日 贵港电厂1号机组一次并网成功。项目规划装机容量为320万千瓦，投资总额约120亿元。一期工程建设2×60万千瓦超临界燃煤机组，投资估算50亿元。（广西）

★2月8日 山西大唐国际左云风电厂项目的可行性研究报告通过水利水电规划设计总院审查。项目位于左云县三屯乡五路山，建设总装机容量为10万千瓦，计划总投资10亿元，分两期建设。（山西）

★2月10日 500千伏南方电网与海南联网工程开工。工程采用500千伏交流联网方案，北起广东省湛江港城变电站，穿越琼州海峡，南至海南省澄迈县福山变电站，新建海底电缆34.7千米和架空线路144千米，额定输送容量60万千瓦，动态投资约21亿元，计划2009年上半年建成投产。（综合）

★2月15日 甘肃黄河炳灵水电站获核准批复。黄河炳灵水电站位于甘肃省永靖县与青海积石山县交界处的黄河干流上，总装机容量24万千瓦，安装5台4.8万千瓦灯泡贯流式水轮发电机组，年均发电量9.74亿千瓦时。工程动态总投资19.77亿元，由甘肃省电力投资集团公司和中国水电顾问集团西北勘测设计研究院共同出资组建的甘肃电投炳灵水电开发有限责任公司负责建设和管理。（综合）

★2月26日 国电铜陵发电项目一期通过国家发展和改革委员会核准。工程位于铜陵市铜陵县东联乡（原永丰乡）境内，建设2台60万千瓦超临界燃煤发电机组。中国国电集团公司、安徽省能源集团有限公司和铜陵市建设投资公司分别按照56%、42%、2%的比例以自有资金出资共同建设该项目。（安徽）

★2月28日 湖北省鄂州电厂二期项目通过国家发展和改革委员会核准。项目建设2台60万千瓦机组，由湖北省能源集团有限公司独资建设，动态总投资42.46亿元。（湖北）

☆月内 国电成都金堂电厂新建工程项目获核准。工程建设规模为2×60万千瓦国产亚临界燃煤发电机组，静态总投资43.7亿元，动态总投资为46.7亿元。（四川）

☆月内 成安县秸秆发电项目一期工程供热机组点火成功，并顺利并入华北电网发电。项目位于邯郸市成安县城西北部，总投资约5亿元。工程全部投产后，年发电量达4亿千瓦时，供热面积135万平方米。（河北）

3月

★3月8日 龙源尚义石人风电场项目正式签订投资协议。项目总投资50亿元，由中国国电龙源电力集团公司与河北省尚义县人民政府共同建设，建设规模为50万千瓦。（河北）

★3月14日 平圩电厂三期2×100万千瓦机组工程初步可行性研究报告通过审查。工程建设规模为2×100万千瓦燃煤发电机组，机组建成后年耗煤量约413万吨，年发电量约110亿千瓦时。（安徽）

★3月14日 广州珠江LNG联合循环机组发电项目第二台天然气发电机组投产。珠江LNG发电项目首期工程建设2台39万千瓦燃气机组，总投资约26亿元。工程使用产自澳大利亚的天然气，是广东省天然气利用工程的重要组成部分。（广东）

★3月18日 500千伏六安输变电工程开工奠基。工程是安徽省“皖电东送”西通道500千伏输变电工程项目之一，位于六安市金安区中店乡三十铺村境内，六安至舒城县公路11千米碑处的西侧约0.3千米，由安徽省电力公司出资建设，工程计划2008年6月建成投产。（安徽）

★3月20日 湘西花垣河竹篙滩电站项目开工建设。该项目是土家族苗族自治州州“十一五”规划的重点建设项目，由杭州春江发电设备有限公司独资开发。项目总投资3.9亿元，总装机容量5.85万千瓦。（湖南）

★3月20日 赛马实业纯低温余热发电项目通过该公司议案。项目规划建设2座6兆瓦装机容量的余热电站，投产后预计年发电量13800万千瓦时，年供电量2723.5千瓦时。（宁夏）

★3月23日 东山岛乌礁湾风电第三期技改项目正式签约。项目由国家龙源电力集团公司与东山县政府合作开发，装机容量10万千瓦，计划年发电量2亿多千瓦时，将于2008年年底建成。（福建）

★3月25日 神华集团煤矸石热电厂项

目正式通过专家团评审。项目将以煤矸石作为燃料发电，总投资14亿元。工程建成后供热面积530万平方米，可关闭米东新区现有的210台分散锅炉，每年可节约燃煤14.04万吨，减少二氧化硫、烟尘等污染物排放量9000多吨。（新疆）

★3月26日　河南周口生物质发电工程正式开工。项目一期建设1台1.2万千瓦级的生物质直燃发电机组，总投资约1.3亿元，由国家电网公司所属的国能生物发电有限公司投资建设。（河南）

★3月26日　武汉凯迪控股投资有限公司热能发电项目在广西壮族自治区桂平长安工业区开工建设。工程总投资5亿元。（广西）

★3月26日　新疆维吾尔自治区阿瓦提生物质发电工程正式开工。该生物质发电项目一期工程建设1台1.2万千瓦级的生物质直燃发电机组，总投资约1.3亿元。（新疆）

★3月26日　山东省菏泽市巨野县生物质发电工程正式开工。该生物质发电项目一期工程建设1台1.2万千瓦级的生物质直燃发电机组，总投资约1.3亿元。（山东）

★3月27日　湖南小墨山核电厂建设项目总协议书获岳阳市发展和改革委员会审议通过。项目由中电投湖南核电有限公司投资建设，厂址可控制区域为5平方千米，核心区域1平方千米，是目前我国内陆核电站厂址资源中十分难得的厂址之一。工程计划总投资约600亿元，设计规模为6×100万千瓦，分三期实施，每期建设2个核反应堆。（湖南）

★3月28日　平顶山低温余热电站项目获河南省发展和改革委员会批复备案。项目由瑞平石龙水泥有限公司投资1.2835亿元建设，装机2×9兆瓦。（河南）

★3月28日　大口溪流域水电梯级开发项目正式签订开发协议。项目开发五级电站，分别为榔树坪、会人溪、流水洲、沙洲河、葛公潭，可装机4.5万千瓦，总投资2.6亿元。（湖南）

★3月28日　28～30日，中广核海南核电厂项目厂址预评审会在海口市召开。会议审查通过了深圳中广核工程设计有限公司编制的海南核电厂厂址查勘报告，确定厂址查勘阶段所选定的昌江昌化镇峨岭、儋州海头镇红沙顶、儋州峨蔓镇龙门厂址进入下阶段工作。（海南）

★3月30日　贵州大方电厂（4×300万千瓦）新建工程项目1号、2号机组环保设施通过国家环保总局验收。工程动态总投资约55亿元。（贵州）

☆月内　江西省赣江石虎塘航电枢纽工程项目获批立项。项目枢纽工程位于赣江中游泰和县城公路桥下游26千米处，是以航运为主，兼顾发电等水资源综合利用的航电枢纽工程。工程包括船闸、泄洪闸、冲沙闸、电站、左、右岸挡水坝、坝顶公路桥、库区防护等工程。电站总装机容量11.7万千万，年平均发电量4.8亿千万时，采用1回220千伏高压线接入泰和变电站；项目总投资22.46亿元。（江西）

☆月内　长沙电厂工程获国家发展和改革委员会核准。项目位于长沙市望城县铜官镇境内，建设用地面积约46.67万平方米，总投资100亿元。工程规划装机容量240万千瓦，建设4台60万千瓦的火电机组。（湖南）

☆月内　青海桥头老厂改扩建工程获国家发展和改革委员会核准。改扩建工程在拆除青海桥头老厂一、二、三期工程机组共8.6万千瓦的场地上进行建设，装机规模为2台13.5万千瓦国产燃煤发电机组，同步安装烟气脱硫装置，总投资约为12亿元。（青海）

4月

★4月2日　钦州久隆500千伏输变电工程的220千伏配电装置及二次部分竣工。工程总投资15亿元，包括久隆500千伏变电所工程和500千伏玉林变电所增容扩建等工程。（广西）

★4月6日　吉林省松原500千伏输变电工程开工奠基。项目总投资6.1亿元，包括新建松原500千伏变电站、新增变电容量750兆伏安、长春合心500千伏变电站扩建1个500千伏间隔、新建松原变电站－合心变电站500千伏线路153.5千米，（吉林）

★4月9日　西昌电力公司和四川九龙电力集团有限公司共同投资的永宁河三级电站正式投入生产运行。永宁河三级电站总投资2.45亿元，装机容量为5万千瓦。（四川）

★4月9日　500千伏东台变电站竣工投产。工程位于闽侯县青口镇东台村，采用先进的紧凑型变电设计技术，站址总用地面积约5万平方米，较采用常规设备占地节约34%。（福建）

★4月11日　河南裕中新密电厂一期工程正式投产发电。项目位于河南省郑州新密市，属于坑口电厂，一期工程共安装2×30万千瓦燃煤发电机组，总投资25.6亿元，由国家开发投资公司旗下投资企业北京三吉利能源股份有限公司控股。（河南）

★4月11日　甘肃莲麓一级水电站工程开工奠基。莲麓一级水电站工程由甘肃电投洮河水电开发有限责任公司投资开发，位于该省西南部渭源、康乐交界处的洮河干流九（甸峡）－海（甸峡）河段上，为无调节河床式水电站，总装机容量6.6万千瓦。工程概算总投资4.72亿元。（甘肃）

★4月11日　11～13日，广西壮族自治区桂东核电工程初步可行性研究报告审查会在南宁召开。桂东核电拟选的福传和白沙厂址分别位于梧州市苍梧县和贵港市平南县，建设规模为4×100万千瓦，一期工程规划建设2×100万千瓦压水堆核电机组。（广西）

★4月12日　平顶山纯低温余热电站工程获河南省发展和改革委员会同意备案。项目由天瑞集团汝州水泥有限公司投资建设，总投资1.0086亿元，主要建设废气余热锅炉（AQC炉和SP炉各2台），配套改造建设汽轮发电机组（5+9兆瓦）。（河南）

★4月13日　大理者摩山、大风坝两座风电场正式开工建设。者摩山风电场和大风坝风电场位于大理市下关西南，距离市区约20千米。两座风电场总装机容量约7.82万千瓦，拟安装单机容量为850千瓦的风力发电机组92台，工程投资将近10亿元。（云南）

★4月13日　《秦山核电厂扩建项目水资源论证报告书》评审会在北京召开。秦山核电厂拟在原有电厂的基础上进行扩建，扩建项目位于浙江省境内。扩建项目机组冷却水取用海水，生产及生活所需淡水利用秦山核电

厂取水泵站扩建供给。(浙江)

★4月13日　山东华能日照电厂二期工程获国家发展和改革委员会核准批复。工程项目计划建设2台60万千瓦超临界燃煤火力发电机组，总投资44亿元人民币，同步建设海水脱硫设施，为先进的大型环保节能电站。(山东)

★4月16日　500千伏铜贵变电站在铜陵县天门镇西垅村开工。工程是安徽省“皖电东送”西通道重要节点工程，主要安装一台750兆伏安主变压器，将于2008年6月30日建成发挥效益。(安徽)

★4月18日　天津市政府和中国华能集团公司签署建设绿色煤电IGCC(整体煤气化联合循环发电)电站二期工程合作框架协议。根据协议，华能将在天津临港工业区建设绿色煤电二期工程，建设规模为2台40万千瓦级IGCC机组，投资约52亿元，占地约40万平方米。(天津)

★4月18日　焦作纯低温余热发电项目获河南省发展和改革委员会同意备案。项目由焦作市岩鑫水泥公司投资建设，总投资1.2亿元，利用分别日产5000吨和2500吨的熟料水泥生产线窑头和窑尾废弃余热，安装4.5兆瓦和7.5兆瓦纯低温余热发电机组及建设相应配套厂房，购置余热锅炉、汽轮机、发电机、冷却塔、仪表控制系统等。(河南)

★4月18日　南煤集团煤矸石电厂正式开工建设。项目装机2×13.5万千瓦，位于平定县龙川工业园区内，总投资14.2亿元，计划于2008年9月竣工投产。(山西)

★4月20日　曲靖市会泽县政府与云南电投新能源开发有限公司签订投资协议，计划投资20亿元在大海草山联合开发云南省最大的风力发电站。发电站预计装机容量20万千瓦，一期工程装机容量4.8万千瓦，预计投资5亿元。(云南)

★4月21日　郑州燃气电站项目正式投产发电。电站安装2台39万千瓦燃气－蒸汽联合循环发电机组，总投资23.83亿元，由中国电力投资集团公司(51%)、中国水电建设集团投资有限责任公司(39%)和郑州高新国有资产经营有限公司(10%)共同出资建设。(河南)

★4月21日　吉林鲁能农安生物发电厂在吉林省农安县奠基。项目总投资5.09亿元，建设规模为2×2.5万千瓦2台机组，达产后年发电3亿千瓦时。(吉林)

★4月24日　220千伏双泗至涟水(旗杰)线路工程通过核准。项目建设220千伏双泗至涟水(旗杰)线路2×84.1千米；双泗变扩建220千伏出线间隔2个；涟水(旗杰)变扩建220千伏出线间隔2个；相应的继电保护、通信装置。项目2008年建成投产，动态总投资4.063亿元。(江苏)

★4月24日　山西临汾热电有限公司热电工程开工建设。工程总投资24.6亿元，计划2009年初投入运营。(山西)

★4月25日　瑞金电厂项目获国家发展和改革委员会核准。工程建设2台30万千瓦级国产超临界燃煤发电机组，同步安装烟气脱硫装置，静态总投资25.3亿元，动态总投资26.2亿元。(江西)

★4月25日　万全风电场项目正式签约。项目由万全县政府与中广核风力发电有限公司合作开发，总投资40亿元，建设规模达60万千瓦，一期工程为4.95万千瓦，建设周期为2007年～2009年底。(河北)

★4月25日　山东海阳核电一期工程获国家发展和改革委员会批准同意开展前期工作。工程位于山东省烟台市辖海阳市留格庄镇原冷家庄和董家庄，一期建设2台百万千瓦级压水堆核电机组。工程各股东方出资比例分别为：中国电力投资集团公司65%、山东省国际信托投资有限公司10%、烟台市电力开发有限公司10%、中国国电集团公司5%、中国核工业集团公司5%、华能能源交通产业控股有限公司5%。(山东)

★4月27日　500千伏抚州输变电工程及南昌变扩建工程进入环评阶段。项目总投资7.56亿元，由江西省电力公司投资建设。(江西)

★4月27日　河南核电项目合资意向签订。项目由中国电力投资集团公司与河南省建设投资总公司投资建设，总投资230亿元。(河南)

★4月27日　沁北电厂三期工程合作协议签订。项目由华能国际电力股份有限公司与河南省建设投资总公司合作建设，总投资62亿元。(河南)

★4月27日　中国大唐集团公司与河南省建设投资总公司签订合资协议。根据协议，双方将投资45亿元建设许昌龙岗发电有限公司二期工程。(河南)

★4月27日　河南焦作九里山火力发电项目投资合同正式签订。项目一期2×60万千瓦超临界燃煤机组总投资约50亿元，其中韩国电力公社、中国大唐集团公司和焦作投资公司分别出资59%、31%、10%。项目二期2×1000万千瓦总投资约78亿元人民币。(河南)

★4月27日　浙江省重点工程500千伏丽水苏埠输变电工程正式动工。输变电工程动态总投资2.51亿元，计划于2008年7月建成投产。(浙江)

★4月27日　湖南益阳电厂二期工程开始环评公示。电厂装机2×60万千瓦，总投资46亿元，由湖南益阳第二发电有限公司投资建设。(湖南)

★4月28日　宿迁秸秆直燃发电示范项目并网发电。项目一期工程占地面积13.332万平方米，建设规模为2台75吨每小时中温中压燃烧秸秆锅炉，配置1台12万千瓦冷凝式汽轮发电机组和1台12万千瓦抽凝式汽轮发电机组以及相应的辅助设施。(安徽)

★4月29日　内江市天宫堂水电站环境影响评价报告书接受专家评审。该项目位于沱江干流内江城区下游天宫堂，静态总投资1.461232亿元，总投资1.499714亿元，建设工期30个月。(四川)

★4月29日　青海电网330千伏锡铁山－西台输变电工程获国家发展和改革委员会核准。项目新建330千伏锡铁山(2×15万千伏安)和西台变电站(1×24万千伏安)，线路总长约227千米。工程静态总投资5.3408亿元，动态总投资5.5597亿元。(青海)

★4月30日　维维集团万头良种乳牛场沼气发电工程在铜山县张集镇建成。项目总投资1.3亿元，配置3台额定功率为500千瓦沼气发电机组(其中一台备用)。(江苏)

☆月内　内江市安利兴生物质发电项目获核准。项目由新加坡安利兴公司投资，位于隆昌县圣灯镇天螺村，建设规模2×1.2万千瓦凝汽式汽轮发电机组，年燃用秸秆20万吨，发电量1.32亿千瓦时，项目总投资2.49亿元。（四川）

☆月内　国家电网公司向家坝－上海特高压直流输电国产化示范工程获国家发展和改革委员会核准。特高压电网由1000千伏交流和±800千伏直流系统构成，预算投资约150亿元。（综合）

☆月内　甘肃省大唐甘谷发电厂“以大代小”技改工程获国家发展和改革委员会核准批复。项目拟建设2台30万千瓦亚临界燃煤直接空冷机组，采用低氮燃烧、废水零排放、灰渣综合利用等节能降耗技术，配套建设先进高效的静电除尘设备和石灰石－石膏湿法烟气脱硫系统。工程总投资约25.9亿元，投产发电后，年发电量将达33亿千瓦时。（甘肃）

☆月内　500千伏连江变电站开工建设。工程长度达256千米，变电站位于连江县丹阳镇坂顶村，预计2008年4月竣工。（福建）

☆月内　山西大同二电厂三期扩建工程获国家发展和改革委员会核准。工程建设规模为2台60万千瓦级国产超临界空冷燃煤发电机组，静态总投资为48.8亿元，动态总投资为52.4亿元。（山西）

☆月内　河南省新密市大隗镇整体煤气化联合循环热电联产项目正式签约。项目总投资4亿元，签约双方为新密市中发能源开发有限公司与亨泰集团（香港）资产管理有限公司。（河南）

☆月内　河南孟电集团水泥有限公司2×7.5兆瓦纯低温余热发电机组并网发电。项目由天津水泥工业设计研究院设计，总投资1.1072亿元，主机设备采用杭州锅炉公司和杭汽集团生产的发电成套设备。（河南）

☆月内　中国电力工程顾问集团公司印发安徽华电芜湖电厂送出500千伏输变电工程初步设计评审会议纪要。工程经过安徽省芜湖市、马鞍山市，由华电芜湖电厂投资建设。（安徽）

☆月内　山西新建古交变电站及柳林电厂送出输变电工程获国家发展和改革委员会核准批复。项目总投资7.03亿元，建成后将新增500千伏变电容量100兆伏安，新建500千伏输变电线路278.5千米。（山西）

5月

★5月1日　襄樊电厂二期工程第二台机组并网成功。项目建设2台60万千瓦超临界燃煤机组，静态投资约42.3亿元，动态总投资为45.6亿元。（湖北）

★5月2日　陕西汉江旬阳水电站前期工程进点仪式在旬阳水电站坝址举行。旬阳水电站是汉江上游梯级规划开发的第五个梯级电站，规划总装机容量为32万千瓦，动态总投资为22.1909亿元。（陕西）

★5月7日　江西生物质环保热电厂正式落户都昌县。热电厂总投资2.5亿元，以消化作物秸秆为主，计划建设2台大型热能机组。（江西）

★5月8日　湖北监利生物质发电项目获武汉东湖开发区发展和改革委员会备案。项目由武汉凯迪控股投资有限公司投资建设，装机规模为4×1.2万千瓦，总用地20万平方米，总投资4.937亿元。（湖北）

★5月10日　陕西省电力公司农村电网完善工程可行性研究报告获批复。项目总投资6.85亿元，将新建和改造110千伏输变电工程6项，线路102.5千米，变电容量340.5兆伏安；新建和改造35千伏输变电工程26项，线路111.8千米，变电容量174.3兆伏安。（陕西）

★5月11日　华能集团海口电厂“以大代小”工程9号机组投产。项目建设2台33万千瓦机组，动态总投资26.41亿元。（海南）

★5月11日　中国核工业集团公司、福建投资开发总公司和莆田市政府联合签订《合作开发建设福建莆田核电项目协议》。根据协议莆田核电项目拟在“十二五”期间动工建设。（福建）

★5月12日　利用农作物秸秆为燃料进行火力发电的秸秆气化发电项目在高邮正式开工。项目总投资1亿元，采用国内领先的固定床气化炉技术，达产后，年消耗秸秆3万吨，年新增发电量3000万千瓦时。（江苏）

★5月12日　射阳生物发电有限公司生物秸秆发电项目在江苏射阳经济开发区正式投产。项目由国家电网公司控股的北京国能生物发展有限公司独资兴建，总投资6亿元，建设2台2.5万千瓦机组，可实现年发电量3.21亿千瓦时，消耗生物秸秆量26.4万吨。（江苏）

★5月12日　环保型热电项目在湖南省郴州市鉴订合作协议。项目由湖北凯迪控股投资有限公司独资建设，计划在安仁县城工业小区投资5亿元建设一座利用可再生资源发电的热电厂，总装机4.8万千瓦。（湖北）

★5月13日　华能集团九台电厂一期工程奠基开工。项目由华能国际电力开发公司投资建设，总投资100亿元。规划建设4台66万千瓦国产超临界燃煤机组，并留有扩建余地。一期工程建设2台66万国产超临界燃煤机组，同步建设烟气脱硫装置。（吉林）

★5月14日　江苏田湾核电站2号机组首次并网成功。项目于2000年9月20日正式开工建设，2007年3月16日开始首次装料，5月1日反应堆首次达到临界状态，5月11日首次利用核蒸汽成功冲转汽轮机至额定转速，并顺利完成汽轮机组试验和发电机并网前各项试验。（江苏）

★5月14日　兴宁兴达电力有限公司首期工程正式建成。项目位于兴宁市合水镇白泡村，一期2×13.5万千瓦燃煤机组，总投资13.5亿元，由东方香港集团有限公司、华润电力控股有限公司、广州市高通有限公司、大地环保有限公司共同出资兴建。（广东）

★5月15日　广州珠江天然气发电有限公司燃气联合循环发电一期工程竣工投产。项目一期装机2×39万千瓦，总投资约26亿元，广州控股出资70%，广东粤电集团公司出资30%。（广东）

★5月16日　玛纳斯电厂三期送出输变电工程奠基开工。工程包括玛纳斯变电站、乌鲁木齐北变电站和220千伏送电线路三部分，主体由国家电网公司的区域子公司西北电网公司投资11.86亿元建设。（新疆）

★5月16日　十堰500千伏大川变电站项目动工。项目总投资7亿元，一期工程计划在2008年6月投产运行。（湖北）

★5月18日　银川东750千伏变电站工

程进入电气施工阶段。电站是兰州东至银川东750千伏输变电工程的重要组成部分，位于银川市东南约46千米，占地24.3万平方米，本期安装1台2100兆伏安主变压器，远期安装2台。（宁夏）

★5月20日　中国广东核电集团芜湖核电项目开发合作协议签定。芜湖核电项目规划建设4台百万千瓦级核电机组，建成后预计年发电量约300亿千瓦时。根据协议，芜湖核电站一期工程由中国广东核电集团、上海市、安徽省的投资企业共同出资建设，上海市接纳项目发出的50%电量，其余50%电量由安徽省接纳。（安徽）

★5月21日　西藏直孔电站正式投产发电。直孔电站是西藏自治区“十五”期间规划建设的最大一项工程，工程总投资13.36亿元，年均发电量4.07亿千瓦时，兼有灌溉和防洪功能。（西藏）

★5月24日　韩国IR风能发展有限公司1200台10千瓦垂直式涡轮风力发电项目在江苏如皋签订合同。项目将落户如皋沿海高速两侧，总投资5000万美元。（江苏）

★5月24日　华东电网500千伏宁国输变电工程在宁国市开工建设。工程包括500千伏宁国开关站、500千伏宣城至浙江富阳线路环入宁国开关站、500千伏铜贵变电站至宁国双回500千伏输电线路三项工程，预计将于2008年6月投入运行。（安徽）

★5月25日　蚌埠发电厂项目一期工程全面开工建设。工程厂址位于蚌埠市西南怀远县马城镇境内，规划容量为4台60万千瓦超临界燃煤发电机组，一期工程建设规模为2台60万千瓦机组，由中国国电集团公司、安徽省能源集团有限公司、蚌埠市建设投资有限公司分别以55%、35%和10%比例出资设立。（安徽）

★5月27日　华能杨柳青热电厂四期工程8号机组顺利投产。工程由华能集团公司、天津市津能投资公司出资24.07亿元建设，安装2台30万千瓦国产燃煤抽汽供热机组，配套建设脱硫装置、高效静电除尘设备和烟气连续监测装置。（天津）

★5月28日　惠州电厂2×100万千瓦机组工程初步可行性研究报告通过审查。项目规划建设4×100万千瓦燃煤超超临界机组，首期建设2台，总投资初步估算为80亿元左右。（广东）

★5月31日　330千伏南郊输变电工程和330千伏西宁至花园输变电工程获国家发展和改革委员会核准。工程新建330千伏南郊变电站(2×36万千伏安)，新建330千伏线路2×13千米。工程静态总投资2.2883亿元，动态总投资2.3479亿元。（青海）

★5月31日　云南220千伏大理－保山2回、朝阳－保山2回输变电工程顺利投产。工程包括500千伏大理变新建大山2回间隔及间隔调整工程、新建220千伏大理－保山2回线路等五个工程，总投资约2.129802亿元。（云南）

☆月内　连云港中能联合风力发电场项目一期工程通过评估论证。发电场选址于灌云临港产业区内，总投资20亿元，装机容量20万千瓦，将全部由香港协鑫集团投资建设。项目分两期建设，一期计划投资10亿元，装机容量10万千瓦。（江苏）

☆月内　徐矿坑口煤矸石综合利用发电有限公司项目在南京签约。电厂位于权台煤矿附近，建设规模为2×30万千瓦，总投资28亿元。（江苏）

☆月内　500千伏泰州北输变电工程土地预审工作启动。变电所位于姜堰市淤溪镇卞庄村，占地约9万平方米。本期工程总投资4.0759亿元，安装2组750兆伏安主变，远景4组1000兆伏安主变，计划2008年12月建成，建设周期约两年。（江苏）

☆月内　川渝500千伏第三条输电通道线路规划获通过。按照规划，工程包括新建四川资阳500千伏变电站、资阳至重庆北碚500千伏双回线路以及北碚500千伏变电站等，线路全长约223.5千米，其中四川资阳段111.5千米，重庆段112千米，估算总投资4.58亿元。（综合）

☆月内　阜康市鲁能发电厂项目正式经国家发展和改革委员会核准实施。项目总投资12.6亿元，计划2007年完成投资3亿元。（新疆）

☆月内　冲乎尔水电站一期工程完工。工程总投资9.9亿元，位于阿勒泰地区布尔津县冲乎尔乡境内，总装机11万千瓦、年平均发电量3.91亿千瓦时。（新疆）

☆月内　中国华能集团公司巢湖电厂一期工程项目正式通过国家发展和改革委员会核准。华能巢湖电厂项目是节约型和环保型项目，项目规划容量为4×60万千瓦燃煤发电机组。（安徽）

☆月内　凯迪生物电厂签约落户江夏区庙山开发区。项目占地约8万平方米，计划总投资2.13亿元，主要利用稻壳、秸秆等“绿色可再生能源”作为燃料发电和集中供热、供冷。（湖北）

6月

★6月1日　220千伏温泉输变电工程正式启动投运。输变电工程远期规划主变容量4×18万千伏安，总投资2.3亿元，本期安装主变容量2×18万千伏安，共投入建设资金1.7亿元，建有220千伏线路3回，110千伏线路5回，35千伏线路4回。（浙江）

★6月2日　广东华厦阳西电厂正式动工建设。项目由广东珠江投资有限公司投资300亿元建设，规划建设4台60万千瓦和4台100万千瓦机组，装机总容量达640万千瓦。一期工程规划建设4台60万千瓦机组共240万千瓦装机容量，投资额约109亿元。项目采用的超临界燃煤发电机组，配置高效静电除尘器，同步建设烟气脱硫装置，并预留安装脱硝装置的位置。（广东）

★6月3日　220千伏长白输变电工程在长白县奠基。工程总投资2.39亿元，新建220千伏变电站，装设12万千伏主变一台，新建220千伏线路118千米。（吉林）

★6月5日　西北电网有限公司贺兰山等750千伏输变电工程可行性研究报告通过评审。项目包括贺兰山750千伏变电站新建工程、黄河750千伏开关站新建工程、大坝电厂三期－贺兰山变－黄河开关站750千伏输电线路工程等。（宁夏）

★6月4日　牡丹江第二发电厂“上大压小”供热机组初步可行性研究报告通过审核。发电厂建设2×30万千瓦热电机组，总投资27

亿元左右。(黑龙江)

★6月5日 渭南市富平生物发电厂工程项目获批复同意。项目位于富平县流曲镇流曲村，建设2台48吨每时高温高压锅炉，配2台1.2万千瓦汽轮发电机组。发电厂燃料为玉米秸秆，年燃用秸秆11.2万吨，年可替代标煤5.1万吨，总投资2.4145亿元。(陕西)

★6月6日 220千伏输电线路“上海”线顺利投入运行。输电线路全长40.55千米，杆塔122基，总投资达3.2亿元。(天津)

★6月6日 荆门热电厂三期扩建工程正式并网发电。扩建工程总投资48亿元。(湖北)

★6月8日 广东省雷州市人民政府与香港一公司签约开发风电资源项目。项目规划建设范围在雷州市东部沿海的东里镇以东海域海滩，即在北至北坑、南至南寿岭、总长约15千米、总面积约30平方千米的范围内，测风时间一年。项目总建设规模50万千瓦，总投资约50亿元，将分期进行建设，预计8年内完成投资建设。首期工程规模为4.95万千瓦，投资总额约5亿元。(广东)

★6月9日 巢湖电厂一期工程正式开工奠基。项目由中国华能集团公司投资建设，一期建设60万千瓦国产超临界燃煤发电机组，同步安装烟气脱硫装置，采用二次循环水冷却方式按照高效静电除尘器和烟气连续监测装置。(安徽)

★6月9日 湖北能源集团鄂州电厂二期工程正式开工。鄂州电厂二期工程是在鄂州电厂现有一期工程2台30万千瓦机组的基础上，增建2台60万千瓦超临界燃煤机组。工程动态投资42.9亿元，计划于2009年下半年全面投产。(湖北)

★6月9日 潍坊二期工程4号机组圆满完成168小时满负荷试运行。工程建设2×67万千瓦机组，总投资为51.5亿元，由华电国际电力股份有限公司、山东省国际信托投资有限公司、潍坊市投资公司三方出资建设。(山东)

★6月10日 御道口牧场14.85万千瓦风电场项目正式签约。风电场由香港华润电力旗下的风能开发有限公司投资1.95亿美元建设。(河北)

★6月11日 江苏大丰20万千瓦风电特许权项目银团贷款合同签字仪式在盐城举行。项目由中国电力国际有限公司投资建设，总投资18亿元，项目装机容量20万千瓦，建成后年可供电4亿千瓦时。(江苏)

★6月11日 500千伏钦州久隆输变电工程建成投产。本期工程投资4.3亿元，建设500千伏久隆输变电站一座和久隆至玉林输电线路一条及相关配套送出工程。其中久隆变电站75万千伏安主变压器一台，建设久隆至玉林输电线路168千米。(广西)

★6月12日 法国达尔凯与重庆市6家企业举行长寿化工园区热电联供项目合作意向书签字仪式。根据协议法国达尔凯公司将投资30多亿元在长寿建设大型热电厂，预计规模将超过40万千瓦电力以及1200吨每小时蒸汽容量。(重庆)

★6月12日 安徽祁东电厂初步可行性研究报告通过评审。祁东电厂是由中国大唐集团公司和安徽省皖北煤电集团有限公司合资建设的煤电一体化项目，规划建投规模为4×60万千瓦火力发电机组，分两期实施。本期工程建设规模为2×60万千瓦燃煤空冷机组，投资估算为46.323亿元。(安徽)

★6月13日 中国国电集团崇左发电有限公司在广西壮族自治区南宁正式成立。项目计划分二期进行，总装机容量240万千瓦，为四台60万千瓦机组，总投资80亿元。一期工程为2台60万千瓦机组，总投资48亿元，由中国国电集团公司(控股，占股份50%)、唐山华为投资有限公司(占股份40%)、广西壮族自治区大锰公司共同投资。(广西)

★6月15日 河北国华定洲电厂二期工程项目获国家发展和改革委员会核准。该项目由河北国华定洲发电有限责任公司投资建设，地点位于定州市东忽村，主要建设2×60万千瓦发电机组，总投资45亿元。(河北)

★6月15日 柳州红花电站完工开始试运行。红花电站共有6台机组，总装机容量为23万千瓦，正常年份一年可发电9亿多千瓦时，由广东梅雁集团投资21亿元建设。(广西)

★6月15日 宁夏回族自治区大坝电厂三期扩建工程项目获得国家发展和改革委员会核准。工程建设2台60万千瓦国产亚临界空冷燃煤发电机组，同步安装烟气脱硫装置，并留有扩建余地。项目资本金为动态投资的20%，约为9.85亿元，由大唐国际发电股份有限公司、宁夏发电集团有限责任公司、中国华电集团公司分别按45%、35%和20%的比例共同出资建设。(宁夏)

★6月16日 集贤县与伊春兴安岭风力发电有限公司签订风能资源开发项目投资协议。项目计划投资2.5亿元建设风力发电场。(四川)

★6月16日 古尔图河梯级水电站开工建设。项目按古尔图河水能规划，共分七个梯级站，总装机容量达5.82万千瓦，总投资4.5亿元，此次开工的六级和七级电站装机容量1.7万千瓦，总投资1.3亿元，年发电量0.65亿千瓦时。(新疆)

★6月16日 新疆维吾尔自治区天富玛河一级电站机组竣工投产。工程总投资3.5385亿元，共有4台发电机组，总装机容量5万千瓦。(新疆)

★6月18日 750千伏兰州东-平凉-乾县输变电工程获国家发展和改革委员会核准。工程新建750千伏陕西乾县变电站、甘肃平凉开关站，扩建750千伏甘肃兰州东变电站；新建750千伏兰州东-平凉-乾县双回线路，跨甘肃、宁夏回族自治区、陕西3省(自治区)14个县市，线路总长2×442千米(同杆双回并架)。工程静态总投资为36.6亿元，动态总投资为37.8亿元，计划于2008年5月建成投产。(甘肃)

★6月18日 大唐集团安庆生物质能发电工程项目在安庆市西郊正式开工建设。项目选址于安庆市西郊皖河农场，由大唐集团公司安徽分公司、安徽津利电力发展有限公司、省皖河农场、安庆横江实业(集团)公司共同出资建设，一期建设规模为2×1.5万千瓦，主要利用棉秆、油菜秆、稻秆等发电。(安徽)

★6月19日 海浪河流域梯级电站开发

项目在海林市正式签约，项目总投资额 35 亿元。（黑龙江）

★6 月 19 日　安徽省滁巢马 2 回线正式启动送电。工程全长 123 千米，共新建铁塔 284 基，全线为单、双混合交流输电线路。（安徽）

★6 月 20 日　贵港 500 千伏逢宜变电站主变和 220 千伏、35 千伏设备一次投运成功。工程是贵港火电厂电力外送的配套变电站，总投资约 3 亿元。（广西）

★6 月 21 日　河南沁北电厂二期扩建工程获国家发展和改革委员会核准。项目将建设 2 台 60 万千瓦的燃煤机组，动态总投资约为 44.8 亿元人民币，由华能国际，河南建设投资总公司和济源市建设投资公司按 60%，35%和 5%的比例出资建设。（河南）

★6 月 22 日　西昌电力公司投资的沙湾电站建设工程全面展开。沙湾电站装机容量 24 万千瓦，共需建设贷款 16 亿元，首期建设贷款 8 亿元已全部到位。（新疆）

★6 月 22 日　汉江水利水电（集团）有限责任公司与北京能源投资（集团）有限公司签订协议，联手开发汉江流域的水电资源。根据协议，京能集团对汉江集团所属的汉江水电开发有限公司以增资扩股的方式进行重组，重组后的汉江水电开发有限公司注册资本为 4 亿元人民币，计划开发汉江流域孤山及汉江支流堵河的潘口水电站。潘口电站设计装机 51.3 万千瓦，总投资约 43.97 亿元。（湖北）

★6 月 23 日　广东粤能（集团）有限公司风电项目落户徐闻县。项目预计装机容量 11 万千瓦，投资 13 亿元。（广东）

★6 月 25 日　刘桥煤泥煤矸石电厂项目建设完工。项目由淮北新源热电有限公司实施，发电以矿井自用为主，节约优质煤炭，属资源综合利用项目。（安徽）

★6 月 26 日　山西大唐国际左云县五路山风力发电场在大同市开工。项目由大唐国际发电股份有限公司和大同翔宇商贸有限责任公司分别以 95%和 5%的比例出资建设，计划总投资 13 亿元，分三期建设，三年完成，总装机容量为 13 万千瓦。一期工程装机容量为 4. 95 万千瓦，投资 5.0358 亿元，工期为一年。（山西）

★6 月 27 日　500 千伏江阴东输变电工程通过评审。变电所设计规模为 4×100 万千伏安，500 千伏出线 6 回，220 千伏出线 16 回；本期建设 2×100 万千伏安，500 千伏出线 2 回，220 千伏出线 14 回。工程总投资超过 10 亿元。（江苏）

★6 月 27 日　1000 千伏特高压示范工程输电线路湖北段在襄樊开工。工程总投资 10 亿元，由 4 部分组成，其中湖北省境内 177 千米，预计 2008 年底投入运行。（湖北）

★6 月 28 日　330 千伏泾河输变电工程在高陵县正式投运。泾河输变电工程是西安周边第 6 个大型输变电工程，全站按无人值班变电站设计。（陕西）

★6 月 28 日　黄河上游莫多水电站在兴海县曲什安河下游开工。莫多水电站位于兴海县东南部 56 千米的曲什安镇莫多村峡谷，设计装机容量 4.8 万千瓦，年平均发电量 2.12 亿千瓦，总投资 3.76 亿元。（青海）

★6 月 29 日　田湾核电站三、四期工程初步可行性研究报告通过专家审查。电站规划建设 8 台百万千瓦级核电机组，共分四期建设，每期工程建设 2 台机组。（江苏）

★6 月 29 日　永川板桥变电站全面竣工投产。工程是渝西地区第一个 500 千伏变电站，位于永川板桥镇凉风垭村，总投资 3 亿多元。（重庆）

★6 月 29 日　山东高密市沼气能源环保生态工程建设项目开工。该项目是国内规模最大的沼气发电项目，一期工程投资 2 亿元，年可处理粪污等 68 万吨，产沼气 3350 万立方米，发电 5695 万千瓦时。（山东）

★6 月 29 日　泰安抽水蓄能电站 3、4 号机组启动并网。电站动态投资 43 亿元，共安装 4 台 25 万千瓦立轴单级可逆式水泵水轮机组，总装机容量 100 万千瓦。（山东）

★6 月 30 日　日照 220 千伏安东输变电工程正式竣工投运。工程于 2007 年 1 月 25 日开工建设，概算总投资 2.45 亿元。（山东）

☆月内　连云港保鑫生物质热电工程通过核准。工程由保利协鑫能源（控股）有限公司投资 2.47 亿元建设，规模为 2 台 1.5 万千瓦汽轮发电机组，将于 2008 年 10 月建成投入运营。（江苏）

☆月内　新疆维吾尔自治区巴楚生物发电工程正式开工建设。项目一期建设规模 2×1.2 万千瓦，建设地点位于巴楚县色力布亚镇阿色工业园区内，占地面积约 10 万平方米，总投资 2.6 亿元。（新疆）

☆月内　浙江省衢州市秸秆发电项目开工建设。项目总投资 2.3 亿元、占地 6.1354 万平方米，年发电量约 1.26 亿千瓦时，年消耗农作物秸秆及木屑等生物质燃料 22.45 万吨。（浙江）

7月

★7 月 4 日　苏州垃圾焚烧发电厂二期工程奠基。发电厂二期完成扩建后，日处理垃圾能力 1000 吨，总投资 4.5 亿元，将于 2008 年底建成。（江苏）

★7 月 5 日　官地水电站项目申请报告获批准。官地水电站位于四川省凉山彝族自治州西昌市、盐源县的交界处，是雅砻江下游卡拉至江口河段规划的 5 个梯级电站之一。电站总投资 150.1 亿元，装机容量达到 240 万千瓦。（四川）

★7 月 12 日　220 千伏育新输变电工程全面竣工投产。工程位于宝安区光明街道红坳村，新增变电容量 48 万千伏安，动态总投资约 2.13 亿元。（广东）

★7 月 15 日　秦山核电公司方家山核电工程总承包协议及分包协议在浙江嘉兴签订。项目规划建设 2 台百万千瓦级核电机组。厂址位于秦山一期工程厂区内的方家山区域，离秦山一期工程反应堆约 600 米。（广东）

★7 月 16 日　贺州火电厂项目建设正式启动。贺州火电厂项目落户在贺州市富川瑶族自治县莲山镇境内，总投资达到 120 至 130 亿元，项目分两期建设，一期工程装机容量为 120 万千瓦，二期工程装机容量为 320 万千瓦。（广西）

★7 月 18 日　中阳县煤矸石热电项目在山西太原签约。项目建设 2×30 万千瓦热电机组，总投资 32.5 亿元，由中广核能源开发有限责任公司和吕梁巨龙焦化公司合资承建。（山西）

★7月21日　湖北水布垭电厂至潜江1、2回500千伏送电线路工程竣工投入运行。输变电工程总投资14.7亿元、由华中电网有限公司投资建设。（湖北）

★7月25日　中国大唐集团公司山西分公司、山西会风能源有限公司和临县签约合作建设2×30万千瓦煤矸石发电项目。发电项目采用循环流化床锅炉和空冷发电机组，一期建设容量为2×30万千瓦，总投资27亿元。（山西）

★7月26日　天津北疆发电厂开工。项目规划建设4×100万千瓦超超临界燃煤发电机组和日处理40万吨海水淡化装置，工程分两期建设，留有三期扩建余地。一期工程建设2×100万千瓦发电机组和日处理20万吨海水淡化装置，总投资约123亿元。（天津）

★7月26日　河北省张家口市华达秸秆生物热电项目奠基。项目总投资3.1亿元，年可燃烧30多万吨农作物秸秆。（河北）

★7月27日　云南省文山500千伏砚山输变电工程启动。工程总投资约7.2亿元，将新建500千伏砚山变电站1座，与云南主网500千伏红河变电站及广西壮族自治区大新变电站联网，线路总长596千米，预计于2008年5月前建成。（云南）

☆月内　浙江华能玉环电厂二期2台100万千瓦国产超超临界燃煤机组扩建工程获国家发展和改革委员会核准。工程预计动态总投资约为76.5亿元。（浙江）

☆月内　江苏东台生物质能发电项目获批复。项目由美国客商投资2.75亿元新建，建设规模为2台每小时75吨的秸杆直燃锅炉和2台1.5万千瓦抽凝式汽轮发电机组及其辅助设施，年发电1.35亿千瓦时，预计2008年10月份投产发电。（江苏）

☆月内　中国水泥厂有限公司余热发电项目开工建设。项目直接利用窑头、窑尾排放废气中的中、低温废气进行余热发电，预计总投资1.7亿元，年设计发电量1.88亿千瓦时。（江苏）

☆月内　广东威华集团秸秆热电项目通过河北省有关部门核准。项目总投资2.6146亿元，利用农作物秸秆进行发电，设计规模为2×1.2万千瓦中温中压单抽凝气式汽轮机供热发电机组，配2×75吨每小时级秸秆燃烧炉。（河北）

8月

★8月1日　大唐乌沙山电厂二期工程初步可行性研究报告审查会召开。工程拟建设2台100万千瓦的燃煤凝汽式超临界汽轮发电机组，总投资约80亿元，计划2009年底投产。（浙江）

★8月2日　广东省廉江市人民政府与东雅图集团（香港）有限公司就50万千瓦风力发电合作项目签约。项目总投资50亿元，属国家重点扶持项目，也是目前廉江市投资金额最大的项目。（广东）

★8月2日　广西壮族自治区大新500千伏变电站开工。项目一期总投资3亿元，新建1组750兆伏安主变；2回500千伏出线，分别至云南文山和南宁方向；220千伏出线7回，其中至桃城、下雷方向各2回，至东平、金马、夏石方向各1回。（广西）

★8月8日　中国华电集团公司与陕西省安康市人民政府在安康市签订陕西安康电厂项目投资框架协议。项目总投资约150亿元人民币，规划向重庆电网供电。（陕西）

★8月8日　天津东丽500千伏变电站投产送电。东丽500千伏输变电工程及其配套220千伏出线工程静态投资9.6亿元，远期设计安装4组1200兆伏安超大容量变压器，500千伏出线8回，220千伏出线16回。本期工程投产2组1200兆伏安主变压器，4回500千伏出线，8回220千伏出线。（天津）

★8月8日　临沧市500千伏博尚输变电工程启动。工程总投资18亿元，总占地面积9.396万平方米，总建筑面积1446.28平方米，将于2008年6月竣工。（云南）

★8月8日　岳阳凯迪生物质能电厂开工。电厂由武汉凯迪控股投资有限公司投资5亿元建设，年燃烧秸秆、稻壳约40万吨，投产运行后每年可发电2.88亿千瓦时。（湖南）

★8月12日　500千伏恩施输变电工程正式投入运营。工程途径湖北省和重庆市20个县市，新增500千伏输电线路1878千米，总投资47.6亿元。（湖北）

★8月13日　图们市碧水生态水电站项目投资协议签订。图们市碧水生态电站位于布尔哈通河下游图们市月晴镇碧水村，距图们市区15千米，为利用河道弯段自然落差发电的引水式电站。项目总投资1.3亿元，电站装机总容量1.3万千瓦，多年平均发电量5048万千瓦时，设计建设周期为33个月。（吉林）

★8月14日　宁夏回族自治区宁东马莲台电厂通过竣工验收。工程建设2台33万千瓦亚临界燃煤机组，配2×1018吨每小时煤粉炉。（宁夏）

★8月15日　国家750千伏兰州东－平凉－乾县输变电工程开工建设。工程新建750千伏陕西乾县变电站，主变规划容量3×210万千伏安；建设甘肃平凉开关站，扩建750千伏甘肃兰州东变电站；新建750千伏兰州东－平凉－乾县双回线路，跨甘肃、宁夏回族自治区、陕西3省（自治区）14个县市，穿越六盘山重冰区，线路总长2×442千米。该工程静态总投资为36.6亿元，动态总投资为37.8亿元。（综合）

★8月16日　河北省定洲电厂二期工程开工建设。电厂由中国神华能源股份有限公司和河北省建设投资公司共同投资建设，总投资42.9288亿元，预计于2009年8月和2009年11月实现双机投产。二期工程充分利用一期工程的建设的公用系统及临建设施，建设2×66万千瓦超临界空冷燃煤机组并配套脱硫脱硝设备，机组采用超临界空冷和中水回用新技术和新工艺，与湿冷式燃煤机组相比能节水80%以上。（河北）

★8月18日　辽宁红沿河核电站主体工程开工。项目规划建设6台百万千瓦级核电机组，一期建设4台百万千瓦级核电机组，由中国广东核电集团公司、中国电力投资集团公司、辽宁省大连市共同出资，工程总投资486亿元人民币。（辽宁）

★8月20日　潍坊·中国华能集团风电项目合作开发签字仪式在富华国际会议中心举行。项目合作主要包括在潍坊沿海开发60万千瓦风电项目，其中昌邑30万千瓦、潍坊滨海经济开发区10万千瓦、寿光20万千瓦，总投资约75亿元。（山东）

★8月21日　诸城生物发电项目在北京签约。项目位于诸城市贾悦镇境内，由国能发电有限公司独资建设，项目总投资2.67亿元，新建2台1.2万千瓦生物秸秆发电机组。（山东）

★8月23日　330千伏西进柴达木Ⅱ回输变电工程投入运行。工程新建330千伏线路772千米，新建330千伏明珠（西海）、巴音（德令哈）变电站，安装4台24万千伏安主变压器，扩建330千伏格尔木变电站，安装1台15万千伏安主变压器，扩建湟源变330千伏出线1回、乌兰变330千伏出线2回。工程总投资11.5亿元。（青海）

★8月24日　秦岭水泥公司与中国节能（香港）有限公司签署《低温余热电站项目合作项目》合作协议。低温余热电站项目预计总投资1.2亿元，装机容量为1.6万千瓦～1.8万千瓦。（宁夏）

★8月26日　大连鑫宸世纪集团投资建设的生物发电项目筹建办公室成立。项目以玉米秸秆为主要原料的发电项目，总投资2.4亿元，年可消耗玉米秸秆25万吨。（黑龙江）

★8月27日　福建漳平电厂"上大压小"工程前期工作获准实施。电厂建设规模为2×30万千瓦，由华电福建发电有限公司独资建设。（福建）

★8月28日　新华生物质能发电厂在河南洛宁开工。项目由新华公司投资2.4亿元建设。（河南）

★8月28日　当涂凯迪生物质能发电厂奠基。该电厂位于当涂经济开发区新桥新区，总投资达5.2亿元。（河南）

★8月28日　广东清远市阳山贤令山输变电工程开工建设。输变电工程首期投资8.69亿元，计划2008年6月30日建成投产。该工程位于阳山县阳城镇车路村，变电站征地面积约13万平方米，最终将建设3组750兆伏安主变电器，形成500千伏贵州施秉－桂林－贤令山－花都交流通道。（广东）

★8月28日　山东莱芜电厂热电联产扩建工程获国家发展和改革委员会核准。工程将建设2台30万千瓦国产亚临界燃煤热电联产机组，同步安装烟气脱硫装置，建设配套的热网工程，安装高效静电除尘器和烟气连续在线监测装置。工程静态总投资25.5亿元，动态总投资26.8亿元，由山东鲁能发展集团有限公司和莱芜市经济开发投资公司分别按80%和20%的比例出资建设。（山东）

★8月28日　大唐发电股份有限公司宣布将出资9.6亿元兴建占股60%的山西大唐国际定襄发电厂。项目建设2×100万千瓦超超临界燃煤空冷发电机组，总投资额达80亿元。（山西）

★8月29日　香港能源开发国际（控股）有限公司与商水县人民政府签约。根据协议，香港能源将投资5亿元建设生活垃圾焚烧发电厂，发电厂日处理生活垃圾能力可达800吨～1000吨，装机容量为2台1.5万千瓦和1台1.2万千瓦的发电机组。（河南）

★8月30日　中国国能生物发电有限公司与安乡县正式签定合作协议。根据协议，中国国能生物发电有限公司将在安乡投资3亿元新建生物发电厂。发电厂占地79992平方米，2008年第一期工程建成投产，2009年完成全部的工程投资。（湖南）

★8月30日　宁夏回族自治区发电集团太阳山风电场正式开工。电场位于吴忠市太阳山移民开发区境内，规划面积100平方千米，规划总装机容量为35万千瓦，总投资30亿元。（宁夏）

★8月31日　大唐华银电力股份有限公司发布公告将投资建设大唐华银金竹山电厂扩建工程二期项目。项目建设1×60万千瓦超临界参数机组，同步建设烟气脱硫、脱硝装置，静态投资22.4987亿元（含脱硫、脱硝装置），动态总投资23.8804亿元。（湖南）

☆月内　天津石化热电工程开工建设。项目建设规模为3×420吨每小时CFB锅炉和2×10万千瓦抽汽冷凝式汽轮发电机组，合同金额4.2亿元。（天津）

☆月内　湖北省阳逻电厂四期扩建工程项目可行性研究报告编制完毕。阳逻电厂四期扩建工程由中国华能集团和武汉新能实业公司共同投资建设，估算总投资近80亿元，拟新增2台100万千瓦超临界燃煤发电机组，并配套建设烟气脱硫环保装置。（湖北）

☆月内　株洲电厂B厂（攸县煤电一体化项目）开工。电厂由中国南车集团和中国大唐集团共同投资建设，总装机容量240万千瓦、总投资超过100亿元。（湖南）

☆月内　围场风电场一期工程正式开工建设。风电场拟装机160万千瓦，总投资约120亿元，一期工程计划建设山湾子、张家湾两个4.95万千瓦风电场，总投资10亿元，安装850千瓦风机116台。（河北）

☆月内　中节能风力发电港建（张北）有限公司经国家商务部批复核准设立。张北公司将开发、经营河北省张家口市张北县单晶河风力发电项目。项目建设规模为20万千瓦，设计年发电量约4.4亿千瓦时，投资总额约2.1亿美元，其中外资占约2900万美元。（河北）

☆月内　郑州市2台30万千瓦发电机组扩建工程获国家发展和改革委员会核准。工程位于巩义市站街镇豫联工业园区，总投资24亿元。（河南）

☆月内　河南省弘昌公司燃气调峰电厂项目完成可研申报和选址工作。电厂建设规模为2×30万千瓦，总投资24.7838亿元。（河南）

9月

★9月1日　清远市侨远发电厂大型燃煤机组扩建项目二期扩建工程可行性研究报告通过专家评审。该扩建项目分二、三期扩建，总投资110亿元，工程建设规模为4×60万千瓦燃煤机组，共240万千瓦装机容量。（广东）

★9月1日　长沙东变电站500千伏变电站投入运行。变电站是湖南"十一五"期间建设500千伏骨干电网的重点工程，总投资4.6亿元，4台主变压器单台变电容量100万千伏安。（湖南）

★9月7日　中孚实业公司申报的热电联产机组扩建工程获国家发展和改革委员会核准。工程建设2台30万千瓦热电联产机组项目，总投资为24亿元。（河南）

★9月7日　中国电力投资集团公司班多水电站前期工程开工。班多水电站位于青海省海南藏族自治州兴海县与同德县交界的黄河茨哈峡出口处，计划建设电站总装机容量36万千瓦，坝高76.45米，年发电量14.12亿千

瓦时，工程投资约21.18亿元。（青海）

★9月10日 陕西府谷庙沟门煤电一体化项目一期工程申请报告获批复。府谷煤电一体化项目实施区位于府谷县沙梁川右岸，三道沟井田东部。工程一期为2台60万千瓦国产亚临界燃煤空冷发电机组，同步安装烟气脱硫装置，动态投资53.7亿元。（陕西）

★9月12日 大唐国际与崇礼县合作开发的38万千瓦风电项目在张家口发电厂签约。项目位于崇礼县四台嘴乡境内，协议总投资40亿元，规划总装机容量38万千瓦。项目分四期实施，其中一期工程装机容量10万千瓦，将于2008年开工，2009年底并网发电。（河北）

★9月14日 四川金顶公司与美国泰山投资亚洲控股有限公司签署投资意向书。美国泰山投资亚洲控股有限公司决定向双方组建的合资公司追加投资2000万美元用于该公司水泥生产线的余热发电等项目。（四川）

★9月18日 220千伏舟山－大陆跨海联网输变电工程开工建设。项目总投资9.7756亿元，在舟山本岛建设220千伏定海变电所以及与大陆联网的220千伏输电线路。（浙江）

★9月19日 吕梁500千伏输变电工程开工。变电站位于中阳县东南27千米的宁乡镇刘家坪村委贾家湾村，总占地面积9万多平方米，总投资6.58亿元，计划2008年11月投产。（山西）

★9月23日 吉林省延吉热电项目开工。电厂建设2×20万千瓦超高压燃煤供热机组，占地总面积为32万平方米，其中厂区占地面积为19.5万平方米，总投资为18.7亿元。（吉林）

★9月24日 成都金堂电厂2号机组顺利通过168小时试运行。国电成都金堂电厂一期2×60万千瓦燃煤机组工程动态总投资46.7亿元，同步安装烟气脱硫装置、高效静电除尘器和烟气连续在线监测装置，采用低氮燃烧技术并预留脱氮空间。（四川）

★9月24日 西藏自治区林芝巴河老虎嘴水电站准备工程开工。老虎嘴水电站总装机容量10.2万千瓦，年平均发电量5亿千瓦时，总投资12.88亿元。（西藏）

★9月25日 阳江市500千伏蝶岭输变电工程开工。工程总投资额超过16亿元，建设750兆伏安变压器4台、500千伏出线12回和220千伏出线12回，计划于2008年9月底竣工投产。（广东）

★9月26日 阳江核电站一期工程核岛负挖开工。阳江核电站位于阳江市东平镇沙环，一期工程拟建设4台百万千瓦级核电机组。（广东）

★9月28日 梅州500千伏嘉应输变电工程竣工投产。项目总投资约9亿元(其中梅州境内投资为6.5亿元)。（广东）

★9月28日 广东省粤电集团有限公司与香港长江基建集团有限公司携手签下珠海金湾发电项目二期工程(2台100万千瓦机组)合作协议。项目涉及资金高达68亿元人民币，预计可在2010年前后建成。（广东）

☆月内 香港华顺贸易有限公司风能发电项目落户徐州。项目装机10万千瓦，总投资13亿元，地址选在沛县微山湖堤岸两侧。项目一期工程投资2.18亿元，建设4.9万千瓦发电机组，安装50台风能发电机，年总发电量超过1亿千瓦时。（江苏）

10月

★10月1日 华能木座水电站投产发电。该水电站建设2台5万千瓦机组，总投资约6.56亿元。（四川）

★10月8日 巴彦生物发电项目破土动工。项目由国能生物发电有限公司投资建设，一期投资3.3亿元，建设规模为21.2万千瓦，配2台燃秸秆锅炉。（黑龙江）

★10月9日 广西壮族自治区龙胜各族自治县泗水乡兴隆水电站破土动工。该水电站预计总投资1亿元，总装机容量为1.5万千瓦，建设期限一年。（广西）

★10月14日 福州江阴电厂2号机组顺利通过168小时满负荷试运行正式移交生产。江阴电厂一期工程建设2台60万千瓦超临界全烟气脱硫的燃煤机组。（福建）

★10月15日 湖北省当阳市马店矸石发电有限责任公司2.5万千瓦生物质发电工程获湖北省发展和改革委员会核准。项目总投资2.1亿元，投产后每年发电量1.8亿千瓦时。（湖北）

★10月17日 沙洋县生物质发电工程获湖北省发展和改革委员会核准。项目总投资1.5亿元，装机规模为1.5万千瓦，燃料为当地的农作物秸秆，年秸秆消耗量约13万吨左右，发电工程以35千伏电压等级接入沙洋110千伏变电站。（湖北）

★10月23日 武都330千伏输变电工程在武都区汉王镇陇南园艺场开工。工程是甘肃电网“十一五”规划的重点项目，总投资约4.03亿元，计划2008年12月竣工投入运营。（甘肃）

★10月27日 三门核电工程可行性研究报告通过审查。工程计划在2009年3月正式开工建设，一期工程将建设2台容量125万千瓦的AP1000核电机组，投资250亿元。三门核电工程的可行性研究报告由上海核工程研究设计院负责、华东电力设计院协助编制。（浙江）

★10月27日 湖北省鹤峰江坪河电站通过中国国际工程咨询公司专家组评估。江坪河水电站坝址位于鹤峰县走马镇境内，总库容13.66亿立方米，电站装机2台45万千瓦机组；工程动态投资35.0863亿元。（湖北）

★10月28日 中国华电集团公司与如皋市正式签定建设华电如皋电厂项目的协议书。项目规划建设8×100万千瓦超超临界燃煤机组，一期规划建设2×100万千瓦机组，总投资72.18亿元。（江苏）

★10月28日 上思县政府与广西水利电业集团有限公司签署平福河、公安河流域水电开发协议。水电开发项目投资额为4.5亿元，总装机容量5.3万千瓦。（广西）

★10月28日 220千伏城口变电站竣工投运。工程分为两个阶段：2005年完成了第一阶段220千伏白城线及110千伏高燕变电站扩建工作；第二阶段的施工于2006年8月启动，由重庆公司工程建设部代表业主单位履行项目管理职能，武汉中超监理公司履行监理职能，重庆渝能建设公司承担新建。（重庆）

★10月28日 十堰堵河潘口水电站开工。该水电站装机容量51.3万千瓦，工程动态投资达43.97亿元，由汉江集团和京能集团

共同投资开发。（湖北）

★10月29日　泗洪润邦生物质能发电工程开工。项目配置2台75吨每小时秸秆直燃锅炉以及2台1.2万千瓦汽轮发电机组，总投资3.2亿元。（江苏）

★10月29日　750千伏永登－白银输变电工程设计、施工、监理、设备合同签定。工程西起兰州市永登县，东至白银市，概算总投资约28亿元，预计2009年二季度竣工。（甘肃）

★10月29日　兰州黄河段柴家峡水电站竣工。该电站设计总装机容量为9.6万千瓦，年发电量为4.5亿千瓦时，总投资9亿元，是国家水电重点工程。（甘肃）

☆月内　南通东220千伏开关站在海门市树勋镇凤凰村开工建设。工程分两期实施，一期兴建220千伏开关站，二期升压为500千伏变电站。一期工程2008年7月建成，项目总投资4.9亿元。（江苏）

☆月内　沽源县莲花滩风电场项目开工建设。项目由华电国际承建，装机容量10万千瓦，计划总投资10亿元。（河北）

11月

★11月2日　广东省阳江220千伏输变电站确定选址在阳春春湾镇那乌山。工程预计总投资2.4亿元，计划于2008年建设，2009年投入使用。（广东）

★11月3日　白城发电项目新建工程在白城市林海镇开工。工程新建2台60万千瓦机组，动态总投资45.64亿元，计划2010年9月并网发电。（吉林）

★11月4日　盘南电厂一期工程竣工投产。盘南电厂规划总装机容量为360万千瓦，其中一期工程装机容量达240万千瓦，投资60亿元。（贵州）

★11月5日　由甘肃电投大容电力有限责任公司投资建设的杂木寺水电站工程开工建设。杂木寺水电站位于武威市天祝藏族自治县与凉州区境内的杂木河干流上，距武威市约38千米。电站总装机容量2.3万千瓦，总投资1.9亿元，计划2010年11月底投产发电。（甘肃）

★11月8日　商丘500千伏庄周输变电工程竣工。工程总投资近4亿元，是河南省十大重点项目之一。（河南）

★11月10日　镇江谏壁电厂扩建工程通过设计审查。电厂扩建工程总投资约73亿元，拆除6台总容量为42.5万千瓦的老机组，并在原址上新建2台百万千瓦超超临界发电机组，工程同步实施脱硫、脱硝。（江苏）

★11月12日　和田－莎车220千伏输变电工程顺利通电。工程总投资2.24亿元，建设内容包括新建1回220千伏输电线路286.278千米、1座220千伏玉龙变电站、在220千伏莎车变电站扩建1个220千伏出线间隔。本期工程规模为1台12万千伏安主变压器、220千伏出线1回、110千伏出线5回。（新疆）

★11月16日　福建龙岩220千伏长汀策武变站开工。工程一期容量为120兆伏安，终期容量为360兆伏安，计划在2009年上半年建成投运。（福建）

★11月18日　国华能集团公司与中国广东核电集团有限公司在北京签署协议，将合作建设华能山东石岛湾核电厂压水堆核电项目。根据协议，双方将在华能石岛湾核电厂址合作开发建设压水堆核电机组，规划分两期建设四台百万千瓦压水堆核电机组。（山东）

★11月19日　六盘水盘南发电厂第三期工程投资协议签定。签约双方为广东省粤电集团与六盘水市政府，签约资金60亿元。（贵州）

★11月20日　330千伏彬县（王塬）变电站建成投产。项目位于彬县城北12千米，占地3万多平方米，总投资2.13亿元，全站按综合自动化模式设计。（陕西）

★11月21日　天津市热电联产东北郊热电厂项目全面开工建设。项目一期工程投资26.5亿元，采用2×33万千瓦国产燃煤供热机组，15个月建成投产。（天津）

★11月21日　21～22日，中广核兴城核电项目初步可行性研究报告复核评审会议在兴城召开。与会专家现场踏勘了兴城核电项目厂址，对中广核设计公司提交的初可研复核报告进行了评审。（辽宁）

★11月22日　哈尔滨第一热电厂2×30万千瓦“上大压小”新建工程获国家发展和改革委员会核准。项目总投资近30亿元，机组设计为2×30万千瓦亚临界国产燃煤中间再热汽轮发电机组，占地57万平方米。（黑龙江）

☆月内　500千伏台东变电站“三通一平”工程正式开工。工程位于路桥区金清镇蒋桥村，占地7万多平方米，总投资5.3亿元。变电站远景规模为4×100万千伏安、4回500千伏出线、16回220千伏出线，该期规模为1×100万千伏安、2回500千伏出线、8回220千伏出线，新建500千伏塘岭至台东双回输电线路约26千米，预计2009年2月竣工投产。（浙江）

☆月内　铜梁县1000千伏特高压变电站项目获国家发展和改革委员会批准立项。变电站总投资35亿元，初步选址在原少云镇久和村，占地约26万平方米。变电站将设主变压器2台，总容600万千伏安。（重庆）

☆月内　三河发电厂二期工程竣工。三河发电厂位于河北省三河市燕郊，距离北京市通州新城约19千米，二期工程建设2台30万千瓦热电联产机组，静态投资额26.98亿元。（河北）

12月

★12月29日　中国华能集团硗碛水电站1、2号机组正式投产发电。电站是华能宝兴河流域梯级滚动开发的龙头水库电站，由华能四川水电开发有限公司控股，总投资20.09亿元。电站安装3台8万千瓦混流式机组。（四川）

2007年投资政策大事记

1月

★1月17日　国家发展和改革委员会和建设部联合出台的《热电联产和煤矸石综合利用发电项目建设管理暂行规定》。规定明确热电联产项目热力出厂价实行煤热联动的政策。《暂行规定》称，热电联产和煤矸石综合利用发电项目的上网电价，执行国家发展改革委颁布的《上网电价管理暂行办法》。在实行竞价上网的地区，由市场竞争形成；在未实行竞价上网的地区，新建项目上网电价执行国家公布的新投产燃煤机组标杆上网电价。另外，热电联产项目的热力出厂价格，由省级价格主管部门或经授权的市、县人民政府根据合理补偿成本、合理确定收益、促进节约用热、坚持公平负担的原则，按照价格主管部门经成本监审核定的当地供热定价成本及规定的成本利润率或净资产收益率统一核定，并按照国家有关规定实行煤热联动。对热电联产供热和采用其他方式供热的销售价格逐步实行同热同价。

★1月20日　国务院批准《关于加快关停小火电机组若干意见》。文件规定，单机容量5万千瓦以下的常规火电机组，运行满20年、单机10万千瓦级以下的常规火电机组，按照设计寿命服役期满、单机20万千瓦以下的各类机组，其上网电价高于当地燃煤机组标杆上网电价的，均列入降价范围。

3月

★3月1日　《湖南省电力建设若干规定》开始正式施行。《规定》针对电力建设与其他建设发生冲突时往往难以处理的诸多问题，规范了相关相邻法律关系。同时还针对电力建设的征地、拆迁或砍伐树木的补偿标准与方式、费用支付及争议裁决等内容作出了规范；针对电力设施容易遭受损害或者遭受破坏的情况，规范了电力设施的有关保护措施；对保护群众正当利益的问题，也就是对于在电力建设中保护公民、法人和其他组织合法权益作出了相应的规定；针对电力建设中的相关违法行为规范了行政强制措施和处罚措施。

4月

★4月2日　国家发展和改革委员会印发《关于利用煤层气(煤矿瓦斯)发电工作实施意见》。《意见》指出，国家鼓励各类企业利用各种方式开发利用煤层气(煤矿瓦斯)。发电可以作为煤层气(煤矿瓦斯)综合利用规划的一项内容。电力产业政策鼓励煤矿坑口煤层气(煤矿瓦斯)发电项目建设。鼓励采用单机容量500千瓦及以上煤层气(煤矿瓦斯)发电机组，开发单机容量1000千瓦及以上的内燃机组，以及大功率、高参数和高效率的煤层气燃气轮机(煤矿瓦斯)发电机组。《意见》要求，煤层气(煤矿瓦斯)电厂所发电量原则上应优先在本矿区内自发自用，需要上网的富裕电量，电网企业应当予以收购，并按照有关规定及时结算电费。煤层气(煤矿瓦斯)电厂不参与市场竞价，不承担电网调峰任务。电网企业应当为煤层气(煤矿瓦斯)电厂接入电网系统提供便利。《意见》规定，煤层气(煤矿瓦斯)电厂上网电价，比照国家发展改革委制定的《可再生能源发电价格和费用分摊管理试行办法》中生物质能发电项目上网电价(执行当地2005年脱硫燃煤机组标杆上网电价加补贴电价)。高于当地脱硫燃煤机组标杆上网电价的差额部分，通过提高煤层气(煤矿瓦斯)电厂所在省级电网销售电价解决。

★4月6日　《关于“十一五”深化电力体制改革的实施意见》获国务院同意实施。意见明确了“十一五”期间电力改革的总体思路和基本原则，指出要在“十一五”期间抓住电力供需矛盾缓解的有利时机，坚持从中国实际出发，借鉴国际成功改革经验，巩固已有改革成果，把电力体制改革继续推向深入，促进电力工业持续健康发展，确保人民群众得到质优价廉的电力服务。

★4月18日　河北省政府《关于电网建设的考核办法》出台。该《考核办法》适用于河北省政府对各设区市人民政府、华北电网有限公司和河北省电力公司(以下简称电网公司)电网建设的工作考核。《办法》要求，河北省各设区市人民政府要成立由市政府主管领导为组长、相关部门和电网公司领导参加的电网建设领导小组，负责研究制定辖区加快电网建设的有关政策，定期召开会议，督导协调电网建设项目，协调解决电网建设中的有关问题，确保电网建设项目顺利实施。各设区市人民政府要将城市电网规划纳入城市控制性详规，预留变电站站址、线路走廊，并加以保护；及时出台符合辖区实际的电网建设工程征地拆迁补偿标准。各级人民政府要建立健全加快电网建设责任制，明确目标，落实责任，加强考核，并加大宣传力度，做到齐抓共管，形成合力。

★4月23日 国家发展和改革委员会发布了火电等行业的清洁生产评价指标体系。该体系出台旨在评价企业清洁生产水平。该体系包括《包装行业清洁生产评价指标体系(试行)》、《火电行业清洁生产评价指标体系(试行)》、《磷肥行业清洁生产评价指标体系(试行)》、《轮胎行业清洁生产评价指标体系(试行)》、《铅锌行业清洁生产评价指标体系(试行)》、《陶瓷行业清洁生产评价指标体系(试行)》和《涂料制造业清洁生产评价指标体系(试行)》。

5月

★5月17日 四川省环保局出台《生态环境保护惠民行动实施方案》。《实施方案》明确该省环保局挂牌250家重点企业进行限期治污。还规定"十一五"期间，环保系统将配合有关部门陆续关停小火电机组135.75万千瓦，不再批建单机容量小于30万千瓦的燃煤机组。

★5月29日 国家发展和改革委员会、国家环保总局印发《燃煤发电机组脱硫电价及脱硫设施运行管理办法(试行)》。《办法》从脱硫设施建设安装、在线监测、脱硫加价、运行监管、脱硫产业化等方面提出了全面、系统的措施。《办法》规定，新(扩)建燃煤机组必须按照环保规定同步建设脱硫设施，其上网电量执行国家发改委公布的燃煤机组脱硫标杆上网电价；现有燃煤机组应按照《现有燃煤电厂二氧化硫治理"十一五"规划》要求完成脱硫改造，其上网电量执行在现行上网电价基础上每千瓦时加价0.015元的脱硫加价政策；煤炭平均含硫量大于2%或者低于0.5%的省(区、市)，脱硫加价标准可单独制定，具体标准由省级价格主管部门提出方案，报国家发改委审批。《办法》要求，发电企业安装的烟气脱硫设施必须达到环保要求，并安装烟气自动在线监测系统，由省级环保部门和省级电网企业负责实时监测；发电企业要保证脱硫设施的正常运行，不得无故停运。脱硫设施投运率达不到要求的，由省级价格主管部门扣减脱硫电价，并向社会公告。《办法》还鼓励新(扩)建燃煤机组建设脱硫设施时不设置烟气旁路通道；鼓励专业化脱硫公司承担污染治理或脱硫设施运营并开展烟气脱硫特许经营试点等。

6月

★6月14日 河南省省政府审查通过了《河南省节能减排实施方案》，部署小火电机组关停工作。《实施方案》提出从火电、建材、有色、钢铁、煤炭、化工、造纸、皮革等重点行业，及300家左右年耗能5万吨标准煤以上的重点企业入手，做好节能减排工作。同时抓好建筑、交通、城市、农村等重点领域节能减排和黄河、淮河、海河等重点流域的水污染治理，调整经济结构，改善生态环境。实施一批节能减排重点工程，建设一批工业锅炉改造、能量系统优化等节能重点项目和燃煤机组脱硫、城市污水处理等减排重点项目。河南省政府要求各级各有关部门采取经济、法律、行政等综合措施，狠抓落实，切实做到"应关尽关"。按照国家鼓励的"上大压小"政策，争取上一批大容量、高参数机组，优化电力结构，把河南电力工业做大做强。

7月

★7月1日 《陕西省电力设施和电能保护条例》出台，并从2007年7月1日正式施行。《条例》的核心内容明确了行政区域内电力行政主管部门，明确电力设施和电能保护工作的执法主体，即县级以上人民政府委托电力设施和电能保护监察机构。《条例》的相关内容确定了电力设施的规划与建设保护、电力设施电能保护的原则和范围；规范了电力设施相邻权的处理原则，解决了长期存在的线房、线树矛盾问题；明确了窃电行为的范畴、窃电量计算的标准，使窃电量的计算更具科学性。《条例》还对供电企业中断供电设定了法定条件，充分保护了电力用户的利益，避免不必要的诉累；确定供电企业用电检查权的实施范围、程序及权限；明确供电企业的合法取证权，和对危及电力设施安全行为的制止权；以及电力监察机构保护电力设施和电能的具体行政执法权。《条例》在制定中凸现地方立法的特点，细化和完善上位法，使之更符合陕西实际，更具操作性和实效性。进一步加大了对电力设施和电能的保护力度，为重点电力建设项目的顺利进行和解决线房、线树矛盾提供了充实、完备的法律依据，有效遏制了窃电和其它违法使用电能的行为。

★7月4日 国家发展改革委办公厅会同国家环保总局印发《关于开展烟气脱硫特许经营试点工作的通知》和《火电厂烟气脱硫特许经营试点工作方案》。通知要求五大发电集团公司按照《方案》有关要求，抓紧推荐试点项目，并填写《火电厂烟气脱硫特许经营试点项目推荐表》；符合相关条件参加特许经营试点的专业化脱硫公司，填写《脱硫公司申请参加烟气脱硫特许经营试点登记表》；《方案》指出，火电厂烟气脱硫特许经营是指：在政府有关部门的组织协调下，火电厂将国家出台的脱硫电价、与脱硫相关的优惠政策等形成的收益权以合同形式特许给专业化脱硫公司，由专业化脱硫公司承担脱硫设施的投资、建设、运行、维护及日常管理，并完成合同规定的脱硫任务。火电厂烟气脱硫引入特许经营模式，对于提高脱硫工程质量和设施投运率，加快烟气脱硫技术进步，实现烟气脱硫产业又好又快发展有着重要意义。从目前火电厂烟气脱硫的市场潜力、经济政策、市场主体、技术水平等情况看，已具备了开展火电厂烟气脱硫特许经营的基本条件。但从整体上看，火电厂烟气脱硫特许经营是一项系统性、综合性很强的工作，有必要开展试点，在试点工作中发现并及时解决问题，为进一步推广积累经验。

☆月内　由哈尔滨电业局和市城市规划设计院历时两年多共同编制的《哈尔滨市供电工程规划》正式出台。《规划》对松北、群力等新城区在城市建设尚处于启动阶段时先进行电网规划。据悉，为配合城市建设总体规划，从现在起至2020年，哈尔滨市将新建14座220千伏变电所，71座66千伏变电所。

8月

★8月2日　国家发展和改革委员会和环境保护总局等部门上报国务院的《节能发电调度办法(试行)》获得批准。《办法》中所明确的有关节能发电调度改革，将首先在我国部分省区开展试点，待取得经验后在全国推广。节能发电调度是指在保障电力可靠供应的前提下，按照节能、经济的原则，优先调度可再生发电资源，按机组能耗和污染物排放水平由低到高排序，依次调用化石类发电资源，最大限度地减少能源、资源消耗和污染物排放。这项制度实施后，将意味着高耗能高污染的发电机组能够获得的发电小时数将越来越少，客观上有利于低效小火电机组加快关停，优化电力工业结构和布局。

★8月30日　国家发展和改革委员会印发《天然气利用政策》。《天然气利用政策》主要包括六方面内容：一是制定政策的必要性；二是适用范围和管理主体；三是指导思想和基本原则；四是天然气利用领域和顺序；五是促进天然气节约利用；六是保障措施。在我国境内所有从事天然气利用的活动均应遵循该政策。该政策规定，对已建用气项目，维持供气现状，特别是国家批准建设的化肥项目，要确保长期稳定供应。天然气供应严重短缺而又有条件的地方，可实施煤代气项目改造。对在建或已核准的用气项目，若供需双方已签署长期供用气合同，按合同执行。新上用气项目一律严格按该政策执行。天然气产地也应严格遵循产业政策。

★8月31日　国家发展和改革委员会印发《可再生能源中长期发展规划》。该规划旨在贯彻落实《可再生能源法》，合理开发利用可再生能源资源，促进能源资源节约和环境保护，应对全球气候变化。《规划》预计实现2020年可再生能源中长期规划任务，将需总投资约2万亿元。《规划》指出，要逐步提高优质清洁可再生能源在能源结构中的比例，力争到2010年使可再生能源消费量达到能源消费总量的10%左右，到2020年达到15%左右。

9月

★9月5日　国家发展和改革委员会印发《关于促进玉米深加工业健康发展的指导意见》。指导意见旨在加强对玉米深加工业管理，促进玉米深加工业健康发展。近年来，玉米加工业的发展，对提高人民的膳食水平、推动农业产业化、稳定并增加玉米生产、促进农民增收发挥了积极的作用，但同时一些地区也出现了玉米加工能力扩张过快、低水平重复建设严重、玉米加工转化利用效率低和污染环境等问题，部分在建项目不符合土地审批、环境评价、信贷政策的要求。意见要求各地区、各有关部门把指导玉米加工业健康有序发展作为当前加强宏观调控的一项重要任务。

★9月19日　国务院常务会议提出要严格控制油菜转化生物柴油项目。这意味着中国开始从抑制需求角度，控制油菜籽以及植物油的涨价，从而维护粮食安全。会议除了提出严格控制油菜转化生物柴油项目外，还提出扶持油料生产的政策措施，包括建立健全大豆(4177，14，0.34%)和食用植物油储备制度，培育油脂、油料期货市场，建立产销预警体系。据此会议精神，业内人士认为，落实该会议精神的相关措施以及规定估计很快就会出台。

☆月内　山东对该省风力发电、垃圾焚烧和垃圾填埋发电、秸秆发电等项目出台了补贴电价政策。政策出台后，山东省风电的上网电价每千瓦时比普通燃煤机组高0.4元，成为可再生能源发电项目中最为优惠的电价。除风电加价0.4元外，垃圾焚烧和垃圾填埋发电、秸秆发电的上网电价也比普通燃煤机组高0.25元。根据这一补贴电价政策，山东每年用于促进可再生能源发电产业发展的补贴额达2.5亿元

11月

★11月1日　国家发展和改革委员会、财政部和建设部等部门联合制定发布了《<标准施工招标资格预审文件>和<标准施工招标文件>试行规定》。文件旨在规范施工招标资格预审文件、招标文件编制活动，促进招标投标活动的公开、公平和公正。将于2008年5月1日起施行。

★11月2日　国家发展和改革委员会正式公布了《核电中长期发展规划(2005－2020年)》。规划表明中国将考虑在尚无核电的山东、福建、广西等沿海省(区)各安排一座核电站开工建设。该《规划》指出，到2020年，中国沿海13个核电厂址容量可以满足运行4000万千瓦、在建1800万千瓦的目标。结合中国能源资源和生产力布局情况，从现在起到2020年，新增投产2300万千瓦的核电站，将主要从上述沿海省份的厂址中优先选择，并考虑在尚无核电的山东、福建、广西等沿海省(区)各安排一座核电站开工建设。除沿海厂址外，湖北、江西、湖南、吉林、安徽、河南、重庆、四川、甘肃等内陆省(区、市)也不同程度地开展了核电厂址前期工作，这些厂址要根据核电厂址的要求、依照核电发展规划，严格复核审定，按照核电发展的要求陆续开展工作。按照15年内新开工建设和投产的核电建设规模大致估算，核电项目建设资金需求总量约为4500亿人民币，其中，15年内项目资本金需求量为900亿元，平均每年要投入企业自有资金54多亿元。

★11月23日　国家发展和改革委员会发布了《煤炭产业政策》。产业政策自发布之日起开始实施。该产业政策是贯彻落实《国务院关于促进煤炭工业健康发展的若干意见》所制定的，旨在严格煤炭产业准入，转变发展方式，推动产业结构优化升级，提高生产力水平，保障安全生产，提高资源利用率，加强环境保护，促进煤炭工业健康发展。

国务院关于印发国家环境保护“十一五”规划的通知

国发[2007]37 号

各省、自治区、直辖市人民政府，国务院各部委、各直属机构：

国务院同意环保总局、发展改革委制定的《国家环境保护“十一五”规划》（以下简称《规划》），现印发给你们，请结合本地区、本部门实际，认真贯彻执行。

当前，我国经济社会发展与资源环境约束的矛盾日益突出，环境保护面临严峻的挑战。各地区、各部门必须深入贯彻科学发展观，转变经济发展方式，下大力气解决危害人民群众健康和影响经济社会可持续发展的突出环境问题，努力建设环境友好型社会。要紧紧围绕实现《规划》确定的主要污染物排放总量控制目标，把防治污染作为重中之重，加快结构调整，加大污染治理力度，确保到 2010 年二氧化硫、化学需氧量比 2005 年削减 10%。同时，要加快淮河、海河、辽河、太湖、巢湖、滇池、松花江等重点流域污染治理，加快城市污水和垃圾处理，保障群众饮用水水源安全。

地方各级人民政府要把环境保护目标、任务、措施和重点工程项目纳入本地区经济和社会发展规划，做到责任到位、措施到位、投资到位、监管到位。国务院有关部门要根据各自的职能分工，切实加强对《规划》实施的指导和支持。要严格执法监督，督促企业履行保护环境的责任，动员全社会共同保护环境。要高度重视投资质量和效益，保证《规划》执行的严肃性和合理性。要建立评估考核机制，每半年公布一次各地区主要污染物排放情况、重点工程项目进展情况、重点流域与重点城市的环境质量变化情况。在 2008 年底和 2010 年底，分别对《规划》执行情况进行中期评估和终期考核，评估和考核结果要作为考核地方各级人民政府政绩的重要内容。

国务院

2007 年 11 月 22 日

国家环境保护“十一五”规划

根据《国民经济和社会发展“十一五”规划纲要》和《国务院关于落实科学发展观加强环境保护的决定》（国发[2005]39 号）编制本规划。本规划是国家“十一五”规划体系的重要组成部分，旨在阐明“十一五”期间国家在环境保护领域的目标、任务、投资重点和政策措施，重点明确各级人民政府及环境保护部门的责任和任务，同时引导企业、动员社会共同参与，努力建设环境友好型社会。

一、环境形势

（一）“十五”期间环境保护工作取得进展

党中央、国务院高度重视环境保护，将改善环境质量作为落实科学发展观、构建社会主义和谐社会的重要内容，把环境保护作为宏观经济调控的重要手段，采取了一系列重大政策措施。各地区、各有关部门不断加大环境保护工作力度，淘汰了一批高消耗、高污染的落后生产能力，加快了污染治理和城市环境基础设施建设，重点地区、流域和城市的环境治理不断推进，生态保护和治理得到加强；采取了一系列应对气候变化的对策措施，市场化机制开始进入环境保护领域，全社会环境保护投资比“九五”时期翻了一番，占 GDP 的比例首次超过 1%；环境管理能力有所提高，环境执法力度有所加强；全社会的环境意识和人民群众的参与程度明显提高，对我国环境保护规律性的认识不断深化。在经济快速发展，重化工业迅猛增长的情况下，部分主要污染物排放总量有所减少，环境污染和生态破坏加剧的趋势减缓，部分地区和城市环境质量有所改善，核与辐射安全得到保证。

（二）环境形势依然严峻

我国环境保护虽然取得积极进展，但环境形势依然严峻。“十五”环境保护计划指标没有全部实现，二氧化硫排放量比 2000 年增加了 27.8%，化学需氧量仅减少 2.1%，未完成削减 10% 的控制目标。淮河、海河、辽河、太湖、巢湖、滇池（以下简称“三河三湖”）等重点流域和区域的治理任务只完成计划目标的 60% 左右。主要污染物排放量远远超过环境容量，环境污染严重。全国 26% 的地表水国控（国家重点监控）断面劣于水环境 V 类标准，62% 的断面达不到 III 类标准；流经城市 90% 的河段受到不同程度污染，75% 的湖泊出现富营养化；30% 的重点城市饮用水源地水质达不到 III 类标准；近岸海域环境质量不容乐观；46% 的设区城市空气质量达不到二级标准，一些大中城市灰霾天数有所增加，酸雨污染程度没有减轻。

全国水力侵蚀面积 161 万平方公里，沙化土地 174 万平方公里，90% 以上的天然草原退化；许多河流的水生态功能严重失调；生物多样性减少，外来物种入侵造成的经济损失严重；一些重要的生态功能区生态功能退化。农村环境问题突出，土壤污染日趋严重。危险废物、汽车尾气、持久性有机污染物等污染持续增加。应对气候变化形势严峻，任务艰巨。发达国家上百年工业化过程中分阶段出现的环境问题，在我国已经集中显现。我国已进入污染事故多发期和矛盾凸显期。

“十五”期间力图解决的一些深层次环境问题没有取得突破性进展，产业结构不合理、经济增长方式粗放的状况没有根本转变，环境保护滞后于经济发展的局面没有改变，体制不顺、机制不活、投入不足、能力不强的问题仍然突出，有法不依、违法难究、执法不严、监管不力的现象比较普遍。

“十一五”期间，我国人口在庞大的基数上还将增加4%，城市化进程将加快，经济总量将增长40%以上，经济社会发展与资源环境约束的矛盾越来越突出，国际环境保护压力也将加大，环境保护面临越来越严峻的挑战。

（三）环境保护工作进入新阶段

党中央、国务院把环境保护摆上了更加重要的战略位置，落实科学发展观、构建社会主义和谐社会为做好环保工作提供了根本保证，环境保护面临前所未有的机遇。经济增长方式转变和经济结构调整步伐加快，将为解决结构性、区域性环境污染和生态破坏起到基础性作用。综合国力增强为环境保护提供了更有力的物质和技术支撑。经济体制和行政管理体制改革深化，为创新环保工作体制和机制提供了有利的条件。广大群众环境意识普遍提高，为环境保护提供了强大的动力。我国环境与发展的关系正在发生重大变化，环境保护成为现代化建设的一项重大任务，环境容量成为区域布局的重要依据，环境管理成为结构调整的重要手段，环境标准成为市场准入的重要条件，环境成本成为价格形成机制的重要因素。这些重大变化，标志着我国环保工作正进入以保护环境优化经济增长的新阶段，挑战与机遇同在，困难与希望并存。

二、指导思想、基本原则和规划目标

做好“十一五”环境保护工作，关键要加快实现历史性转变：一是从重经济增长轻环境保护转变为保护环境与经济增长并重，把加强环境保护作为调整经济结构、转变经济增长方式的重要手段，在保护环境中求发展。二是从环境保护滞后于经济发展转变为环境保护和经济发展同步，做到不欠新账，多还旧账，改变先污染后治理、边治理边破坏的状况。三是从主要用行政办法保护环境转变为综合运用法律、经济、技术和必要的行政办法解决环境问题，自觉遵循经济规律和自然规律，提高环境保护工作水平。

（一）指导思想

以邓小平理论和“三个代表”重要思想为指导，全面落实科学发展观，坚持保护环境的基本国策，深入实施可持续发展战略；坚持预防为主、综合治理，全面推进、重点突破，着力解决危害人民群众健康的突出环境问题；坚持创新体制机制，依靠科技进步，强化环境法治，调动社会各方面的积极性。经过长期不懈的努力，使生态环境得到改善，资源利用效率显著提高，可持续发展能力不断增强，人与自然和谐相处，建设环境友好型社会。

（二）基本原则

——协调发展，互惠共赢。正确处理环境保护与经济发展和社会进步的关系，在发展中落实保护，在保护中促进发展，坚持节约发展、安全发展、清洁发展，实现可持续的科学发展。

——强化法治，综合治理。坚持依法行政，不断完善环境法律法规，严格环境执法；坚持环境保护与发展综合决策，科学规划，突出预防为主的方针，从源头防治污染和生态破坏，综合运用法律、经济、技术和必要的行政办法解决环境问题。

——不欠新账、多还旧账。严格控制污染物排放总量；所有新建、扩建和改建项目必须符合环保要求，做到增产不增污，努力实现增产减污；积极解决历史遗留的环境问题。

——依靠科技，创新机制。大力发展环境科学技术，以技术创新促进环境问题的解决；建立政府、企业、社会多元化投入机制和部分污染治理设施市场化运营机制，完善环保制度，健全统一、协调、高效的环境监管体制。

——分类指导，突出重点。因地制宜，分区规划，统筹城乡发展，分阶段解决制约经济发展和群众反应强烈的环境问题，改善重点流域、区域、海域、城市的环境质量。

（三）规划目标

到2010年，二氧化硫和化学需氧量排放得到控制，重点地区和城市的环境质量有所改善，生态环境恶化趋势基本遏制，确保核与辐射环境安全。

三、重点领域和主要任务

围绕实现“十一五”规划确定的主要污染物排放控制目标，把污染防治作为重中之重，把保障城乡人民饮水安全作为首要任务，全面推进、重点突破，切实解决危害人民群众健康和影响经济社会可持续发展的突出环境问题。

（一）削减化学需氧量排放量，改善水环境质量

以实现化学需氧量减排10%为突破口，优先保护饮用水水源地，加快治理重点流域污染，全面推进水污染防治和水资源保护工作。

1. 确保实现化学需氧量减排目标

加快城市污水处理与再生利用工程建设。到2010年，所有城市都要建设污水处理设施，城市污水处理率不低于70%，全国城市污水处理能力达到1亿吨/日。污水处理厂的建设要坚持集中和分散相结合，因地制宜，优化布局，大力推进技术进步和推广先进适用技术。污水处理设施建设要厂网并举、管网优先，并与供水、用水、节水和污水再生利用统筹考虑。切实重视污水处理厂的污泥处置，实现污泥稳定化、无害化。加强污水处理厂的监管，所有污水处理厂全部安装在线监测装置，实现对污水处理厂运行和排放的实时监控。不断提高城镇污水收集的能力和污水处理设施的运行效率，保证污水处理厂投入运行后的实际处理负荷，在一年内不低于设计能力的60%，三年内不低于设计能力的75%。

加强工业废水治理。严格执行水污染物排放标准和总量控制制度，加快推行排污许可证制度。重点抓好占工业化学需氧量排放量65%的国控重点企业的废水达标排放和总量削减。加快淘汰小造纸、小化工、小制革、小印染、小酿造等不符合产业政策的重污染企业。进一步强化工业节水工作，制定高耗水行业废水排放限额标准，提高工业用水重复利用率。以造纸、酿造、化工、纺织、印染行业为重点，加大污染治理和技术改造力度。在钢铁、电力、化工、煤炭等重点行业推广废水循环利用，努力实现废水少排放或零排放。严格按照有关标准监测排入城镇排水系统的工

业废水水质和水量，保证污水处理厂安全运行。

2. 全力保障饮用水水源安全

取缔饮用水水源一级保护区内的直接排污口。完成地表水饮用水水源保护区划定和调整工作，确定保护区等级和界限，设立警示标志，关闭二级保护区内的直接排污口。开展饮用水水源地环境状况普查，编制饮水安全保障规划和管理办法及饮用水水源地环境保护规划。加强饮用水水源保护区水土保持、水源涵养，控制面源污染。严格限制在饮用水水源保护区上游建设水污染严重的化工、造纸、印染等类企业。开展地下水污染状况调查，编制地下饮用水水源地保护规划，防治地下水污染。重视对水体中持久性有机污染物的研究和防范。

健全饮用水水源安全预警制度，制订突发污染事故的应急预案。完善饮用水水源地监测和管理体系，每年对集中式饮用水水源地至少进行一次水质全分析监测，并及时公布水环境状况。

3. 推进重点流域水污染防治

坚持不懈地推进“三河三湖”、松花江水污染治理，抓好三峡库区及其上游、南水北调水源地及沿线、黄河小浪底库区及上游的水污染治理。加强长江中下游、珠江及重要界河的水污染防治。落实流域治理目标责任制和省界断面水质考核制度，加快建立生态补偿机制。多渠道增加投入，加快治理工程建设。统筹流域水资源开发利用和保护，统筹生活、生产和生态用水，保证江河必须的生态径流。按照军地结合原则，继续开展重点流域和区域中军队单位的污水、垃圾治理，改善营区环境质量。加强国际合作，做好黑龙江、鸭绿江、伊犁河等界河的水质监测与治理。

以沿江沿河的化工企业为重点，全面排查排放有毒有害物质的工业污染源，并建立水质监测定期报告制度，督促其完善治污设施和事故防范措施，杜绝污染隐患。

（二）削减二氧化硫排放量，防治大气污染

以火电厂建设脱硫设施为重点，确保完成二氧化硫排放量减少 10% 的目标，遏制酸雨发展。以 113 个环保重点城市和城市群地区的大气污染综合防治为重点，努力改善城市和区域空气环境质量。

1. 确保实现二氧化硫减排目标

实施燃煤电厂脱硫工程。实施酸雨和二氧化硫污染防治规划，重点控制高架源的二氧化硫和氮氧化物排放。超过国家二氧化硫排放标准或总量要求的燃煤电厂，必须安装烟气脱硫设施。“十一五”期间，加快现役火电机组脱硫设施的建设，使现役火电机组投入运行的脱硫装机容量达到 2.13 亿千瓦。新（扩）建燃煤电厂除国家规定的特低硫煤坑口电厂外，必须同步建设脱硫设施并预留脱硝场地。在大中城市及其近郊，严格控制新（扩）建除热电联产外的燃煤电厂。

2. 综合改善城市空气环境质量

以颗粒物特别是可吸入颗粒物作为城市大气污染防治的重点，加快城区工业污染源调整搬迁，集中整治低矮排放污染源，重视解决油烟污染。加强建筑施工及道路运输环境管理，有效抑制扬尘。提高城市清洁能源比例和能源利用效率，大力开展节能活动。因地制宜地发展以热定电的热电联产和集中供热。在城区内划定高污染燃料禁燃区。

统筹规划长三角、珠三角、京津冀等城市群地区的区域性大气污染防治，有条件的城市要开展氮氧化物、有机污染物等复合污染问题以及灰霾天气的研究，逐步开展对臭氧和 PM2.5（直径小于 2.5 微米的可吸入颗粒物）等指标的监测，建立光化学烟雾污染预警系统。

3. 加强工业废气污染防治

以占工业二氧化硫排放量 65% 以上的国控重点污染源为重点，严格执行大气污染物排放标准和总量控制制度，加快推行排污许可证制度。促使工业废气污染源全面、稳定达标排放，实现增产不增污。工业炉窑要使用清洁燃烧技术，以细颗粒污染物为重点，严格控制烟（粉）尘和二氧化硫的排放。开展新一轮的除尘改造，推广使用高效的布袋除尘设施。继续抓好煤炭、钢铁、有色、石油化工和建材等行业的废气污染源控制，对重点工业废气污染源实行自动监控。大力推进煤炭洗选工程建设，推广煤炭清洁燃烧技术。继续开展氮氧化物控制研究，加快氮氧化物控制技术开发与示范，将氮氧化物纳入污染源监测和统计范围，为实施总量控制创造条件。

4. 强化机动车污染防治

大型、特大型城市要把防治机动车尾气污染作为改善城市环境质量的重要内容。进一步提高机动车排放控制水平，规范在用机动车环保年检工作。改善油品质量，提高燃油的利用效率。大力开发和使用节能型和清洁燃料汽车，降低机动车污染物排放。

5. 加强噪声污染控制

加强对建筑施工、工业生产和社会生活噪声的监管，及时解决噪声扰民问题。限制机动车在市区鸣笛，对敏感路段采取降噪措施，控制交通噪声。在大中城市创建安静小区。

6. 控制温室气体排放

强化能源节约和高效利用的政策导向，加大依法实施节能管理的力度，加快节能技术开发、示范和推广，充分发挥以市场为基础的节能新机制，努力减缓温室气体排放。大力发展可再生能源，积极推进核电建设，加快煤层气开发利用，优化能源消费结构。强化冶金、建材、化工等产业政策，提高资源利用率，控制工业生产过程中的温室气体排放。加强农村沼气建设和城市垃圾填埋气回收利用，努力控制甲烷排放增长速度。继续实施植树造林、天然林资源保护等重点生态建设工程，提高森林资源覆盖率，增加碳汇和增强适应气候变化能力。加强温室气体排放的监测与统计分析。

（三）控制固体废物污染，推进其资源化和无害化

以减量化、资源化、无害化为原则，把防治固体废物污染作为维护人民健康，保障环境安全和发展循环经济，建设资源节约型、环境友好型社会的重点领域。

1. 实施危险废物和医疗废物处置工程

加快实施危险废物和医疗废物处置设施建设规划，完善危险废物集中处理收费标准和办法，建立危险废物和医疗废物收集、运输、处置的全过程环境监督管理体系，基本实现危险废物和医疗废物的安全处置。完成历史堆存铬渣无害化处置。

2. 实施生活垃圾无害化处置工程

实施城市生活垃圾无害化处置设施建设规划，新增城市生活垃圾无害化处理能力 24 万

吨/日，城市生活垃圾无害化处理率不低于60%。推行垃圾分类，强化垃圾处置设施的环境监管。高度重视垃圾渗滤液的处理，逐步对现有的简易垃圾处理场进行污染治理与生态恢复，消除污染隐患。

3. 推进固体废物综合利用

重点推进煤矸石、粉煤灰、冶金和化工废渣、尾矿等大宗工业固体废物的综合利用。到2010年，工业固体废物综合利用率达到60%。推进建筑垃圾及秸秆、畜禽粪便等综合利用。建立生产者责任延伸制度，完善再生资源回收利用体系，实现废旧电子电器的规模化、无害化综合利用。对进口废物加工利用企业严格监管，防止产生二次污染，严厉打击废物非法进出口。

（四）保护生态环境，提高生态安全保障水平

以促进人与自然和谐为目标，以生态功能区划分为基础，以控制不合理的资源开发活动为重点，坚持保护优先，自然修复为主，力争使生态环境恶化趋势得到基本遏制。

1. 编制全国生态功能区划

在全国生态环境现状调查的基础上，依据生态环境敏感性和生态功能重要性编制全国生态功能区划，科学确定不同区域主导生态功能类型，划定对国家生态安全具有重要意义的重点生态功能保护区，指导生态保护工作，为实施环境保护分类管理提供科学依据，并与全国主体功能区划规划衔接协调。

2. 启动重点生态功能保护区工作

明确重点生态功能保护区的范围、主导功能和发展方向，按照限制开发区的要求，探索建立生态功能保护区的评价指标体系、管理机制、绩效评估机制和生态补偿机制。提高重点生态功能保护区的管护能力。

3. 提高自然保护区的建设质量

进一步完善自然保护区体系，基本建成类型齐全的自然保护区网络，使95%以上的典型自然生态系统类型、国家重点保护野生动植物物种及重要自然遗迹划入自然保护区保护范围。实现自然保护区建设由重数量向重质量转变，提高自然保护区的管护能力与建设水平。制定自然保护区规范化建设标准，按照相关规划继续推进自然保护区建设。90%以上自然保护区有健全的管理机构。初步建成全国自然保护区监测网络和综合信息平台。

4. 加强物种资源保护和安全管理

开展物种资源调查。建设物种资源的数据库、种质库和基因库。建设物种资源就地、迁地和离体保护设施。建立物种资源进出口查验制度，强化外来物种和转基因生物体的生态影响监控、安全防治和应急机制。开展物种资源保护的宣传教育，提高公民保护物种资源的意识。

5. 加强开发建设活动的环境监管

坚持保护优先、开发有序的原则，抓好长江上游等流域的水利开发、黄土高原能源矿产开发、东北黑土地开发等重点开发规划和项目的环境影响评价，有效控制开发建设中的水土流失。加大生态保护执法力度，打击破坏生态的违法活动。

加快建立矿山环境恢复保证金制度。推进矿山环境治理，促进新老矿山及资源枯竭型城市的生态恢复。强化旅游开发活动的环境保护，加大对旅游区环境污染和生态破坏情况的检查力度，重点加强对生态敏感区域旅游开发项目的环境监管，开展生态旅游试点示范。

（五）整治农村环境，促进社会主义新农村建设

按照“生产发展、生活宽裕、乡风文明、村容整洁、管理民主”的社会主义新农村建设要求，实施农村小康环保行动计划，开展农村环境综合整治，加强土壤污染防治，控制农业面源污染，发展生态农业，优化农业增长方式。

1. 重点防治土壤污染

开展全国土壤污染现状调查，建立土壤环境质量评价和监测制度，开展污染土壤修复示范。搬迁企业必须做好原厂址土壤修复工作，对持久性有机污染物和重金属污染超标耕地实行综合治理；污染严重且难以修复的耕地应依法调整用途。严格控制主要粮食产地和菜篮子基地的污水灌溉，加大对菜篮子基地的环境管理。

2. 开展农村环境综合整治

推动编制农村环境综合整治规划。开展农村改水、改厕工作，改善农村环境卫生条件；生活垃圾实现定点存放、统一收集、定时清理、集中处理；采取分散或相对集中、生物或土地等多种处理方式，因地制宜推进乡镇生活污水处理；结合旧村改造、新村建设，美化村庄环境，改善村容村貌。完成1万个行政村的环境综合整治，建设2000个环境优美乡镇。加大农村企业污染监管和治理力度，禁止工业固体废物、危险废物、城镇垃圾及其他污染物向农村转移。

3. 防治农村面源污染

开展小流域综合治理，控制水土流失。开展农村面源污染综合治理的试点、示范。推广科学施用农药、化肥，提高农药、化肥利用效率。推动绿色食品和有机食品基地建设，大力发展节水农业和生态农业。推广农业资源节约和综合利用，大力发展农业循环经济。以沼气建设为纽带，合理利用秸秆资源，加强集中式畜禽养殖场污水、粪便综合利用和处理，提高农户沼气普及率。

（六）加强海洋环境保护，重点控制近岸海域污染和生态破坏

以削减陆源污染物排放为重点，以重点海域污染治理为突破口，加强海洋生态保护，提高海洋环境灾害应急能力，改善海洋生态系统服务功能。

1. 努力削减陆源污染物入海量

强化直接排海工业点源控制和管理，确保稳定达标排放。加快沿海城市污水处理厂和垃圾处理场的建设。强化对污泥和垃圾渗滤液的处置，防止产生二次污染，继续在沿海地区深入开展禁磷工作。

2. 加快重点海域污染治理

深入开展渤海碧海行动，力争渤海水质有明显改善。加快编制并实施长江口及毗邻海域、珠江口及其海域污染治理规划。以重点海域污染治理带动海洋环境保护。

3. 防治港口和船舶污染

制定并实施船舶污染治理技术政策和治理规划，针对各类船舶，分别提出安装污水处理设施和垃圾回收设施的技术要求和时限。到2010年，大中型海港都要建设船舶油类、化学品、垃圾、生活污水回收、转运设施。港口和船舶污水、垃圾处理设施建设要纳入城市污水、垃圾处理设施建设规划。加强对海洋倾废的监督管理。

4. 保护海洋生态环境

以近岸海域为重点，加强海洋生态环境修复与保护。严格保护、合理利用岸线、滩涂资源，禁止不合理开发活动，防止滩涂及海水养殖造成的污染。推进海岸防护林建设，恢复和保护滨海湿地、红树林、珊瑚礁等典型海洋生态系统，建设一批海洋自然保护区。开展重点海域生物多样性普查，查清外来物种入侵现状，对引进外来海洋生物物种实行严格管理。

5. 防治海洋环境灾害

建立跨部门的海上溢油监测与应急体系，提高海上溢油事故快速反应和处置能力。相关涉海部门和所有沿海城市、港口都要制订溢油应急预案。完善赤潮监测系统，提高早期预警能力，规范赤潮信息管理，建立赤潮灾害应急响应机制，尽可能减少赤潮造成的损失。

（七）严格监管，确保核与辐射环境安全

以核设施和放射源的安全监管为重点，加强放射性废物的处理处置能力，全面加强核与辐射安全管理，确保核与辐射环境安全。

1. 提高核设施建造质量和运行安全水平

开发新一代核电厂安全评价技术，改进安全监管方法，提高核电站改造和运行安全监管的有效性。健全民用核安全设备管理的立法，进一步加强对民用核安全设备设计、制造、安装等活动的管理，提高国产化设备质量。

2. 完善放射性同位素与射线装置的管理

进一步加强放射性同位素与射线装置生产、使用、销售和进出口的安全许可和监督，完成辐射安全许可证的换发。建设对放射源实施全寿期跟踪的全国放射源管理信息系统。实现废弃放射源的安全收贮。

3. 加快治理放射性污染

制定核设施安全退役政策。加快中低放废物近地表处置场建设。完成国家和省级放射性废物库建设。推进核工业遗留放射性废物治理。开展对铀矿冶和伴生放射性矿放射性污染现状调查、评价与污染防治的监督。

通过示范项目的实施，掌握高放废物处理技术，积极推进高放废液固化处理设施的建设。积极开展高放废物处置地质调查和勘探工作。开展高放废物处置长期安全研究，确定高放废物地质处置发展战略和总体安全目标。

4. 提高电磁辐射污染防治水平

建立和完善防治电磁辐射污染的法规和标准，加强电磁辐射环境影响评价。优化电磁场的空间分布，合理布局场源建设，防止人口稠密区的电磁辐射污染。

（八）强化管理能力建设，提高执法监督水平

按照目标与手段相匹配、任务与能力相适应的要求，以监测评估、及时预警、快速反应、科学管理为目标，以自动化、信息化为方向，以建设先进的环境监测预警体系和完备的环境执法监督体系为重点，实施环境监管能力建设规划，积极争取各级财政投入，努力提高环境管理能力。

1. 建设先进的环境监测预警体系

按照队伍专业化、装备现代化要求，推进各级环境监测站标准化建设。到2010年，80%的县级环境监测站达到建设标准。

按照布局科学、数据准确、传输及时的要求，建设全国空气、地表水、近岸海域、辐射、生态环境等环境质量监测网络，科学、全面、及时地反映环境质量状况和变化趋势。

按照动态监控、及时预警、准确计量的要求，建设重点污染源监督性监测和自动监测系统，实时监控排污状况。优先建设燃煤电厂在线监测系统。

2. 建设完备的环境执法监督体系

提高环保执法装备水平，重点支持中西部地区执法能力建设。到2010年，省、市、县环保执法队伍基本达到能力建设标准化要求。加强国家、省和市级核安全与辐射环境监管能力建设，提高安全监督水平。

3. 建设环境事故应急系统

建成国家环境突发事故应急监测网络及指挥中心，各省、市要建立相应的环境应急指挥系统。国家、省、市以及流域分别配备水、气环境突发事故应急监测车及仪器设备，重点海港和内河港口配备应急监测船。

4. 提高环境综合评估能力

开展全国污染源普查、饮用水水源地调查、地下水污染现状调查、土壤污染现状调查、持久性有机污染物调查、重点设施电磁辐射调查和伴生放射性矿物资源开发利用调查。

加强环境统计能力建设，改革环境统计方法，开展统计季报制度，全面、及时、准确提供环境综合信息。定期开展环境质量和生态变化评估以及环境经济核算。

5. 建设“金环工程”

建设国家和地方环境保护信息系统。构建环境保护信息基础网络平台，建设国家环境数据信息库和环境管理决策支持体系，建立高效、便捷的环境污染事故应急指挥信息传输系统，构筑数字环保，完善信息发布制度，促进环境信息共享。

6. 增强环境科技创新的支撑能力

建成一批国家环境重点实验室、国家环境工程技术中心和环境基准实验室。初步建成国家环境标准样品研发与生产基地。

7. 加强队伍建设和人才培养

加大环保管理干部和技术人员培训力度，培养高素质环保技术人才。实施资格认证制度，逐步扩大环保技术人员执业资格范围。加强环保队伍思想政治工作和廉政建设。

四、重点工程和投资重点

解决我国环境问题，必须以规划为依据，以项目为依托，以投资作保障，通过落实规划、落实资金、落实项目，把实现“十一五”环保目标落到实处。

（一）重点工程

加快完成国家“十五”各项重点治理计划的结转项目，及时开工列入国家“十一五”规划的项目，研究论证一批新的工程项目。“十一五”期间，重点实施10项环境保护工程。要调动各种资源，开辟多元化投资渠道，集中力量和资金，重点建设。

（二）投资重点

为实现“十一五”环境保护目标，全国环保投资约需占同期国内生产总值的1.35%。

1. 水污染治理

为实现化学需氧量减少10%的目标，必须通过工程措施削减化学需氧量400万吨，其中：需新增城市污水处理能力4500万吨/日，形成化学需氧量削减能力300万吨；工业污水治理削减化学需氧量100万吨。水污染治理是投资的重中之重。

2. 大气污染治理

为实现二氧化硫排放量减少10%的目标，在“十一五”新建燃煤电厂基本都安装脱硫设施的前提下，还必须通过工程措施削减现役火电机组二氧化硫490万吨，使现役火电机组投入运行的脱硫装机容量达到2.13亿千瓦，钢铁烧结机烟气脱硫等脱硫工程形成脱硫能力30万吨。推进其他工业废气治理、城市集中供热、集中供气等大气污染综合治理。

3. 固体废物治理

继续实施危险废物和医疗废物处理设施建设规划，新增城市生活垃圾无害化处理能力24万吨/日，推进工业固体废物、废旧家电处置与综合利用等固体废物治理。

4. 核安全与放射性废物治理

重点建设退役核设施与中低放射性废物处理处置、铀矿开采的污染防治等设施。

5. 农村污染治理与生态保护

实施农村小康环保行动计划，启动农村环境治理，开展土壤污染调查与修复，强化重点生态功能保护区和自然保护区建设。

6. 能力建设

建设先进的环境监测预警体系、完备的环境执法监督体系，增强环保科技与产业支撑能力。

（三）投资来源

1. 政府投资

环境基础设施建设、重点流域综合治理、核与辐射安全、农村污染治理、自然保护区和重要生态功能区建设、环境监管能力建设等，主要以地方各级人民政府投入为主，中央政府区别不同情况给予支持。

2. 企业投资

工业污染治理按照“污染者负责”原则，由企业负责。其中现有污染源治理投资由企业利用自有资金或银行贷款解决。新扩改建项目环保投资，要纳入建设项目投资计划。

要积极利用市场机制，吸引社会投资，形成多元化的投入格局。“十一五”期间预计可征收排污费750亿元，用于污染治理，以补助或者贴息方式，吸引银行特别是政策性银行，积极支持环境保护项目。

五、保障措施

积极推进历史性转变，着力克服长期制约环境保护发展的制度性障碍，加大改革创新力度，完善体制，创新机制，加强法制，增加投入，提高环境保护工作水平。

（一）促进区域经济与环境协调发展

实施区域发展总体战略，将国土空间划分为四类主体功能区，既是优化经济布局、促进区域协调发展的战略举措，更是保护生态环境的一项基础性、长远性的根本措施，也为强化国家在环境保护领域的宏观调控和分类指导提供了依据。

1. 加强地区分类指导

在国家区域协调发展战略框架下，西部地区要强化生态保护，依据国家政策和规划，稳步实施生态退耕，继续推进各类生态建设工程，建设重点生态功能保护区，加大荒漠化和石漠化治理力度，加强资源开发活动的环境监管，控制和防止重化工业和资源开发过程中的污染和生态破坏，加强三峡库区及其上游、黄河中上游等重点流域水污染与水土流失防治；东北地区要加强黑土地水土流失和东北西部荒漠化综合治理，加大资源枯竭型城市和矿山的生态修复，推进松花江、辽河、鸭绿江等流域和界河的污染治理，加快生态省和循环经济试点省建设步伐；中部地区要加快环境基础设施建设，加大重点流域的水污染治理力度，有效维护区域资源环境承载能力，严格控制污染物排放总量；东部地区要率先推进历史性转变，率先还清旧账，加快产业结构优化升级，促进增长方式的转变，加大长三角、珠三角、京津冀等沿海城市群区域环境综合整治力度，大幅度削减主要污染物排放总量。

2. 逐步实行环境分类管理

按照全国主体功能区划的要求，对四类主体功能区制定分类管理的环境政策和评价指标体系，逐步实行分类管理。

在优化开发区域，坚持环境优先，优化产业结构和布局，大力发展高新技术，加快传统产业技术升级，实行严格的建设项目环境准入制度，率先完成排污总量削减任务，做到增产减污，解决一批突出的环境问题，改善环境质量。

在重点开发区域，坚持环境与经济协调发展，科学合理利用环境承载力，推进工业化和城镇化，加快环保基础设施建设，严格控制污染物排放总量，做到增产不增污，基本遏制环境恶化趋势。

在限制开发区域，坚持保护为主，合理选择发展方向，发展特色优势产业，加快建设重点生态功能保护区，确保生态功能的恢复与保育，逐步恢复生态平衡。

在禁止开发区域，坚持强制性保护，依据法律法规和相关规划严格监管，严禁不符合主体功能定位的开发活动，控制人为因素对自然生态的干扰和破坏。

3. 重点支持西部地区环境保护

按照西部大开发总体战略和政策，加大对西部地区环境保护支持力度。加强对西部地区的政策指导，严格控制污染向西部地区转移。优先在西部地区建立和实施生态补偿机制。国家主要污染物排放总量指标、污染治理资金和能力建设资金，尽可能向西部地区倾斜。按照自愿互利原则，提倡东中部地区帮助西部地区加强能力建设和人才培养。做好对口援助西藏工作。

（二）加快经济结构调整

大力推动产业结构优化升级，促进清洁生产，发展循环经济，从源头减少污染，推进建设环境友好型社会。

1. 强化环境准入

在确定钢铁、有色、建材、电力、轻工等重点行业准入条件时充分考虑环境保护要求，新建项目必须符合国家规定的准入条件和排放标准。已无环境容量的区域，禁止新建增加污染物排放量的项目。

依据国家产业政策和环保法规，加大淘汰污染严重的落后工艺、设备和企业的力度。把淘汰落后作为建设环境友好型社会的重要途径。

2. 加快推进循环经济

根据发展循环经济的要求，制定相关配套法规，完善评价指标体系。实行有利于资源节约和循环经济发展的经济政策。推进重点行业、产业园区和省市循环经济试点工作，推广循环经济先进适用技术和典型经验，建设循环经济试点示范工程。加快制定重点行业清洁生产标准、评价指标体系和强制性清洁生产审核技术指南，建立推进清洁生产实施的技术支撑体系。进一步推动企业积极实施清洁生产方案。对污染物排放超过国家和地方标准或总量控制指标的企业，以及使用有毒有害原料或者排放有毒物质的企业，要依法实行强制性清洁生产审核。

3. 大力开展资源节约和综合利用

按照低投入、高产出、低消耗、少排放、能循环、可持续的原则，把节能节水节地与削减污染物排放总量有机结合起来，实行统筹规划，同步实施，以提高能源资源利用效率为重要措施，完成“十一五”主要污染物减排目标。

（三）完善体制，落实责任

适应环境保护新形势，分清中央和地方事权，分清政府和企业职责，健全统一、协调、高效的环境监管体制。

1. 加强国家监察

完善政策措施，加强对全国环境保护的评估、规划、宏观调控和指导监督。加快建立大区督察派出机构，加强区域、流域环保工作的协调和监督，查处突出的环境违法问题。

2. 加强地方监管

坚持地方政府对行政区域环境质量负责，落实政府环境责任。建立环境保护目标责任制，加强评估和考核。

3. 落实单位负责

综合运用约束机制和激励机制，促进企业和其他组织严格执行环境法规与标准，自觉治理污染，保护生态。建立企业环境信息公开制度，加强社会监督。建立企业环境监督员制度，实行职业资格管理。

4. 加强部门合作

逐步理顺部门职责分工，增强环境监管的协调性、整体性。建立部门间信息共享和协调联动机制，充分发挥部际联席会议的作用。各有关部门依照各自职责，做好相关领域环保工作。环保部门要切实履行职责，统一环境规划，统一执法监督，统一发布环境信息，加强综合管理。

（四）创新机制，增加投入

努力推进政策创新，把政府调控与市场机制有机结合、法规约束与政策激励有机结合，以政府投入带动社会投入，以经济政策调动市场资源，以宣传教育引导公众参与，进一步完善政府主导、市场推进、公众参与的环境保护新机制。

1. 加大政府投入

把环境保护投入作为公共财政支出的重点并逐步增加。国家基本建设投资要继续向环境保护倾斜，对国家环保重点工程和列入国家环境治理规划的项目，区分不同情况给予支持。各级政府都要加大对污染防治、生态保护和环境公共设施建设的投资，把环保部门工作经费纳入各级财政支出预算，切实提高环保机构经费保障程度。加强排污费资金使用管理，加强资金使用效益的监督与评估。在合理划分中央和地方事权的基础上，中央政府加大对中西部地区环境保护支持力度。

2. 完善环境经济政策

在资源税、消费税、进出口税改革中充分考虑环境保护要求，探索建立环境税收制度，运用税收杠杆促进资源节约型、环境友好型社会的建设。

发挥价格杠杆的作用，建立能够反映污染治理成本的排污价格和收费机制，有条件的地区和单位可实行二氧化硫等排污权交易。实现环境成本内部化，促进企业减少排污，提高环境污染治理效果。对可再生能源发电、脱硫电厂和垃圾焚烧发电厂实行优先上网或提高电价等优惠政策，实行脱硫电价的动态管理。

全面征收城市污水、生活垃圾、危险废物和医疗废物处理处置费及放射性废物收储费，保证治理设施和收储设施正常运行。加大排污费征收和稽查力度，进一步完善排污收费制度。加快市政公用事业改革，鼓励各类企业参与环保基础设施建设和运营，推进污染治理市场化。

完善信贷政策，鼓励银行特别是政策性银行对有偿还能力的环境基础设施建设项目和企业治污项目给予贷款支持。探索建立环境责任保险和环境风险投资。积极扩大利用外资渠道，继续争取国际组织和外国政府无偿援助和优惠贷款。

按照“谁开发谁保护、谁破坏谁恢复，谁受益谁补偿，谁排污谁付费”的原则，以三峡库区、南水北调水源区、重点能源开发区和国家级自然保护区为突破口，扩大试点，完善生态补偿政策，建立生态补偿机制。

（五）强化法治，严格监管

强化法治既是防治污染、保护生态的关键，也是参与环境与发展综合决策，推动经济增长方式根本性转变的有效手段。采取有力措施，着力解决法规不健全、执法难度大、违法成本低、违法不究、执法不严的问题。

1. 完善法规标准体系

抓紧修订和完善现行法规标准，填补法律空白。重点是配合做好《中华人民共和国环境保护法》、《中华人民共和国水污染防治法》的修订工作，拟订有关土壤污染、化学物质污染、生态保护、生物安全、遗传资源、臭氧层保护、核安全、循环经济、环境监测、环境损害赔偿等方面的法律法规草案。各地也要完善地方性法规。完善技术规范和环境标准体系，科学确定标准限值，鼓励各地制订更加严格的地方污染物排放标准。

积极配合司法部门，通过司法手段保障环境执法的权威和有效性。

2. 完善执法监督体系

按照权责明确、行为规范、监督有力、高效运转的要求，明确执法责任和程序，提高执法效率，强化执法监督，坚决做到有法必依、执法必严、违法必究。

深入开展整治违法排污企业、保障群众健康专项行动，严厉查处环境违法行为和案件。持续开展环境安全检查，重点排查沿江沿河和人口密集区的石油、化工、冶炼等企业，努力消除环境隐患。加强危险化学品、危险废物、放射性废物监管，防范环境风险。各级政府和重点企业要制订应急方案，配备必要应急设施，提高突发环境事件的处置能力。

3. 着重落实三项环境管理制度

落实污染物排放总量控制制度。把主要污染物排放总量控制计划指标层层分解，落实到基层和排污单位。加强污染物排放监测和统计。综合运用排污许可、排污收费、强制淘汰、限期治理和环境影响评价等各项环境管理制度和手段，实现总量控制目标。

强化环境影响评价和“三同时”（建设项目环保设施同时计划、同时施工、同时投产使用）制度。在加快试点的基础上推进各类发展和建设规划的环境影响评价，从源头上防止环境污染和生态破坏。严格建设项目环境影响评价和“三同时”管理，加强环评资格管理，提高环评质量，落实环评责任制。严格“三同时”验收，尽快扭转重审批轻监管、重事前评价轻事后评估和不审批就开工、不验收就投产的局面。

实行环境目标责任制。把“十一五”环保目标和任务分解到各级政府，层层抓落实。建立环境管理绩效考核机制，把环境保护纳入经济社会发展评价体系。制订科学的评价指标，纳入党政干部政绩综合评价体系。建立环境保护问责和奖惩制度，严格执行《环境保护违法违纪行为处分暂行规定》。

(六)依靠科技,发展产业

以科技创新为动力，以产业发展为支撑，努力提高环境保护技术水平。

1. 大力促进科技创新

为提高科技引领和支撑环境保护的能力，以国家中长期科学和技术发展规划纲要中的环境重点领域及其优先主题为龙头，全面实施科技创新工程；以基础理论和技术创新为支撑，全面实施环境标准体系建设工程；以提高环境管理和污染防治技术为目标，全面实施环境技术管理体系建设工程。加强气候变化领域的基础研究，进一步开发和完善研究分析方法。

深化环境科技体制改革，团结各方面力量，优化整合环境科技资源，培养环境科技人才，建设环境科技支撑体系，提升环境科技创新能力。努力提高环境决策的科学化和民主化。

2. 积极促进环保产业发展

以环境保护重点工程为需求，以环保示范工程为依托，以标准化、系列化、国产化、现代化为导向，自主创新和引进消化吸收相结合，大力发展环保装备制造业。

以环境影响评价、环境工程服务、环境技术研发与咨询、环境风险投资为重点，以市场化为主体，积极发展环保服务业。

制定发展规划，推进技术进步，加强行业自律，规范市场行为，促进公平竞争，推动环保产业健康发展。

加大对外开放，实施引进来、走出去战略，支持各类所有制企业进入环保产业。培育一批具有自主品牌、核心技术能力强、市场占有率高、能够提供较多就业机会的优势企业和企业集团，使环保产业成为国民经济的新兴支柱产业。

(七)动员社会力量保护环境

开展各类环境宣传教育活动，实行环境信息公开，动员社会各界力量参与环境保护。

1. 增强全社会生态文明意识

不断增强各级干部和广大群众的环境意识和法制观念，重点加强对领导干部的环境教育和培训。充分发挥舆论引导和监督作用，大力宣传环境保护的方针政策和法律法规，公开曝光环境违法行为。抓好环保基础教育、专业教育、社会教育和岗位培训。全方位、多层次推广适应建立资源节约型、环境友好型社会要求的生产生活方式。

2. 扩大公众环境知情权

推行政务公开，实行环境保护政策法规、项目审批、案件处理等政务公告公示制度。完善环境信息政府网站，公开发布环境质量、环境管理等环境信息。依法推进企业环境信息公开，开展上市公司的环境绩效评估和环境信息公告。

3. 完善公众参与环境保护机制

大力普及环境科学知识，实施千乡万村环保科普行动计划。推广环境标志和环境认证，倡导绿色消费、绿色办公和绿色采购，广泛开展绿色社区、绿色学校、绿色家庭等群众性创建活动，充分发挥工会、共青团、妇联等群众组织、社区组织和各类环保社团及环保志愿者的作用。加强信访工作，充分发挥12369环保热线的作用，拓宽和畅通群众举报投诉渠道。开展环境公益诉讼研究，加强行政复议，推动行政诉讼，依法维护公民环境权益。完善公众参与的规则和程序，采用听证会、论证会、社会公示等形式，听取公众意见，接受群众监督，实行民主决策。

(八)积极开展环境保护国际合作

把环境保护作为我国对外开放的重要领域，继续扩大对外开放，在国际环境事务中发挥更加积极的作用。

1. 积极参与全球环境保护

坚持“共同但有区别的责任”原则，积极参与国际环境公约和世贸组织环境与贸易谈判，维护我国和广大发展中国家环境权益。履行相应国际义务，大力推进国内履约工作，加快消耗臭氧层物质的淘汰进程，努力控制温室气体排放。

2. 广泛开展国际环境合作

巩固并深化与重要大国、大国集团、传统友好国家的环境合作，重点加强与周边国家的环境合作，扩大与发展中国家的环境合作，继续深化与联合国环境规划署、世界银行、全球环境基金等国际组织的合作。通过合作与交流，宣传我国环境保护政策和进展，维护我国及发展中国家的环境权益。

引进国外资金、技术和管理经验，提高我国环保技术和管理水平。推动我国环保设备和技术走向国际市场。加强自主创新能力，积极推进减少温室气体排放的国际合作与技术转让。

加强环境与贸易的协调。积极应对绿色贸易壁垒，完善对外贸易产品的环境标准，建立环境风险评估机制和进口货物的有害物质监控体系，既要合理引进可利用再生资源和物种资源，又要严格防范污染引进、废物非法进口、有害外来物种入侵和遗传资源流失。

六、规划实施与考核

实施本规划，是全社会共同的义务，更是各级人民政府的重要责任。各级人民政府都要切实履行职责，加大工作力度，确保环保投入，引导社会资源，做到责任有主体，投入有渠道，任务有保障，逐项落实本规划提出的各项任务和保证措施。

“十一五”主要污染物排放总量控制指标，是国家“十一五”规划纲要确定的约束性指标，已经下达到各省、自治区、直辖市。各省、自治区、直辖市要层层分解，落实到各地区，落实到重点行业和单位，确保完成。

要在本规划指导下，抓紧编制重点领域、流域和地区的环境保护专项规划并组织实施。要做好环境保护规划与经济社会发展相关规划的衔接协调，相互促进，同步实施。各地区也要做好本地区环境保护规划的编制，经批准后实施。

加强部门合作，共同推进规划实施。发展改革部门要制定有利于环境保护的产业、价格、投资政策，把重点环保工程纳入经济社会发展规划和计划。财税部门要研究制定有利于环境保护的财税政策，建立和完善生态补偿机制，支持环境监测预警体系、环境执法监督体系建设。建设部门要做好城市污水、垃圾处理、园林绿化等环境建设与管理。国土资源、交通、水利、农业、林业、旅游、海洋等有关部门也要依据各自职责，支持和推进环境保护。

环保部门要建立评估考核机制，加强对规划执行情况的督促和检查，加强环境统计和监测，每半年公布一次各地区主要污染物排放情况、重点工程项目进展情况、重点流域与重点城市的环境质量变化情况。

在2008年底和2010年底，分别对本规划执行情况进行中期评估和终期考核。

国务院关于印发节能减排综合性工作方案的通知

各省、自治区、直辖市人民政府，国务院各部委、各直属机构：

国务院同意发展改革委会同有关部门制定的《节能减排综合性工作方案》（以下简称《方案》），现印发给你们，请结合本地区、本部门实际，认真贯彻执行。

一、充分认识节能减排工作的重要性和紧迫性

《中华人民共和国国民经济和社会发展第十一个五年规划纲要》提出了"十一五"期间单位国内生产总值能耗降低20%左右，主要污染物排放总量减少10%的约束性指标。这是贯彻落实科学发展观，构建社会主义和谐社会的重大举措；是建设资源节约型、环境友好型社会的必然选择；是推进经济结构调整，转变增长方式的必由之路；是提高人民生活质量，维护中华民族长远利益的必然要求。

当前，实现节能减排目标面临的形势十分严峻。去年以来，全国上下加强了节能减排工作，国务院发布了加强节能工作的决定，制定了促进节能减排的一系列政策措施，各地区、各部门相继做出了工作部署，节能减排工作取得了积极进展。但是，去年全国没有实现年初确定的节能降耗和污染减排的目标，加大了"十一五"后四年节能减排工作的难度。更为严峻的是，今年一季度，工业特别是高耗能、高污染行业增长过快，占全国工业能耗和二氧化硫排放近70%的电力、钢铁、有色、建材、石油加工、化工等六大行业增长20.6%，同比加快6.6个百分点。与此同时，各方面工作仍存在认识不到位、责任不明确、措施不配套、政策不完善、投入不落实、协调不得力等问题。这种状况如不及时扭转，不仅今年节能减排工作难以取得明显进展，"十一五"节能减排的总体目标也将难以实现。

我国经济快速增长，各项建设取得巨大成就，但也付出了巨大的资源和环境代价，经济发展与资源环境的矛盾日趋尖锐，群众对环境污染问题反应强烈。这种状况与经济结构不合理、增长方式粗放直接相关。不加快调整经济结构、转变增长方式，资源支撑不住，环境容纳不下，社会承受不起，经济发展难以为继。只有坚持节约发展、清洁发展、安全发展，才能实现经济又好又快发展。同时，温室气体排放引起全球气候变暖，备受国际社会广泛关注。进一步加强节能减排工作，也是应对全球气候变化的迫切需要，是我们应该承担的责任。

各地区、各部门要充分认识节能减排的重要性和紧迫性，真正把思想和行动统一到中央关于节能减排的决策和部署上来。要把节能减排任务完成情况作为检验科学发展观是否落实的重要标准，作为检验经济发展是否"好"的重要标准，正确处理经济增长速度与节能减排的关系，真正把节能减排作为硬任务，使经济增长建立在节约能源资源和保护环境的基础上。要采取果断措施，集中力量，迎难而上，扎扎实实地开展工作，力争通过今明两年的努力，实现节能减排任务完成进度与"十一五"规划实施进度保持同步，为实现"十一五"节能减排目标打下坚实基础。

二、狠抓节能减排责任落实和执法监管

发挥政府主导作用。各级人民政府要充分认识到节能减排约束性指标是强化政府责任的指标，实现这个目标是政府对人民的庄严承诺，必须通过合理配置公共资源，有效运用经济、法律和行政手段，确保实现。当务之急，是要建立健全节能减排工作责任制和问责制，一级抓一级，层层抓落实，形成强有力的工作格局。地方各级人民政府对本行政区域节能减排负总责，政府主要领导是第一责任人。要在科学测算的基础上，把节能减排各项工作目标和任务逐级分解到各市（地）、县和重点企业。要强化政策措施的执行力，加强对节能减排工作进展情况的考核和监督，国务院有关部门定期公布各地节能减排指标完成情况，进行统一考核。要把节能减排作为当前宏观调控重点，作为调整经济结构，转变增长方式的突破口和重要抓手，坚决遏制高耗能、高污染产业过快增长，坚决压缩城市形象工程和党政机关办公楼等楼堂馆所建设规模，切实保证节能减排、保障民生等工作所需资金投入。要把节能减排指标完成情况纳入各地经济社会发展综合评价体系，作为政府领导干部综合考核评价和企业负责人业绩考核的重要内容，实行"一票否决"制。要加大执法和处罚力度，公开严肃查处一批严重违反国家节能管理和环境保护法律法规的典型案件，依法追究有关人员和领导者的责任，起到警醒教育作用，形成强大声势。省级人民政府每年要向国务院报告节能减排目标责任的履行情况。国务院每年向全国人民代表大会报告节能减排的进展情况，在"十一五"期末报告五年两个指标的总体完成情况。地方各级人民政府每年也要向同级人民代表大会报告节能减排工作，自觉接受监督。

强化企业主体责任。企业必须严格遵守节能和环保法律法规及标准，落实目标责任，强化管理措施，自觉节能减排。对重点用能

单位加强经常监督，凡与政府有关部门签订节能减排目标责任书的企业，必须确保完成目标；对没有完成节能减排任务的企业，强制实行能源审计和清洁生产审核。坚持“谁污染、谁治理”，对未按规定建设和运行污染减排设施的企业和单位，公开通报，限期整改，对恶意排污的行为实行重罚，追究领导和直接责任人员的责任，构成犯罪的依法移送司法机关。同时，要加强机关单位、公民等各类社会主体的责任，促使公民自觉履行节能和环保义务，形成以政府为主导、企业为主体、全社会共同推进的节能减排工作格局。

三、建立强有力的节能减排领导协调机制

为加强对节能减排工作的组织领导，国务院成立节能减排工作领导小组。领导小组的主要任务是，部署节能减排工作，协调解决工作中的重大问题。领导小组办公室设在发展改革委，负责承担领导小组的日常工作，其中有关污染减排方面的工作由环保总局负责。地方各级人民政府也要切实加强对本地区节能减排工作的组织领导。

国务院有关部门要切实履行职责，密切协调配合，尽快制定相关配套政策措施和落实意见。各省级人民政府要立即部署本地区推进节能减排的工作，明确相关部门的责任、分工和进度要求。各地区、各部门和中央企业要在2007年6月30日前，提出本地区、本部门和本企业贯彻落实的具体方案报领导小组办公室汇总后报国务院。领导小组办公室要会同有关部门加强对节能减排工作的指导协调和监督检查，重大情况及时向国务院报告。

2007年6月3日

节能减排综合性工作方案

一、进一步明确实现节能减排的目标任务和总体要求

(一)主要目标。到2010年，万元国内生产总值能耗由2005年的1.22吨标准煤下降到1吨标准煤以下，降低20%左右；单位工业增加值用水量降低30%。“十一五”期间，主要污染物排放总量减少10%，到2010年，二氧化硫排放量由2005年的2549万吨减少到2295万吨，化学需氧量(COD)由1414万吨减少到1273万吨；全国设市城市污水处理率不低于70%，工业固体废物综合利用率达到60%以上。

(二)总体要求。以邓小平理论和“三个代表”重要思想为指导，全面贯彻落实科学发展观，加快建设资源节约型、环境友好型社会，把节能减排作为调整经济结构、转变增长方式的突破口和重要抓手，作为宏观调控的重要目标，综合运用经济、法律和必要的行政手段，控制增量、调整存量，依靠科技、加大投入，健全法制、完善政策，落实责任、强化监管，加强宣传、提高意识，突出重点、强力推进，动员全社会力量，扎实做好节能降耗和污染减排工作，确保实现节能减排约束性指标，推动经济社会又好又快发展。

二、控制增量，调整和优化结构

(三)控制高耗能、高污染行业过快增长。严格控制新建高耗能、高污染项目。严把土地、信贷两个闸门，提高节能环保市场准入门槛。抓紧建立新开工项目管理的部门联动机制和项目审批问责制，严格执行项目开工建设“六项必要条件”(必须符合产业政策和市场准入标准、项目审批核准或备案程序、用地预审、环境影响评价审批、节能评估审查以及信贷、安全和城市规划等规定和要求)。实行新开工项目报告和公开制度。建立高耗能、高污染行业新上项目与地方节能减排指标完成进度挂钩、与淘汰落后产能相结合的机制。落实限制高耗能、高污染产品出口的各项政策。继续运用调整出口退税、加征出口关税、削减出口配额、将部分产品列入加工贸易禁止类目录等措施，控制高耗能、高污染产品出口。加大差别电价实施力度，提高高耗能、高污染产品差别电价标准。组织对高耗能、高污染行业节能减排工作专项检查，清理和纠正各地在电价、地价、税费等方面对高耗能、高污染行业的优惠政策。

(四)加快淘汰落后生产能力。加大淘汰电力、钢铁、建材、电解铝、铁合金、电石、焦炭、煤炭、平板玻璃等行业落后产能的力度。“十一五”期间实现节能1.18亿吨标准煤，减排二氧化硫240万吨；今年实现节能3150万吨标准煤，减排二氧化硫40万吨。加大造纸、酒精、味精、柠檬酸等行业落后生产能力淘汰力度，“十一五”期间实现减排化学需氧量(COD)138万吨，今年实现减排COD62万吨(详见附表)。制订淘汰落后产能分地区、分年度的具体工作方案，并认真组织实施。对不按期淘汰的企业，地方各级人民政府要依法予以关停，有关部门依法吊销生产许可证和排污许可证并予以公布，电力供应企业依法停止供电。对没有完成淘汰落后产能任务的地区，严格控制国家安排投资的项目，实行项目“区域限批”。国务院有关部门每年向社会公告淘汰落后产能的企业名单和各地执行情况。建立落后产能退出机制，有条件的地方要安排资金支持淘汰落后产能，中央财政通过增加转移支付，对经济欠发达地区给予适当补助和奖励。

(五)完善促进产业结构调整的政策措施。进一步落实促进产业结构调整暂行规定。修订《产业结构调整指导目录》，鼓励发展低能耗、低污染的先进生产能力。根据不同行业情况，适当提高建设项目在土地、环保、节能、技术、安全等方面的准入标准。尽快修订颁布《外商投资产业指导目录》，鼓励外商投资节能环保领域，严格限制高耗能、高污染外资项目，促进外商投资产业结构升级。调整《加工贸易禁止类商品目录》，提高加工贸易准入门槛，促进加工贸易转型升级。

(六)积极推进能源结构调整。大力发展可

再生能源，抓紧制订出台可再生能源中长期规划，推进风能、太阳能、地热能、水电、沼气、生物质能利用以及可再生能源与建筑一体化的科研、开发和建设，加强资源调查评价。稳步发展替代能源，制订发展替代能源中长期规划，组织实施生物燃料乙醇及车用乙醇汽油发展专项规划，启动非粮生物燃料乙醇试点项目。实施生物化工、生物质能固体成型燃料等一批具有突破性带动作用的示范项目。抓紧开展生物柴油基础性研究和前期准备工作。推进煤炭直接和间接液化、煤基醇醚和烯烃代油大型台套示范工程和技术储备。大力推进煤炭洗选加工等清洁高效利用。

（七）促进服务业和高技术产业加快发展。 落实《国务院关于加快发展服务业的若干意见》，抓紧制定实施配套政策措施，分解落实任务，完善组织协调机制。着力做强高技术产业，落实高技术产业发展“十一五”规划，完善促进高技术产业发展的政策措施。提高服务业和高技术产业在国民经济中的比重和水平。

三、加大投入，全面实施重点工程

（八）加快实施十大重点节能工程。 着力抓好十大重点节能工程，“十一五”期间形成2.4亿吨标准煤的节能能力。今年形成5000万吨标准煤节能能力，重点是：实施钢铁、有色、石油石化、化工、建材等重点耗能行业余热余压利用、节约和替代石油、电机系统节能、能量系统优化，以及工业锅炉（窑炉）改造项目共745个；加快核准建设和改造采暖供热为主的热电联产和工业热电联产机组1630万千瓦；组织实施低能耗、绿色建筑示范项目30个，推动北方采暖区既有居住建筑供热计量及节能改造1.5亿平方米，开展大型公共建筑节能运行管理与改造示范，启动200个可再生能源在建筑中规模化应用示范推广项目；推广高效照明产品5000万支，中央国家机关率先更换节能灯。

（九）加快水污染治理工程建设。 “十一五”期间新增城市污水日处理能力4500万吨、再生水日利用能力680万吨，形成COD削减能力300万吨；今年设市城市新增污水日处理能力1200万吨，再生水日利用能力100万吨，形成COD削减能力60万吨。加大工业废水治理力度，“十一五”形成COD削减能力140万吨。加快城市污水处理配套管网建设和改造。严格饮用水水源保护，加大污染防治力度。

（十）推动燃煤电厂二氧化硫治理。 “十一五”期间投运脱硫机组3.55亿千瓦。其中，新建燃煤电厂同步投运脱硫机组1.88亿千瓦；现有燃煤电厂投运脱硫机组1.67亿千瓦，形成削减二氧化硫能力590万吨。今年现有燃煤电厂投运脱硫设施3500万千瓦，形成削减二氧化硫能力123万吨。

（十一）多渠道筹措节能减排资金。 十大重点节能工程所需资金主要靠企业自筹、金融机构贷款和社会资金投入，各级人民政府安排必要的引导资金予以支持。城市污水处理设施和配套管网建设的责任主体是地方政府，在实行城市污水处理费最低收费标准的前提下，国家对重点建设项目给予必要的支持。按照“谁污染、谁治理，谁投资、谁受益”的原则，促使企业承担污染治理责任，各级人民政府对重点流域内的工业废水治理项目给予必要的支持。

四、创新模式，加快发展循环经济

（十二）深化循环经济试点。 认真总结循环经济第一批试点经验，启动第二批试点，支持一批重点项目建设。深入推进浙江、青岛等地废旧家电回收处理试点。继续推进汽车零部件和机械设备再制造试点。推动重点矿山和矿业城市资源节约和循环利用。组织编制钢铁、有色、煤炭、电力、化工、建材、制糖等重点行业循环经济推进计划。加快制订循环经济评价指标体系。

（十三）实施水资源节约利用。 加快实施重点行业节水改造及矿井水利用重点项目。“十一五”期间实现重点行业节水31亿立方米，新增海水淡化能力90万立方米/日，新增矿井水利用量26亿立方米；今年实现重点行业节水10亿立方米，新增海水淡化能力7万立方米/日，新增矿井水利用量5亿立方米。在城市强制推广使用节水器具。

（十四）推进资源综合利用。 落实《“十一五”资源综合利用指导意见》，推进共伴生矿产资源综合开发利用和煤层气、煤矸石、大宗工业废弃物、秸秆等农业废弃物综合利用。“十一五”期间建设煤矸石综合利用电厂2000万千瓦，今年开工建设500万千瓦。推进再生资源回收体系建设试点。加强资源综合利用认定。推动新型墙体材料和利废建材产业化示范。修订发布新型墙体材料目录和专项基金管理办法。推进第二批城市禁止使用实心粘土砖，确保2008年底前256个城市完成“禁实”目标。

（十五）促进垃圾资源化利用。 县级以上城市（含县城）要建立健全垃圾收集系统，全面推进城市生活垃圾分类体系建设，充分回收垃圾中的废旧资源，鼓励垃圾焚烧发电和供热、填埋气体发电，积极推进城乡垃圾无害化处理，实现垃圾减量化、资源化和无害化。

（十六）全面推进清洁生产。 组织编制《工业清洁生产审核指南编制通则》，制订和发布重点行业清洁生产标准和评价指标体系。加大实施清洁生产审核力度。合理使用农药、肥料，减少农村面源污染。

五、依靠科技，加快技术开发和推广

（十七）加快节能减排技术研发。 在国家重点基础研究发展计划、国家科技支撑计划和国家高技术发展计划等科技专项计划中，安排一批节能减排重大技术项目，攻克一批节能减排关键和共性技术。加快节能减排技术支撑平台建设，组建一批国家工程实验室和国家重点实验室。优化节能减排技术创新与转化的政策环境，加强资源环境高技术领域创新团队和研发基地建设，推动建立以企业为主体、产学研相结合的节能减排技术创新与成果转化体系。

（十八）加快节能减排技术产业化示范和推广。 实施一批节能减排重点行业共性、关键技术及重大技术装备产业化示范项目和循环经济高技术产业化重大专项。落实节能、节水技术政策大纲，在钢铁、有色、煤炭、电力、石油石化、化工、建材、纺织、造纸、建筑等重点行业，推广一批潜力大、应用面广的重大节能减排技术。加强节电、节油农业机械和农产品加工设备及农业节水、节肥、节药技术推广。鼓励企业加大节能减排技术改造和技术创新投入，增强自主创新能力。

(十九)加快建立节能技术服务体系。制订出台《关于加快发展节能服务产业的指导意见》，促进节能服务产业发展。培育节能服务市场，加快推行合同能源管理，重点支持专业化节能服务公司为企业以及党政机关办公楼、公共设施和学校实施节能改造提供诊断、设计、融资、改造、运行管理一条龙服务。

(二十)推进环保产业健康发展。制订出台《加快环保产业发展的意见》，积极推进环境服务产业发展，研究提出推进污染治理市场化的政策措施，鼓励排污单位委托专业化公司承担污染治理或设施运营。

(二十一)加强国际交流合作。广泛开展节能减排国际科技合作，与有关国际组织和国家建立节能环保合作机制，积极引进国外先进节能环保技术和管理经验，不断拓宽节能环保国际合作的领域和范围。

六、强化责任，加强节能减排管理

(二十二)建立政府节能减排工作问责制。将节能减排指标完成情况纳入各地经济社会发展综合评价体系，作为政府领导干部综合考核评价和企业负责人业绩考核的重要内容，实行问责制和“一票否决”制。有关部门要抓紧制订具体的评价考核实施办法。

(二十三)建立和完善节能减排指标体系、监测体系和考核体系。对全部耗能单位和污染源进行调查摸底。建立健全涵盖全社会的能源生产、流通、消费、区域间流入流出及利用效率的统计指标体系和调查体系，实施全国和地区单位GDP能耗指标季度核算制度。建立并完善年耗能万吨标准煤以上企业能耗统计数据网上直报系统。加强能源统计巡查，对能源统计数据进行监测。制订并实施主要污染物排放统计和监测办法，改进统计方法，完善统计和监测制度。建立并完善污染物排放数据网上直报系统和减排措施调度制度，对国家监控重点污染源实施联网在线自动监控，构建污染物排放三级立体监测体系，向社会公告重点监控企业年度污染物排放数据。继续做好单位GDP能耗、主要污染物排放量和工业增加值用水量指标公报工作。

(二十四)建立健全项目节能评估审查和环境影响评价制度。加快建立项目节能评估和审查制度，组织编制《固定资产投资项目节能评估和审查指南》，加强对地方开展“能评”工作的指导和监督。把总量指标作为环评审批的前置性条件。上收部分高耗能、高污染行业环评审批权限。对超过总量指标、重点项目未达到目标责任要求的地区，暂停环评审批新增污染物排放的建设项目。强化环评审批向上级备案制度和向社会公布制度。加强“三同时”管理，严把项目验收关。对建设项目未经验收擅自投运、久拖不验、超期试生产等违法行为，严格依法进行处罚。

(二十五)强化重点企业节能减排管理。“十一五”期间全国千家重点耗能企业实现节能1亿吨标准煤，今年实现节能2000万吨标准煤。加强对重点企业节能减排工作的检查和指导，进一步落实目标责任，完善节能减排计量和统计，组织开展节能减排设备检测，编制节能减排规划。重点耗能企业建立能源管理师制度。实行重点耗能企业能源审计和能源利用状况报告及公告制度，对未完成节能目标责任任务的企业，强制实行能源审计。今年要启动重点企业与国际国内同行业能耗先进水平对标活动，推动企业加大结构调整和技术改造力度，提高节能管理水平。中央企业全面推进创建资源节约型企业活动，推广典型经验和做法。

(二十六)加强节能环保发电调度和电力需求侧管理。制定并尽快实施有利于节能减排的发电调度办法，优先安排清洁、高效机组和资源综合利用发电，限制能耗高、污染重的低效机组发电。今年上半年启动试点，取得成效后向全国推广，力争节能2000万吨标准煤，“十一五”期间形成6000万吨标准煤的节能能力。研究推行发电权交易，逐年削减小火电机组发电上网小时数，实行按边际成本上网竞价。抓紧制定电力需求侧管理办法，规范有序用电，开展能效电厂试点，研究制定配套政策，建立长效机制。

(二十七)严格建筑节能管理。大力推广节能省地环保型建筑。强化新建建筑执行能耗限额标准全过程监督管理，实施建筑能效专项测评，对达不到标准的建筑，不得办理开工和竣工验收备案手续，不准销售使用；从2008年起，所有新建商品房销售时在买卖合同等文件中要载明耗能量、节能措施等信息。建立并完善大型公共建筑节能运行监管体系。深化供热体制改革，实行供热计量收费。今年着力抓好新建建筑施工阶段执行能耗限额标准的监管工作，北方地区地级以上城市完成采暖费补贴“暗补”变“明补”改革，在25个示范省市建立大型公共建筑能耗统计、能源审计、能效公示、能耗定额制度，实现节能1250万吨标准煤。

(二十八)强化交通运输节能减排管理。优先发展城市公共交通，加快城市快速公交和轨道交通建设。控制高耗油、高污染机动车发展，严格执行乘用车、轻型商用车燃料消耗量限值标准，建立汽车产品燃料消耗量申报和公示制度；严格实施国家第三阶段机动车污染物排放标准和船舶污染物排放标准，有条件的地方要适当提高排放标准，继续实行财政补贴政策，加快老旧汽车报废更新。公布实施新能源汽车生产准入管理规则，推进替代能源汽车产业化。运用先进科技手段提高运输组织管理水平，促进各种运输方式的协调和有效衔接。

(二十九)加大实施能效标识和节能节水产品认证管理力度。加快实施强制性能效标识制度，扩大能效标识应用范围，今年发布《实行能效标识产品目录(第三批)》。加强对能效标识的监督管理，强化社会监督、举报和投诉处理机制，开展专项市场监督检查和抽查，严厉查处违法违规行为。推动节能、节水和环境标志产品认证，规范认证行为，扩展认证范围，在家用电器、照明等产品领域建立有效的国际协调互认制度。

(三十)加强节能环保管理能力建设。建立健全节能监管监察体制，整合现有资源，加快建立地方各级节能监察中心，抓紧组建国家节能中心。建立健全国家监察、地方监管、单位负责的污染减排监管体制。积极研究完善环保管理体制机制问题。加快各级环境监测和监察机构标准化、信息化体系建设。扩大国家重点监控污染企业实行环境监督员制度试点。加强节能监察、节能技术服务中心及环境监测站、环保监察机构、城市排水监测站的条件建设，适时更新监测设备和仪器，开展人员培训。加强节能减排统计能力建设，充实统计力量，适当加大投入。充分发挥行业协会、学会在节能减排工作中的作用。

七、健全法制，加大监督检查执法力度

(三十一)**健全法律法规**。加快完善节能减排法律法规体系，提高处罚标准，切实解决“违法成本低、守法成本高”的问题。积极推动节约能源法、循环经济法、水污染防治法、大气污染防治法等法律的制定及修订工作。加快民用建筑节能、废旧家用电器回收处理管理、固定资产投资项目节能评估和审查管理、环保设施运营监督管理、排污许可、畜禽养殖污染防治、城市排水和污水管理、电网调度管理等方面行政法规的制定及修订工作。抓紧完成节能监察管理、重点用能单位节能管理、节约用电管理、二氧化硫排污交易管理等方面行政规章的制定及修订工作。积极开展节约用水、废旧轮胎回收利用、包装物回收利用和汽车零部件再制造等方面立法准备工作。

(三十二)**完善节能和环保标准**。研究制订高耗能产品能耗限额强制性国家标准，各地区抓紧研究制订本地区主要耗能产品和大型公共建筑能耗限额标准。今年要组织制订粗钢、水泥、烧碱、火电、铝等22项高耗能产品能耗限额强制性国家标准(包括高耗电产品电耗限额标准)以及轻型商用车等5项交通工具燃料消耗量限值标准，制(修)订36项节水、节材、废弃产品回收与再利用等标准。组织制(修)订电力变压器、静电复印机、变频空调、商用冰柜、家用电冰箱等终端用能产品(设备)能效标准。制订重点耗能企业节能标准体系编制通则，指导和规范企业节能工作。

(三十三)**加强烟气脱硫设施运行监管**。燃煤电厂必须安装在线自动监控装置，建立脱硫设施运行台帐，加强设施日常运行监管。2007年底前，所有燃煤脱硫机组要与省级电网公司完成在线自动监控系统联网。对未按规定和要求运行脱硫设施的电厂要扣减脱硫电价，加大执法监管和处罚力度，并向社会公布。完善烟气脱硫技术规范，开展烟气脱硫工程后评估。组织开展烟气脱硫特许经营试点。

(三十四)**强化城市污水处理厂和垃圾处理设施运行管理和监督**。实行城市污水处理厂运行评估制度，将评估结果作为核拨污水处理费的重要依据。对列入国家重点环境监控的城市污水处理厂的运行情况及污染物排放信息实行向环保、建设和水行政主管部门季报制度，限期安装在线自动监控系统，并与环保和建设部门联网。对未按规定和要求运行污水处理厂和垃圾处理设施的城市公开通报，限期整改。对城市污水处理设施建设严重滞后、不落实收费政策、污水处理厂建成后一年内实际处理水量达不到设计能力60%的，以及已建成污水处理设施但无故不运行的地区，暂缓审批该地区项目环评，暂缓下达有关项目的国家建设资金。

(三十五)**严格节能减排执法监督检查**。国务院有关部门和地方人民政府每年都要组织开展节能减排专项检查和监察行动，严肃查处各类违法违规行为。加强对重点耗能企业和污染源的日常监督检查，对违反节能环保法律法规的单位公开曝光，依法查处，对重点案件挂牌督办。强化上市公司节能环保核查工作。开设节能环保违法行为和事件举报电话和网站，充分发挥社会公众监督作用。建立节能环保执法责任追究制度，对行政不作为、执法不力、徇私枉法、权钱交易等行为，依法追究有关主管部门和执法机构负责人的责任。

八、完善政策，形成激励和约束机制

(三十六)**积极稳妥推进资源性产品价格改革**。理顺煤炭价格成本构成机制。推进成品油、天然气价格改革。完善电力峰谷分时电价办法，降低小火电价格，实施有利于烟气脱硫的电价政策。鼓励可再生能源发电以及利用余热余压、煤矸石和城市垃圾发电，实行相应的电价政策。合理调整各类用水价格，加快推行阶梯式水价、超计划超定额用水加价制度，对国家产业政策明确的限制类、淘汰类高耗水企业实施惩罚性水价，制定支持再生水、海水淡化水、微咸水、矿井水、雨水开发利用的价格政策，加大水资源费征收力度。按照补偿治理成本原则，提高排污单位排污费征收标准，将二氧化硫排污费由目前的每公斤0.63元分三年提高到每公斤1.26元；各地根据实际情况提高COD排污费标准，国务院有关部门批准后实施。加强排污费征收管理，杜绝“协议收费”和“定额收费”。全面开征城市污水处理费并提高收费标准，吨水平均收费标准原则上不低于0.8元。提高垃圾处理收费标准，改进征收方式。

(三十七)**完善促进节能减排的财政政策**。各级人民政府在财政预算中安排一定资金，采用补助、奖励等方式，支持节能减排重点工程、高效节能产品和节能新机制推广、节能管理能力建设及污染减排监管体系建设等。进一步加大财政基本建设投资向节能环保项目的倾斜力度。健全矿产资源有偿使用制度，改进和完善资源开发生态补偿机制。开展跨流域生态补偿试点工作。继续加强和改进新型墙体材料专项基金和散装水泥专项资金征收管理。研究建立高能耗农业机械和渔船更新报废经济补偿制度。

(三十八)**制定和完善鼓励节能减排的税收政策**。抓紧制定节能、节水、资源综合利用和环保产品(设备、技术)目录及相应税收优惠政策。实行节能环保项目减免企业所得税及节能环保专用设备投资抵免企业所得税政策。对节能减排设备投资给予增值税进项税抵扣。完善对废旧物资、资源综合利用产品增值税优惠政策；对企业综合利用资源，生产符合国家产业政策规定的产品取得的收入，在计征企业所得税时实行减计收入的政策。实施鼓励节能环保型车船、节能省地环保型建筑和既有建筑节能改造的税收优惠政策。抓紧出台资源税改革方案，改进计征方式，提高税负水平。适时出台燃油税。研究开征环境税。研究促进新能源发展的税收政策。实行鼓励先进节能环保技术设备进口的税收优惠政策。

(三十九)**加强节能环保领域金融服务**。鼓励和引导金融机构加大对循环经济、环境保护及节能减排技术改造项目的信贷支持，优先为符合条件的节能减排项目、循环经济项目提供直接融资服务。研究建立环境污染责任保险

制度。在国际金融组织和外国政府优惠贷款安排中进一步突出对节能减排项目的支持。环保部门与金融部门建立环境信息通报制度，将企业环境违法信息纳入人民银行企业征信系统。

九、加强宣传，提高全民节约意识

（四十）**将节能减排宣传纳入重大主题宣传活动**。每年制订节能减排宣传方案，主要新闻媒体在重要版面、重要时段进行系列报道，刊播节能减排公益性广告，广泛宣传节能减排的重要性、紧迫性以及国家采取的政策措施，宣传节能减排取得的阶段性成效，大力弘扬“节约光荣，浪费可耻”的社会风尚，提高全社会的节约环保意识。加强对外宣传，让国际社会了解中国在节能降耗、污染减排和应对全球气候变化等方面采取的重大举措及取得的成效，营造良好的国际舆论氛围。

（四十一）**广泛深入持久开展节能减排宣传**。组织好每年一度的全国节能宣传周、全国城市节水宣传周及世界环境日、地球日、水日宣传活动。组织企事业单位、机关、学校、社区等开展经常性的节能环保宣传，广泛开展节能环保科普宣传活动，把节约资源和保护环境观念渗透在各级各类学校的教育教学中，从小培养儿童的节约和环保意识。选择若干节能先进企业、机关、商厦、社区等，作为节能宣传教育基地，面向全社会开放。

（四十二）**表彰奖励一批节能减排先进单位和个人**。各级人民政府对在节能降耗和污染减排工作中做出突出贡献的单位和个人予以表彰和奖励。组织媒体宣传节能先进典型，揭露和曝光浪费能源资源、严重污染环境的反面典型。

十、政府带头，发挥节能表率作用

（四十三）**政府机构率先垂范**。建设崇尚节约、厉行节约、合理消费的机关文化。建立科学的政府机构节能目标责任和评价考核制度，制订并实施政府机构能耗定额标准，积极推进能源计量和监测，实施能耗公布制度，实行节奖超罚。教育、科学、文化、卫生、体育等系统，制订和实施适应本系统特点的节约能源资源工作方案。

（四十四）**抓好政府机构办公设施和设备节能**。各级政府机构分期分批完成政府办公楼空调系统低成本改造；开展办公区和住宅区供热节能技术改造和供热计量改造；全面开展食堂燃气灶具改造，“十一五”时期实现食堂节气20%；凡新建或改造的办公建筑必须采用节能材料及围护结构；及时淘汰高耗能设备，合理配置并高效利用办公设施、设备。在中央国家机关开展政府机构办公区和住宅区节能改造示范项目。推动公务车节油，推广实行一车一卡定点加油制度。

（四十五）**加强政府机构节能和绿色采购**。认真落实《节能产品政府采购实施意见》和《环境标志产品政府采购实施意见》，进一步完善政府采购节能和环境标志产品清单制度，不断扩大节能和环境标志产品政府采购范围。对空调机、计算机、打印机、显示器、复印机等办公设备和照明产品、用水器具，由同等优先采购改为强制采购高效节能、节水、环境标志产品。建立节能和环境标志产品政府采购评审体系和监督制度，保证节能和绿色采购工作落到实处。

国家发展改革委关于发布项目申请报告通用文本的通知

发改投资[2007]1169 号

国务院各部门、直属机构，各省、自治区、直辖市及计划单列市、新疆生产建设兵团发展改革委、经贸委(经委)，各计划单列企业集团、中央管理企业：

为进一步完善企业投资项目核准制，指导企业做好项目申请报告的编写工作，规范项目核准机关对企业投资项目的核准行为，特编写“项目申请报告通用文本”和“关于《项目申请报告通用文本》的说明”，现印发你们，供有关方面借鉴和参考，并就有关事项通知如下：

一、项目申请报告通用文本，是对项目申请报告编写内容及深度的一般要求；关于《项目申请报告通用文本》的说明，是对通用文本的详细解释和阐述。在编写、审核项目申请报告时，应同时借鉴和参考通用文本及说明的有关内容。

二、企业在编写具体项目的申请报告时，可根据拟建项目的实际情况，对通用文本中所要求的内容进行适当调整。如果拟建项目不涉及其中有关内容，可以在说明情况后，不进行相关分析。

三、项目核准机关在核准企业投资项目时，应严格按照《国务院关于投资体制改革的决定》要求，主要从维护经济安全、合理开发利用资源、保护生态环境、优化重大布局、保障公共利益、防止出现垄断等方面进行审查。

四、为了适应各行业的具体情况，我委将根据实际工作需要，在通用本的基础上，逐步制定和完善特定行业的项目申请报告文本。行业本的制定，既要遵循通用本的一般要求，又要充分反映行业特殊情况，可根据实际需要对通用本的内容进行适当增减。

五、此次所发布的项目申请报告通用文本，适用于在我国境内建设的企业投资项目，包括外商投资项目。境外投资项目申请报告的文本将另行编制。

六、按照《国家发展改革委办公厅印发关于我委办理工程建设项目审批(核准)时核准招标内容的意见的通知》(发改办法规[2005]824号)的要求，凡需报我委核准招标内容的企业投资项目，应在项目申请报告中包括有关招标内容。

七、2007 年 9 月 1 日以后报送我委的项目申请报告，原则上均应按本通知的要求进行编写。

附件：一、项目申请报告通用文本

二、关于《项目申请报告通用文本》的说明

中华人民共和国国家发展和改革委员会

2007 年 5 月 28 日

附件一

项目申请报告通用文本

第一章　申报单位及项目概况

1. 项目申报单位概况。包括项目申报单位的主营业务、经营年限、资产负债、股东构成、主要投资项目、现有生产能力等内容。

2. 项目概况。包括拟建项目的建设背景、建设地点、主要建设内容和规模、产品和工程技术方案、主要设备选型和配套工程、投资规模和资金筹措方案等内容。

第二章　发展规划、产业政策和行业准入分析

1. 发展规划分析。拟建项目是否符合有关的国民经济和社会发展总体规划、专项规划、区域规划等要求，项目目标与规划内容是否衔接和协调。

2. 产业政策分析。拟建项目是否符合有关产业政策的要求。

3. 行业准入分析。项目建设单位和拟建项目是否符合相关行业准入标准的规定。

第三章　资源开发及综合利用分析

1. 资源开发方案。资源开发类项目，包括对金属矿、煤矿、石油天然气矿、建材矿以及水(力)、森林等资源的开发，应分析拟开发资源的可开发量、自然品质、赋存条件、开发价值等，评价是否符合资源综合利用的要求。

2. 资源利用方案。包括项目需要占用的重要资源品种、数量及来源情况；多金属、多用途化学元素共生矿、伴生矿以及油气混合矿等的资源综合利用方案；通过对单位生产能力主要资源消耗量指标的对比分析，评价资源利用效率的先进程度；分析评价项目建设是否会对地表(下)水等其它资源造成不利影响。

3. 资源节约措施。阐述项目方案中作为原材料的各类金属矿、非金属矿及水资源节约的主要措施方案。对拟建项目的资源消耗指标进行分析，阐述在提高资源利用效率、降低资源消耗等方面的主要措施，论证是否符合资源节约和有效利用的相关要求。

第四章　节能方案分析

1. 用能标准和节能规范。阐述拟建项目所遵循的国家和地方的合理用能标准及节能设计规范。

2. 能耗状况和能耗指标分析。阐述项目所在地的能源供应状况，分析拟建项目的能源消耗种类和数量。根据项目特点选择计算各类能耗指标，与国际国内先进水平进行对比分析，阐述是否符合能耗准入标准的要求。

3. 节能措施和节能效果分析。阐述拟建项目为了优化用能结构、满足相关技术政策和设计标准而采用的主要节能降耗措施，对节能效果进行分析论证。

第五章 建设用地、征地拆迁及移民安置分析

1. 项目选址及用地方案。包括项目建设地点、占地面积、土地利用状况、占用耕地情况等内容。分析项目选址是否会造成相关不利影响，如是否压覆矿床和文物，是否有利于防洪和排涝，是否影响通航及军事设施等。

2. 土地利用合理性分析。分析拟建项目是否符合土地利用规划要求，占地规模是否合理，是否符合集约和有效使用土地的要求，耕地占用补充方案是否可行等。

3. 征地拆迁和移民安置规划方案。对拟建项目的征地拆迁影响进行调查分析，依法提出拆迁补偿的原则、范围和方式，制定移民安置规划方案，并对是否符合保障移民合法权益、满足移民生存及发展需要等要求进行分析论证。

第六章 环境和生态影响分析

1. 环境和生态现状。包括项目场址的自然环境条件、现有污染物情况、生态环境条件和环境容量状况等。

2. 生态环境影响分析。包括排放污染物类型、排放量情况分析，水土流失预测，对生态环境的影响因素和影响程度，对流域和区域环境及生态系统的综合影响。

3. 生态环境保护措施。按照有关环境保护、水土保持的政策法规要求，对可能造成的生态环境损害提出治理措施，对治理方案的可行性、治理效果进行分析论证。

4. 地质灾害影响分析。在地质灾害易发区建设的项目和易诱发地质灾害的项目，要阐述项目建设所在地的地质灾害情况，分析拟建项目诱发地质灾害的风险，提出防御的对策和措施。

5. 特殊环境影响。分析拟建项目对历史文化遗产、自然遗产、风景名胜和自然景观等可能造成的不利影响，并提出保护措施。

第七章 经济影响分析

1. 经济费用效益或费用效果分析。从社会资源优化配置的角度，通过经济费用效益或费用效果分析，评价拟建项目的经济合理性。

2. 行业影响分析。阐述行业现状的基本情况以及企业在行业中所处地位，分析拟建项目对所在行业及关联产业发展的影响，并对是否可能导致垄断等进行论证。

3. 区域经济影响分析。对于区域经济可能产生重大影响的项目，应从区域经济发展、产业空间布局、当地财政收支、社会收入分配、市场竞争结构等角度进行分析论证。

4. 宏观经济影响分析。投资规模巨大、对国民经济有重大影响的项目，应进行宏观经济影响分析。涉及国家经济安全的项目，应分析拟建项目对经济安全的影响，提出维护经济安全的措施。

第八章 社会影响分析

1. 社会影响效果分析。阐述拟建项目的建设及运营活动对项目所在地可能产生的社会影响和社会效益。

2. 社会适应性分析。分析拟建项目能否为当地的社会环境、人文条件所接纳，评价该项目与当地社会环境的相互适应性。

3. 社会风险及对策分析。针对项目建设所涉及的各种社会因素进行社会风险分析，提出协调项目与当地社会关系、规避社会风险、促进项目顺利实施的措施方案。

附件二
关于《项目申请报告通用文本》的说明

一、编写项目申请报告通用文本的主要目的

为贯彻落实投资体制改革精神，进一步完善企业投资项目核准制，帮助和指导企业开展项目申请报告的编写工作，规范项目核准机关对企业投资项目的核准行为，根据《中华人民共和国行政许可法》、《国务院关于投资体制改革的决定》、《企业投资项目核准暂行办法》、《外商投资项目核准暂行管理办法》和《国际金融组织和外国政府贷款投资项目管理暂行办法》等规定，特编写项目申请报告通用文本，供有关方面借鉴和参考。

项目申请报告通用文本是对项目申请报告编写内容及深度的一般要求。企业在编写具体项目的申请报告时，可结合项目自身的实际情况，对通用文本中所要求的内容进行适当调整；如果拟建项目不涉及其中有关内容，可以在说明情况后不再进行详细论证。为了更好地适应不同行业的具体情况和要求，国家发展改革委将在通用本的基础上，逐步制定特定行业的项目申请报告文本。行业本将充分反映不同行业的特殊情况，并根据工作需要对通用本的内容进行适当增减。

二、项目申请报告的性质及研究思路

按照投资体制改革的要求，政府不再审批企业投资项目的可行性研究报告，项目的市场前景、经济效益、资金来源、产品技术方案等都由企业自主决策。尽管不需再报政府审批，但为了防止和减少投资失误、保证投资效益，企业在进行自主决策时，仍应编制可行性研究报告，对上述内容进行分析论证，作为投资决策的重要依据。因此，投资体制改革之后，可行性研究报告的主要功能是满足企业自主投资决策的需要，其内容和深度可由企业根据决策需要和项目情况相应确定。

项目申请报告，是企业投资建设应报政府核准的项目时，为获得项目核准机关对拟建项目的行政许可，按核准要求报送的项目论证报告。项目申请报告应重点阐述项目的外部性、公共性等事项，包括维护经济安全、合理开发利用资源、保护生态环境、优化重大布局、保障公众利益、防止出现垄断等内容。编写项目申请报告时，应根据政府公共管理的要求，对拟建项目从规划布局、资源利用、征地移民、生态环境、经济和社会影响等方面进行综合论证，为有关部门对企业投资项目进行核准提供依据。至于项目的市场前景、经济效益、资金来源、产品技术方案等内容，不必在项目申请报告中进行详细分析和论证。

三、“申报单位及项目概况”的编写说明

全面了解和掌握项目申报单位及拟建项目的基本情况，是项目核准机关对拟建项目进行分析评价以决定是否予以核准的前提和基础。如果不能充分了解有关情况，就难以做出正确的核准决定。因此，对项目申报单位及拟建项目基本情况的介绍，在项目申请报告的编写中占有非常重要的地位。

通过对项目申报单位的主营业务、经营年限、资产负债、股东构成、主要投资项目情况和现有生产能力等内容的阐述，为项目核准机关分析判断项目申报单位是否具备承担拟建项

目的资格、是否符合有关的市场准入条件等提供依据。

通过对项目的建设背景、建设地点、主要建设内容和规模、产品和工程技术方案、主要设备选型和配套工程、投资规模和资金筹措方案等内容的阐述，为项目核准机关对拟建项目的相关核准事项进行分析、评价奠定基础和前提。

四、“发展规划、产业政策和行业准入分析”的编写说明

发展规划、产业政策和行业准入标准等，是加强和改善宏观调控的重要手段，是核准企业投资项目的重要依据。本章编写的主要目的，是从发展规划、产业政策及行业准入的角度，论证项目建设的目标及功能定位是否合理，是否符合与项目相关的各类规划要求，是否符合相关法律法规、宏观调控政策、产业政策等规定，是否满足行业准入标准、优化重大布局等要求。

在发展规划方面，应阐述国民经济和社会发展总体规划、区域规划、城市总体规划、城镇体系规划、行业发展规划等各类规划中与拟建项目密切相关的内容，对拟建项目是否符合相关规划的要求、项目建设目标与规划内容是否衔接和协调等进行分析论证。

在产业政策方面，阐述与拟建项目相关的产业结构调整、产业发展方向、产业空间布局、产业技术政策等内容，分析拟建项目的工程技术方案、产品方案等是否符合有关产业政策、法律法规的要求，如贯彻国家技术装备政策提高自主创新能力的情况等。

在行业准入方面，阐述与拟建项目相关的行业准入政策、准入标准等内容，分析评价项目建设单位和拟建项目是否符合相关规定。

五、“资源开发及综合利用分析”的编写说明

合理开发并有效利用资源，是贯彻落实科学发展观的重要内容。对于开发和利用重要资源的企业投资项目，要从建设节约型社会、发展循环经济等角度，对资源开发、利用的合理性和有效性进行分析论证。

对于资源开发类项目，要阐述资源储量和品质勘探情况，论述拟开发资源的可开发量、自然品质、赋存条件、开发价值等，分析评价项目建设方案是否符合有关资源开发利用的可持续发展战略要求，是否符合保护资源环境的政策规定，是否符合资源开发总体规划及综合利用的相关要求。在资源开发方案的分析评价中，应重视对资源开发的规模效益和使用效率分析，限制盲目开发，避免资源开采中的浪费现象；分析拟采用的开采设备和技术方案是否符合提高资源开发利用效率的要求；评价资源开发方案是否符合改善资源环境及促进相关产业发展的政策要求。

对于需要占用重要资源的建设项目，应阐述项目需要占用的资源品种和数量，提出资源供应方案；涉及多金属、多用途化学元素共生矿、伴生矿以及油气混合矿等情况的，应根据资源特征提出合理的综合利用方案，做到物尽其用；通过单位生产能力主要资源消耗量、资源循环再生利用率等指标的国内外先进水平对比分析，评价拟建项目资源利用效率的先进性和合理性；分析评价资源综合利用方案是否符合发展循环经济、建设节约型社会的要求；分析资源利用是否会对地表(下)水等其它资源造成不利影响，以提高资源利用综合效率。

在资源利用分析中，应对资源节约措施进行分析评价。本章主要阐述项目方案中作为原材料的各类金属矿、非金属矿及水资源节约的主要措施方案，并对其进行分析评价。有关节能的分析评价设专章单独阐述。对于耗水量大或严重依赖水资源的建设项目，以及涉及主要金属矿、非金属矿开发利用的建设项目，应对节水措施及相应的金属矿、非金属矿等原材料节约方案进行专题论证，分析拟建项目的资源消耗指标，阐述工程建设方案是否符合资源节约综合利用政策及相关专项规划的要求，就如何提高资源利用效率、降低资源消耗提出对策措施。

六、“节能方案分析”的编写说明

能源是制约我国经济社会发展的重要因素。解决能源问题的根本出路是坚持开发与节约并举、节约优先的方针，大力推进节能降耗，提高能源利用效率。为缓解能源约束，减轻环境压力，保障经济安全，实现可持续发展，必须按照科学发展观的要求，对企业投资涉及能源消耗的重大项目，尤其是钢铁、有色、煤炭、电力、石油石化、化工、建材等重点耗能行业及高耗能企业投资建设的项目，应重视从节能的角度进行核准，企业上报的项目申请报告应包括节能方案分析的相关内容。

用能标准和节能规范，应阐述项目所属行业及地区对节能降耗的相关规定，项目方案应遵循的国家和地方有关合理用能标准，以及节能设计规范。评价所采用的标准及规范是否充分考虑到行业及项目所在地区的特殊要求，是否全面和适宜。

能耗状况和能耗指标分析。应阐述项目所在地的能源供应状况，项目方案所采用的工艺技术、设备方案和工程方案对各类能源的消耗种类和数量，是否按照规范标准进行设计。应根据项目特点，选择计算单位产品产量能耗、万元产值能耗、单位建筑面积能耗、主要工序能耗等指标，并与国际国内先进水平进行对比分析，就是否符合国家规定的能耗准入标准进行阐述。

节能措施和节能效果分析。应根据国家有关节能工程实施方案及其他相关政策法规要求，分析项目方案在节能降耗方面存在的主要障碍，在优化用能结构、满足相关技术政策、设计标准及产业政策等方面所采取的节能降耗具体措施，并对节能效果进行分析论证。

七、“建设用地、征地拆迁及移民安置分析”的编写说明

土地是极其宝贵的稀缺资源，节约土地是我国的基本国策。项目选址和土地利用应严格贯彻国家有关土地管理的法律法规，切实做到依法、科学、合理、节约用地。因项目建设而导致的征地拆迁和移民安置人口，是项目建设中易受损害的社会群体。为有效使用土地资源，保障受征地拆迁影响的公众利益，应制定项目建设用地、征地拆迁及移民安置规划方案，并进行分析评价。

项目选址和用地方案，应阐述项目建设地点、场址土地权属类别、占地面积、土地利用状况、占用耕地情况、取得土地方式等内容，为项目用地的合理性分析和制定征地拆迁及移民安置规划方案提供背景依据。在选择项目场址时，还应考虑项目建设是否会对相关方面造成不利影响，对拟建项目是否压覆矿床和文

物、是否影响防洪和排涝、是否影响通航、是否影响军事设施安全等进行分析论证，并提出解决方案。

土地利用合理性分析，应分析评价项目建设用地是否符合土地利用规划要求，占地规模是否合理，是否符合保护耕地的要求，耕地占用补充方案是否可行，是否符合因地制宜、集约用地、少占耕地、减少拆迁移民的原则，是否符合有关土地管理的政策法规的要求。

如果因项目建设用地需要进行征地拆迁，则应根据项目建设方案和土地利用方案，进行征地拆迁影响的相关调查分析，依法制定征地拆迁和移民安置规划方案。要简述征地拆迁和移民安置规划方案提出的主要依据，说明征地拆迁的范围及其确定的依据、原则和标准；提出项目影响人口和实物指标的调查结果，分析实物指标的合理性；说明移民生产安置、搬迁安置、收入恢复和就业重建规划方案的主要内容，并对方案的可行性进行分析评价；说明征地拆迁和移民安置补偿费用编制的依据和相关补偿政策；阐述地方政府对移民安置规划、补偿标准的意见。

八、"环境和生态影响分析"的编写说明

为保护生态环境和自然文化遗产，维护公共利益，对于可能对环境产生重要影响的企业投资项目，应从防治污染、保护生态环境等角度进行环境和生态影响的分析评价，确保生态环境和自然文化遗产在项目建设和运营过程中得到有效保护，并避免出现由于项目建设实施而引发的地质灾害等问题。

环境和生态现状。应通过阐述项目场址的自然环境条件、现有污染物情况、生态环境条件、特殊环境条件及环境容量状况等基本情况，为拟建项目的环境和生态影响分析提供依据。

拟建项目对生态环境的影响。应分析拟建项目在工程建设和投入运营过程中对环境可能产生的破坏因素以及对环境的影响程度，包括废气、废水、固体废弃物、噪声、粉尘和其他废弃物的排放数量，水土流失情况，对地形、地貌、植被及整个流域和区域环境及生态系统的综合影响等。

生态环境保护措施的分析。应从减少污染排放、防止水土流失、强化污染治理、促进清洁生产、保持生态环境可持续能力的角度，按照国家有关环境保护、水土保持的政策法规要求，对项目实施可能造成的生态环境损害提出保护措施，对环境影响治理和水土保持方案的工程可行性和治理效果进行分析评价。治理措施方案的制定，应反映不同污染源和污染排放物及其他环境影响因素的性质特点，所采用的技术和设备应满足先进性、适用性、可靠性等要求；环境治理方案应符合发展循环经济的要求，对项目产生的废气、废水、固体废弃物等，提出回收处理和再利用方案；污染治理效果应能满足达标排放的有关要求。涉及水土保持的建设项目，还应包括水土保持方案的内容。

对于建设在地质灾害易发区内或可能诱发地质灾害的项目，应结合工程技术方案及场址布局情况，分析项目建设诱发地质灾害的可能性及规避对策。通过工程实施可能诱发的地质灾害分析，评价项目实施可能导致的公共安全问题，是否会对项目建设地的公众利益产生重大不利影响。对依照国家有关规定需要编制的建设项目地质灾害及地震安全评价文件的主要内容，进行简要描述。

对于历史文化遗产、自然遗产、风景名胜和自然景观等特殊环境，应分析项目建设可能产生的影响，研究论证影响因素、影响程度，提出保护措施，并论证保护措施的可行性。

九、"经济影响分析"的编写说明

企业投资项目的财务评价，主要是进行财务盈利能力和债务清偿能力分析。而经济影响分析，则是对投资项目所耗费的社会资源及其产生的经济效果进行论证，分析项目对行业发展、区域和宏观经济的影响，从而判断拟建项目的经济合理性。

对于产出物不具备实物形态且明显涉及公众利益的无形产品项目，如水利水电、交通运输、市政建设、医疗卫生等公共基础设施项目，以及具有明显外部性影响的有形产品项目，如污染严重的工业产品项目，应进行经济费用效益或费用效果分析，对社会为项目的建设实施和运营所付出的各类费用以及项目所产生的各种效益，进行全面地识别和评价。如果项目的经济费用和效益能够进行货币量化，应编制经济费用效益流量表，计算经济净现值 ENPV、经济内部效益率 EIRR 等经济评价指标，评价项目投资的经济合理性。对于产出效果难以进行货币量化的项目，应尽可能地采用非货币的量纲进行量化，采用费用效果分析的方法分析评价项目建设的经济合理性。难以进行量化分析的，应进行定性分析描述。

对于在行业内具有重要地位、影响行业未来发展的重大投资项目，应进行行业影响分析，评价拟建项目对所在行业及关联产业发展的影响，包括产业结构调整、行业技术进步、行业竞争格局等主要内容，特别要对是否可能形成行业垄断进行分析评价。

对区域经济可能产生重大影响的项目，应进行区域经济影响分析，重点分析项目对区域经济发展、产业空间布局、当地财政收支、社会收入分配、市场竞争结构等方面的影响，为分析投资项目与区域经济发展的关联性及融合程度提供依据。

对于投资规模巨大、可能对国民经济产生重大影响的基础设施、科技创新、战略性资源开发等项目，应从国民经济整体发展角度，进行宏观经济影响分析，如对国家产业结构调整和升级、重大产业布局、重要产业的国际竞争力以及区域之间协调发展的影响分析等。

对于涉及国家经济安全的重大项目，应从维护国家利益、保证国家产业发展及经济运行免受侵害的角度，结合资源、技术、资金、市场等方面的分析，进行投资项目的经济安全分析。内容包括：⑴产业技术安全，分析项目采用的关键技术是否受制于人，是否拥有自主知识产权，在技术壁垒方面的风险等；⑵资源供应安全，阐述项目所需要的重要资源来源，分析该资源受国际市场供求格局和价格变化的影响情况，以及现有垄断格局、运输线路安全保障等问题；⑶资本控制安全，分析项目的股权控制结构，中方资本对关键产业的资本控制能力，是否存在外资的不适当进入可能造成的垄断、不正当竞争等风险；⑷产业成长安全，结合我国相关产业发展现状，分析拟建项目是否有利于推动国家相关产业成长、提升国际竞争力、规避产业成长风险；⑸市场环境安全，分析国外为了保护本地市场，采用反倾销等贸

易救济措施和知识产权保护、技术性贸易壁垒等手段，对拟建项目相关产业发展设置障碍的情况；分析国际市场对相关产业生存环境的影响。

十、"社会影响分析"的编写说明

对于因征地拆迁等可能产生重要社会影响的项目，以及扶贫、区域综合开发、文化教育、公共卫生等具有明显社会发展目标的项目，应从维护公共利益、构建和谐社会、落实以人为本的科学发展观等角度，进行社会影响分析评价。

社会影响效果分析，应阐述与项目建设实施相关的社会经济调查内容及主要结论，分析项目所产生的社会影响效果的种类、范围、涉及的主要社会组织和群体等。重点阐述：(1)社会影响区域范围的界定。社会评价的区域范围应能涵盖所有潜在影响的社会因素，不应受行政区划等因素的限制。(2)影响区域内受项目影响的机构和人群的识别，包括各类直接或间接受益群体，也包括可能受到潜在负面影响的群体。(3)分析项目可能导致的各种社会影响效果，包括直接影响效果和间接影响效果，如增加就业、社会保障、劳动力培训、卫生保健、社区服务等，并分析哪些是主要影响效果，哪些是次要影响效果。

社会适应性分析，应确定项目的主要利益相关者，分析利益相关者的需求，研究目标人群对项目建设内容的认可和接受程度，评价各利益相关者的重要性和影响力，阐述各利益相关者参与项目方案确定、实施管理和监测评价的措施方案，以提高当地居民等利益相关者对项目的支持程度，确保拟建项目能够为当地社会环境、人文条件所接纳，提高拟建项目与当地社会环境的相互适应性。

社会风险及对策分析，应在确认项目有负面社会影响的情况下，提出协调项目与当地的社会关系，避免项目投资建设或运营管理过程中可能存在的冲突和各种潜在社会风险，解决相关社会问题，减轻负面社会影响的措施方案。

十一、关于利用外资项目申请报告的编写

外商投资项目申请报告的编写，按照《外商投资项目核准暂行管理办法》的规定，除遵循项目申请报告通用文本的一般要求外，在项目概况介绍中还应包括经营期限、产品目标市场、计划用工人数、涉及的公共产品或服务价格、出资方式、需要进口的设备及金额等内容，以满足项目核准机关对市场准入、资本项目管理等事项进行核准的需要。

对于外商并购境内企业项目，如不涉及扩大生产及投资规模，不新占用土地、能源和资源消耗，不形成对生态和环境新的影响，其项目申请报告可以适当简化，但应重点论述以下内容：境内企业情况(包括企业现状、财务状况、资产评估和确认情况，并购目的和选择外商情况等)；外商情况(包括近三年企业财务状况、在中国大陆投资情况及拥有实际控制权的同行业企业产品或服务的市场占有率、公司业绩等)；并购安排(包括职工安排、原企业债权债务处置)；并购后企业的经营方式、经营范围和股权结构；融资方案；中方通过并购所得收入的使用安排；有关法律规章要求的其他内容。

借用国际金融组织和外国政府贷款的项目申请报告的编写，按照《国际金融组织和外国政府贷款投资项目管理暂行办法》的规定，除遵循项目申请报告通用文本的一般要求外，在项目概况介绍中还应包括国外借款类别或国别、贷款规模、贷款用途、还款方案、申报情况等内容，以满足项目核准机关对外债管理等事项进行核准的需要。

能源发展"十一五"规划

国家发展改革委

2007 年 4 月

本规划主要阐明国家能源战略，明确能源发展目标、开发布局、改革方向和节能环保重点，是未来五年我国能源发展的总体蓝图和行动纲领。有关方面要按照规划要求，结合具体实际，积极开展工作，努力完成规划确定的各项任务。

第一章 能源形势

一、能源发展的新起点

"十五"时期，我国能源发展成就显著，基本满足了国民经济和社会发展的需要，为"十一五"及更长时期的发展奠定了坚实基础。面向未来，我国能源工业站在新的历史起点上。

(一)能源生产快速增长，供需矛盾趋于缓和 2005 年，我国一次能源生产总量 20.6 亿吨标准煤，消费总量 22.5 亿吨标准煤，分别占全球的 13.7% 和 14.8%，是世界第二能源生产和消费大国。煤炭产量突破 22 亿吨，发挥了重要的支撑作用。石油天然气产量稳步增长，西气东输工程顺利建成，塔里木、准噶尔、鄂尔多斯等西部油气田开发取得重要进展。发电装机容量超过 5 亿千瓦，实现了跨越式发展，电力供应紧张状况明显缓和。

(二)结构调整力度加大，"上大压小"取得成效大型煤炭基地建设、中小煤矿联合改造、落后小煤矿关闭淘汰稳步实施。大型电站建设步伐加快，火电"上大压小"继续推进。西电东送等重点输电工程进展顺利，农网改造基本完成，六大电网联网加强。新能源和可再生能源发展加快。风电装机容量达到 126 万千瓦，太阳能光伏发电装机容量约 7 万千瓦，太阳能热水器集热面积 8000 多万平方米、居世界第一位。生物质燃料乙醇年生产能力 102 万吨，煤炭液化和煤制醇醚、烯烃等煤基多联产示范工程稳步推进。

(三)技术创新取得进步，装备水平明显提

高煤炭工业已具备装备千万吨级露天煤矿和日产万吨矿井工作面的能力，建成了一批具有世界先进水平的大型煤矿。石油天然气复杂区块勘探开发、提高油田采收率等技术跨入国际领先行列。三峡工程顺利投产，标志着我国水电技术达到国际先进水平；一批大型火电机组投入运行；形成了比较完备的500千伏和330千伏主网架，750千伏示范工程建成投运，±800千伏直流和1000千伏交流试验示范工程开始启动。

(四)体制改革步伐加快，市场机制逐步完善煤炭企业战略性重组步伐加快，产业集中度提高。煤炭上下游产业融合趋势明显，一批产权多元化，煤电、煤钢、煤焦化一体化的综合能源企业正在发展壮大。煤炭市场价格机制趋于完善，区域煤炭交易市场发展态势良好。石油天然气产业形成了几个上下游、内外贸一体化的大型企业集团。国家战略石油储备建设取得进展。电力体制改革稳步推进，厂网分开基本完成，电力市场建设开始起步。

(五)能源效率有所提高，环境保护得到加强2005年，全国煤矿平均矿井回采率比2000年提高了约10个百分点。在难采储量不断增加的情况下，原油采收率仍然保持在较高水平。火电供电标准煤耗从2000年的392克/千瓦时下降到2005年的370克/千瓦时；烟尘排放总量比1980年减少32%；部分水资源缺乏地区实现了废水“零排放”；单位电量二氧化硫排放比1990年减少了40%。

二、面临的主要问题和挑战

“十一五”是全面建设小康社会的关键时期，新时期新阶段能源发展既有新的机遇，也面临更为严峻的挑战。

(一)消费需求不断增长，资源约束日益加剧

我国能源资源总量比较丰富，但人均占有量较低，特别是石油、天然气人均资源量仅为世界平均水平的7.7%和7.1%。随着国民经济平稳较快发展，城乡居民消费结构升级，能源消费将继续保持增长趋势，资源约束矛盾更加突出。

(二)结构矛盾比较突出，可持续发展面临挑战目前，煤炭消费占我国一次能源消费的69%，比世界平均水平高42个百分点。以煤为主的能源消费结构和比较粗放的经济增长方式，带来了许多环境和社会问题，经济社会可持续发展受到严峻挑战。

(三)国际市场剧烈波动，安全隐患不断增加最近几年，国际石油价格大幅震荡、不断攀升，给我国经济社会发展带来多方面的影响。我国战略石油储备体系建设刚刚起步，应对供应中断能力较弱；影响天然气电力安全供应的因素趋多；煤矿安全生产形势不容乐观，维护能源安全任务艰巨。

(四)能源效率亟待提高，节能降耗任务艰巨与国际先进水平比较，我国能源效率还有很大差距。“十一五”规划纲要提出了2010年单位GDP能耗降低20%左右的目标。一方面，从我国产业结构调整和技术管理水平提高潜力看，经过努力，实现上述目标是可能的。另一方面，我国尚处在工业化、城镇化加快发展的历史阶段，高耗能产业在经济增长中仍将占有较大比重，转变能源生产和消费模式，提高能源效率，减少能源消耗，是一项长期而艰巨的任务。

(五)科技水平相对落后，自主创新任重道远科技发展是解决能源问题的根本途径。与世界先进国家比较，我国在能源高新技术和前沿技术领域还有相当差距，能源科技自主创新任重道远。

(六)体制约束依然严重，各项改革有待深化煤炭企业社会负担沉重，竞争力不强。完善原油、成品油和天然气市场体系，还有大量需要解决的问题。电力体制改革方案确定的各项改革措施有待进一步落实。

(七)农村能源问题突出，滞后面貌亟待改观农村能源存在的主要问题，一是生活用能商品化程度偏低。二是地区发展不平衡，西部农村普遍存在能源不足问题，东中部山区和贫困地区用能状况也需要进一步改善，全国尚有1000多万无电人口。加快农村能源建设，改善农村居民生产生活用能条件，是建设社会主义新农村的必然要求。

第二章 方针和目标

一、指导方针

以邓小平理论和“三个代表”重要思想为指导，用科学发展观和构建社会主义和谐社会两大战略思想统领能源工作，贯彻落实节约优先、立足国内、多元发展、保护环境，加强国际互利合作的能源战略，努力构筑稳定、经济、清洁的能源体系，以能源的可持续发展支持我国经济社会可持续发展。

二、发展目标

(一)消费总量与结构

2010年，我国一次能源消费总量控制目标为27亿吨标准煤左右，年均增长4%。煤炭、石油、天然气、核电、水电、其他可再生能源分别占一次能源消费总量的66.1%、20.5%、5.3%、0.9%、6.8%和0.4%。与2005年相比，煤炭、石油比重分别下降3.0和0.5个百分点，天然气、核电、水电和其他可再生能源分别增加2.5、0.1、0.6和0.3个百分点。

(二)生产总量与结构

2010年，一次能源生产目标为24.46亿吨标准煤，年均增长3.5%。煤炭、石油、天然气、核电、水电、其他可再生能源分别占74.7%、11.3%、5.0%、1.0%、7.5%和0.5%。与2005年相比，煤炭、石油比重分别下降1.8和1.3个百分点，天然气、核电、水电和其他可再生能源分别增加1.8、0.1、0.8和0.4个百分点。

第三章 建设重点

根据资源条件，按照“优化结构、区域协调、产销平衡、留有余地”的原则，“十一五”时期我国能源建设的总体安排是：有序发展煤炭；加快开发石油天然气；在保护环境和做好移民工作的前提下积极开发水电，优化发展火电，推进核电建设；大力发展可再生能源。适度加快“三西”煤炭、中西部和海域油气、西南水电资源的勘探开发，增加能源基地输出能力；优化开发东部煤炭和陆上油气资源，稳定生产能力，缓解能源运输压力。重点建设五大能源工程。

一、能源基地建设工程

(一)有序开发煤炭基地

加快开发神东、陕北、黄陇(含华亭)、晋北、晋东、宁东6个大型优质动力煤炭基地，以建设特大型现代化煤矿为主，扩大生产规模。实施晋中炼焦煤基地保护性开发，建设大型煤矿，整合中小型煤矿，保持合理开发强

度。做好鲁西、冀中、河南3个煤炭基地老矿区生产接续，稳定生产规模。推进两淮煤炭基地建设与改造，适度提高煤炭供应能力。促进蒙东(东北)煤炭基地开发，优先建设内蒙古东部大型现代化露天煤矿。配合西电东送工程，适度加快云贵煤炭基地开发。

(二)加快建设油气基地

按照“挖潜东部、发展西部、加快海域、开拓南方”的原则，通过地质理论创新、新技术应用和加大投入力度等措施，使2010年，全国原油、天然气产量分别达到1.93亿吨和920亿立方米。

(三)积极开发水电基地

按照流域梯级滚动开发方式，建设大型水电基地。重点开发黄河上游、长江中上游及其干支流、澜沧江、红水河和乌江等流域。在水能资源丰富但地处偏远的地区，因地制宜开发中小型水电站。

(四)优化建设煤电基地

按照“西电东送、水火调剂、强化支撑、保障安全”的原则，优化建设山西、陕西、内蒙古、贵州、云南东部等煤炭富集地区煤电基地，实施“西电东送”。合理布局河南、宁夏坑口电站，促进区域内水火调剂。加快安徽两淮坑口电站建设，实施“皖电东送”。东中部地区重点建设港口、路口、负荷中心电站以及有利于增强输电能力的电站，提高电网运行稳定性和安全性。

(五)加快建设核电基地

“十一五”期间，建成田湾一期、广东岭澳二期工程，开工浙江三门、广东阳江等核电项目，做好一批核电站前期工作。积极支持高温气冷堆核电示范工程。

二、能源储运工程

(一)煤炭运输通道和港口

“十一五”期间，随着煤炭产销量的增长，我国“北煤南运、西煤东调”格局将更加明显。要充分挖掘既有铁路和港口设施潜力，重点抓好“三西”煤炭外运通道、北方沿海煤炭装船码头扩能改造，规划建设“西煤东运”新通道。进一步强化华东、东南、华南地区煤炭接卸码头和中转基地建设，发挥长江和京杭运河作用，加强西北、西南和华中煤炭运输能力建设。

(二)油气输送管网

“十一五”期间，按照“西部油气东输、东北油气南送、海上油气登陆”的格局，加强骨干油气管线建设，增加必要的复线和重点联络线，加快中转枢纽和战略储备设施建设，逐步形成全国油气骨干管网和重点区域网络。

(三)电网设施

一是按照重点输送水电，适度输送煤电的原则，继续推进“西电东送”三大通道建设。二是加强区域电网建设，推进大区电网互联，到2010年，除西藏、新疆、台湾等地区外，初步实现全国联网。三是推进城乡电网建设与改造，形成安全可靠的配电网络。四是促进二次系统与一次系统协调发展。

三、石油替代工程

按照“发挥资源优势、依靠科技进步、积极稳妥推进”的原则，加快发展煤基、生物质基液体燃料和煤化工技术，统筹规划，有序建设重点示范工程。为“十二五”及更长时期石油替代产业发展奠定基础。

四、可再生能源产业化工程

“十一五”期间，重点发展资源潜力大、技术基本成熟的风力发电、生物质发电、生物质成型燃料、太阳能利用等可再生能源，以规模化建设带动产业化发展。

五、新农村能源工程

按照“因地制宜，多元发展”的原则，在继续加快小型水电和农网建设的同时，大力发展适宜村镇、农户使用的风电、生物质能、太阳能等可再生能源。到2010年，村镇小型风机使用量达到30万台，总容量7.5万千瓦；户用沼气4000万户，规模化养殖场沼气工程达到4700处，全国农村沼气产量达到160亿立方米；农村太阳能热水器保有量达到5000万平方米，太阳灶保有量达到100万台。

第四章 节能和环保

实现能源节约和环境保护目标，必须依靠全社会的共同努力，发挥科技基础作用，走转变经济增长方式，提高经济增长质量和效益的道路。在落实直接节能与环境保护措施的同时，大力发展循环经济，加快培育高科技产业，扩大现代服务业在国民经济中的比重，通过优化经济结构，提升间接节能和环保贡献率。

一、主要目标

(一)总体指标

2010年，万元GDP(2005年不变价，下同)能耗由2005年的1.22吨标准煤下降到0.98吨标准煤左右。“十一五”期间年均节能率4.4%，相应减少排放二氧化硫840万吨、二氧化碳(碳计)3.6亿吨。

(二)主要耗能产品(工作量)和耗能设备指标2010年，重点耗能行业环保状况和主要产品(工作量)单位能耗指标总体达到或接近本世纪初国际先进水平。主要耗能设备能源效率达到20世纪90年代中期国际先进水平，部分汽车、家用电器能源效率达到国际先进水平。

(三)能源行业指标

2010年，全国煤矿平均矿井回采率达到50%，提高4个百分点；煤矸石、矿井水利用率均达到70%，分别提高27和26个百分点；矿井水排放达标率100%，提高20个百分点；洗煤废水闭路循环率提高到90%，增加5个百分点。原油采收率保持在32%左右。火电供电标准煤耗每千瓦时355克，下降15克；厂用电率4.5%，下降1.4个百分点；线损率7%，下降0.18个百分点；电厂二氧化硫排放总量减少10%以上。

二、主要领域

“十一五”期间，按照“全面推进、突出重点”的原则，着力抓好重点工业、交通运输、建筑、商业和民用领域的节能环保工作。组织实施燃煤工业锅炉(窑炉)改造、区域热电联产、余热余压利用、节约和替代石油、电机系统节能、能量系统优化、建筑节能、绿色照明、政府机构节能、节能监测和技术服务体系建设等十大工程，达到节能5.6亿吨标准煤，环境和经济效益显著的目标。

三、能源行业重点

(一)煤炭工业

逐步淘汰技术落后、效率低、资源浪费和污染严重的小煤矿，采用高效、环保的新工艺、新设备和新材料改造现有煤矿和选煤厂，建设大型现代化煤矿。到2010年，使煤炭资源平均矿井回采率由2005年的46%提高到50%；小型煤矿数量由2.2万处降低到1万处左右，污染源点大幅度减少；地下水渗漏、地表沉陷等问题得到有效缓解。

按照循环经济发展思路，大力推进煤炭领域资源综合利用。到2010年，使煤矸石利用量由2005年的1.5亿吨增加到3.9亿吨，利用率提高27个百分点；矿井水利用量由11亿立方米增加到36亿立方米，利用率提高26个百分点；矿井水达标排放率由80%提高到100%；煤矿瓦斯利用量由10亿立方米增加到87亿立方米。

切实加强煤炭矿区生态环境保护工作。制订专项规划，研究建立矿区生态环境恢复补偿机制，加大资金投入。到2010年，使矿区土地复垦面积由0.9万公顷增加到2.2万公顷，水土流失治理面积由1.1万公顷增加到2.6万公顷，生态环境恶化的趋势得到遏制。

(二)石油天然气工业

加强项目开发的节能环保评估和审查，大力推广提高采收率技术、采油系统优化配置技术、稠油热采配套节能技术、注水系统优化运行技术、油气密闭集输综合节能技术和油田伴生气回收利用技术，严禁在没有伴生气、凝析油回收配套条件下开采油气田。到2010年，使全国原油采收率保持在32%左右；油气田开发综合能耗，特别是油气自用率进一步降低；基本解决天然气放空、废水排放造成的环境污染问题。

作好石油节约和替代工作。以洁净煤、石油焦、天然气替代燃料油(轻油)；淘汰燃油小机组；实施机动车燃油经济性标准及相关配套政策；实施清洁汽车行动计划，发展混合动力汽车，在城市公交车、出租车等行业推广燃气汽车。

(三)电力工业

大力发展60万千瓦及以上超(超)临界机组、大型联合循环机组。采用高效洁净发电技术改造现役火电机组，实施“上大压小”和小机组淘汰退役。推进热电联产、热电冷联产和热电煤气多联供。在工业热负荷为主的地区，因地制宜建设以热力为主的背压机组；在采暖负荷集中或发展潜力较大的地区，建设30万千瓦等级高效环保热电联产机组；在中小城市建设以循环流化床技术为主的热电煤气三联供，以洁净能源作燃料的分布式热电联产和热电冷联供，将分散式供热燃煤小锅炉改造为集中供热。到2010年，使火电供电标准煤耗由2005年的每千瓦时370克下降到355克，厂用电率由5.9%下降到4.5%；城市集中供热普及率由30%提高到40%，新增供暖热电联产机组超过4000万千瓦，年节能3500万吨标准煤以上，为改善城市空气质量作出贡献。水电建设要更加重视生态环境保护问题。新建火电机组必须同步安装高效除尘设施；加快现役电厂除尘器改造，提高可靠性、稳定性和除尘效率。通过使用低硫燃料、装设脱硫设备等综合措施，严格控制电厂二氧化硫排放。推广低氮燃烧技术，扩大烟气脱氮试点范围，鼓励火电厂减少氮氧化物排放。到2010年，使火电厂每千瓦时烟尘排放量控制在1.2克、二氧化硫排放量下降到2.7克，电厂废水排放达标率实现100%。采用先进输、变、配电技术和设备，逐步淘汰能耗高的老旧设备；加强跨区联网，推广应用电网经济运行技术；采取有效措施，减轻电磁场对环境的影响。到2010年，使电网线损率下降到7%左右。

第五章　科技进步

贯彻落实“自主创新，重点跨越，支撑发展，引领未来”的科技发展指导方针，建立和完善以企业为主体、市场为导向、产学研相结合的能源科技创新体系。优先发展先进适用技术，提升能源工业技术水平；加强前沿技术研发，为未来能源发展奠定基础。

一、优先发展先进适用技术

二、加强能源前沿技术研究

第六章　保障措施

一、增加勘查投入，提高资源保障程度

落实《国务院关于促进煤炭工业健康发展的若干意见》，完善资源有偿使用制度，增加基础地质勘探投入，提高煤炭资源保障程度。

制定油气资源勘探开发投入激励政策，鼓励尾矿和难动用储量开发利用，逐步建立完善油气区块矿权招标制度和退出机制。增加对水能、风能、生物质能等资源调查的投入，为加快新能源和可再生能源开发利用奠定资源基础。

二、发挥规划调控作用，规范开发建设秩序

建立和完善能源规划调整与公开发布制度。滚动修订各类能源规划，公开发布实施，规范政府监管和企业行为，接受社会公众监督。地方和部门组织制定的相关规划，必须与国家能源发展规划衔接一致。

严格建设项目核准和备案制度。不符合国家能源规划要求的建设项目，国土、环保等部门不予办理相关审核、许可手续，金融机构不予贷款。进一步完善项目核准备案制度，形成更加科学、规范、透明的管理办法。

三、加快法规建设，改进行业管理

修订《煤炭法》、《电力法》、《节约能源法》，制定《能源法》、《石油天然气法》和《国家石油储备管理条例》等法规，尽快完善与社会主义市场经济体制相适应的能源法律法规体系。

健全煤炭行业准入制度，规范煤炭资源勘查开发和生产经营活动。实施煤炭资源整合，推进企业重组，淘汰落后小煤矿。引导企业增加投入，加快瓦斯抽采利用和安全改造，提高装备水平，改善安全生产条件。

加强石油天然气行业监管，完善市场准入

制度。制定天然气利用政策，强化需求侧管理，保障供气安全。完善电力市场监管体系和运行规则，创造公平竞争的市场环境。引导电网和发电企业加强管理、节能降耗、降低成本、改进服务，为全社会提供稳定可靠、价格合理、质量优良的电力供应。

四、深化体制改革，完善价格体系

继续推动煤炭企业完善现代企业制度，减轻企业办社会负担，增强竞争力。完善流通体制，建立现代煤炭交易市场。逐步理顺成品油价格，加大天然气价格调整力度，引导油气资源合理使用，促进资源节约与开发。

按照国务院确定的电力体制改革方案，巩固厂网分开成果，加快电网企业主辅分离步伐，推进区域电力市场建设，继续开展大用户与发电企业直接交易试点，稳步实施输配分开。深化电价体制改革。完善输配电价，加快推进竞价上网，建立与用电质量要求、用电性质和发电上网电价挂钩的分类售电电价机制。制定可再生能源发电配额制度，完善可再生能源发电电价优惠政策，施行有利于生产和使用可再生能源的税收政策。

五、强化资源节约，保护生态环境

提高能源矿产资源回采率。实行与回采率挂钩的资源税费计征办法，完善监管制度，促进企业加强管理、增加投入、改进工艺装备，提高能源资源利用率。

发展循环经济。鼓励企业充分利用劣质煤、煤炭洗选加工副产品、煤矿瓦斯、矿井水等资源，因地制宜发展综合利用产业。完善热电联产产业政策，鼓励大中型城市和热负荷相对集中的工业园区，实行热电联产、集中供热，逐步淘汰分散供热锅炉，提高综合能效，保护生态环境。

建立煤炭矿区生态环境恢复补偿机制。制定煤炭清洁生产标准，明确企业和政府责任，加大生态环境保护和治理投入。改革电力调度方式。实行节能、环保、经济、公平的发电调度制度，激励企业加快发展高效清洁机组，淘汰和改造低效率、高能耗、高排放的现役机组，促进电力行业整体能效和环保水平的提高。

六、扩大对外开放，加强国际合作

以引进先进技术和管理为主要目标，适时修订《外商投资产业指导目录》，完善能源对外开放政策。按照平等互利、合作双赢的原则加强能源国际合作。

七、建立应急体系，提高安全保障

加快政府石油储备建设，适时建立企业义务储备，鼓励发展商业石油储备，逐步完善石油储备体系。以应对大规模电网事故和石油天然气供应中断为核心，建立完善能源安全预警制度和应急机制。

国务院批转发展改革委、能源办关于加快关停小火电机组若干意见的通知

各省、自治区、直辖市人民政府，国务院各部委、各直属机构：

国务院同意发展改革委、能源办《关于加快关停小火电机组的若干意见》，现转发给你们，请认真贯彻执行。

“十一五”规划纲要明确提出，到2010年单位国内生产总值能源消耗和主要污染物排放总量分别比2005年降低20%左右和10%。这是贯彻落实科学发展观、构建社会主义和谐社会战略思想的重大举措，也是加快建设资源节约型、环境友好型社会的迫切需要。电力工业是节能降耗和污染减排的重点领域。近年来，电力工业快速发展，但电力结构不合理，特别是能耗高、污染重的小火电机组比重过高，成为制约电力工业节能减排和健康发展的重要因素。抓住当前经济社会发展较快、电力供求矛盾缓解的有利时机，加快关停小火电机组，推进电力工业结构调整，对于促进电力工业健康发展，实现“十一五”时期能源消耗降低和主要污染物排放减少的目标至关重要。

各地区、各有关部门和单位要从全局和战略的高度，充分认识关停小火电机组的重要性和紧迫性，把关停小火电机组作为一项重要工作抓紧抓好。要认真贯彻《国务院关于加强节能工作的决定》（国发[2006]28号）和《国务院关于落实科学发展观加强环境保护的决定》（国发[2005]39号）精神，按照统筹规划、分类实施、明确标准、落实责任、政策配套、积极稳妥的原则，充分发挥市场机制的作用，综合运用经济、法律和行政手段，严格执行电力工业产业政策，加大结构调整力度，确保如期实现“十一五”小火电机组的关停目标，完成电力工业能源消耗降低和污染减排的各项任务。

国家将继续按照电力工业产业政策和发展规划，加大高效、清洁机组的建设力度，保持电力工业持续健康发展，为加快推进小火电机组关停工作创造宽松的市场环境。要大力推进“上大压小”工作，在新建电源项目安排上，考虑小火电机组关停的因素，对关停工作成效显著的省份和电力企业优先给予支持。要严格控制新建小火电机组，大电网覆盖范围内不得建设小火电机组，各类投资主体建设燃煤电站及煤矸石等综合利用电站，均应报国务院投资主管部门核准后方可建设。

发展改革委牵头负责全国小火电机组关停工作，电力监管、国有资产管理、环境保护、国土、水利、财政和税收等部门及电网企业要积极配合，制定相应的政策措施，共同推进小火电机组关停工作。发展改革委要依照电力工业产业政策，结合电力工业发展规划和各地实际情况，尽快将全国小火电机组关停目标分解到各省（区、市），并与各省级人民政府和国有大型电力集团公司签署小火电机组关停目标责任书。各省级人民政府和有关电力企业负责本地区、本企业小火电机组关停工作，将关

停小火电机组纳入工作日程，主管领导亲自抓，建立相应的协调机制，制订具体实施方案，明确相关部门的责任和分工，确保责任到位、措施到位、落实到位。在关停小火电机组过程中，各省级人民政府要妥善解决关停机组涉及的人员安置、债务等问题，协调处理好各种关系，确保社会稳定。

各省级人民政府和有关电力企业要在2007年3月31日前，将本地区、本企业小火电机组关停具体实施方案报发展改革委并抄送有关部门。发展改革委要会同有关部门加强对小火电机组关停工作的指导协调和监督检查，重大情况及时向国务院报告。

中华人民共和国国务院

2007年1月20日

关于加快关停小火电机组的若干意见

国家发展与改革委员会　能源办

为实现“十一五”规划纲要提出的单位国内生产总值能源消耗降低和主要污染物排放总量减少目标，推进电力工业结构调整，根据《国务院关于加强节能工作的决定》(国发[2006]28号)、《国务院关于落实科学发展观加强环境保护的决定》(国发[2005]39号)、《国务院关于发布实施〈促进产业结构调整暂行规定〉的决定》(国发[2005]40号)和《产业结构调整指导目录(2005年本)》，现就加快关停小火电机组工作提出以下意见：

一、“十一五”期间，在大电网覆盖范围内逐步关停以下燃煤(油)机组(含企业自备电厂机组和趸售电网机组)：单机容量5万千瓦以下的常规火电机组；运行满20年、单机10万千瓦级以下的常规火电机组；按照设计寿命服役期满、单机20万千瓦以下的各类机组；供电标准煤耗高出2005年本省(区、市)平均水平10%或全国平均水平15%的各类燃煤机组；未达到环保排放标准的各类机组；按照有关法律、法规应予关停或国务院有关部门明确要求关停的机组。

二、对在役的热电联产和资源综合利用机组，要实施在线监测，由省级人民政府组织对其开展认定和定期复核工作。不符合国家规定的，责令其限期整改；逾期不改或整改后仍达不到要求的，予以关停。

三、热电联产机组供电标准煤耗高出第一条中煤耗要求的，要结合热电联产规划，以“上大压小”或在役机组供热改造，按“先建设后关停”或“先改造后关停”的原则予以关停。在大中型城市优先安排建设大中型热电联产机组，在中小型城镇鼓励建设背压型热电机组或生物质能热电机组。鼓励运行未满15年的在役大中型发电机组改造为热电联产机组。新建机组或在役机组改造要与原供热机组的关停做好衔接。

热电联产机组原则上要执行“以热定电”，非供热期供电煤耗高出上年本省(区、市)火电机组平均水平10%或全国火电机组平均水平15%的热电联产机组，在非供热期应停止运行或限制发电。

四、属于上述关停范围，但承担当地主要供热任务且其所在地10公里以内没有其他热源点或其性能优于该范围内其他热源点的热电联产机组，处于电网末端或独立电网内、承担当地主要供电任务或对当地电网安全具有支撑作用的机组，以及《国务院办公厅转发国家经贸委关于关停小火电机组有关问题意见的通知》(国办发[1999]44号)下发前依法批准且合同约定中外合作或合资期限未满的机组，企业可提出申请，由省级人民政府有关部门委托发展改革委认可的中介机构进行评估，情况属实的，可暂缓关停，但须每年评估一次。

五、支持按照生物质能开发利用规划和城镇集中供热规划，已落实生物质能来源、同步建设热网并落实热负荷的地区，将运行未满15年、具备改造条件的应关停机组改造为符合国家有关规定要求的生物质能发电或热电联产机组。

拟实施改造的应关停机组，由省级人民政府有关部门委托发展改革委认可的中介机构进行评估，符合条件的，按照有关规定办理核准手续。

六、到期应实施关停的机组，电力监管机构要及时撤销其电力业务许可证，电网企业及相关单位应将其解网，不得再收购其发电，电力调度机构不得调度其发电，银行等金融机构要停止对其发放贷款；机组关停后应就地报废，不得转供电或解列运行，不得易地建设。

七、鼓励各地区和企业关停小机组，集中建设大机组，实施“上大压小”。鼓励通过兼并、重组或收购小火电机组，并将其关停后实施“上大压小”建设大型电源项目。

发展改革委根据各省(区、市)关停机组的容量，相应增加该省(区、市)的电源建设规模。跨省(区、市)进行“上大压小”的，关停小机组容量可保留在当地，并相应调减新项目建设地区的电源建设规模。

八、新建电源项目替代的关停机组容量作为衡量其可否纳入规划的重要指标。替代关停机组容量较多并能够妥善安置关停电厂职工的电源建设项目，优先纳入国家电力发展规划。

企业建设单机30万千瓦、替代关停机组的容量达到自身容量80%的项目，单机60万千瓦、替代关停机组的容量达到自身容量70%的项目，单机100万千瓦、替代关停机组的容量达到自身容量60%的项目，可直接纳入国家电力发展规划，优先安排建设。

企业建设单机20万千瓦以上的热电联产项目，替代关停机组的容量达到自身容量50%，并按所替代关停机组和关停拆除的供热锅炉蒸发量计算可减少当地燃煤总量的，可直接纳入国家电力规划，优先安排建设。“上大压小”建设的大中型火电项目，扩建项目可建设单台机组，新建项目原则上按两台机组以

上考虑。

实施“上大压小”的新建机组，原则上应在所替代的关停机组拆除后实施建设。

九、加强发电调度监督管理，积极推进发电机组统一调度工作，大电网覆盖范围内的所有火电厂，其调度都要逐步纳入省级以上电力调度机构统一管理。

改进发电调度方式，按照节能、环保、经济的原则，优先调度可再生能源和高效、清洁的机组发电，限制能耗高、污染重的机组发电。节能发电调度办法另行制定。

未实施节能发电调度的地区要实行差别电量计划，鼓励可再生能源和高效、清洁大机组多发电，并逐年减少未关停小火电机组的发电量。

十、电网企业要加快配套电网建设，扩大供电范围，提高供电可靠性和服务水平，并制订科学的供电预案，保证小火电机组关停后的电力供应。地方各级人民政府和有关部门要配合做好相关工作，切实保证电网工程建设的顺利实施。关停机组涉及的输配线路、变电站等资产，可在平等协商的基础上，有偿移交所在地的电网企业。

十一、推进电价和趸售体制改革，逐步实现同网同价。各省(区、市)人民政府要加强小火电机组上网电价管理，尽快将所有燃煤(油)小火电机组上网电价降低到不高于本地区标杆上网电价，并不得实行价外补贴；价格低于本地区标杆上网电价的小火电，仍执行现行电价。

十二、各级环保部门要严格执行国家环保政策，加强对电厂污染物排放的监督检查，对排放不达标的依法予以处理。新建燃煤机组必须同步建设高效脱硫除尘设施，关停范围以外现役单机13.5万千瓦以上燃煤机组要尽快完成脱硫设施改造。要提高排污收费标准，促进电厂进行脱硫改造。安装脱硫设施但未达标排放的燃煤机组不得执行脱硫机组电价。

十三、改进并加强对企业自备电厂的管理，对自备电厂自发自用电量征收国家规定的三峡工程建设基金、农网还贷资金、城市公用事业附加费、可再生能源附加、大中型水库移民后期扶持资金等，并按规定收取备用容量费。禁止公用电厂转为企业自备电厂。具体办法由发展改革委另行制定。

十四、纳入各省“十一五”小火电关停规划并按期关停的机组在一定期限内(最多不超过3年)可享受发电量指标，并通过转让给大机组代发获得一定经济补偿，发电量指标及享受期限随关停延后的时间而逐年递减。具体办法由各省(区、市)人民政府制定，报发展改革委备案。

十五、自备电厂或趸售电网的机组按期关停后，电网企业可对趸售电网和符合国家产业政策并关停自备电厂的企业给予适当的电价优惠。鼓励关停自备电厂的企业或原趸售电网直接向发电企业购电，电网企业按照有关规定收取合理的过网费。

十六、有条件的地区可开展污染物排放指标、取水指标交易，按期关停的机组可按照国家有关规定，有偿转让其污染物排放指标、取水指标[取水指标限本省(区、市)内]。具体办法由各省(区、市)人民政府制定，报发展改革委、环保总局和水利部备案。

十七、要根据国家有关规定，制订职工安置方案，妥善安置关停机组人员。关停部分机组的企业，要妥善处理职工的劳动关系，原则上应在本企业内部安置；关停全部机组的企业，要按照有关规定妥善处理好经济补偿、社会保险等相关问题。改造项目和新建、扩建电厂应优先招用关停机组分流人员。地方人民政府要切实做好分流人员安置工作。

十八、各省(区、市)人民政府要根据土地利用总体规划、城镇规划和产业政策，因地制宜开发利用关停机组的土地资源。涉及土地使用权转让和改变土地用途的，应按照土地管理法律法规和政策，积极帮助企业办理相关手续。因电厂关停带来的变电站和供电线路改造等征地问题，结合关停电厂现有土地处置一并考虑。

十九、电力监管机构要加强小火电机组监督管理，建立监管信息系统，对不符合设计要求和有关规定的，不予颁发电力业务许可证。

二十、对应关停而拒不关停的小火电机组，省级以上人民政府有关部门和单位可责令其立即关停，并暂停该企业新建电力项目的资格，直至完成关停任务；对弄虚作假逃避关停或关停后易地建设的机组，一经查实，应责令其立即关停并予以拆除，同时追究相关人员的责任。

二十一、各地区和企业要严格按照国家电力工业产业政策和发展规划开展电源项目前期工作，严格执行国家电力项目核准制度，坚决制止违规和无序建设电站的行为。在大电网覆盖范围内，原则上不得建设单机容量30万千瓦以下纯凝汽式燃煤机组。电网企业不得为违规建设的发电机组提供并网服务。对违反国家电力项目核准规定、越权核准小火电项目建设的部门领导及当事人，省级以上人民政府部门应追究其责任，并撤回项目核准文件。

二十二、省(区、市)人民政府对本地区小火电机组关停工作负总责，要根据发展改革委确定的关停目标，负责制订本地区小火电机组关停方案和年度关停计划，向社会公布并组织实施。关停方案应包括责任分工和机组关停后的职工安置、资产处置和债务处理等内容，年度关停计划应明确关停机组名单和关停时限。要加强领导，精心组织，明确责任，落实任务，确保按期完成小火电机组关停任务。

二十三、发电企业是小火电机组关停工作的直接责任人，应按照各省(区、市)人民政府制订的小火电机组关停方案和年度关停计划，对本企业所属机组实施关停，并妥善处理善后事宜。

二十四、各省(区、市)人民政府要将本地区小火电机组关停情况定期向发展改革委和电监会报告。